Wolfgang Balzer – Soziale Institutionen

Philosophie und Wissenschaft
Transdisziplinäre Studien

Herausgegeben von
Carl Friedrich Gethmann
Jürgen Mittelstraß

in Verbindung mit
Dietrich Dörner, Wolfgang Frühwald, Hermann Haken,
Jürgen Kocka, Wolf Lepenies, Hubert Markl, Dieter Simon

Band 4

Walter de Gruyter · Berlin · New York
1993

Wolfgang Balzer
Soziale Institutionen

Walter de Gruyter · Berlin · New York
1993

♾ Gedruckt auf säurefreiem Papier, das die US-ANSI-Norm
über Haltbarkeit erfüllt.

Die Deutsche Bibliothek — CIP-Einheitsaufnahme

Balzer, Wolfgang:
Soziale Institutionen / Wolfgang Balzer. — Berlin ; New York :
de Gruyter, 1993
(Philosophie und Wissenschaft ; Bd. 4)
ISBN 3-11-013850-6
NE: GT

Printed in Germany
Druck: Werner Hildebrand, Berlin.
Buchbindearbeiten: Lüderitz und Bauer, Berlin

Vorwort

Mein Hauptziel bei der Arbeit an diesem Buch war, eine realistische Theorie sozialer Institutionen aufzubauen. Mir schien und scheint, daß eine solche Theorie zur Zeit eine der wichtigsten Aufgaben der ganzen Wissenschaft überhaupt ist. Weil ich in der Literatur keine mich zufriedenstellende Theorie finden konnte, machte ich mich selbst an die Arbeit. Aus ersten Zeitschriftenartikeln (Balzer,1990,1992a,1993) entstand schließlich das vorliegende Manuskript.

Mir scheint, daß zeitgenössische Institutionentheorien zu sehr auf die westlichen, hochtechnisierten und völlig durchorganisierten Staaten schauen. Da erfahrungsgemäß solche Hochkultur nicht lange hält, ist es wichtig, auch Anwendungsfälle primitiverer und deshalb fundamentalerer Art zu studieren und zu verstehen. Durch solches Verständnis wird es leichter, auf ein hohes Zivilisationsniveau hinzuarbeiten, und nur durch solches Verständnis könnte es vielleicht gelingen, den Rückfall in die völlige Barbarei, wie er uns im Jahre 1992 im ehemaligen Jugoslawien vor Augen steht, zu verhindern. Institutionen beginnen in gewissem Sinn mit Gewalt. Dies ist den Bewohnern der heutigen europäischen Staaten kaum mehr bewußt, weil die Gewalt, die auch hier am Ende alles zusammenhält, diskret an den Rand des öffentlichen Bewußtseins gedrängt ist: sie findet offiziell nur noch im Polizei- und Justizapparat, sowie in psychiatrischen Anstalten statt. Vielleicht können Institutionen auch ohne Gewalt existieren, unsere Theorie läßt dies zu. Im Verlauf der bisherigen Geschichte hat Gewalt jedenfalls eine fundamentale Rolle gespielt. Um diesen Aspekt zu betonen, habe ich bewußt historische Beispiele gewählt, einfach weil er dort klarer zutage tritt. Einige Leser werden sich an der Brutalität einiger Beispiele stören. Ich halte dagegen, daß dies nicht an einer einseitigen Auswahl meinerseits liegt. Die Welt ist so, und wir tun gut daran, unsere Augen nicht ästhetisierend vor manchen wichtigen Vorgängen zu verschließen.

Ein zweites Ziel meiner Arbeit war es, zu einer umfassenden und trotzdem präzisen Theorie zu gelangen, um damit die Anwendungsmöglichkeiten für Methoden der künstlichen Intelligenz in der Sozialwissenschaft in greifbare Nähe zu bringen. Aus der Sicht der KI sind diese Anwendungsmöglichkeiten in den letzten Jahren deutlich geworden. Es fehlen bis jetzt Anwendungen umfassender Art, und es fehlt auch am Interesse der Sozialwissenschaftler. Auf der Grundlage der hier vorgestellten Theorie läßt sich ohne große Mühe ein datenbasiertes Programm entwickeln. Ich bin überzeugt, daß die Sozialwissenschaft in dieser Richtung in naher Zukunft entscheidende, auch methodische Fortschritte machen wird. Ich habe mich bemüht, den Text trotz eines hohen Präzisionsgrades lesbar zu halten: über den Erfolg dieser Bemühung müssen die Leser entscheiden.

Das Buch liegt nicht im Trend, sondern quer zu den zeitgenössischen Denkmoden. Es bohrt in einem Themenbereich herum, über den in der Politik -aus Gründen, die bei der Lektüre klar werden- lieber nicht geredet wird, es kritisiert die in Philosophie und Sozialwissenschaften herrschenden Vorstellungen über Institutionen, es bemüht sich um eine völlig präzise Ausdrucksweise und den Aufbau einer geschlossenen, systematischen Theorie. Ich vertraue auf selbständige, kritische Leser, die sich ihr Urteil nicht nur durch die dominierenden, jeweils berühmten Spezialisten bilden lassen.

Verschiedene Unzulänglichkeiten des Manuskripts sind mir durchaus bewußt, ich sehe aber in der gewählten, kurzen Form wenig Raum zur Abhilfe. Die politischen Leser bitte ich um Beurteilung aus der weiten Perspektive der Weltgeschichte, die sozialwissenschaftlichen Leser um den Versuch, die Sache wenigstens *ein* Mal aus meiner Perspektive zu betrachten. Historisch gebildete Leser bitte ich um Nachsicht für die mangelnde Dokumentation vieler Hinweise aus der Geschichte. Alle Leser bitte ich, sich über trockene, formale Passagen nicht zu ärgern, sondern stattdessen schnell über sie hinweg zu lesen.

Einige Leserinnen werden meine vielleicht zu wenig konsequenten Versuche kritisieren, die männliche Vorherrschaft in der Sprache zu unterdrücken. Sie mögen berücksichtigen, daß dies mein erster derartiger Versuch ist.

Ich möchte mich bedanken bei Frau Phillio Marcou, mit der ich viele Diskussionen über konkrete Fälle hatte und die mein Interesse an den weiter zurückliegenden Beispielen weckte, bei T.Voss und R.Ziegler vom Institut für Soziologie meiner Universität für viele Hinweise und Anregungen aus dem Bereich der Sozialwissenschaft, bei G.Melville für Hinweise aus dem Bereich der Mediävistik, bei J.Mittelstraß für zahlreiche Verbesserungsvorschläge, sowie bei A.Gayhoff, G.Hingerl und J.Sander aus meinem Studentenkreis, und extern bei D.R.Heise und R.Tuomela für kritische Bemerkungen. Meinem Dienstherrn danke ich für ein Forschungsfreisemester 1988/89, in dem eine erste Fassung zentraler Kapitel entstand.

München und Samos, im September 1992

Inhalt

1 Warum Institutionen wichtig sind

„Institution" bedeutet „Einrichtung", „Hingestelltes", „Eingesetztes". Beispiele von Institutionen, mit denen alle ständig zu tun haben, gibt es genug: die Stadtverwaltung, die Post, die Bahn, die Armee, das Finanzamt, der Staat. Die Liste ist etwas einseitig. Immerhin können wir, von ihr ausgehend, fragen: Wer hat diese Institutionen eingerichtet? Früher, vor noch nicht langer Zeit, hieß es „Der Staat bin ich". Den Satz sagte der König, der König war von Gott eingesetzt, eingerichtet, ein üblicher Zusatz lautete „von Gottes Gnaden". Daß der Staat, der König, oder eine beliebige Institution von Gott eingesetzt ist, wäre eine so schöne und heile Antwort, daß sie nicht wahr sein kann. Während der König noch mit gewissem Erfolg auf seinem Gottesgnadentume bestand, wird dies in demokratischen Staaten von den Staatsbürgern für die Regierung nicht mehr akzeptiert, und bei anderen Institutionen, wie dem Finanzamt, erscheint es leicht absurd.

Mit unserer Frage sind wir schon mitten in den Problemen der Institutionentheorie. Eine solche Theorie soll den Begriff der Institution so klären und präzisieren, daß er auf „echte" Institutionen, d.h. solche, die wir als Institutionen kennen und anerkennen, zutrifft, auf andere soziale Strukturen aber nicht. Der Versuch, eine Theorie aus der Wortbedeutung abzuleiten, führt, wie wir sahen, in unendliche Gefilde. Wenn wir dagegen den Begriff einer Institution aus anerkannten positiven und negativen Beispielen abstrahieren wollen, finden wir, daß verschiedene Autoren verschiedene Beispiele im Kopf haben, die sie aber oft nicht einmal angeben. So ist für die einen die Ehe eine Institution, für die anderen eine Autofabrik keine, für die einen ist das Versprechen, sowie Privateigentum eine Institution, andere unterscheiden zwischen Institution und Organisation, wobei Institutionen durch sprachlich niedergelegte Regeln charakterisiert sind, Organisationen dagegen nicht. Es ist eine undankbare und wohl auch nicht ergiebige Aufgabe, die verschiedenen Meinungen zu sammeln, zu

vergleichen und zu kategorisieren.[1] Jedenfalls kommt so keine
verbindliche Liste von Institutionen zusammen, und auch einer
allgemeinen Theorie kommen wir so nur langsam näher.

Unabhängig davon, wie der Begriff einer Institution schließlich
gefaßt wird, bleibt die Frage für jede gegebene Institution, wer sie
eingerichtet hat. Wir möchten wissen, wie sie entstand, warum
sie existiert, ob sie einen Sinn hat. Einigen Mitmenschen scheinen viele der existierenden Institutionen ganz überflüssig oder gar
unsinnig. Jedenfalls ist klar, daß diese Fragen für jede Institutionentheorie zentral sind. Zunächst jedoch geht es darum, der
Institutionentheorie den Hauch des rein Akademischen, des zwar
Interessanten, aber Irrelevanten, zu nehmen. Dazu ist ein mini-
males, vages Vorverständnis des Begriffs nötig.

Wir verwenden „Institution" und „Organisation" in der gleichen Bedeutung. Damit fallen insbesondere alle Organisationen,
die in der Betriebswirtschaft studiert werden, also Firmen der verschiedensten Größe, unter den Begriff. Dagegen ist unsere Verwendung von der in der Rechtswissenschaft abzugrenzen. Dort
wird unter Institution oft ein Rechtsverhältnis, also eine abstrakte
Entität, verstanden,[2] während wir den Ausdruck stets so verwenden, daß er sich direkt auf reale Systeme bezieht. Neben den
ökonomischen und den oben schon genannten Beispielen gibt es
noch Weitere: politische Teilstrukturen, wie das System des Bun-
despräsidenten, des Bundesrates, der Parteien, sowie Vereine mit
nicht-politischen und nicht-wirtschaftlichen Zielen. Es dreht sich
im folgenden darum, all diese Beispiele unter einen präzisen Begriff
zu bringen. Um Mißverständnissen im Hinblick auf die Unterscheidung zwischen Institutionen und Organisationen vorzubeugen, verwenden wir für unseren weiten Begriff die Bezeichnung
„soziale Institution". Wenn wir ab und zu aus Bequemlichkeit
nur von „Institution" reden, so ist doch stets „soziale Institution"
gemeint.

Aufbau einer Theorie, Klärung eines Begriffs: dies scheinen
akademische Übungen zu sein, Übungen für Politologen und So-
ziologen. Was ist ihre Anwendung, ihr Nutzen? Um hier klar zu

---

[1]Ansätze in dieser Richtung und zugleich eine gute Übersicht über die
neuere Literatur bieten (Scott,1986) im Bereich der Soziologie und (Waschkuhn,1987) im Bereich der deutschen Politologie.

[2]Etwa (Enneccerus-Nipperdey,1959/60), 71.

sehen, müssen wir uns die Wirkung sozialer Institutionen bis in die letzten Winkel unseres Lebens vor Augen halten.

Im sogenannten „entwickelten" Teil der Welt wird das Leben der meisten Menschen in überwiegendem Maß von sozialen Institutionen bestimmt. Das kleine Kind kommt in den Kindergarten, dann verbringt es einen großen Teil seiner Zeit in Schule, Universität oder Ausbildung, um schließlich einem Beruf in einer Firma oder im Staatsdienst nachzugehen. Im Alter finden sich immer mehr Personen in Pflegeheimen, wo das Leben weiter seinen institutionalisierten, fest geregelten Rhythmus hat. Der Wechsel der Jahreszeiten ist so aus dem individuellen Leben weitgehend eliminiert, die Ernährung und deren Gegenteil durch Institutionen stetig geregelt. Das Frühstück des Durchschnittsmenschen wird von großen Firmen produziert, das Wecken erfolgt mit institutionell gefertigten Geräten, ebenso der pünktliche Transport zum Arbeitsplatz. Das Waschwasser kommt in institutionell geplanten und verlegten Leitungen und verläßt den Wohnplatz ebenso. Die Arbeit ist innerhalb einer sozialen Institution weitgehend routinemäßig festgelegt. Und so weiter, bis zum abendlichen Mediengenuß.

Philosophen sagen, der Mensch mache sich seine Welt selber. Aber was bedeutet das in all den genannten, konkreten Fällen? Die Spezies Mensch macht mein Finanzamt, meine Wasserleitung, meinen Wecker? So ist es wohl nicht gemeint. Für die jeweils kleinen Teile der Welt, um die es in jedem konkreten Beispiel geht, ist auch jeweils nur ein kleiner Teil der Spezies zuständig. In allen genannten Fällen hat der Einzelne es nicht mit „der Welt" zu tun, sondern mit einer sozialen Institution, und diese ist nicht von der Spezies gemacht, sondern von einigen Individuen. Unsere Welt besteht aus vielen sozialen Institutionen.

Wenn wir mit der Welt, der wir meist ziemlich machtlos gegenüberstehen, nicht völlig einverstanden sind, und dies oder jenes anders haben möchten, als es ist, dann müssen wir herausfinden, wie soziale Institutionen funktionieren, und daher, wie sie strukturiert sind. Ein Individuum nimmt erst dann an der Mitgestaltung seines Lebens aktiv teil, wenn es auf die Institutionen, die dieses Leben primär formen, aktiv zurückwirkt. Es ist bekannt und braucht hier nicht weiter begründet zu werden, daß jede Einwirkung umso erfolgreicher ist, je besser man den Zusammenhang von Ursache und Wirkung kennt. Damit folgt, daß die aktive Mitgestaltung des Lebens umso mehr gelingt, je besser wir Begriff und Funktionsweise sozialer Institutionen verstehen. Solange wir keinen Begriff, keine Theorie haben, macht es kaum einen Unterschied, ob wir einen Gott oder eine Institution als Gestalter unserer Welt hinnehmen. Daß „wir" unsere Welt selber machen, kann erst dann mit Recht gesagt werden, wenn „uns" die Funktion und der Sinn sozialer Institutionen klar ist.

Diese abstrakte Einsicht läßt sich an konkreten Fällen leicht durch unmittelbare Anschauung ersetzen. Wir wollen kurz einige Probleme nennen, deren Lösung vermutlich einerseits von den meisten Menschen heute als äußerst wichtig angesehen wird, andererseits aber ein klares Verständnis sozialer Institutionen voraussetzt.

Das größte Problem für die Menschheit in unserer Zeit sind Konflikte und Kriege zwischen Staaten. Es besteht die latente Gefahr des Einsatzes von technischen Errungenschaften, die die menschliche Spezies in kurzer Zeit ausrotten können. Die naive Meinung, daß sich deshalb vermutlich besonders viele Wissenschaftler intensiv über die Natur und Entstehung von zwischenstaatlichen Konflikten und über deren Lösung oder Verhinderung Gedanken machen, wird durch eine Umschau in der Wissenschaft glatt widerlegt. Die einschlägigen Sozialwissenschaften werden finanziell gegenüber den Naturwissenschaften -nicht zu reden von den Waffenproduzenten- stiefmütterlich behandelt, ihre Erfolge sind dementsprechend mager. Ein Überblick über die einschlägige Literatur verstärkt diesen Eindruck.[3] Der erste Schritt zur Erforschung von zwischenstaatlichen Konflikten besteht in der Feststellung, daß Staaten soziale Institutionen sind. Verhalten sich soziale Insitutionen rational wie Individuen? Wenn nicht, wie dann? Solche Fragen lassen sich nur beantworten, wenn zuerst der Begriff und die Funktion von sozialen Institutionen geklärt wird. Wir sehen: das Studium sozialer Institutionen ist notwendig für das Studium und hilfreich für die Verhinderung von Konflikten zwischen Staaten.

---

[3]Der gegenwärtige Stand der Krisenforschung wird recht gut durch (Coombs & Avrunin,1988), (Lebow,1981) und (Hermann,1972) wiedergegeben. Für die Mißverhältnisse bei Forschungsmitteln siehe (Spiegel-Rösing,1973), S.101, sowie dort die Sektion I des Literaturverzeichnisses.

Ein zweites, großes Problem ist die Mechanisierung der Lebenswelt. Nicht nur, daß „der Mensch" seine Welt macht und formt, „er" macht sie zur Zeit nach dem Vorbild eines Benzinmotors. Um eine bestimmte, materielle Wirkung zu erzielen, wird so lange herumgetüftelt, bis man einen Weg gefunden hat, sie hervorzubringen. Der „Rest" des menschlichen Lebens, einschließlich der zwischenmenschlichen Beziehungen, wird mehr und mehr Teil der großen Maschinerie, die auf die Produktion immer größerer Mengen materieller Dinge aus ist. Als Folge davon wird der Lebenslauf der Individuen immer mehr normiert und bis in kleinere Einheiten von außen geregelt. In übervölkerten Ländern besteht Grund genug zur Produktion materieller Dinge: um die elementaren Bedürfnisse der Menschen zu befriedigen. In Wirklichkeit werden freilich mehr unnütze Sachen produziert, die von einem kleinen Teil der Menschen für „höhere" Bedürfnisse verbraucht werden. Wir fragen: Hat irgendwer dies so gewollt? Wie ist es aber dann so gekommen? Und: Wie können „wir" oder wie kann „ich" dem entgegenwirken? Wiederum ist eine Umschau in der Realität ziemlich ernüchternd. Der Abstand zwischen armen und reichen Ländern, sowie das entsprechende Verhältnis der Einwohnerzahlen, vergrößert sich. Hilfsprogramme dienen in der Mehrzahl der militärischen Aufrüstung oder der Finanzierung von Exporten, oder sie scheitern an dem System im Empfängerstaat. All dies ist wohlbekannt, aber Ansätze zur Erforschung der Ursachen sind kaum auszumachen.[4] Es ist ziemlich klar, daß soziale Institutionen als Medium für die Mechanisierung der Lebenswelt dienen. Alle normierten Handlungen werden dem Individuum von sozialen Institutionen, beziehungsweise von deren Repräsentanten abverlangt. Die Instanzen, die die Mechanisierung vorwärtstreiben und aufrechterhalten, sind sämtlich Institutionen. Der erste Schritt, dieser Mechanisierung entgegenzuwirken, besteht deshalb darin, zu klären, was soziale Institutionen sind und wie sie funktionieren. Erst, wenn ihre Wirkungsweise erkannt ist, können wir beginnen, effektiv mit ihnen umzugehen. Erst, wenn wir ihre Existenzgründe und „Ziele" verstehen, können wir beginnen, ihren Einfluß zu steuern und zu vermindern. Um der Mechanisierung der Lebenswelt entgegenzuwirken, ist es also notwendig, soziale In-

---

[4]Sicher gab und gibt es Forscher, die diese Probleme untersuchen, etwa (Braudel,1985), oder, weiter zurück, (Sombart,1987), (Weber,1980).

stitutionen, sowie deren Struktur und Entwicklung zu erforschen.
Ein drittes, aktuelles Problem besteht in der Zuweisung von
Verantwortung für die Folgen von Gemeinschaftshandlungen. Wer
ist in welchem Grad verantwortlich für Kriegsschäden, für den
Ausstoß umweltschädlicher Substanzen durch eine Firma, für die
Ausrottung von Pflanzen- und Tierspezies, für eine Ölpest, eine
Ozon- oder Klimakatastrophe? Solche Ereignisse werden in den
Medien lebhaft dargestellt, aber kaum jemand fragt nach der Verantwortung oder der Bestrafung von Hauptschuldigen und niemand weiß, wie „Verantwortung" und „Schuld" hier zu verteilen
sind. In der Wissenschaft ist die Lage wie bei den ersten beiden
Problemen. Wir finden Ansätze zur Analyse des Verantwortungs-
begriffs, die von den bekannten Problemen inspiriert sind,[5] jedoch
kann von einer massiven Entwicklung und Förderung dieses For-
schungsgebietes keine Rede sein.[6]

Wieder besteht der erste Schritt zur Lösung der Probleme in
der Feststellung, daß die „Akteure", die die folgenschweren Handlungen ausführen, in der Regel soziale Institutionen sind. Die
Kriegsschäden werden von einer Armee verursacht, der Ausstoß
schädlicher Substanzen von einer Chemiefabrik, die Ausrottung
von Spezies von privaten Jagd- und Touristenfirmen oder staatli-
cher Agrarpolitik, die Ölpest vom betrunkenen Kapitän (der eine
Firma repräsentiert), das Ozonloch von Benutzern und Herstel-
lern der bekannten Produkte. Natürlich bestehen all diese Institutionen aus Personen, die je nach ihrer Stellung mehr oder
weniger mitverantwortlich sind. Eine Analyse, die nur die materiellen Kausalketten zurückverfolgt, ist offenbar unbefriedigend.
Der Hilfsarbeiter, der in der Chemiefabrik einen Hahn nicht richtig zugedreht hat, ist nicht allein für die dadurch verursachte
Katastrophe verantwortlich. Wir machen auch nicht den Pilo-
ten, dessen Bombe versehentlich hundert Menschen tötet, allein
für diese Tötung verantwortlich.[7] Die Existenz der Firma oder

---

[5]Etwa (Lenk, 1987), (Lenk und Maring,1990) und die dort anschließende
Diskussion, aber auch (Graumann,1989). Wichtige ältere Arbeiten sind
(Hart,1968) und (Heider,1977).
   [6]Die angesprochenen Probleme sind nicht identisch mit denen der Tech-
nikfolgenabschätzung. Verantwortung ist ein soziales Phänomen, Technikfol-
genabschätzung wird dagegen bis jetzt mehr als ein technisches Problem, ein
Problem im Verhältnis Mensch-Welt, angesehen.
   [7]Es ist aufschlußreich, die herrschende Praxis der Verantwortungszuschrei-

der Armee stellt eine notwenige Bedingung der Handlung dar, die
nicht übergangen werden darf. Die Firma muß sich gegen Fehler und Unfälle vorsorglich absichern, genauso wie der Staat die
Verantwortung für Aktionen der Armee übernimmt. Um zu einem
gangbaren Weg der Zuschreibung von Verantwortung zu kommen,
müssen wir wieder fragen, wie Institutionen als „korporative Akteure" handeln, welche Ziele sie dabei verfolgen. Ein erster Schritt
zur Antwort besteht darin, die Struktur und Entwicklung sozialer Institutionen zu erforschen. Institutionentheorie ist also nötig,
um Verantwortung bei Gemeinschaftshandlungen festzulegen und
um die Probleme zu lösen, die aus mangelnder gesellschaftlicher
Kontrolle von Gemeinschaftshandlungen entstehen.

Neben diesen und anderen latenten Problemen gibt es zwei
Themenkreise von allgemeinerem Interesse, für deren Diskussion
ein besseres Verständnis sozialer Institutionen zentral ist. Der
erste wird durch das Stichwort „Aufklärung" umrissen und betrifft mindestens zwei hier wichtige Aspekte. Auf der einen Seite
finden wir die allgemeine Idee der Aufklärung[8] als Kampf gegen
Unmündigkeit und Abhängigkeit: politische und religiöse An-
schauungen, die durch irgendwelche Autoritäten verbreitet werden, sollen nur dann angenommen werden, wenn sie auch einer vernünftigen Betrachtung durch den Einzelnen standhalten.
Solche „vernünftigen Betrachtungen" orientieren sich bisher typischerweise an der Situation des Umgangs von Mensch zu Mensch.
Sie werden jedoch problematisch bei der Übertragung auf das
Verhältnis: Herrscher-Untertan. Hier ist aufgeklärtes Handeln
zum größten Teil Sache des Herrschers, oder im allgemeinen des
Repräsentanten einer sozialen Institution. Abgesehen davon, daß
Handlungen von Repräsentanten in der Regel viele Menschen betreffen und die durch sie verursachten Vorteile für Einige zu Nach-
teilen für Andere führen, kann auch das Interesse der Institution,
der Druck der anderen Mitglieder, den Repräsentanten vom Wege
der individuellen Vernunft abbringen. Ein Appell an die Vernunft,
der in der individuellen Situation von Mensch zu Mensch oft unmittelbar einsichtig ist, kann deshalb in der Gegenüberstellung
von Mensch und Institution unverständlich oder sogar unsinnig
werden. Ein besseres Verständnis der Funktion sozialer Institu-

---

bung in beiden Fällen miteinander zu vergleichen.
[8]Vergleiche etwa (Kant,1783).

tionen ist nötig, um die Idee der Aufklärung auch in der Konfrontation Individuum-Institution durchsichtig und überzeugend zu machen.

Auf der anderen Seite ist aus historischer Sicht[9] festzustellen, daß es sich bei den aktiven „Aufklärern" durchweg um Personen in gehobener sozialer Stellung handelt, sodaß das ganze Phänomen als Teil des bürgerlichen Kampfes um die Macht im Staat interpretiert werden könnte: indem die Ideen des Aufklärers vom Herrscher toleriert werden, erlangen sie eine große Wirkung und heben die Stellung des Aufklärers. Wichtig für uns ist die Feststellung, daß das Verständnis des sozialen Phänomens „Aufklärung", genauso wie dessen Rechtfertigung auch entscheidend von den vorhandenen sozialen Institutionen abhängt. Es genügt nicht, das Verhalten eines Akteurs ohne Rücksicht auf dessen institutionelles Umfeld zu überdenken. Wenn Aufklärung als programmatisches Ziel begründet werden soll, dann muß dies unter Berücksichtigung der Struktur und Funktion sozialer Institutionen geschehen. Vernunftgeleitetes Handeln des Mächtigen gegenüber dem Ohnmächtigen ist keine Haltung, die wir rein aus der individuellen Sicht des Mächtigen, ohne Beachtung seiner sozialen Stellung und seiner Rolle in den sozialen Institutionen verstehen können. Sie ist vielmehr primär ein soziales, ein institutionelles Phänomen, und muß im Rahmen der existierenden Institutionen studiert werden. Damit erweist sich die Institutionentheorie auch für die Durchführung von aufklärerischen Programmen als notwendig.

Dies bringt uns zum zweiten allgemeinen Themenkreis, nämlich der Ethik als der Wissenschaft vom guten und gerechten Handeln der Menschen. Hauptziel der Ethik ist, allgemeine Prinzipien und Regeln zu finden, an denen alle Menschen ihre Handlungen gleichermaßen ausrichten können und sollen. Auch hier dominiert die individualistische Sichtweise. Man betrachtet einen einzelnen Menschen und versucht, Handlungsregeln zu finden, die verallgemeinerungsfähig sind, d.h. die bei beliebiger Variation der äußeren Umstände und der inneren Verfassung der Person befolgt werden können. Bekanntlich führt diese Suche zu ziemlich inhaltsleeren, abstrakten Regeln wie Kants kategorischem Imperativ, nach dem

---

[9]Vergleiche (Valjavec,1961) für einen Überblick.

nur solche Regeln befolgt werden sollen, die als Grundlage einer allgemeinen Gesetzgebung dienen können.[10] Es ist ziemlich klar, daß allgemeine Verhaltensregeln umso inhaltsleerer sind, je größer der Bereich an Variation der äußeren Umstände, unter denen sie angewandt werden und gelten sollen. Die äußeren Umstände sind größtenteils durch soziale Institutionen festgelegt und geregelt. Der Inhalt ethischer Verhaltensregeln hängt daher eng mit der Variationsbreite zusammen, die wir für soziale Institutionen zulassen. Ethische Systeme und Regeln werden umso trivialer, je weniger sie auf das institutionelle Umfeld der Akteure Rücksicht nehmen. Somit bildet die Institutionentheorie auch für die Ethik, zumindest für jede interessante Ethik, eine notwenige Voraussetzung.

Schließlich bleibt festzustellen, daß soziale Institutionen den Oberbegriff für politische Institutionen und damit einen Grundbegriff der politischen Wissenschaft bilden oder jedenfalls bilden sollten.[11]

Aus all dem ergibt sich, daß soziale Institutionen zu den wichtigsten Phänomenen überhaupt gehören und eine entsprechende Theorie in der Wissenschaft absolute Priorität haben sollte. In scharfem Kontrast hierzu steht die tatsächliche Lage der Forschung. Für ein einziges Großexperiment wird in der Physik heute mehr Geld ausgegeben, als für alle Forschungen zusammen, die in einem Land über soziale Institutionen stattfinden.[12]

Institutionentheorie ist also wichtig: inhaltlich und gesellschaftlich. Neben einer Begründung dieser Wichtigkeit scheint uns noch ein zweiter Punkt begründenswert, nämlich die spezielle Art unseres Aufbaus einer Theorie. Eine solche Begründung ist nötig, weil wir hier nicht den vorhandenen, ausgetretenen Pfaden folgen.

Methodisch fallen alle bisherigen Ansätze zur Institutionen-

---

[10](Kant,1915).   Für eine mehr inhaltlich orientierte Sichtweise siehe (Mackie,1981).

[11]Vergleiche etwa (Goehler,1987).

[12]Natürlich liegt dies an der Struktur und Funktionsweise verschiedener sozialer Institutionen, die die Wissenschaftspolitik bestimmen. So stoßen wir selbst bei einem solch scheinbar peripheren, forschungspolitischen Problem auf Gründe für den Aufbau einer Theorie sozialer Institutionen. Zum Mißverhältnis bei der Verteilung von Mitteln vergleiche (Spiegel-Rösing,1973), 101.   Daß Institutionen in der deutschen Politikwissenschaft nicht die gebührende Aufmerksamkeit finden, bemerkt (Goehler,1987), 7.

theorie grob in drei Kategorien. Erstens finden wir „Theorien'" in essayistischer Form, die sich im wesentlichen auf die Lebenserfahrung des Autors, einschließlich Lektüre anderer Schriften, stützen. Hier stehen abstrakte Überlegungen im Vordergrund, während die „Daten", das Anschauungsmaterial, ohne viel System zusammengestellt sind. Neben Klassikern wie Hobbes und Weber sind die bekanntesten deutschen Autoren Habermas und Luhmann[13] hier einzuordnen. In die zweite Kategorie fallen Autoren aus der empirischen Sozialforschung. Dies ist eine Richtung der Soziologie, die sich hauptsächlich mit der Erhebung und Interpretation empirischer Daten, meist in Form von Umfragen, befaßt und der Formulierung umfassender Theorien mit Zurückhaltung[14] begegnet. Ansätze der dritten Kategorie formulieren oder benutzen formale Modelle, auf deren Anbindung an empirische Daten meist wenig Energie verwandt wird. Hierzu zählt der spieltheoretische Ansatz[15], sowie Modelle, die von der KI inspiriert sind.[16] Zwar ist diese Einteilung nicht disjunkt[17], aber wir können doch behaupten, daß eine vierte Kategorie, in der Daten und „harte", umfassende Theorie gleichgewichtig nebeneinander stehen, bisher fehlt. Genau zu dieser Kategorie aber ist unsere Theorie zu rechnen: sie ist umfassend, präzise, direkt mit empirischen Daten konfrontierbar und hebt sich in dieser Kombination von den bisherigen Ansätzen ab.[18]

Neben der Abgrenzung zu anderen Ansätzen bedeutet dies in positiver Hinsicht im wesentlichen zweierlei. Einerseits konstruieren wir umfassende, theoretische Modelle, von denen wir behaupten, daß sie alle für soziale Institutionen wichtigen Züge explizit oder implizit[19] enthalten. Dieser umfassende Anspruch ist gewiß nicht neu, er bekommt aber einen neuen Inhalt, wenn er auf dem

---

[13]Etwa (Habermas,1987), (Luhmann,1985).

[14]Als Vertreterin dieser Gruppe sei Renate Mayntz genannt: (Mayntz et al.,1988).

[15]Etwa (Taylor,1976).

[16]Etwa (Fararo & Skvoretz,1984).

[17]Ein Grenzfall ist z.B. (Etzioni,1967), der sich bei Berücksichtigung von Umfragedaten auch allgemeine, theoretische Gedanken macht.

[18]Wir bemerken nur nebenbei, daß die Theorie trotz des umfassenden Anspruchs auf individualistischer Grundlage steht, das heißt hier: sie geht auf unterster Ebene von Personen und deren Handlungen aus.

[19]Mit „implizit" enthaltenen Zügen sind solche gemeint, die sich unter Einführung definierter Begriffe aus den expliziten Annahmen ableiten lassen.

Hintergrund formaler Präzisierung gesehen wird. Eine Sache ist es, umfassende Modelle blumig und vage anzudeuten; eine Andere, umfassende Modelle präzise und in allen Details explizit zu konstruieren. Genau dies ist unser Ziel: die Konstruktion präziser Modelle sozialer Institutionen ohne Abstriche für die Allgemeinheit bei deren Anwendung. Der Präzisionsgrad unserer Modellbildung ist beträchtlich, er genügt den Standards moderner, mathematischer Theoriebildung. Dies hat zur Folge -und war von Anfang an beabsichtigt- ‚daß sich auf der Grundlage unserer Modelle ohne großen Aufwand Computerimplementierungen erstellen lassen. Das Format unserer Grundbegriffe und Hypothesen läßt sich unmittelbar in die Computersprache PROLOG übertragen, sodaß neben der Eingabe von Daten für eine Implementierung nur die Hypothesen in entsprechende Prozeduren („Regeln") zu überführen sind. Präzision hat ihren Preis, die Kapitel 8, 9 und 12 enthalten einige ziemlich trockene Teile, deren einzige Existenzberechtigung die Präzision ist.[20]

Andererseits legen wir aber neben der Theorie gleiches Gewicht auf deren Anwendbarkeit. Dies äußert sich auf mehrfache Weise. Erstens sind wir bemüht, den Anwendungsbereich unserer Theorie möglichst gut abzugrenzen und möglichst genau zu sagen, welche Systeme unsere Theorie beschreiben und erklären soll.[21] Zweitens ist die Theorie so angelegt, daß Daten direkt als (atomare) Sätze der Theorie erhoben werden können. Drittens haben wir eine voll ausgearbeitete Metatheorie, die insbesondere den Anwendungsprozeß der Theorie betrifft, d.h. den Übergang von Daten und rein theoretischer Hypothese zu einer korrekten empirischen Behauptung.[22] Besonders Punkt zwei verdient Beachtung, insofern unser Ansatz sich hierin recht deutlich von den anderen, obigen Kategorien absetzt. In der empirischen Sozialforschung besteht in der Regel das Problem, einen Bedeutungszusammenhang herzustellen zwischen Daten, die die Form von Antworten bei einer Umfrage haben, und theoretischen Sätzen, in denen (in

---

[20]Der nicht an formalen Details zu erfreuende Leser kann diese Teile kurz überfliegen und dann weiterlesen. Der formal interessierte Leser möge auch (Balzer,1990) konsultieren.

[21]Siehe Kapitel 4.

[22]Vergleiche (Balzer,Moulines,Sneed,1987), sowie die kurzen Bemerkungen am Ende von Kapitel 4.

der Regel) die Wörter aus den Fragen und Antworten gar nicht
vorkommen.[23] Bei anderen, mit formalen Modellen arbeitenden
Ansätzen ergibt sich das Problem, zunächst überhaupt sinnvolle
Methoden der Datenerhebung anzugeben. so ist es zum Beispiel
für spieltheoretische Modelle nicht sinnvoll, die Nutzen der Spieler, die theoretisch zentral sind, als Daten erheben zu wollen, einfach, weil es keine Methoden der Nutzenmessung gibt.[24] Beide
Arten von Problemen sind bei uns weitgehend entschärft, weil wir
die theoretischen Grundbegriffe so wählen, daß sie einer direkten
Operationalisierung zugänglich sind.[25]

Dieses Gleichgewicht von Theorie und Daten ist auf der Daten-
seite mühsam zu erreichen. Die Sammlung von Daten zu einigen
wenigen Systemen unserer Theorie ist eine aufwendige Sache und
übersteigt die Kräfte einer Person bei weitem. In Ermangelung
einer entsprechenden Hilfstruppe haben wir keine harten, historischen Daten zusammengestellt, sondern schildern verschiedene soziale Systeme in der Absicht, die Leser davon zu überzeugen, daß
die Sammlung historischer Daten in den verschiedenen Fällen zu
erfolgreichen Anwendungen unserer Theorie führen würde. Dies
ist gewiß keine befriedigende Situation; empirische Untersuchungen müssen folgen. Wenn wir trotzdem unsere Theorie vorstellen
und ein Gleichgewicht von Theorie und Daten behaupten, so hat
dies folgenden Grund.

Die kurze Geschichte der Sozialwissenschaften zeigt stets ein
Ungleichgewicht zwischen Daten und Theorie. Nach den anfänglichen, wenig an Daten orientierten „Theorien" erfolgte die positivi-
stische Wende zur empirischen Sozialforschung, die in etwas über-
spitzter Form durch den Slogan: „nur noch Daten" charakterisiert
werden kann. Der Grund für dieses, bis jetzt andauernde Dilemma
liegt in der sozialwissenschaftlichen Theoriebildung. Solange hier
zwar umfassende, aber ziemliche vage „Theorien" produziert wurden, war an eine Konfrontation mit ernsten Daten nicht zu denken,andererseits sind die von empirischen Sozialforschern formu-

---

[23]Leider ist dies Problem bisher nicht sehr klar diskutiert worden. Die
Studie von (Gross et al.,1958) beleuchtet es in exemplarischer Form.

[24]Dabei lassen wir Labormethoden außer Acht, weil sich deren Ergebnisse
nicht auf reale Situationen außerhalb des Labors übertragen lassen.

[25]Diese Bemerkung setzt eine nicht-positivistische Sicht von „direkter Operationalisierung" voraus, die wir aber im Blick auf wichtige philosophische
Entwicklungen, etwa (Davidson,1990), für zeitgemäß halten.

lierten Hypothesen zu lokal, um soziale Systeme in den relevanten Aspekten zu beschreiben. Dazu kommt der, im Vergleich zur Naturwissenschaft gravierende, Umstand, daß für ein soziales System nur sehr wenige der relevanten Daten, und diese nur mit großem Aufwand, ermittelt werden können. Im Lichte dieser Einsicht scheint der einzige Ausweg aus dem Theorie-Daten Dilemma im Aufbau *umfassender* und dennoch *präziser* Theorien zu liegen. Nur wenn die Theorie umfassend ist, liefert sie interessante Einsichten in die soziale Welt. Nur wenn sie präzise ist, kann sie ernsthaft an Daten geprüft werden. Die Empfehlung, umfassende und zugleich präzise Theorien zu entwickeln, konnte in der Vergangenheit als leere Übung in formaler Konstruktion abgetan werden, weil nämlich ein empirischer Test ziemlich utopisch schien. Mit der Verbreitung starker Rechner und mit Hilfe von KI-Methoden ist es jedoch möglich geworden, komplexe Theorien mit Daten zu konfrontieren, auch wenn die Daten spärlich sind. Damit hat die Konstruktion umfassender Modelle eine neue Qualität im Hinblick auf ihre empirische Prüfbarkeit bekommen. Dieser Hintergrund, zusammen mit der Gewißheit, daß sich unsere Theorie leicht implementieren läßt, begründet unsere Behauptung, daß wir Daten genau so ernst wie die Theorie nehmen -auch wenn unsere „Daten" im Zuge der Beschreibung realer Systeme nur angedeutet werden. Insobesondere sind damit auch die Gründe für unseren andersartigen Ansatz deutlich geworden.

Wir weisen abschließend darauf hin, daß unser Ansatz deskriptiv ist und nicht normativ wie die hauptsächlichen Theorien über menschliche Entscheidungen und rationales Verhalten. Diese, die Entscheidungstheorie und die Spieltheorie, bieten uns Modelle an, an denen die Menschen ihr Verhalten orientieren könnten. Vorausgesetzt, ein durch solche Modelle geleitetes Verhalten führt zu einer Verbesserung (was nicht sicher ist), so bleibt doch die Frage, wie man die Menschen dazu bringen kann, sich an ihnen zu orientieren. Uns scheint, daß es nicht ausreicht, nur ideale, mögliche Modelle von harmonischem Verhalten anzugeben; genauso wichtig ist es, das weniger harmonische, tatsächliche Verhalten zu beschreiben und auf den Punkt zu bringen. Bloße Möglichkeit allein liefert keine Handlungsmotivation. Ein Antrieb kommt erst zustande, wenn neben dem möglichen Idealbild auch die reale Situation und der Kontrast zwischen beiden wahrgenommen wird.

2 Das Ordnungsproblem

Die Art und Weise, wie Menschen miteinander umgehen und zusammen leben, hat schon immer Anlaß zum Nachdenken und zur Verwunderung gegeben. Warum leben „wir" (die Leute in „meiner" Gruppe) anders als die Menschen in einer anderen Gruppe in einem anderen Land oder Erdteil? Ist die Ordnung meiner Gruppe oder Gesellschaft, oder meines Staates besonders gut und erstrebenswert? Wenn nicht, gibt es eine bessere Ordnung, für deren Herstellung ich mich einsetzen sollte? Diese Fragen drücken das Ordnungsproblem aus, das Problem, die bestehende gesellschaftliche Ordnung zu beschreiben und zu rechtfertigen. Eine Lösung des Ordnungproblems besteht in der Antwort auf folgende drei Fragen: 1) Was ist soziale Ordnung? 2) Ist unsere Ordnung die Beste? und, weitergehend: 3) Warum gibt es soziale Ordnungen?

Zwischen sozialer Ordnung und sozialen Institutionen besteht eine enge Verbindung. Soziale Ordnung wird oft durch soziale Institutionen, wie zum Beispiel den Staat, hergestellt; umgekehrt definiert jede soziale Institution eine Ordnung, die allerdings nicht immer so umfassend wie ein Staat ist. Fast alles, was über das Ordnungsproblem geschrieben wurde, gilt deshalb auch für soziale Institutionen. Die drei obigen Fragen behalten bei Ersetzung von „Institution" für „Ordnung" ihre Bedeutung: 1') Was sind soziale Institutionen? 2') Sind unsere Institutionen die Besten? 3') Warum gibt es soziale Institutionen? Oft sind Schriften über das Ordnungsproblem so unscharf abgefaßt, daß sich in ihnen keine klare Trennungslinie zwischen Ordnung und Institution erkennen läßt.

Theoretisch lassen sich soziale Institutionen leichter erforschen als soziale Ordnungen. Der Begriff der sozialen Ordnung ist schwer zu fassen. Versuche, die gegenwärtigen sozialen Systeme als soziale Ordnungen zu beschreiben, winden sich meist in immer abstraktere Höhen von Systemen und Subsystemen hinauf, sodaß es schwer wird, einen Bezug zur Realität herzustellen. Dagegen ist es ziemlich leicht, reale Systeme aufzuweisen und auszugrenzen, von denen man behaupten möchte, sie seien soziale Institutionen. Das Studium sozialer Ordnung führt daher in natürlicher Weise zu dem von Institutionen. Erst wenn wir befriedigende Modelle sozialer Institutionen haben, werden Lösungen des Ordnungsproblems sichtbar. In den Bereichen, wo Ordnung durch Institutionen aufrechterhalten wird, ergeben sich die Lösungen dann fast automatisch. Aus all diesen Gründen lohnt es sich, am Anfang die verschiedenen Wege anzuschauen, auf denen sich die Lösungsversuche zum Ordnungsproblem bisher bewegten. Es lohnt sich, weil wir auf Grund der engen Beziehungen zwischen Ordnung und Institutionen vermuten werden, daß in beiden Fällen ähnliche Lösungsmethoden Anwendung finden. Wir können daher versuchen, Methoden, die sich beim Ordnungsproblem bewährten, auch beim Studium von Institutionen anzuwenden und schlechte Methoden zu vermeiden.

Durch die obigen drei Fragen sind verschiedene Schritte ihrer Beantwortung schon vorgezeichnet. Zur Antwort auf die erste Frage „Was ist (eine) soziale Ordnung?" wird ein Modell konstruiert, das -zumindest dem Anspruch nach- genau alle wesentlichen Merkmale sozialer Ordnungen enthält. Die Frage läßt sich dann wie folgt beantworten: Soziale Ordnungen sind genau all jene realen Systeme, die die im Modell beschriebenen Eigenschaften haben. Zum Beispiel könnte man ein -ziemlich primitives- Modell mit drei Gruppen konstruieren: den Herrschenden, den Beherrschten und einem Stab von speziell ausgebildeten Helfern, die das Beherrschen im Detail durchführen. Unter Bezug auf dieses „Modell" wäre ein reales System genau dann eine soziale Ordnung, wenn sich in ihm drei Gruppen der genannten Art ausmachen lassen. Vom Modell ist es also nicht weit zur Beschreibung einer realen Ordnung. Sie wird -mehr oder weniger gut- beschrieben, indem man zeigt, daß sie unter das -mehr oder weniger gute- Modell subsumierbar ist, das heißt, daß sie alle im Modell postulierten Eigenschaften hat.

Die Antwort auf die zweite Frage „Ist unsere Ordnung die Beste?" erfordert einen größeren theoretischen Aufwand. Der Ausdruck „die beste Ordnung" ist nur sinnvoll in Bezug auf eine oder mehrere Alternativen, und nur wenn klar ist, in welchem Sinn unsere Ordnung besser ist als jede der Alternativen. Ein seriöse Antwort auf diese Frage muß also nicht nur die vorhandene Ordnung beschreiben, sondern darüber hinaus noch erstens alternative Ordnungsmodelle angeben, und sich zweitens auf eine wohldefinierte Vergleichsrelation des „besser als" zwischen den verschiedenen Modellen beziehen. Erst wenn diese Voraussetzungen erfüllt sind, kann man unter Umständen zeigen, daß ein bestimmtes Modell, welches unser soziales System beschreibt, besser ist als alle ins Auge gefaßten Alternativen, und damit die zweite Frage positiv beantworten. Wenn wir als Alternative zu dem obigen Primitivmodell etwa das einer „anarchischen Ordnung" wählen, das gerade durch das Fehlen einer Herrschergruppe ausgezeichnet ist, so kommt es darauf an, eine Relation des Besserseins zu definieren, gemäß der das Modell mit Herrschaft sich in einem präzisen Sinn als besser herausstellt, denn das anarchische Modell. Erst wenn diese Relation definiert wurde, kann man sagen, die Ordnung der ersten Art (mit Herrschaft) sei besser als die der zweiten Art (Anarchie), und, wenn keine weiteren Alternativen diskutiert werden, in dem dann vorliegenden Kontext die Beste.   Natürlich hängt eine solche Antwort davon ab, wieviele verschiedene Alternativen welcher Art ins Auge gefaßt werden: je mehr und verschiedenartiger die Alternativen, desto schwieriger die Antwort. Die Antwort geht dann allerdings auch weit über eine bloße Beschreibung hinaus; sie enthält dann auch ein Element der Rechtfertigung. Wenn gezeigt werden kann, daß unsere soziale Ordnung die Beste unter mehreren Alternativen ist, dann besteht kein Grund, diese Ordnung in Richtung auf eine der Alternativen hin zu verändern. In diesem Sinn ist sie dann gerechtfertigt.

Im allgemeinen ist die Sache jedoch komplizierter, weil es mehr als eine Vergleichsrelation des „besser als" zwischen sozialen Ordnungen gibt. Es kommt darauf an, unter welchem Aspekt man sie vergleicht. In der einen Ordnung ist zum Beispiel mehr Freiheit vorhanden, in einer anderen stattdessen mehr Gleichheit. Was dem Einen „besser" scheint, kann beim Anderen auf schärfste Ablehnung stoßen. Gibt es mehrere plausible alternative Vergleichsrelationen, so läßt sich die Antwort auf Frage 2) zunächst nur relativ zu einer dieser Vergleichsrelationen, die festgehalten wird, geben.   Bei Wahl einer anderen Vergleichsrelation kann sich die Antwort umkehren und in solchen Fällen scheint zunächst nur eine Wertung oder Anordnung der verschiedenen Vergleichsrelationen selbst weiter zu helfen: man einigt sich auf eine der Vergleichsrelationen als „die Beste" und schaut, welche soziale Ordnung bezüglich dieser besten Vergleichsrelation „die Beste" unter den vorliegenden Alternativen ist. Verschiedene Vergleichsrelationen lassen sich aber in der Regel untereinander nicht vergleichen. Wir können nicht sagen, welches Gütekriterium für soziale Ordnungen „besser als" ein anderes ist. Wir können zum Beispiel nicht sagen, daß das Kriterium „mehr Freiheit" ohne Einschränkung besser ist als das Kriterium „mehr Gerechtigkeit". Hier stößt die begriffliche Analyse an eine Grenze. Diesseits der Grenze wandeln wir im Licht der einfachen, anfangs einleuchtenden Begriffsanalyse und Begriffsklärung, auf der anderen Seite beginnt der düstere Dschungel der tatsächlich angewandten Kriterien und der Methoden, nach denen Modelle und Vergleichskriterien gegeneinander abgewogen werden.

Bei Beantwortung der dritten Frage „Warum gibt es soziale Ordnungen?" kommt ein weiteres Element ins Spiel: ein Ziel, das die Ordnung erreicht, oder ein Zweck, den sie erfüllt oder erfüllen sollte. Nach *Hobbes*[1] zum Beispiel ist es das Ziel einer souveränen Herrschaft, Ruhe und Ordnung unter den Beherrschten herzustellen (die sich andernfalls die Köpfe einschlagen würden). Auch bei den Zielen gibt es theoretisch zwei Möglichkeiten. Man kann sich mit der Angabe eines einzigen Zwecks zufriedengeben und zeigen, daß die vorliegende Ordnung diesen erfüllt. Oder man kann -anspruchsvoller- verschiedene Zwecke ins Auge fassen. Im zweiten Fall wird die Sache auch wieder heikel, insofern die Ziele nicht miteinander verträglich zu sein brauchen. Die schon gegebenen Beispiele zeigen dies. Die Ziele, eine soziale Ordnung mit möglichst viel Gleichheit oder mit möglichst viel Freiheit der Individuen zu errichten, werden oft als miteinander unverträglich angesehen. Könnte man eine Auswahl oder eine Anordnung der Ziele vornehmen, so wäre die bestehende soziale Ordnung umso zweckmäßiger, je „bessere" Ziele sie erfüllt. Mit dieser Feststellung landen wir abermals in einem Gewirr von Problemen, die bei der gemeinschaftlichen Auswahl von Zielen entstehen und für die sich bisher keine überzeugende Lösung abzeichnet.[2] Wir wer-

---

[1](Hobbes,1966), 131ff.
[2]Unter den Stichworten „Social Choice", „Sozialwahl" gibt es reichlich Literatur zu diesem Thema. Vergleiche zum Beispiel (Arrow,1983) und (Sen,1970).

den zufrieden sein müssen, zunächst einige wenige -etwa zwei- verschiedene Arten von Ordnungsmodellen und von Zielen für soziale Ordnungen klar herauszuarbeiten und auf ihre Implikationen hin zu untersuchen.

Bei sozialen Strukturen genauso wie bei Handlungen kann ein Unterschied bestehen zwischen der tatsächlichen Ursache für die Entstehung der Struktur oder die Ausführung der Handlung einerseits und dem Erreichen eines Ziels durch die Struktur oder die Handlung. Oft ist das Ziel zugleich die Ursache (oder ein wichtiger Teil davon), es kann aber auch als zunächst unbeabsichtigter Nebeneffekt erreicht werden. Jedenfalls bildet die Zielerreichung nicht das alleinige Kriterium, nach dem eine soziale Struktur oder eine Handlung zu bewerten ist. Das totalitäre Weltregime des großen Bruders würde als Nebeneffekt zur völligen Befriedung führen, aber wenn es durch das normale Streben nach Ausweitung der Herrschaft entstanden ist, spielt die Tatsache, daß es nebenbei auch befriedend wirkt, keine zentrale Rolle bei seiner Bewertung. Es könnte ja andere Strukturen geben, die dieses Ziel der Befriedung auch erreichen (aber im Kampf um die Macht und Herrschaft nicht so fit sind).

In unserem Dreierschema von Fragen lassen sich drei Typen von Lösungen mehr oder weniger klar voneinander abgrenzen: beschreibende, normative und teleologische Lösungen. Eine beschreibende Lösung besteht in der Konstruktion eines Modells und im Nachweis, daß die bestehende Ordnung darunter fällt. Auch die Angabe von Alternativen und die Definition einer Vergleichsrelation können unter geeigneten Umständen beschreibenden Charakter haben, wenn nämlich die Alternativen durch konkrete Systeme gegeben sind, aus denen sich auch noch „natürliche" Vergleichskriterien abstrahieren lassen. Normative Lösungen liegen vor, wenn die alternativen sozialen Ordnungen, die Vergleichsrelation für soziale Ordnungen, oder ein Ziel für soziale Ordnung ohne weitere Begründung vorgegeben werden, das heißt, wenn kein Versuch gemacht wird, eine Übersicht über die möglichen Alternativen, Vergleichsrelationen und Ziele zu gewinnen. Anstatt verschiedene Möglichkeiten gegeneinander abzuwägen, wird eine bestimmte Ordnung, ein Vergleichskriterium, oder ein Ziel einfach gesetzt. Andere Möglichkeiten werden nicht beachtet. Diese Strategie der Ausblendung relevanter Alternativen ist allzumenschlich:

um etwas als optimal nachzuweisen, halte ich die Alternativenmenge möglichst klein. Wenn der Mitmensch, den ich überzeugen
möchte, sich keine Gedanken über Alternativen gemacht hat, wird
er meine kleine Alternativenmenge nicht hinterfragen und meinen
„Beweis" der Optimalität akzeptieren. Anders gesagt läßt sich
eine soziale Ordnung schon dadurch als die Beste auszeichnen,
daß man nur besonders schäbige Alternativen und vorteilhafte
Vergleichsrelationen benutzt, und sie läßt sich dadurch als besonders zweckmäßig auszeichnen, daß man nur Zwecke betrachtet,
die sie ohnehin erfüllt. Statt über diese allzumenschliche Strategie
zu lamentieren, sollten wir versuchen, die jeweiligen Alternativen
klarer herauszuarbeiten und bewußt zu machen.

Die dritte Lösungsart, die teleologische, liegt vor, wenn bei
Frage 2) statt einer Alternativenmenge einfach nur ein Ziel vorgegeben wird. Frage 2) wird dadurch transformiert zu: 2') Erfüllt
unsere Ordnung das gegebene Ziel? Wenn sich diese Frage für ein
System positiv beantworten läßt, ist zugleich Frage 3): Warum
gibt es soziale Ordnung?, beantwortet. Es gibt sie, weil damit
das Ziel erfüllt wird. Auch hier dient *Hobbes'* Ansatz als Beispiel.
Die favorisierte soziale Ordnung, hier der von einem machtvollen
Souverän gelenkte Staat, erfüllt in Antwort auf Frage 2') das vorgegebene Ziel, nämlich die Herstellung von Ruhe und Ordnung,
womit auch Frage 3) beantwortet wird: die soziale Ordnung existiert oder hat sich entwickelt, weil das Ziel bestand und weil sie
es erfüllt, d.h. weil sie ein Mittel zur Erreichung des Zieles ist. Im
Beispiel: der vom machtvollen Souverän gelenkte Staat stellt Ruhe
und Ordnung sicher und er ist entstanden, weil die Menschen das
Bedürfnis nach Ruhe und Ordnung haben und in der souveränen
Herrschaft ein Mittel zur Befriedigung dieses Bedürfnisses sahen.

Zwischen normativen und teleologischen Lösungen besteht ein
enges Verhältnis. Jede normativ vorgegebene soziale Ordnung
läßt sich teleologisch als Ziel deklarieren und umgekehrt liegt es
zumindest nahe, die Erreichung gesetzter Ziele auch als erwünscht
oder geboten anzusehen. Im Prinzip kann es zwar teleologische,
beschreibende Lösungen geben, praktisch haben sie bisher keine
Rolle gespielt. Normative und teleologische Lösungen des Ordnungsproblems sind nicht an sich minderwertig, es gibt gute Argumente gegen eine scharfe Trennung von beschreibenden und nor-

mativen Sätzen und Modellen.[3] Sie sind nur gefährlich, weil sie
uns zur Ausblendung von Alternativen verführen, die wir bei neu-
tralerer Betrachtungsweise vielleicht als relevant erkennen würden.
Überlieferte Theorien sozialer Ordnung sind mit Vorsicht aufzunehmen und auf ihren normativen bzw. teleologischen Charakter
hin zu prüfen.

Selbst bei ziemlich nüchtern wirkenden Autoren bringt die
genauere Analyse unterschwellige Wünsche und Wertungen zu
Tage. Ein schönes Beispiel ist *Thomas Hobbes'* einflußreiches
Buch *Leviathan*.[4] Sein Grundgedanke, der inzwischen Allgemeingut geworden ist und in der spieltheoretisch orientierten Soziologie
gerade eine neue Blüte erlebt,[5] wurde bereits angedeutet. Wenn
die Menschen ohne einen Herrscher („Souverän") leben, so führt
das in natürlicher Weise zu einem lebensbedrohenden Kampf aller
gegen alle, den *Hobbes* als Naturzustand bezeichnet.[6] Dem Naturzustand können die Menschen nur dadurch entgehen, daß sie
fast alle ihre Rechte durch Vertrag an den Souverän abgeben. Im
Zentrum der Überlegung steht also der Abschluß eines Vertrages,[7]
in dem die Untertanen ihre Rechte an den Souverän abgeben und
dieser sich verpflichtet, für Recht und Ordnung zu sorgen. Die
absolute Herrschaft eines Souveräns liefert Antworten auf unsere
drei Fragen und somit eine Lösung des Ordnungsproblems. 1)
Was ist soziale Ordnung? Antwort: Die souveräne Herrschaft einer Einzelperson. 2) Ist diese Ordnung die Beste? Antwort: Ja,
nämlich relativ zur Alternative des Naturzustandes, in dem sich
alle Leute gegenseitig die Köpfe einschlagen und relativ zum Vergleichskriterium „mehr Ruhe und Ordnung". 3) Warum gibt es
diese Ordnung? Antwort: Weil sie das vorgegebene Ziel, Ruhe
und Ordnung, verwirklicht.

Welchen Status hat diese Lösung? Wird hier ein realer Prozeß
von Vertragsabschlüssen zwischen Beherrschten und dem Herrscher beschrieben oder ein bestehendes System von einander durch

---

[3](White,1987).

[4](Hobbes,1966).

[5]Einen Eindruck über die diversen Anwendungen vermitteln (Taylor,
1976), (Axelrod,1984) und (Maynard Smith,1982).

[6](Hobbes,1966), etwa 105, 122.

[7]Der Hobbessche Vertragsgedanke läßt sich bis weit in die Antike zurückverfolgen. Schon im zweiten Buch von Platons Staat bezieht sich Glaukon
auf diese Auffassung als *bereits bekannt*. (Platon,1950), 117.

Gesetze verpflichteten Individuen rechtfertigt? Wie immer man *Hobbes* aus historischer Sicht beurteilt, aus heutiger Sicht ist klar, daß der Vertragsgedanke keinesfalls für die Beschreibung der Entstehung einer sozialen Ordnung benutzt werden kann. Weder zu *Hobbes'* Zeiten und noch viel weniger heute, gibt es empirische Daten, die auf einen tatsächlichen Vertragsabschluß nach *Hobbes'*schem Muster hinweisen. Der *Hobbes'*sche Grundgedanke hat also den Status einer Rechtfertigung, nicht den einer Beschreibung. Es ist leicht zu sehen, wo die Sache normativ wird. Die Menge der alternativen Zustände oder Ordnungen ist im wesentlichen auf den Naturzustand beschränkt, der in *Hobbes'* Darstellung zugegebenermaßen keine sehr attraktive Form hat. Das *Hobbes'*sche Ziel: Vermeidung eines Kampfes aller gegen alle, ist eine Vorgabe, die zwar auf viele seiner Leser faszinierend wirkte, von der man aber kaum behaupten kann, sie sei aus einem allgemeinen, „natürlichen" Menschenbild abgeleitet. Wenn man versucht, dieses Ziel aus anderen Annahmen in logisch korrekter Weise abzuleiten, so sieht man nur umso deutlicher den Vorgabecharakter jener anderen Annahmen. Aus heutiger Sicht ist leicht zu sehen, wie man *Hobbes'* Gedankengang durch Einbeziehung anderer, realistischer Alternativen und Bewertungsmaßstäbe vollkommen entwerten kann. Auch das platonische Ziel der Gerechtigkeit stellt eine Vorgabe dar. Wahrscheinlich werden die meisten Menschen das Ziel eines gerechten Lebens gutheißen, aber der Teufel steckt im Detail, sprich: in der genaueren Definition dieses Ziels.

Es ist verständlich, daß hauptberufliche Denker und Schreiber mit ihren sozialen Systemen in der Regel zufrieden sind, da sie dort eine angenehme und geachtete Stellung haben. So ist die überwiegende Zahl von Autoren, die sich mit sozialer Ordnung befassen, in dem Sinn affirmativ, daß die jeweils vorhandene soziale Ordnung bei ihren Untersuchungen als die „Beste" herauskommt, jedenfalls im Bereich der jeweils als real möglich betrachteten Systeme. Ein weiterer Grund für die affirmative Grundhaltung der meisten Autoren liegt darin, daß bis heute noch in jedem sozialen System kritische Ansichten über zentrale Aspekte desselben ziemlich effizient unterdrückt werden. Die beiden hier wirksamen Motive aber: Zustimmung zu, bzw. Kritik an der eigenen Gesellschaftsordnung, sind für den wissenschaftlichen Wert einer Untersuchung sozialer Ordnungen von absolut untergeordneter Bedeutung, wenn nicht sogar schädlich. Man braucht unter diesem Gesichtspunkt nur einige Blicke in die Klassiker zu tun, von *Plato* angefangen über *Hobbes* und *Rousseau* bis zu *Hegel*, um die enge Verquickung von Wunsch und Tatsache betreffend soziale Ordnung festzustellen.

In der Diskussion um das Ordnungsproblem lassen sich im wesentlichen zwei Ansätze ausmachen: der Vertragstheoretische und der Machtorientierte. Nach dem vertragstheoretischen Paradigma, das mindestens bis auf *Hobbes* zurückgeht, wird, wie schon beschrieben, soziale Ordnung durch Berufung auf einen fiktiven Vertrag „erklärt", durch den die Individuen einen großen Teil ihrer „natürlichen" Rechte an einen Souverän abgeben, um dem permanenten Kriegszustand ein Ende zu setzen. Im machtorientierten Paradigma, wie wir es in Ansätzen etwa bei *Machiavelli*[8] finden, ergibt sich soziale Ordnung als spezielle Konfiguration aus den einander widerstrebenden, machterweiternden Handlungen der Individuen. Während bei *Hobbes* der Kampf Aller gegen Alle einen fiktiven begrifflichen Hintergrund bildet, von dem sich die harmonische, vertraglich geregelte soziale Ordnung abhebt, findet nach dem machtorientierten Paradigma der Kampf um Macht ständig und auf allen Ebenen statt und die soziale Ordnung ist primär ein Mittel der Mächtigen, ihre Macht zu erhalten und zu festigen.

Diese beiden Paradigmen passen gut zur Unterscheidung von normativer und deskriptiver Theorie. *Hobbes'* Ansatz ist normativ, der machtorientierte Ansatz dagegen deskriptiv. Schon bei *Machiavelli* ist die beschreibende Absicht völlig klar; denen, die ihn eine Zyniker nennen, muß man vorwerfen, daß sie die Augen vor der Realität verschließen wollen. Wer von der festen Vormeinung ausgeht, daß soziale Ordnung eine Einrichtung zum Wohl aller Beteiligten ist, wird geneigt sein, seine Augen vor solchen Individuen zu verschließen, die aus der sozialen Ordnung im wesentlichen nur Nachteile haben. Genauso wird jemand, für den das Planetensystem der aristotelischen Theorie entspricht, sich weigern, die im Fernrohr sichtbaren Lichtpunkte als Monde des Jupiter anzusehen, oder jemand, der die feste Meinung hat, Abtreibung sei Mord, kaum imstande sein, Phänomene wahrzunehmen, die auf soziale Ursachen dieser sozialen Praxis hinweisen.

Was ist von einer rein beschreibenden Theorie als Lösung des

---

[8](Machiavelli,1990), (Machiavelli,1977).

Ordnungsproblems zu erwarten? Bezüglich der ersten Frage „Was ist soziale Ordnung?" stehen wir vor einer ganzen Menge verschiedener sozialer Systeme aus Gegenwart und Vergangenheit mit ganz verschiedenen Ordnungen. In der Steinzeit ist die Existenz von staatsähnlichen Ordnungen aufgrund der bekannten Daten äußerst unwahrscheinlich. Für die Periode des Übergangs vom ganz oder teilweise nomadischen Leben zur völligen Seßhaftigkeit in Siedlungen in der Zeit von etwa 15 000 bis 3000 v.Chr. ist das vorhandene Wissen zu dürftig, um die jeweiligen sozialen Systeme und Ordnungen zu rekonstruieren.[9] Über erste wohlgeordnete Staatsgebilde, wie etwa das der Hethiter, liegt historisches, insbesondere archäologisches Material vor, jedoch nicht, wie später, in theoretisch aufbereiteter Form.[10] Seit der Antike sind uns dann verschiedene soziale Ordnungen recht gut überliefert. Auch die Modellierung solcher Systeme beginnt in der griechischen Klassik. Das von da an reichlich vorhandene Datenmaterial bildet eine Basis, auf der die beschreibende Theorie sozialer Ordnungen anzusetzen hätte. Sie müßte Modelle konstruieren, die mit den vorhandenen Daten verträglich sind. Der Weg hierzu besteht bekanntlich im Auffinden von Ähnlichkeiten unter den verschiedenen Systemen und von Eigenschaften, hinsichtlich derer sie sich von anderen Arten von Phänomenen unterscheiden. Erste Schritte in dieser Richtung, allerdings auch nicht mehr, finden sich für eine Theorie sozialer Systeme (Ordnungen, Insitutionen) z.B. bei *Max Weber* oder bei *Talcott Parsons*.[11] Empirische Arbeiten zum Vergleich sozialer Systeme sind schwer zu finden.

Zur dritten Frage „Warum gibt es soziale Ordnungen?" läßt sich auf beschreibende Weise etwas herausfinden. Unsere Untersuchung gibt hier, wie wir sehen werden, eine eindeutige Antwort, die zwar im Prinzip nicht neu ist, sich aber vom Vertragsgedanken klar absetzt.

Unsere Überlegungen zeigen, daß Methoden für den Vergleich sozialer Ordnungen und für den Vergleich von Kriterien und Zielen von größter zukünftiger Bedeutung für die Erforschung des Ordnungsproblems sind. Wir wollen deshalb kurz einige Möglich-

---

[9](Festinger,1985).
[10]Siehe z.B. (Klengel & Klengel,1975) für die Hethiter oder (Nissen, 1983) für die Sumerer.
[11](Weber,1980), (Parsons,1951).

keiten zum Vergleich sozialer Systeme durchgehen. Erstens kann man die Modelle zweier Systeme strukturell, das heißt rein formal vergleichen. Man versucht, gemeinsame Begriffe in beiden zu finden oder die Begriffe des einen in die des anderen zu übersetzen. Darüberhinaus prüft man, ob die Hypothesen für beide Modelle einander implizieren. Zum Beispiel könnten alle Hypothesen des einen Modells aus Übersetzungen der Hypothesen des anderen Modells ableitbar sein. Neben einem solchen, sogenannten Reduktionsverhältnis gibt es noch eine Reihe anderer, formaler Möglichkeiten, die hier von geringem Interesse sind.[12] Strukturelle Vergleiche lassen sich auch bei normativen und teleologischen Modellen durchführen, indem wir die erlaubten bzw. die Zielstrukturen miteinander vergleichen. Zwar gibt es solche Vergleiche bisher höchstens ansatzweise,[13] sie werden jedoch in Zukunft, genau wie schon jetzt in der Naturwissenschaft, eine wichtige Rolle spielen.

Zweitens ist der eingeschränkte Vergleich in einer von mehreren Dimensionen möglich. So sind zwei konkrete soziale Ordnungen hinsichtlich ihrer militärischen Stärke vergleichbar, wenn sie in einen Krieg miteinander geraten, oder hinsichtlich der technischen Leistungsfähigkeit, wenn sie gleichzeitig und mit ähnlicher Größe und Infrastruktur bestehen. Zwei soziale Ordnung sind vergleichbar bezüglich ihrer wirtschaftlichen Leistungsfähigkeit, wenn sie über ähnliche Größe und vergleichbare Rohstoffe verfügen. Unter günstigen Umständen, nämlich wenn beide Ordnungen einen gemeinsamen historischen Hintergrund haben (wie z.B. in Ost- und Westdeutschland in der Zeit der Teilung), ist selbst ein kultureller Vergleich denkbar. In diesen und anderen isolierten Dimensionen ist zwar eine gewisse Auskunft über das Verhältnis zweier sozialer Ordnungen möglich, sie bleibt aber unbefriedigend, einmal wegen der Beschränktheit der Betrachtungsweise, zum anderen, weil Vergleiche in verschiedenen Dimensionen zu einander widersprechenden Ergebnissen führen können. So kann die eine Ordnung einer anderen zum Beispiel wirtschaftlich überlegen, aber militärisch unterlegen sein.

Die dritte und vielleicht wichtigste Art des Vergleichs bei sozialen Ordnungen besteht im Vergleich des jeweils zugehörigen Zwecks, wobei natürlich vorausgesetzt wird, daß soziale Ordnun-

---

[12] Vergleiche (Balzer,Moulines,Sneed,1987), besonders Kap.6 und 7.
[13] Etwa (Eckstein,1979).

gen einen Zweck haben. Hier ist zu differenzieren. Neben den
schon mehrfach erwähnten überlieferten allgemeinen Zielen, die
wegen ihrer Allgemeinheit meist schwer zu vergleichen und unter
Umständen inkommensurabel sind, spielen in der neueren Diskussion vor allem Grund- und Menschenrechte eine Rolle. Allerdings
ist die Situation noch von einer Vielfalt von Ansätzen, Definiti-
onsvorschlägen und Meinungen geprägt.

Um die Vergleichsmöglichkeit hier wenigstens anzudeuten, wollen wir kurz drei einschlägige Begriffe, an denen sich der Vergleich
sozialer Ordnungen festmachen läßt, in einem Vokabular präzisieren, welches auch in unserer späteren Institutionentheorie benutzt wird. Die folgenden Definitionen lassen sich mühelos auf
Institutionen übertragen und bilden daher schon eine erste, vor-
gezogene Anwendung unserer Theorie. Insbesondere ist der Freiheitsbegriff wichtig, weil dieser, in unserer Gesellschaft zentrale
ideologische Begriff bisher nicht in befriedigender, präziser Weise
definiert wurde.[14] Wir gehen aus von einem zunächst inhaltlich
nicht weiter definierten Begriff von Macht oder Einfluß, der später
(in Kap.10 und 11) mit mehr Inhalt gefüllt wird. Wir verwenden
den Ausdruck „Macht" in der Form von „Macht ausüben" nach
folgendem Muster:

(2.1) Person i übt mit ihrer Handlung a Macht über Person j
aus, sodaß j eine Handlung b ausführt.

Aus Gründen der besseren Lesbarkeit, aber auch, um störende
Vorurteile zu vermeiden, werden wir im folgenden auch von Beein-
flussung reden. Da sich Sätze der Form (2.1) nur schwer in andere
Sätze einbauen lassen, verwenden wir bei Bedarf die abkürzende
Schreibweise

(2.2) i *beeinflußt* durch a j, b zu tun,

ausführlicher zu lesen als: „Person i beeinflußt mit ihrer Handlung
a Person j, sodaß j Handlung b ausführt", oder auch: „i bringt
j mit a dazu, b zu tun". Wir nennen die Personen i und j im

---

[14]Wir verzichten bei den folgenden Definitionen auf ausführliche Erläuterungen und Beispiele, weil die Explikation dieser Begriffe nicht direkt zu unserem Thema gehört. Lesern, denen die folgenden Definitionen zu trocken
werden, können gleich zu Kap.3 weitergehen.

folgenden das *bestimmende* bzw. das *betroffene* Individuum und statt von *Individuen* reden wir auch von *Personen* oder *Akteuren*. Beispiele für Machtausübung kennt jeder aus seiner Umgebung. Der Chef (i) bringt durch ein kurzes Gespräch (a) den Angestellten (j) dazu, während der Arbeitszeit bestimmte Kleidungsstücke nicht zu tragen (b); der Feldwebel (i) übt durch seinen Befehl (a) Macht über den Grenadier (j) aus, so daß j durch den Schlamm robbt (b); der Chef einer Werbefirma (i) beeinflußt durch eine von ihm gestartete Werbekampagne (a) Lieschen Müller (j), ein bestimmtes Parfum zu kaufen (b).

Der Bereich von Handlungen a, der dem bestimmenden Individuum i zur Verfügung steht, umreißt dessen *Machtmittel*, die bei vielen Autoren „die Macht von i" definieren.[15] Die Handlungen b, die vom betroffenen Individuum als Reaktionen auf verschiedene Beeinflussungen durch i ausgeführt werden, definieren in ihrer Gesamtheit einen Bereich von „von i ausgeübter Macht über j". Jede einzelne solche Handlung b nennen wir eine (von i) *induzierte* Handlung. Eine induzierte Handlung ist mit anderen Worten die Handlung einer Betroffenen, die diese ausführt, weil eine anderere Person Macht über sie ausübt. Wir definieren: Person i *hat* Macht über Person j, wenn es viele für i mögliche Handlungen a und für j mögliche Handlungen b gibt, sodaß gilt: wenn i a tun würde, dann würde i mit a j beeinflussen, b zu tun. Mit anderen Worten hat i Macht über j, wenn i viele Möglichkeiten hat, mit konkreten Handlungen Macht über j auszuüben. Die Anzahl der Möglichkeiten, die hier durch „viele" unbestimmt gehalten wird, kann von Fall zu Fall variieren und als ein grobes Maß der Macht von i über j angesehen werden. Entsprechend hat i keine Macht über j, wenn es nur wenige mögliche Handlungen a von i, im Idealfall gar keine, gibt, mit denen i j beeinflussen kann. Zum Beispiel hat der Chef Macht über seinen Angestellten, insofern er diesem vielerlei Arten von Anordnungen erteilen kann, angefangen von Legitimen, die sich juristisch aus dem Arbeitsverhältnis ergeben (zum Beispiel, pünktlich um 8 Uhr zur Arbeit zu erscheinen), bis hin zu Erpresserischen (zum Beispiel, auf seine Katze aufzupassen). Der Grenadier hat keine Macht über den Feldwebel. Seine Möglichkeiten, den Feldwebel zu irgendwel-

---

[15] Zum Beispiel bei (Russell, 1938).

chen Handlungen zu bringen, erschöpfen sich in wörtlichen und
tätlichen Angriffen, falls er dem Feldwebel geistig oder körperlich
gewachsen ist. Jedenfalls ist die Anzahl dieser Möglichkeiten sehr
klein, wenn man sie mit der Anzahl von Möglichkeiten vergleicht,
die der Feldwebel umgekehrt zur Machtausübung über den Grenadier hat.

Ein erster Begriff zum Vergleich sozialer Ordnungen ist der
der *Unabhängigkeit*. Zwei Akteure i und j sind voneinander unabhängig, wenn weder i Macht über j, noch j Macht über i hat.
Mit anderen Worten kann im Idealfall keiner von beiden durch
irgendeine Handlung Macht über den anderen ausüben. Der Begriff läßt sich auf ganze Gruppen ausdehnen. Wir sagen, in einer
sozialen Ordnung herrsche Unabhängigkeit, wenn in ihr je zwei
Akteure voneinander unabhängig sind. Neben dem Idealfall der
totalen Unabhängigkeit ist natürlich der Fall der näherungswei-
sen Unabhängigkeit interessant, in dem die Individuen nur relativ
wenige Möglichkeiten zur Machtausübung haben und auch die in-
duzierten Handlungen b für die betroffenen Individuen von untergeordneter Bedeutung sind. Je nachdem, wie viele Beeinflussungen von wie großer Bedeutung man zuläßt, erhält man ein Spektrum von „Unabhängigkeitsgraden". Unabhängigkeit ist häufig
anzutreffen zwischen Personen derselben sozialen Schicht. Zwei
Arbeiter in verschiedenen Fabriken sind unabhängig voneinander,
genauso wie zwei Bauern oder Postbeamte aus verschiedenen Gegenden. Dagegen ist der Angestellte nicht unabhängig von seinem
Chef.

Ebenfalls auf der Grundlage von Machtausübung definieren
wir den Begriff der *Gleichheit*.[16] Gleichheit liegt vor, wenn keine
oder nur kleine Machtunterschiede existieren. Zur Präzisierung
benutzen wir die Wendung „Person i hat mehr Macht über Person k als Person j". Dies soll per Definition genau dann der Fall
sein, wenn i, j, k drei verschiedene Personen sind, und wenn i mehr
Machtmittel zur Beeinflussung von k hat als j. Anders gesagt
hat i mehr Möglichkeiten als j, durch Handlungen Macht über k
auszuüben. Zum Beispiel hat der Chef mehr Macht über seine
Angestellte A als eine andere Angestellte B derselben Firma. Den

---

[16]Wir verzichten auf die Ausarbeitung der Varianten dieses Begriffs ebenso
wie auf ausführliche Begründungen und beschränken uns auf den einfachsten
Idealfall.

Machtunterschied zwischen zwei Individuen analysieren wir nun in zwei Schritten. Erstens betrachten wir den externen Machtunterschied, bei dem i mehr *externe* Macht als j hat. Dies soll per Definition genau dann gelten, wenn die Anzahl der Personen k, über die i mehr Macht als j hat, größer ist als die Anzahl der Personen k', über die j mehr Macht hat als i. Zum Beispiel hat ein Firmenchef mehr externe Macht als Lieschen Müller. Er kann alle seine Angestellten auf verschiedenste Art beeinflussen, was Lieschen Müller nicht schafft. Zweitens schauen wir auf den *internen* Machtunterschied zwischen i und j. Wir sagen, i habe mehr interne Macht als j, wenn i mehr Möglichkeiten zur Beeinflussung von j hat, als umgekehrt. Wenn Lieschen Müller in der Firma angestellt ist, hat ihr Chef auch mehr interne Macht als sie. Er kann sie auf viele Weisen beeinflussen, sie ihn dagegen nicht. Externe Macht kann auch invers oder gegenläufig zur internen sein. Wenn Lieschen Müller die Geliebte des Chefs ist, und er ihr hörig, so hat er mehr externe Macht als sie, aber sie hat mehr interne Macht als er, sie kann ihn zu vielen Handlungen bringen, er sie aber nicht. Durch Zusammenfassung von externer und interner Komponente erhalten wir einen komparativen Begriff: *i hat mehr Macht als j* genau dann, wenn i mehr externe und mehr interne Macht als j hat. Dies ist eine sehr enge Definition, die über problematische Fälle, wo interne und externe Macht gegenläufig sind, wo also z.B. i mehr interne Macht als j, aber j mehr externe Macht als i hat, nichts aussagt. Mit diesem komparativen Begriff läßt sich nun Gleichheit definieren: Personen i und j *sind gleich*, wenn weder i mehr Macht als j hat, noch j mehr Macht als i. Das heißt, grob gesprochen, daß beide über die gleiche Anzahl dritter Personen Macht ausüben und daß sie auf sich gegenseitig gleichviel Macht ausüben. Im Spezialfall ist die Definition natürlich auch erfüllt, wenn beide überhaupt keine Macht ausüben. So sind etwa zwei Gefangene in Einzelhaft, bei emotionsloser Bewachung, gleich. Sie üben weder externe noch interne Macht über jemanden aus. Auch bei der Gleichheit handelt es sich um einen idealtypischen Begriff, bei dem man kleine Unterschiede in den jeweiligen Anzahlen tolerieren wird, besonders, wenn die Anzahlen selbst groß sind. In einer sozialen Ordnung herrscht schließlich ideale Gleichheit, wenn je zwei Individuen gleich sind. Dies ist zum Beispiel dann der Fall, wenn es zu jeder Machtausübung einer bestimmenden Person eine induzierte Handlung dieser Person gibt, in der sie die Rolle der Betroffenen innehat. Anders gesagt: jede Person übt genauso oft Macht aus, wie sie als Betroffene einer Machtausübung ausgesetzt ist. Die Zahl der Fälle, in denen eine Person Einfluß ausübt, ist genauso groß wie die, in denen sie beeinflußt wird. Man beachte, daß ideale Gleichheit damit verträglich ist, daß die Personen aufeinander Macht ausüben. Bedingung für Gleichheit ist nur, daß Symmetrie herrscht.

Die so definierten Begriffe der Unabhängigkeit und Gleichheit zweier Individuen sind logisch unabhängig. Zwei Personen können unabhängig voneinander sein und trotzdem ungleich, nämlich, wenn sie verschiedene externe Macht über Dritte haben. Wenn Lieschen Müller keine Angestellte ist und auch sonst nichts mit dem Chef zu tun hat, sind beide unabhängig voneinander, aber auch ungleich. Genausowenig impliziert Gleichheit Unabhängigkeit. Zwei Personen, die jeweils das gleiche Maß an Einfluß aufeinander ausüben, sind zwar gleich, aber nicht unabhängig, etwa zwei Personen, die eine GmbH zu gleichen Anteilen besitzen. Sie haben in etwa gleiche Macht übereinander, beeinflussen sich aber bei der Leitung der Firma ständig. Nach unseren Definitionen impliziert Unabhängigkeit, zusammen mit gleicher externer Macht, volle Gleichheit. Zwei ledige Briefträger sind unabhängig voneinander und haben in etwa gleiche externe Macht. Aus ihrer Unabhängigkeit folgt, daß sie auch gleiche interne Macht, nämlich keine, haben. Sie sind daher per Definition gleich.

Auf der Ebene von Gruppen gibt es stärkere Zusammenhänge. In einer Gruppe mit idealer Unabhängigkeit herrscht auch ideale Gleichheit, d.h. der Unabhängigkeitsbegriff für ganze Gruppen ist ein Spezialfall des Gleichheitsbegriffs für Gruppen. Die Umkehrung gilt natürlich nicht, sonst wären Gleichheit und Unabhängigkeit auf Gruppenebene ja äquivalent. Die Vorstellung von totaler Gleichheit auf Kosten einer ebenso totalen gegenseitigen Kontrolle und völliger gegenseitiger Abhängigkeit wartet allerdings noch auf eine dramatische Darstellung nach *Orwell*'scher Manier.

Totale Unabhängigkeit scheint dem Menschen nicht gemäß zu sein. Es gehört zu seinem Wesen als *zoon politicon*, seine Mitmenschen zu beeinflussen. Jedenfalls gibt es keine soziale Gruppe, deren Individuen voneinander unabhängig wären. Der Begriff der sozialen Gruppe selbst scheint schon Abhängigkeiten zu implizieren: eine Menge unabhängiger Personen kann per Definition keine soziale Gruppe bilden. Dagegen ließe sich Gleichheit einer Gruppe im Prinzip verwirklichen. Neben der begrifflichen Möglichkeit hierfür, die sich aus unseren Definitionen ergibt, sieht man dies auch an realen Beispielen, die dem Idealtyp der Gleichheit ziemlich nahe kommen, wie dem der *Nuer*.[17] Der Sachverhalt, daß in den meisten sozialen Systemen der letzten 3000 Jahre keine Gleichheit herrscht, ist jedenfalls keine Folgerung aus der bloßen Definition der Begriffe, sondern eine empirische und erklärungsbedürftige Tatsache, die vom *Hobbes*'schen Modell sozialer Ordnung nicht erklärt werden kann. Es spricht für unsere im folgenden darzustellende Institutionentheorie, daß sie eine solche Erklärung leistet.

Drittens betrachten wir eine Version des *Freiheits*begriffs, nach der Freiheit aufgefaßt wird als Freiheit von äußerem Zwang. Dazu beziehen wir uns auf drei Arten menschlicher Aktivität. Erstens sind Menschen die „Träger" von Handlungen, sie führen Handlungen aus. Um den technischen Charakter der Wendung zu betonen, reden wir von Realisierung im folgenden Format:

$$i \ realisiert \ a \ zu \ t,$$

ausführlicher zu lesen als: „Person i realisiert zur Zeit t die Handlung a". Zweitens haben Menschen *Überzeugungen*. In diesem Buch werden wir es fast nur mit *kausalen Überzeugungen* zu tun haben, also mit Überzeugungen, die kausale Verhältnisse betreffen, Beziehungen zwischen Ursachen und Wirkungen. Um solche Überzeugungen auszudrücken, verwenden wir die Formulierung „i glaubt, daß a eine Teilursache von b ist", für die wir auch schreiben

$$a \ verursacht, \ \text{nach } i, \ b \ teilweise.$$

Dabei steht „i" für einen Akteur und „a", „b" stehen für zwei Ereignisse. Ein Ereignis a heißt eine *Teilursache* von Ereignis b, wenn a, zusammen mit anderen, nicht erwähnten Ereignissen $a_1,...,a_n$ eine volle Ursache von b bildet. Handlungen sind spezielle Ereignisse, nämlich solche, die von einem Akteur mit Absicht herbeigeführt werden. Wenn ich meinem Feind den Kopf abschlage,

---

[17]Siehe (Flap,1985) für eine einschlägige Studie.

so führe ich eine Handlung aus, die zugleich ein Ereignis (nämlich, daß meinem Feind der Kopf abgeschlagen wird) konstituiert. Wir können deshalb auch Handlungen als Ursachen bzw. als Teilursachen und Wirkungen ansehen, die in der Kausalbeziehung zueinander stehen, und sagen: „i glaubt, daß seine Handlung a das Ereignis oder die Handlung b verursacht". Drittens haben Menschen *Intentionen*. Eine Intention ist eine Absicht, die der Akteur glaubt, realisieren zu können. Jemand kann eine Handlung nur intendieren, wenn er sie für möglich hält. Intentionen hängen von der sprachlichen Darstellung ab. Ich intendiere zwar nicht, meinen Freund zu erschießen, aber ich intendiere, in der Dunkelheit einen Einbrecher niederzuschießen. Über Intentionen reden wir in der folgenden Form

$$i\ intendiert\ zu\ t,\ a\ zu\ tun,$$

oder ausführlicher: „Person i intendiert zur Zeit t, die Handlung a zu tun".

Unter Bezugnahme auf diese drei Begriffe läßt sich nun Freiheit definieren.[18] Wir betrachten dazu den *Handlungsraum* von Person j zur Zeit t als die Menge aller Handlungen b, die j zu t intendiert. Person j heiße zur Zeit t *frei*, wenn ihr Handlungsraum zur Zeit t nicht von Handlungen anderer Personen kausal beeinflußt wird. Präzise, aber umständlich formuliert: j ist zur Zeit t frei, wenn für alle früheren Zeitpunkte t', sowie für alle von j verschiedenen Personen i und alle Handlungen a folgendes gilt: wenn i zu t' a ausführt, dann ist keine Handlung b, von der j glaubt, sie sei von a kausal beeinflußt, im Handlungsraum von j zu t. Für die Einschätzung kausaler Beeinflussung ist also ausschlaggebend, was die betrachtete Person glaubt. Sie kann in diesem Sinn zu t frei sein, obwohl sie „objektiv", von einem anderen, zum Beispiel wissenschaftlichen, System geglaubter Sätze aus, den kausalen Einflüssen früherer Handlungen anderer Personen ausgesetzt und in diesem Sinn nicht „objektiv frei" ist. Kurz gesagt ist eine Person frei, wenn sie sich von Anderen kausal unbeeinflußt glaubt. Klare Beispiele sind Robinson Crusoe (ohne Freitag) oder ein absoluter Alleinherrscher, beide gebührende Zeit nach Beginn ihrer jeweiligen Lebensweise.

---

[18]Für vorhandene Ansätze siehe (Cranston,1953).

Je näher die subjektiven kausalen Überzeugungen den in der betreffenden Gemeinschaft allgemein akzeptierten Kausalverhältnissen kommen, desto objektiver wird der hier eingeführte, „subjektive" Freiheitsbegriff. Es ist also der objektive Begriff einfach ein Spezial- oder Grenzfall des subjektiven. Da wir, auch bei noch so verfeinerter Wissenschaft, kaum jemals volle Kenntnis von Ursachen und Wirkungen in der Welt haben werden, ist die Redeweise vom Bestehen objektiver Kausalrelationen auf jeden Fall mit Vorbehalt zu verwenden.

Dieser idealtypische Freiheitsbegriff scheint zunächst sehr eng, denn der Handlungsraum einer Person kann von Handlungen anderer Personen ohne deren Absicht beeinflußt werden. Wenn wir weit genug in der Zeit zurückgehen, finden wir vermutlich immer irgendwelche Handlungen anderer Akteure, die unsere jetzt Intendierten kausal beeinflussen. So gesehen wäre keine Person jemals frei. Bei diesem Schluß hat uns jedoch die realistische Redeweise irregeführt, bei der Kausalität als objektive Eigenschaft der Welt, unabhängig vom Akteur erscheint. Unsere Definition der Freiheit stützt sich auf die subjektive kausale Überzeugung der Person, deren Freiheit definiert wird. Bei den Handlungen, die zu einer Beeinflussung führen können, werden nur jene berücksichtigt, denen diese Person einen Einfluß zuschreibt, das heißt von denen sie glaubt, sie würden kausal in ihren Handlungsraum hineinwirken. Diese subjektiv wahrgenommenen Handlungen Anderer bilden nur einen kleinen Teil aller Handlungen, die „objektiv" Einfluß ausüben. Unser Freiheitsbegriff ist daher wesentlich weiter und realistischer, als es zunächst den Anschein hat. Ein Sklave hat sich bald an die von ihm verlangten Arbeiten gewöhnt und verändert dementsprechend seine eigenen Intentionen. Um sein Leben erträglich zu machen, versucht er, alle Intentionen zu unterdrücken und zu eliminieren, von denen er weiß, daß sie ihn in Konflikt mit Anforderungen des Herrn bringen. Wenn er sich einmal so eingerichtet hat, wird es nur noch wenige Kollisionen geben, bei denen Handlungen anderer mit seinen Intentionen zusammenstoßen: er ist, d.h. fühlt sich, frei. Was für den Sklaven in ausgeprägter Form gilt, läßt sich mühelos auf jeden Menschen übertragen, der kein reiner Triebmensch ist.

Trotzdem könnte noch eingewandt werden, daß unsere Definition nicht zwischen beabsichtigten und unbeabsichtigten Folgen auf Seiten der anderen Akteure unterscheidet. Die Frage ist, ob die Wirkung einer früheren Handlung, die von ihrem Akteur nicht beabsichtigt war, für die Freiheit der Person, deren Handlungsraum sie später beeinflußt, relevant ist oder nicht. Wenn ich in der U-Bahn schnupfe und meine ausgenießten Viren jemanden anstecke, der dann die Grippe bekommt und dadurch in seinen Handlungen eingeschränkt wird, ist dann mein Gebrauch des Schnupftabaks für die Bewertung von dessen Freiheit einschlägig? Normalerweise wird eine Person solche Einflüsse genauso wie schädliche Einwirkungen aus der Umwelt als „natürlich" hinnehmen und sich in ihrer Freiheit durch sie nicht eingeschränkt fühlen. Wir müssen dieses schwierige Problem hier offen lassen und uns mit dem Hinweis begnügen, daß eine entsprechende Abschwächung unserer Definition leicht vorzunehmen ist. Man braucht nur die Handlungen b, von denen eine Person glaubt, sie seien durch einen anderen Akteur beeinflußt, zu ersetzen durch solche Handlungen b^*, von denen die Person zusätzlich glaubt, daß der jeweilige Akteur die Beeinflussung tatsächlich beabsichtigte.

Es scheint sogar plausibel, hier nur solche früheren Handlungen a von Personen i zuzulassen, die der Machtausübung dienen, d.h. solche, die in einer Beziehung der Art „i beeinflußt mit a j, b zu tun" vorkommen. Dabei ist j die Person, deren Freiheit zur Diskussion steht und b eine nicht näher spezifizierte Handlung aus j's Handlungsraum. Unter dieser Abschwächung ist eine Person j zur Zeit t frei, wenn es keine frühere Handlung einer anderen Person gibt, mit der diese Macht über j ausübt. Zusammen mit unserer späteren Definition des Machtbegriffs haben wir so einen durchaus überschaubaren, wir möchten sagen: einfachen und in günstigen Fällen empirisch bestimmbaren Freiheitsbegriff.

Auf einen weiteren möglichen Einwand sei nur kurz hingewiesen. Oft wird der Handlungsraum einer Person nicht durch Handlungen anderer Akteure eingeschränkt, sondern nur durch deren Intentionen. Es genügt für die Person, einfach nur zu wissen, daß ein anderer Akteur eine bestimmte Handlung von ihr erwartet. Schon dies allein kann sie veranlassen, gewisse ihr zunächst mögliche und auch intendierte Handlungen aus ihrem Handlungsraum zu entfernen. Wir können in solchen Fällen vom *Intentionsdruck* reden, dem die Person ausgesetzt ist und den sie im Sinne

einschlägiger psychologischer Theorien[19] zu vermindern trachtet.
Der Einwand lautet, daß unser Freiheitsbegriff den Intentionsdruck nicht berücksichtigt, daß dieser Druck aber in Wirklichkeit den Handlungsraum einer Person, und damit deren Freiheit,
entscheidend verändern kann. Hierauf ist zu erwidern, daß wir
erstens natürlich die Definition so verändern und abschwächen
können, daß Freiheit nur vorliegt, wenn auch kein Intentionsdruck
von Seiten anderer Akteure besteht. In Analogie zu den kausalen
Überzeugungen wäre dabei eine subjektive Variante vorzuziehen,
die nur solchen Intentionsdruck berücksichtigt, der nach Überzeugung der Person besteht. Erwartungen, von denen sie nichts weiß
oder vermutet, bleiben unberücksichtigt. Zweitens ist zweifelhaft,
ob diese Ergänzung unserer Definition etwas Neues hinzufügt.
Im Lichte der Wahrscheinlichkeitsauffassung von Kausalität[20] sehen wir keinen Grund, Verhaltensänderung infolge von Intentionsdruck als nicht-kausal anzusehen. Bei weitgefaßtem Handlungsbegriff könnte man die Intentionen der anderen Akteure als deren
Handlungen, und ihre Einwirkung auf den Handlungsraum der
Person als kausale Wirkung auffassen.
    Für die Erforschung sozialer Ordnungen liefern Begriffe, wie
die gerade definierten, Maßstäbe zum Vergleich. Wenn in einer
sozialen Ordnung mehr Freiheit herrscht als in einer anderen, ohne
daß dies mit einer größeren Abhängigkeit oder Ungleichheit der
Individuen gekoppelt ist, dann sind wir geneigt, die erste Ordnung für besser als die zweite zu halten. Natürlich sind wir noch
weit entfernt von einem systematischen Ansatz zum Vergleich sozialer Ordnungen; die angestellten Überlegungen zeigen jedoch,
wie vorzugehen ist. Das Problem beim allgemeinen Vergleich besteht darin, daß er in verschiedenen Dimensionen, wie Freiheit und
Gleichheit, zu gegenläufigen Resultaten führen kann. In solchem
Fall ist eine Aufrechnung nur möglich, wenn für die genannten
Begriffe Verfahren zur quantitativen Bestimmung gefunden werden. Wir halten dies nicht für unmöglich, allerdings nicht für
wahrscheinlich.

---

[19]Wir denken hier an die Dissonanztheorie von Festinger, etwa in der Darstellung von (Westermann,1987).
[20]Siehe Kap.6 für eine kurze Darstellung dieser Auffassung.

3 Harmoniemodelle

Im *Leviathan* stellt *Hobbes* eine Erklärung für die Existenz von
Staaten als Institutionen auf, die menschliches Zusammenleben
regulieren. Zwar befaßt er sich in dem Buch nur mit dem Staat,
aber seine Ideen und Resultate lassen sich mit geringfügiger Änderung auch auf andere Arten von Institutionen anwenden. Er vergleicht die Situation, in der der Staat existiert, mit einer anderen, hypothetischen Situation ohne Staat. Diese nennt er auch
Naturzustand und charakterisiert sie als Kampf aller gegen alle.[1]
Hinter der Annahme eines solchen hypothetischen Zustands steht
die Vorstellung, daß die Menschen in Situationen, in denen keine
beherrschende Autorität wirksam ist, bestimmte, stabile Verhaltensweisen haben und bestimmte, feste Strategien verfolgen: sie
versuchen, das individuelle Wohl oder den individuellen Nutzen
zu maximieren. Im Gegensatz zu späteren Theorien ist die Maximierung hier unbeschränkt; sie wird mit allen Mitteln angestrebt.
Das Resultat ist Streit und Kampf. In einem solchen Naturzustand verwenden die Individuen einen Großteil ihrer Kraft darauf, das, was sie in Händen haben, auch zu behalten. Langfristige
Ziele sind unter solchen Umständen mit großer Unsicherheit be-
haftet und werden deshalb nicht verfolgt. Indem wir die Situation,
in der mehr Autoritäten vorhanden sind, mit dem Naturzustand
vergleichen, sehen wir, daß bei Existenz von Autoritäten nur wenig Kraft für die Verteidigung des Besitzes nötig ist, und daß
langfristige Unternehmungen möglich und gewinnbringend sind.
Kurzum: Wenn es Autoritäten gibt, geht es allen besser als im
Naturzustand. Deshalb ist die Existenz von Autoritäten als Alternative zum Naturzustand für jedermann akzeptabel.

Den hypothetischen Übergang vom Naturzustand zu einem
wohlorganisierten Staat stellt *Hobbes* als Abschluß eines Vertrags
dar. Wenn sich die Individuen im Naturzustand dazu entschließen,
Verträge miteinander abzuschließen und diese auch einzuhalten,

---

[1](Hobbes,1966), 105, 122.

so können sie den gleichen Effekt erzielen, der alternativ durch
staatliche Regulierung erzielt wird. Daher läßt sich der Staat auffassen als Materialisierung hypothetischer Verträge. Im Rahmen
des Staates verhalten sich die Individuen so, als ob sie derartige
Verträge miteinander abgeschlossen hätten.

Diese Überlegungen führen zu einer ersten, versuchsweisen Definition des Staates als eines komplexen, generationenübergrei-
fenden Musters stabiler Verhaltensformen, die für alle Beteiligten besser sind, als die Verhaltensformen, die zum Naturzustand
gehören. Die Definition läßt sich auf Institutionen im allgemeinen übertragen, wenn wir den Naturzustand durch einen neutraleren, unorganisierten, oder chaotischen Zustand ersetzen. Wenn
die Institution das Wohlergehen aller beteiligten Individuen im
Vergleich zu einem vorherigen oder hypothetischen chaotischen
Zustand steigert, so liegt eine ganz analoge Situation vor. Eine
vorläufige Definition von Institution würde daher nach *Hobbes'*-
schem Muster folgendermaßen lauten. Eine soziale Institution ist
ein komplexes, generationenübergreifendes Muster von stabilen
Verhaltensformen, die für alle beteiligten Individuen mehr Wohlergehen bringen als andere Verhaltensformen, die zu einem alternativen chaotischen Zustand gehören. Wir haben nicht versucht,
die hypothetischen Verträge in die Definition mit einzubauen, sie
würde dadurch sehr kompliziert.

Dem *Hobbes'*schen Modell liegt die Vorstellung von zunehmen-
der Harmonie zugrunde. Der Kampf, der im Naturzustand notwendig ist, wird durch Einsicht, das heißt durch einen hypothetischen Vertrag, oder durch Institutionen wie den Staat, in harmo-
nischere Verhaltensformen transformiert. Der Staat und Institutionen im allgemeinen vergrößern das gesamte Wohlbefinden und
vermindern individuelle Streitereien und Kämpfe. Die Bezeichnung *Vertragstheorie* für diesen Ansatz scheint uns irreführend,
weil erstens die Verträge rein fiktiv sind und weil zweitens der Begriff des Vertrags die Existenz von Vertragspartnern suggeriert,
die unabhängig sind und frei, den Vertrag abzuschließen. Durch
diese Komponente der Vertragsfreiheit ist im *Hobbes'*schen Modell von Anfang an eine falsche und folgenschwere Voraussetzung
enthalten. Wir werden das *Hobbes'*sche Institutionenmodell in allen seinen Varianten daher nicht als Vertragsmodell sondern als
Harmoniemodell bezeichnen. Die grundlegenden Annahmen die-

ses Modells sind, daß sich das Wohlbefinden aller Individuen, also das Gesamtwohlbefinden, vergrößert, daß die Existenz der Institution in jedermanns Interesse ist, daß ihre Nicht-Existenz zu vermehrtem Kampf führen würde, daß also insgesamt die Institution Kampf und Chaos durch Harmonie ersetzt.

Indem wir nun diesen Ansatz kritisieren, möchten wir zunächst die Natur unserer Kritik erläutern. Es ist nicht unsere Absicht, das Harmoniemodell zu zerstören, um dadurch freie Bahn für unser eigenes Modell zu schaffen. Die Zeiten für solchen Stil gehen auch in der Sozialwissenschaft zu Ende. Wie jede andere kritisierte Theorie enthält auch das Harmoniemodell wertvolle Einsichten; es wäre dumm, diese zu ignorieren. Das Ziel unserer Kritik, sowie die Beziehung zwischen dem Harmoniemodell und unserem eigenen Modell, läßt sich am besten mit Hilfe des Begriffs der *intendierten Systeme* erklären. Intendierte Systeme für eine Theorie sind Systeme, auf die eine Gruppe von Wissenschaftlern die Theorie anzuwenden intendiert. Für das Harmoniemodell gibt es eine unproblematische Menge intendierter Systeme, nämlich Systeme mit einer relativ kleinen Menge von Akteuren von ungefähr gleichem Status, in denen kein Akteur von einem anderen stark abhängt. Diese Systeme bilden jedoch nur einen kleinen Teil der Menge aller intendierten Systeme für eine allgemeine Institutionentheorie, die ja alle Arten von komplexen und hierarchischen Institutionen, wie sie heute existieren, umfassen muß. Unsere Kritik zielt deshalb darauf ab, den für das Harmoniemodell beanspruchten, viel zu großen Bereich intendierter Systeme in realistischer Weise einzuschränken. Zugleich weisen wir auf jene Züge von Institutionen hin, die im Harmoniemodell nicht erfaßt werden, die aber dennoch wesentlich für unser Verständnis realer Institutionen sind.

Der erste Kritikpunkt betrifft natürlich *Hobbes'* Begriff des Naturzustandes. Aus heutiger Sicht ist ein solcher Zustand ständigen Kampfes keineswegs natürlich. Zunächst ist klärend festzustellen, daß in *Hobbes'* Naturzustand mit Kampf auch die ernste, tödliche Form gemeint ist, weil andere Formen von Streit auch durch die Existenz von Staaten nicht aus der Welt zu schaffen sind und somit Zustände mit und ohne Staat sich in Bezug auf kleinere Streitereien nicht unterscheiden. Wenn wir die Sache aus der breiten Perspektive der Entwicklung der menschlichen Spezies betrach-

ten, so scheinen zwar Streitereien an der Tagesordnung zu sein, die
tödlichen Kämpfe und durchorganisierten Kriege aber, die die historische Epoche bestimmen, müssen als „moderne" Phänomene,
ja als neuere menschliche Erfindungen eingestuft werden. Krieg
als organisierte Form des Kampfes ist eine Verhaltensform, die,
im Vergleich mit dem Alter unserer Gattung, erst vor kurzem
erfunden und institutionalisiert wurde.[2] Es gibt noch weitere Argumente für die Künstlichkeit des *Hobbes'*schen Naturzustandes.
Erstens wissen wir über die Primaten, daß diese ohne Institutionen in Zuständen leben, die weit entfernt von *Hobbes'* „Naturzustand" sind und sich durch große Friedlichkeit auszeichnen. Zweitens deutet alles, was wir über die Lebensweise der Steinzeitmen-
schen wissen, darauf hin, daß auch diese nicht im *Hobbes'*schen
Naturzustand lebten.[3] Es gibt weder Hinweise darauf, daß unsere Vorfahren so etwas wie Besitz kannten, den sie gegen ihre
habgierigen Mitmenschen zu verteidigen hatten, noch darauf, daß
sie sich systematisch und auf wohldurchdachte Weise die Köpfe
einschlugen. Die Lebensgrundlagen waren in der fernen Vergangenheit nicht knapp und wenn eine Gruppe zu groß wurde -falls
dies überhaupt passierte- trennte sich eine Teilgruppe ab und ging
in neues Gebiet. Drittens kennen wir ähnliche Mechanismen zum
Ausgleich von Überbevölkerung aus historischen Zeiten, wie die
Kolonienbildung der alten Griechen oder des neuzeitlichen Europa. Viertens gibt es kein einziges positives Argument, das für
die Existenz eines Naturzustands spräche. Der einzige positive
Hinweis besteht in der erwähnten Extrapolation aus dem kriege-
rischen Verhalten der Menschen in den letzten 3000 Jahren. Ein
letztes Argument gegen *Hobbes'* Naturzustand ergibt sich aus der
Art, wie dieser Begriff in seiner Theorie benutzt wird. Er spielt
dort die Rolle eines theoretischen Terms zur Kennzeichnung einer hypothetischen Alternative, mit der verglichen der tatsächliche, organisierte Staat gut aussieht. Formal betrachtet, braucht
man, um die Existenz eines organisierten Staates zu bewerten,
mindestens eine Alternative. Es fällt nicht schwer, sich andere
Zustände auszudenken, die als Alternativen dienen könnten und
die völlig verschieden vom Naturzustand sind. All diese Alternativen hätten dieselbe erklärende Kraft im Rahmen der *Hobbes'*schen

---

[2]Diese Ansicht ist klar formuliert etwa in (Festinger,1985).
[3]Siehe etwa (Washburn,1961), auch (Bordes,1968).

Theorie. Deshalb liefert die erklärende Funktion des Naturzustandes in *Hobbes'* Theorie keinen Hinweis auf dessen reale Existenz.

Eine zweite Kritik am Harmoniemodell setzt beim Problem der Aggregation individuellen Wohlergehens zu so etwas wie allgemeinem Wohlergehen an. Die obige, vorläufige Definition verlangt, daß sich das Wohlergehen aller beteiligten Individuen erhöht. Dies ist natürlich eine sehr stark idealisierte Forderung, die in der realen Welt kaum jemals verwirklicht sein wird. Man könnte sie ersetzen durch die Forderung, daß das allgemeine oder soziale Wohlergehen -unabhängig von dem der Individuen- sich erhöht, aber das führt zum bekannten Problem, das allgemeine Wohlergehen zu definieren. Bis heute ist dieses, in Wohlfahrtsökonomie, Sozialwahltheorien und in der Ethik[4] viel diskutierte Problem allerdings ungelöst geblieben. Der dauerhafte Widerstand, den es einer Lösung entgegensetzt, weist darauf hin, daß vielleicht die Analyse von vornherein falsch ansetzt. Die Lösung kann nicht rein begrifflich dadurch erfolgen, daß man soziales durch individuelles Wohlergehen definiert. Sie muß vielmehr zusammen mit der Einführung einer neuen Theorie über tatsächliche Entscheidungsfindung in Gruppen erfolgen.

Ein drittes Problem mit *Hobbes'* Ansatz ist dem in der Literatur als Free-Rider-Problem diskutierten ähnlich. Das Free-Rider-Problem entsteht, wenn der Staat oder eine Institution *freie Güter* produziert, das heißt Güter, von deren Konsum niemand ohne großen Aufwand ausgeschlossen werden kann, wie etwa Schutz durch eine Armee. In solchen Fällen besteht für mich (als durchschnittlichem Konsumenten) der Anreiz, bei der Produktion des Gutes meinen Teil nicht zu tun (einen „free ride" zu nehmen). Denn wenn genügend andere ihren Teil tun, so wird das freie Gut auch ohne meine Mitwirkung verfügbar sein und ich spare Kraft und Kosten, wenn ich die Arbeit vermeide und nicht mitwirke.[5] In einer großen Gruppe mit schlechter Kontrolle besteht dieser Anreiz für viele Individuen, sodaß schließlich die Teilgruppe derer, die noch bei der Produktion des Gutes mitwirken, zu klein wird, um das Gut überhaupt herstellen zu können. Gleiches gilt aus der vertragstheoretischen Perspektive für große Organisationen.

---

[4](Graaff,1971), (Sen,1970), (Mackie,1981).
[5]Vergleiche (Olson,1965) und, für eine knappe, präzisere Analyse (Kuipers,1984).

Wenn ich mein Wohlergehen vergrößern kann, indem ich den Vertrag, der mein Verhalten in der Organisation regelt, nicht einhalte und wenn dies wahrscheinlich nicht entdeckt wird, warum soll ich ihn dann einhalten? Wenn Möglichkeiten für Vertragsbrüche oft auftreten, wird es viele Vertragsbrüche geben und die Institution wird instabil und brüchig. Genau wie beim ursprünglichen Free-Rider-Problem steigt der Anreiz, den Vertrag zu brechen, mit der Anzahl der an der Institution beteiligten Individuen. Für große Gruppen ist die zu erwartende Rate von Vertragsbrüchen ziemlich hoch.[6] Hieraus entsteht für das Harmoniemodell das Problem, die Stabilität von Institutionen über lange Zeiträume hinweg zu erklären. Natürlich können wir bei unvoreingenommener Wahrnehmung leicht verstehen, warum sich Institutionen in Wirklichkeit nicht auflösen; wir kommen darauf unten zurück. Das Problem für das Harmoniemodell ist nur, daß aus dem Vertragsgedanken allein keine Erklärung von Stabilität folgt. Wiederum weist diese Schwierigkeit darauf hin, daß das Harmoniemodell in einem entscheidenden Punkt falsch ansetzt.

Das geschilderte Problem wurde als solches schnell erkannt und bereits *Hume*[7] schlug eine Lösung vor, die von einer Unterscheidung zwischen Nah- und Fernbereich ausgeht. Im Nahbereich einer kleinen, überschaubaren Gruppe kann das Harmoniemodell, wenn es mit emotionalen Bindungen zwischen Verwandten oder Freunden angereichert wird, tatsächlich die Entstehung stabilen Verhaltens, wie es für eine Institution nötig ist, erklären. Für den Fernbereich dagegen, in dem persönliche Bekanntschaft keine Rolle spielt, ist Kontrolle unvermeidlich. Daher enthalten große Institutionen stets Teilgruppen, deren Mitglieder sich mit nichts als der Kontrolle des „Restes" befassen.

Durch diese Modifikation wird im Harmoniemodell das Free-Rider-Problem überwunden, allerdings auf Kosten einer Einteilung aller Akteure in Herrschende und Beherrschte. Um auch der Kritik des Naturzustandes zu entgehen, sind substantiellere Änderungen nötig. Dieser Begriff kann auf verschiedene Art ersetzt werden. Wir könnten uns erstens auf den Stabilitätsaspekt konzentrieren und einen hypothetischen Alternativzustand betrachten, in dem die Individuen überhaupt keine stabilen Verhaltens-

---

[6](Kuipers,1984).
[7](Hume,1978), siehe auch (Kliemt,1985), (Kliemt,1986).

muster haben. Diese Alternative ist mindestens ebenso unrealistisch wie der Naturzustand selbst. Sie würde auf ein total chaotisches Verhalten hinauslaufen. Nach allem, was über unsere frühen Vorfahren und über die Primaten bekannt ist, dürfen wir annehmen, daß ein gewisses Maß an stabilem Verhalten stets vorhanden war: Verhalten kleiner Gruppen, von Kindern gegenüber Erwachsenen, von Männern gegenüber Frauen usw. Die zweite Möglichkeit besteht dann darin, den Naturzustand durch einen anderen ausgezeichneten Zustand zu ersetzen. Dies ist möglich, aber es fällt schwer, einen speziellen solchen Zustand aus der Menge der Möglichkeiten auszuwählen. Bis jetzt gibt es keine überzeugenden Vorschläge. Dies führt zu einer dritten Möglichkeit, nämlich in der Definition überhaupt keinen ausgezeichneten Alternativzustand zu benutzen und stattdessen zu fordern, daß der institutionalisierte Zustand „besser" als alle möglichen Alternativzustände sei. Die Menge aller möglichen Alternativzustände ist jedoch sehr groß und wird unter plausiblen Umständen entweder keine maximalen[8] Elemente enthalten oder viele solche. Im letzten Fall könnte es vorkommen, daß eine Institution zu einem zwar maximalen Zustand geführt hat, von dem aus kein besserer erreicht werden kann, der aber, von „außen" betrachtet, viel schlechter als andere sein kann. Diese Rettungsversuche zeigen, daß der zweite Teil unserer vorläufigen Definition, der Teil, nach dem bei Existenz der Institution jeder besser gestellt ist als in alternativen Zuständen, problematisch ist. Die grundlegende Schwierigkeit kommt von dem komparativen Begriff „besser als" her, der einen Alternativzustand als Vergleichsstandard erforderlich macht.

In den fünfziger Jahren erfand *von Neumann* die Spieltheorie,[9] die als Variante des Harmoniemodells den Rückgriff auf alternative Zustände vermeidet. In der Spieltheorie wird der komparative Ausdruck „besser als" durch das Prädikat „ist im Gleichgewicht" ersetzt.[10] In unserem Zusammenhang führt eine entsprechende Ersetzung zu folgender Definition. Eine Institution ist ein komplexes, generationenübergreifendes Muster stabiler Verhaltensfor-

---

[8]Ein Zustand heißt maximal, wenn es keinen von ihm verschiedenen Zustand gibt, der echt „besser" ist.

[9](von Neumann und Morgenstern,1953).

[10]Eine brauchbare Einführung in die Spieltheorie, vor allem wegen der sozialwissenschaftlichen Anwendungen, bietet (Shubik,1985).

men, das eine Gleichgewichtsbedingung erfüllt. Zur Zeit scheint der spieltheoretische Ansatz, mit allen Varianten von klassischer und höherer Spieltheorie, Superspielen, evolutionärer Spieltheorie, Metaspielen, beim Studium von Institutionen zu dominieren. Die Spieltheorie vermeidet den Bezug auf alternative Zustände wie den Naturzustand, indem sie mit einem nicht-komparativen Gleichgewichtsbegriff operiert. Sie ist deshalb auch gegenüber dem Aggregationsproblem neutral. Das Free-Rider-Problem läßt sich wie schon angedeutet lösen, indem man das spieltheoretische Grundmodell durch die Aufteilung in Nah- und Fernbereich ergänzt und zur Regulierung des Fernbereichs eigene Kontrollmechanismen einführt. Dennoch bleiben alle Varianten der Spieltheorie dem allgemeinen Einwand ausgesetzt, einen wesentlichen Zug der sozialen Realität zu ignorieren.

Wir formulieren diese grundsätzliche Kritik in Form eines Problems, das wir als *Rahmenproblem* bezeichnen. Es ist durch die einfache Frage gegeben: Wer und was legt den Handlungsrahmen der Individuen fest? Zur Erläuterung des Rahmenbegriffs beginnen wir mit einer Person, die in eine oder mehrere Gruppen hineingeboren wird und dort lebt. Zu verschiedenen Zeiten stehen ihr verschiedene Handlungsalternativen offen, zwischen denen sie auswählen und sich entscheiden kann. Sie hat Präferenzen hinsichtlich der möglichen Ergebnisse dieser Handlungen und kennt einige der Handlungsalternativen anderer Akteure und deren Präferenzen. Sie weiß, wie gewisse Handlungen einander beeinflussen können und zu Gesamtergebnissen führen. Sie hat Präferenzen bezüglich der Ergebnisse von Handlungen, die sie mit anderen Akteuren gemeinsam ausführt. Schließlich kennt sie einige solcher Präferenzen anderer Akteure, gemeinsame Handlungen betreffend, und sie weiß Einiges über die in ihrer oder ihren Gruppen existierenden Institutionen. All dies Wissen über individuelle und soziale Handlungsergebnisse und Präferenzen, zusammen mit den entsprechenden internalisierten Verhaltensweisen der Person konstituiert deren sozialen Rahmen. Wer und was legt den sozialen Rahmen fest? Im Lichte unserer Überlegungen möchten wir sagen: Vieles, insbesondere die anderen Akteure. Zwischen dem sozialen Rahmen und dem Verhalten *eines* Individuums und den vielen sozialen Rahmen und dem Verhalten *anderer* Individuen in einer Gruppe besteht eine komplexe Wechselwirkung.

Das Rahmenproblem ist für jede Institutionentheorie grundlegend, weil zwischen sozialen Rahmen und Institutionen eine enge Beziehung besteht. Jede Institution formt in starkem Maße die sozialen Rahmen ihrer Mitglieder, umgekehrt bilden soziale Rahmen als Rahmen für konkretes Verhalten einen wichtigen Bestandteil von Institutionen. Somit überschneidet sich die Frage, wer und was den sozialen Rahmen bestimmt, weitgehend mit der Frage, wer und was eine Institution bestimmt, wer sie „einrichtet". Eine Institutionentheorie, die zum Rahmenproblem nichts zu sagen hat, verdient nicht ihren Namen.

Fragen wir, was die Spieltheorie zum Rahmenproblem sagt. Zunächst ist zu klären, was in der Spieltheorie den sozialen Rahmen eines Individuums ausmacht. Ein spieltheoretisches Modell enthält,[1] außer den Individuen, noch vier weitere Komponenten: die Alternativen („Strategien"), die jeder Spieler wählen kann, die möglichen Ergebnisse, die aus dem Zusammenwirken der individuellen Strategien entstehen, die Auszahlungsfunktionen, die für jeden Spieler den Wert oder Nutzen jedes möglichen Ergebnisses durch eine Zahl angeben, sowie (falls gemischte Strategien auftreten) Wahrscheinlichkeiten, die wir hier aus Einfachheitsgründen beiseite lassen. Diese vier Komponenten sind mehr oder weniger durch das soziale Umfeld des Individuums bestimmt. Die Gruppe, in der es lebt, bestimmt mindestens teilweise, welche Alternativen ihm erlaubt oder verboten sind, und welchen Nutzen ihm die Ergebnisse bringen. Über die soziale Festlegung von Kausalbeziehungen bestimmt die Gruppe sogar darüber mit, welche Ergebnisse aus den realisierten Strategien entstehen. Der soziale Rahmen in der Spieltheorie besteht also aus den Alternativen, den möglichen Ergebnissen und den Auszahlungsfunktionen. Über diese Komponenten macht die Spieltheorie jedoch keine inhaltlichen Aussagen, sie haben in den spieltheoretischen Modellen den Status von etwas Vorgegebenem. Um die Spieltheorie auf eine Situation anzuwenden, muß man ihr aus der Situation zuerst die relevanten Alternativen, Ergebnisse und Auszahlungsfunktionen herauspräparieren. Erst wenn dies geschehen ist, beginnt die spieltheoretische Auswertung in Form von Berechnungen über Gleich-

---

[1] (Shubik,1985).

gewichtspunkte. Die Frage nach dem Beitrag der Spieltheorie zum
Rahmenproblem hat damit eine negative Antwort: die Spieltheorie sagt nichts inhaltliches über die sozialen Rahmen der Spieler
aus. Da wir von einer Institutionentheorie in diesem Punkt mehr
verlangen, kommen wir zu dem Schluß, daß die Spieltheorie als
Grundlage einer befriedigenden Institutionentheorie nicht geeignet ist.

Diese abstrakten Überlegungen lassen sich an konkreten Beispielen gut bestätigen. Betrachten wir im Zusammenhang mit der
Entstehung von Verhaltensnormen und Moral eine Situation, in
der eine alte Frau einem Kind eine Weisung gibt. Das Nichtbefolgen der Anweisung erregt bei der Alten Gefühle von Ärger, beim
Kind Schuldgefühle und wegen dieser Gefühlskonstellation befolgt
das Kind schließlich die Anweisung.[12] Spieltheoretisch muß der
emotionale Hintergrund durch die Auszahlungsfunktionen erfaßt
werden. Die Alternative des Kindes, die Anweisung nicht zu befolgen, ist mit Schuldgefühlen verbunden, und führt daher zu ge-
ringerem Nutzen. Die Alte zieht aus dem Geben der Anweisung
und der großen Wahrscheinlichkeit, daß sie befolgt wird, mehr
Nutzen, als aus dem Nichtgeben. Kurzes Nachdenken über solche
Situationen zeigt, daß diese Individualperspektive nicht angemessen ist. Stellen wir uns das Kind als pubertierenden Knaben vor,
der der Frau schon über den Kopf gewachsen ist. Warum soll er
beim Nichtbefolgen Schuldgefühle bekommen? Es ist völlig klar,
daß solche Schuldgefühle sozial erzeugt werden. Das Kind wurde
in der Gruppe entsprechend konditioniert, sein sozialer Rahmen
bewirkt, daß es die Anweisung befolgt. Spieltheoretisch wird der
Effekt durch eine Herabsetzung des Wertes seiner Auszahlungsfunktion erreicht. Wir sehen an diesem Beispiel, wie die Werte
der Auszahlungsfunktion vom sozialen Rahmen bestimmt werden.
Die spieltheoretische *Vorgabe* der Auszahlungsfunktion blockiert
die genauere Betrachtung der Situation und die Analyse des sozialen Rahmens. Indem wir beim Kind eine Auszahlungsfunktion
vorgeben, deren Wert für das Nichtbefolgen klein ist, verlegen wir
das interessante soziale Phänomen, nämlich den Aufbau und die
Wirkungsweise des sozialen Rahmens, in den Bereich der individuellen Dispositionen des Kindes und reduzieren es dabei auf eine

---

[12]Zusammenhänge dieser Art zwischen Gefühl und Moral betrachtet
(Gibbard,1990).

Zahl. Das Rahmenproblem konzentriert sich in diesem Fall auf die Frage: „Wer legt die Auszahlungsfunktion des Kindes fest?" Bei spieltheoretischer Analyse ist diese Frage unwichtig, institutionentheoretisch ist sie von größtem Interesse. Sie weist auf einen Erziehungsprozeß hin, in dem die Kinder systematisch zur Unterordnung gegenüber den Alten erzogen werden. Die Auszahlungsfunktion des Kindes wird so zum großen Teil extern, von der Gruppe, in der es aufwächst, festgelegt. Indem all dies ignoriert und nur noch von der Auszahlungsfunktion des Kindes geredet wird, entsteht ein schiefes Bild der Situation.

Bei spieltheoretischer Analyse geht der soziale Rahmen in die Formulierung der Spielregeln ein, diese wiederum bestimmen die Alternativen und die Auszahlungsfunktion. Die Spielregeln werden als gegeben vorausgesetzt. Die Frage, woher sie kommen, wer sie macht, ist für die spieltheoretische Analyse irrelevant. Wir bekommen von der Spieltheorie keine Auskunft, wer und was den Rahmen festlegt, das Rahmenproblem wird nicht thematisiert. Der Rahmen bleibt während des ganzen Spiels unverändert. Die Väter der Spieltheorie haben sich hierzu klar geäußert: „Die Spielregeln stellen jedoch absolute Gebote dar. Werden sie einmal übertreten, so handelt es sich bei dem ganzen Vorgang per Definition nicht länger um das Spiel, das durch jene Regeln beschrieben wird."[13] Aus *Hobbes*'scher Sicht werden die Spielregeln als eine bestimmte Art von Vertrag angesehen. Die Spieler vereinbaren, sich an die Spielregeln zu halten. Dieser Vertrag fällt ganz unter das Harmoniemodell: er institutionalisiert gewisse reguläre Verhaltensmuster. Die Spieltheorie hat über diese Art von Vertrag nichts zu sagen. Warum und wie er zustande kommt, ist nicht ihr Problem.

Es ist hilfreich, aus spieltheoretischer Sicht zwei Vertragsarten zu unterscheiden. Einerseits gibt es dort Verträge, die durch Gleichgewichtspunkte dargestellt werden. Das Verhaltensmuster, das einem Gleichgewichtsergebnis entspricht, läßt sich so interpretieren, daß die Akteure einen hypothetischen, nicht ausdrücklich formulierten Vertrag einhalten. Diese Vertragsart kommt innerhalb der Theorie, nämlich in der Theorie[14] der Superspiele vor, weshalb wir von *internen Verträgen* reden. Superspiele erklären

---

[13](von Neumann und Morgenstern,1953), S.49. Meine Übersetzung.
[14]Vergleiche (Taylor,1976) zum Begriff des Superspiels.

in gewissem Sinn, warum sich die Akteure so verhalten, daß ein
Gleichgewicht entsteht. Von dieser Vertragsart ist eine andere zu
unterscheiden: Verträge, die die Einhaltung der Spielregeln betreffen. Diese sind zwar für die realen Phänomene mindestens genauso
wichtig wie interne Verträge, werden aber im spieltheoretischen
Ansatz nicht untersucht, sondern vorausgesetzt. Wir bezeichnen
sie als *Rahmenverträge*. Der spieltheoretische Ansatz liefert keinen Beitrag zum Verständnis von Rahmenverträgen, zum Problem, wie die Spielregeln aufgestellt werden und sich entwickeln.
Aber die Spielregeln, oder die entsprechenden Rahmenverträge,
bilden offensichtlich einen wesentlichen Teil der sozialen Realität.
Sie bilden insbesondere einen wesentlichen Zug von Institutionen,
wie in Kapitel 5 durch unsere Behandlung der charakteristischen
Funktion deutlich wird. Daher entgeht der spieltheoretischen Behandlung ein wesentlicher Punkt.

Indem wir so den Schwachpunkt der spieltheoretischen Analyse
aufzeigen, wird zugleich klar, was fehlt. Wir beginnen zu sehen,
wie das spieltheoretische Modell verbessert werden müßte. Zwei
grundsätzlich verschiedene Arten der Verbesserung bieten sich an.
Die erste besteht darin, eine ganz neue Theorie zu entwickeln, die
von Anfang an das Rahmenproblem mit einbezieht, die aber andererseits auch Raum für die spieltheoretischen Erkenntnisse und
Einsichten bietet. Wir werden im folgenden diesen Weg gehen,
müssen jedoch auch einen zweiten Weg zur Verbesserung genauer
untersuchen, weil aus diesem mögliche Gegeneinwände gegen unsere Kritik zu ziehen sind. Diesen zweiten Weg zur Verbesserung
beschreiben wir unter Rückgriff auf die zwei Vertragsarten: interne Verträge, die im Modell als Gleichgewichtspunkte präsent
sind, und Rahmenverträge, die extern die Einhaltung der Spielregeln betreffen. Wir fragen, ob es möglich ist, Rahmenverträge zu
internalisieren, d.h. in einem spieltheoretischen Modell selbst darzustellen. Ausgehend von einem Spiel und seinen Regeln könnten
wir versuchen, ein anderes, allgemeineres Spiel zu konstruieren, in
dem die Regeln des ersten Spiels durch Gleichgewichtspunkte des
allgemeineren Spiels repräsentiert werden. Anders gesagt wird das
neue Spiel konstruiert, um -mit Hilfe des Gleichgewichtsbegriffs-
zu erklären, warum Individuen bei Befolgung rationaler Maximen

dazu kommen, die Regeln des ursprünglichen Spiels einzuhalten.[15]
Wir werden diesen Internalisierungsprozeß nicht im Detail betrachten, er ist vermutlich allgemein durchführbar. Ein entsprechender Nachweis würde zeigen, daß unserem Einwand, das Rahmenproblem betreffend, im Prinzip mit spieltheoretischen Mitteln
begegnet werden kann. Anders gesagt scheint folgende Situation
vorzuliegen. Obwohl in jedem Spiel die Regeln extern vorausgesetzt werden, hält uns nichts davon ab, diese in einem anderen,
geeignet konstruierten Spiel zu modellieren.

Da sich diese Erwiderung auf unsere Kritik (vermutlich) nicht
systematisch entkräften läßt, müssen pragmatische Aspekte betont werden. Die Strategie der Internalisierung ist künstlich und
umständlich. Eine wichtige Eigenschaft von Institutionen ist, daß
sie die Abhängigkeiten der Akteure untereinander regeln. Dagegen setzt die Teilnahme an einem Spiel eine gewisse Unabhängigkeit, wenn nicht gar Gleichheit, voraus, die Spielregeln anzunehmen oder nicht, am Spiel teilzunehmen oder nicht. Deshalb führt
die Strategie der Internalisierung zwangsläufig dazu, gewisse Annahmen oder Spielregeln einzuführen, die auf Unabhängigkeit der
Spieler hinauslaufen. Man beginnt mit Annahmen über Unabhängigkeit, Annahmen über einen gegebenen Rahmen, und benutzt
dann diesen Rahmen, um Abhängigkeiten in einer Institution zu
modellieren. Um institutionelle Abhängigkeiten begrifflich zu erfassen und zu systematisieren, werden zunächst bestimmte Un-
abhängigkeiten vorausgesetzt. Das ist zwar kein logischer, aber
doch ein inhaltlicher Zirkel. Der gleiche Sachverhalt läßt sich
auch anders beschreiben. Die Spieltheorie setzt voraus, daß soziale Rahmen vorgegeben sind und nicht in expliziter Weise von
den im Modell untersuchten Objekten abhängen. Soziale Rahmen
werden also in gewissem Sinn als unabhängig behandelt, insbesondere als unabhängig von der Spieltheorie. Ein wichtiges Problem
der Institutionentheorie ist aber gerade das Rahmenproblem, und
seine Lösung läuft darauf hinaus, anzugeben, wovon soziale Rahmen abhängen. Die Strategie der Internalisierung würde daher
mit unabhängigen sozialen Rahmen beginnen, um die Abhängigkeit solcher Rahmen zu erklären. Dies scheint keine optimale For-
schungsstrategie zu sein.

---

[15]Vergleiche (Hegselmann,Raub,Voss,1986) für einen Ansatz in ähnlicher
Richtung.

Die spieltheoretische Analyse paßt gut auf Fälle kleiner Gruppen mit gleichrangigen Akteuren. Kapitalgesellschaften im mittelalterlichen Oberitalien, spezieller etwa die Maona von Chios, liefern typische Beispiele. Die *Maona von Chios* war eine Gesellschaft, die im 14. Jahrhundert im Anschluß an eine von verschiedenen Familien in Genua „privat" finanzierte und durchgeführte Eroberung der Insel Chios gegründet wurde. Die Regierung, die die Kosten nicht erstatten konnte, belehnte die Teilnehmer zu verschiedenen Anteilen an der Insel. Die Konstruktion war ein voller Erfolg, die Insel Chios wurde von der Maona über 200 Jahre beherrscht.[16] Diese Gesellschaft läßt sich als Gleichgewichtspunkt in einem Superspiel interpretieren. Indem sie sich an gewisse Strategien der Zusammenarbeit und des Investierens hielten, erzielten die beteiligten Gesellschafter beträchtlichen Gewinn. Wegen der hinreichend großen Anzahl der beteiligten Familien konnte keine Familie die Gesellschaft ganz unter ihre Kontrolle bekommen. Jeder nicht-kooperative Zug eines einzelnen Gesellschafters, etwa in Richtung auf volle Vorherrschaft, konnte durch gemeinsame Gegenmaßnahmen der anderen wirkungslos gemacht werden. Ähnliche Muster treffen wir später in den holländisch-westindischen und englisch-ostindischen Kompagnien.

Ein weiteres Beispiel, das die Möglichkeit spieltheoretischer Analyse bei kleinen Gruppen zeigt, ist die Entstehung des Fernhandels. Er geht sehr wahrscheinlich auf Delegationen zurück, die von Herrschern in „gefährlicher" Nähe eines mächtigen und aggressiven Nachbarn losgeschickt wurden, um Tribute, oder in Fällen von milderer Abhängigkeit: Geschenke, an den Nachbarn zu liefern. Je näher die benachbarten Länder einer Machtbalance kamen, desto größer wurde der Anreiz zur Erwiderung solcher Geschenke. Sie ohne Gegenleistung zu lassen, oder einfach weitere Geschenke zu verlangen, war in Fällen von Machtbalance keine erfolgreiche Strategie. Vielmehr war ein kooperativer Zug in Form einer eigenen Delegation mit Geschenken nötig, um die Wiederholung der erwünschten Sendung zu bewirken. So wurde in einem langen und von vielen Rückschlägen begleiteten Prozeß von Versuch und Irrtum ein Gleichgewichtspunkt sichtbar, der darin besteht, fremden Delegationen Schutz zu gewähren, anstatt sie

---

[16]Siehe (Sombart,1987), S.98. In (Hopf,1873), S.502ff findet sich eine Zusammenstellung der Anteilsinhaber in zeitlicher Entwicklung.

einfach zu ergreifen, und auch eigene Delegationen zur Erwiderung der Geschenke loszuschicken.[17]

Ein drittes Beispiel besteht im Verhalten von Unteroffizieren und Mannschaften an einigen Frontabschnitten im ersten[18] Weltkrieg. Beide Seiten gewöhnten sich an, zu bestimmten Tageszeiten den Gegner nicht zu beschießen, sodaß für beide Parteien in den Gräben gewisse vorhersehbare Ruhepausen entstanden. Als letztes Beispiel sei die Entstehung einer neuen politischen Partei genannt. Auch hier kommen die Akteure überein, gewissen Formen kooperativen Verhaltens nachzugehen, Einheit, gemeinsame Ziele usw. nach Aussen hin zu vertreten, und ihre persönlichen Animositäten untereinander zurückzustellen, um einen substantiellen Gewinn an gemeinsamer Macht zu erlangen.

Bei all diesen Beispielen sind die Akteure, die „das Spiel spielen", in bestimmten wesentlichen Aspekten einander sehr ähnlich, und stehen auf gleicher Ebene: in finanzieller Stärke, in der Größe der Streitkräfte, im Ausbildungsstand der Soldaten, oder im Streben nach politischer Macht. Es scheint, daß die spieltheoretische Analyse unter solchen Bedingungen der Gleichrangigkeit der Akteure zu angemessenen Resultaten führt. Nur solche Akteure spielen mit, die gleich sind und frei, am Spiel teilzunehmen oder ihm fernzubleiben.

Andererseits muß gesagt werden, daß die betrachteten Beispiele nicht zu den häufigsten Typen gehören. In der typischen Situation, in der sich ein Individuum im „entwickelten" Teil der Welt befindet, ist es mehr oder weniger gezwungen, an mehreren „Spielen" teilzunehmen. Der Zwang entsteht durch Erziehung und soziale Einflüsse. Die Spielregeln sind von außen festgelegt. Das Individuum wird niemals gefragt, ob sie ihm zusagen, es kann aber auch die Teilnahme am Spiel praktisch nicht verweigern. In solchen Situationen wird das Rahmenproblem dringlich. Es ist zwar möglich, die Spieltheorie auch auf solche Situationen anzuwenden, die Anwendung wirkt aber gezwungen und künstlich und trägt jedenfalls nicht zur Erhellung des Rahmenproblems bei. Dabei sind es gerade die „Spielregeln" solcher erzwungener Spiele, für die wir uns in der Institutionentheorie interessieren, denn diese Regeln werden in der Tat durch Institutionen erzeugt. Die Spieltheorie

---

[17]Ein klassisches Werk hierzu ist (Mauss,1978).
[18]Das Beispiel übernehmen wir aus (Axelrod,1984).

wirft kein Licht auf diese drängenden, institutionellen Probleme,
weil die Spielregeln nicht zu den von ihr modellierten Objekten
gehören.

Machen wir uns dies am Beispiel zweier solch künstlicher Anwendungen klar. Betrachten wir zuerst den nicht-erbenden Sohn
eines armen, europäischen Bauern im Mittelalter. Mit minima-
ler Erziehung versehen, hat er im wesentlichen drei Möglichkeiten
der Lebensgestaltung. Er kann sich erstens als Soldat anwerben
lassen (wenn gerade Krieg ist, aber das war meistens der Fall),
zweitens kann er als Knecht im Dorf leben und drittens kann er
vom Feudalherrn ein Stück Land zu ungünstigen Bedingungen
pachten. Der Feudalherr, etwa ein Ritter, hat für den speziellen
Fall zwei Optionen. Er kann dem Bauernsohn ein Stück Land
verpachten, oder er tut es nicht. Nun kann man zwar sagen, daß
hier ein Spiel gespielt werde, aber die Spielregeln, insbesondere
die Handlungsmöglichkeiten, sind für den Bauernsohn sehr nach-
teilig. Das Ergebnis, daß beide Parteien einen Pachtvertrag über
ein Stück Land abschließen, und die Tatsache, daß dies Ergebnis einen Gleichgewichtspunkt bildet, liefern nicht nur keinerlei
Beitrag zum Verständnis des Feudalsystems als der zentralen Institution, die hier am Werk ist, sondern erzeugen darüberhinaus
ein ziemlich schiefes Bild der Realität. Betrachten wir zweitens
einen Bauarbeiter, A, der nicht gut mit seinem Meister auskommt.
Am Morgen, wenn die Tagesarbeit verteilt wird, hat der Meister
etwa drei Möglichkeiten, verschiedene Arbeiten an A zu vergeben.
A seinerseits habe auch drei Möglichkeiten: annehmen, was er
zugeteilt bekommt, oder mit dem Meister streiten, oder das Arbeitsverhältnis lösen. Auch hier läßt sich im Prinzip der real ab-
laufende Vorgang, nach dem der Meister A die schlechteste Arbeit
zuweist und A diese ohne Murren annimmt, als Gleichgewichtspunkt in einem Spiel mit realistischen Auszahlungsfunktionen auffassen. Aber aus einer solchen Analyse lernen wir nichts über die
Institutionen, die die für A so nachteiligen Spielregeln festlegen.

Unsere Überlegung grenzt den Bereich der intendierten Systeme für die Spieltheorie ab: Systeme mit wenigen Beteiligten,
die alle in etwa die gleiche Macht, das gleiche Ausmaß an Kontrolle übereinander ausüben. Für solche Systeme erfaßt der Begriff
des Spiels in seiner technischen Form in etwa das, was real passiert. Jeder Beteiligte stellt strategische Überlegungen an, um im

Lichte variabler Reaktionen der Anderen eine optimale Position zu erreichen. Alle Handlungsmöglichkeiten sind dabei durch den Rahmen der Spielregeln vorgezeichnet und diese werden von allen Beteiligten eingehalten. Solche Spiele finden in einem regulierten, institutionalisierten Rahmen statt, in dem alle Spieler ein gewisses Maß an Unabhängigkeit haben.

Die Unterscheidungen zwischen sozialem Rahmen und Spielregeln, und zwischen externen und internen Verträgen entsprechen dem Sinn nach einer Unterscheidung, die unter Spieltheoretikern selbst kontrovers ist, nämlich der zwischen abgeschlossenen und offenen Welten.[19] Die Spielregeln, deren Kenntnis das volle Wissen über die Auszahlungsfunktionen der Spieler umfaßt, entsprechen der Annahme einer abgeschlossenen, überschaubaren Welt. Nur unter dieser Annahme sind die strategischen Berechnungen der Spieltheorie hilfreich. In vielen Situationen ist aber kein vollständiges Wissen gegeben, die Situation ist offen, neue Alternativen können entstehen, die Auszahlungsfunktionen, d.h. die individuellen Bewertungen, können unbestimmt sein und erst im Laufe des „Spiels" feste Werte annehmen. Auch diese Unterscheidung zeigt, daß der Bereich der intendierten Systeme für die Spieltheorie enger zu ziehen ist, als viele Spieltheoretiker wahrhaben wollen.

Wir bemerken abschließend, daß die Strategie, ein gegebenes, einfaches Modell auf alle sozialen Phänomene anwenden zu wollen, nicht von den Spieltheoretikern erfunden wurde. Ähnlich „imperialistische" Tendenzen hat auch die Theorie des Gütertausches.[20] Mit etwas gutem Willen und Streckung des Güterbegriffs läßt sich jede soziale Interaktion als Tausch von Gütern ansehen. Natürlich wurde dieses Modell auch auf ganze Gruppen angewandt.[21] Genau wie beim spieltheoretischen Modell ist zunächst nichts gegen solche Anwendung einzuwenden. Kritisch wird die Sache erst bei dem Anspruch, alle interessanten sozialen Phänomene auf diese Weise befriedigend erklären zu können. Ein Chef und dessen Angestellter, der vom Chef mit ironischen Bemerkungen gedemütigt wird, spielen weder ein Spiel, noch tauschen sie Güter aus. Die

---

[19](Binmore,1991).
[20](Debreu,1972).
[21]Etwa in (Blau,1964), und dem Geist nach auch in (Thibeaut & Kelley,1959).

„objektivierende" Sichtweise, die zwischenmenschliches Verhalten
auf den individuellen Nutzen der Beteiligten zurückführt, ist eine
späte Blüte der naturwissenschaftlich-positivistischen Weltsicht,
die den einzelnen Menschen einem „Rest" von objektiver Welt
(einschließlich der anderen Menschen) gegenüberstellt. Aus dieser Sicht werden die anderen Menschen und die Beziehungen zu
ihnen zu quasi-materiellen Hilfsmitteln zur Erhöhung des eigenen
Nutzens. Dies, zusammen mit der Knappheit von Gütern in der
Massengesellschaft, zwingt zu strenger Nutzenmaximierung. Die
alternative Weltsicht, nach der soziale Interaktion schon ein Ziel
an sich darstellt, auch dann, wenn sie keinen unmittelbaren Nutzen hat, ist uns ziemlich fremd geworden. Wir wollen sie auch keineswegs romantisch verklären, sondern im Gegenteil darauf hinweisen, daß gerade Machtrelationen, die Ausübung von Macht,
des Beeinflussens Anderer, soziale Interaktionen sind, die jedenfalls für die eine Seite schon ein Ziel vor aller Nutzenbewertung
darstellen.

4 Das machtbezogene Institutionenmodell

In der wirklichen Welt befindet sich ein Akteur nicht immer in einer abgeschlossenen, überschaubaren und geregelten Umgebung. Ein psychologisches Erbe aus der Vorzeit ist Agression und Kampf. „Regeln sind da, gebrochen zu werden", „der Wille zur Macht" sind typische Ausdrücke für die inneren Kräfte, die einem friedlichen, geregelten Verhalten entgegenwirken. *Machiavelli*, für seinen realistischen Blick berühmt geworden, zögert nicht, dem Fürsten zu raten: „Ein kluger Herrscher kann und soll daher sein Wort nicht halten, wenn ihm dies zum Schaden gereicht und die Gründe, aus denen er es gab, hinfällig geworden sind."[1] Der Fürst, der für andere den Rahmen setzt, ist selbst an keinen solchen gebunden. In der Theorie sozialer Institutionen werden sich die rahmensprengenden Kräfte auf Dauer nicht ignorieren lassen. Es ist Zeit, sie in ein realistischeres Modell einzubeziehen. Wir richten unser Augenmerk auf den Trieb, andere zu beeinflussen und zu manipulieren, andere dem eigenen Willen zu unterwerfen und die Spielregeln selbst zu bestimmen. Damit betonen wir gerade den Aspekt, der im Harmoniemodell ausgeklammert wird: das Rahmenproblem. Wir gehen also von der realistischeren Annahme aus, daß am Anfang keine allgemein akzeptierten Spielregeln existieren und daß im Gegenteil die Individuen versuchen, den anderen ihren Willen und ihre Regeln aufzuzwingen. Auf dieser neutraleren Grundlage werden wir eine Theorie sozialer Institutionen entwickeln, die spieltheoretische Situationen als Spezialfall zuläßt, die aber im allgemeinen weniger „gleichgewichtige" und harmonische Modelle hat. Für die zentrale Modellannahme, nach der jedes Individuum versucht, den anderen seinen Willen aufzuzwingen, verwenden wir das Wort „Macht" und bezeichnen deshalb unser Modell als machtbezogenes Modell. Die Grundeinsicht, daß Machtverhältnisse eine wichtige Rolle bei der Institutionenbildung spielen, ist sicher nicht neu,[2] wohl aber die Art, wie wir

---

[1](Machiavelli,1990), S.87.

[2]Vergleiche etwa (Etzioni,1967), (Friedrich,1970) und (Lenk,1982) für in-

diese Einsicht in den Aufbau eines präzisen Modells umsetzen.

Das machtbezogene Modell gibt zwei wesentliche Forderungen des Harmoniemodells auf. Diese werden zwar nicht explizit negiert, sie können in speziellen Fällen durchaus erfüllt sein, aber sie werden nicht als gültig in allen intendierten Systemen gefordert. Die erste Annahme, die wir fallenlassen, ist die eines gegebenen Rahmens oder gegebener Spielregeln. Im letzten Kapitel wurde gezeigt, daß diese Annahme den Bereich der intendierten Systeme und die natürlichen Anwendungsmöglichkeiten auf einen kleinen Teilbereich aller realen Institutionen einschränkt. Ihre Aufgabe bedeutet, daß die Akteure nicht mehr unabhängig voneinander oder frei zu sein brauchen. Sie können sich einfach in einer „normalen" Situation befinden, in der sie keine Wahl haben, insbesondere keine Möglichkeit, die Teilnahme am „Spiel" zu vermeiden. Anders gesagt, können sie sich in einem von Institutionen geprägten Gehäuse befinden, auf welches sie selbst keinen Einfluß haben. Die zweite Annahme, die wir aufgeben, ist die des rationalen Verhaltens. Das schafft Platz für gefühlsgeleitete Handlungen, die manchmal ganz irrational, aber für die Entstehung und Entwicklung einer Institution von größter Bedeutung sein können. Beide Annahmen sind keineswegs unwichtig, aber sie von Anfang an allgemein zu fordern, führt zu einem zu harmonischen und eingeschränkten Modell sozialer Institutionen. Zwar gibt es Institutionen, für die beide Bedingungen erfüllt sind, aber für die Mehrzahl der realen Institutionen ist dies nicht der Fall.

Es fragt sich, was noch übrigbleibt, wenn diese beiden Annahmen fallengelassen werden. Vom Harmoniemodell bleibt in der Tat wenig übrig. Aber wir haben nicht die Absicht, unsere Theorie vom Harmoniemodell her aufzubauen. Wir führen vielmehr eine neue Theorie sozialer Institutionen ein, die ganz unabhängig vom Harmoniemodell entwickelt wurde. Unser Ansatz ist entschieden empirisch. Wir beginnen damit, wirkliche Institutionen zu betrachten und aufzulisten. Diese bilden die intendierten Systeme für unsere Theorie. Aus ihnen versuchen wir, eine allgemeine Struktur zu abstrahieren, die allen Systemen gemeinsam ist. Sie wird in Form einer Theorie, das heißt bei uns: durch Beschreibung von Modellen, niedergelegt. Eine konkrete

formelle Ideen.

Anwendung der Theorie auf ein intendiertes System erfolgt nach dem üblichen Schema. Man sammelt aus dem realen System Daten und prüft, ob die Daten mit der Theorie zusammenpassen. Anders gesagt wird damit geprüft, ob das reale System die allgemeine Struktur der Theorie hat, d.h. die Form eines Modells der Theorie. Indem wir Modelle in den Vordergrund stellen, nehmen wir eine in gewissem Sinn systemtheoretische Sichtweise ein, die es ermöglicht, reale Systeme und theoretische Systeme (Modelle) auf einer Ebene zu vergleichen. Wichtig für eine empirische Theorie ist die Vorgabe realer intendierter Systeme; ohne diese hängt die Modellbildung völlig in der Luft.

Die intendierten Systeme, die wir im Auge haben, lassen sich in mehrere natürliche Klassen unterteilen.

Eine erste Menge intendierter Systeme sind große Firmen wie General Motors, ICI, Nestlé oder AT & T. Wir stellen sie nicht nur ihrer Wichtigkeit wegen an den Anfang, sondern auch, weil sie unter allen Institutionen bisher am intensivsten empirisch untersucht wurden.[3] Eine zweite Art intendierter Systeme sind kleine Firmen wie etwa eine Autowerkstatt, ein Bauernhof, ein Tante-Emma-Laden, oder eine kleine Baufirma. Die Unterscheidung zwischen großen und kleinen Firmen ist zunächst nicht von systematischer Bedeutung, wir treffen sie hier aus Bequemlichkeit. Das soll eine spätere, systematisch scharfe Abgrenzung nicht ausschließen. Zwischen großen und kleinen Firmen gibt es ein ganzes Spektrum mittlerer Unternehmen: Zulieferer von Autokonzernen, kleine Ladenketten usw. Natürlich beschränken wir uns nicht nur auf gegenwärtig existierende Systeme; oft sind historische Systeme besser zu untersuchen, weil bei ihnen weniger Anreiz besteht, relevante Daten zu verheimlichen oder zu fälschen. So ist auch eine mittelalterliche Silbermine oder eine Glashütte ein intendiertes System, ebenso wie alle Krämerläden, wann und wo auch immer sie existierten und existieren werden.

Der beträchtliche Unterschied in Größe und Komplexität der genannten Systeme fällt ins Auge. Damit sie alle unter ein gemeinsames Modell fallen können, muß dieses Modell *anwendungshomogen* sein. Das heißt, es darf keine inneren Aspekte aufweisen, die die Größe oder Komplexität der Systeme, auf die es angewandt

---

[3]Etwa in (Chandler,1962).

werden soll, einschränken.

Eine weitere Gruppe von intendierten Systemen enthält einzelne politische Institutionen. Damit meinen wir bestimmte Teile umfassender politischer Systeme, die sich sowohl begrifflich als auch real vom Rest des Gesamtsystems isolieren lassen. Beispiele sind der Präsident der USA, die britische Königin, das Zentralkommitee der früheren UdSSR, der Bürgermeister von Darmstadt, oder der Stadtrat dieser Stadt. Solche Institutionen sind zum Teil durch Verfassungen oder Gesetze festgelegt, die die Handlungen der beteiligten Individuen einschränken oder vorschreiben.

Diese Systeme beschränken sich nicht auf nur die Person oder Personen, die in der Bezeichnung angesprochen werden. Zum jeweiligen intendierten System gehört auch ein Teil der Umgebung der Person(en), bestehend aus anderen Akteuren und möglicherweise auch aus anderen Institutionen. Natürlich liegt hier eine gewisse Schwierigkeit darin, die jeweils relevante Umgebung geeignet abzugrenzen, weil man durch Einbeziehung immer größerer Umgebungen rasch zum umfassenden System der gesamten Gesellschaft kommt. Es gibt zunächst keinen Grund, hier auf präziser Abgrenzung zu bestehen. In konkreten Fällen ist es oft eine Sache der Betonung, aber auch der Theorie, welche Teile man zum System rechnen will oder soll und welche nicht. In einer Anwendung, die sich auf das Zusammenspiel von Parteien, Medien und dem US-Präsidenten konzentriert, kann der oberste Gerichtshof außer Betracht bleiben, während in einer anderen Anwendung, in der es um den legalen Rahmen des Präsidenten geht, der oberste Gerichtshof natürlich von großer Wichtigkeit ist. Es kommt durchaus vor, daß die Theorie selbst als Abgrenzungskriterium benutzt wird. Wenn sich ein System nicht unter sie subsumieren läßt, so ist das System zu eng oder zu umfassend abgegrenzt, zu stark oder zu wenig abstrahiert. Es wird *in dieser speziellen* Abgrenzung dann nicht als intendiertes System betrachtet, kann aber bei geeigneter Verengung oder Ausweitung der Sichtweise durchaus wieder zu einem intendierten System werden. Intendierte Systeme aus der Geschichte wären etwa der französische König im 16.Jahrhundert, das System der Kurfürsten im deutschen Hochmittelalter, oder der römische Senat etwa im 1. Jahrh. v.Chr.

Indem wir Systeme der letzten Art durch alle politisch relevanten Kräfte anreichern, erhalten wir umfassende politische Institutionen, wie die repräsentativen Demokratien in westlichen und die Volksdemokratien in früher kommunistischen Ländern, das feudale System von Frankreich etwa im 13.Jahrhundert oder den Staat von Venedig im 14. Jahrhundert. All diese umfassenden Systeme sind intendierte Systeme für unsere Theorie. Auch hier bedeutet die unterschiedliche Größe der beteiligten Personengruppen, daß das zu entwickelnde Modell anwendungshomogen sein muß.

Eine letzte Gruppe von Institutionen liegt zwischen den rein politischen und den rein ökonomischen. Sie reicht von kleineren Vereinen, angefangen beim Imkerverein, den Kunstfreunden und dem Verein der ehemaligen Schüler bis zum riesigen Interessenverband etwa des ADAC. Stereotype Rollen, wie „die Hausfrau" eines deutschen Bürgerhauses im 18. oder 19. Jahrhundert[4] oder der Haushaltsvorstand im 19. Jahrhundert, sind als Grenzfälle anzusehen. Die intendierten Systeme werden hier von einzelnen Personen und ihrer umgebenden Gruppe gebildet.

Von dieser Liste intendierter Systeme lassen sich unmittelbar und ohne genauere Untersuchung einige allgemeine Züge abstrahieren. Offensichtlich enthält jedes intendierte System Personen, die sich durch ihr Verhalten unterscheiden und dadurch verschiedene Gruppen bilden. Für große Systeme, wie etwa Daimler-Benz ist dies unmittelbar klar. Dort gibt es verschiedene Berufsbilder, vom Lackierer bis zum Verkaufsdirektor, und entsprechende Gruppierungen innerhalb der Firma. Aber auch bei kleinen Firmen, wie dem Krämerladen, gibt es Untergruppen. Der Krämer existiert nicht ohne seine Kunden, sodaß wir selbst bei diesem Minisystem mindestens zwei Gruppen haben: die der Kunden und die des Krämers (und seiner Gehilfen, wenn er welche hat). Beide Teilgruppen unterscheiden sich klar durch das unterschiedliche Verhalten ihrer Mitglieder, jedenfalls im betrachteten System des Krämerladens. Die Kunden wählen die Ware aus und bezahlen, der Krämer stellt die Ware bereit, kassiert und hält durch andere typische Tätigkeiten den Laden in Betrieb.

In allen Systemen finden wir Verhaltensweisen, die charakteristisch für die verschiedenen Personengruppen sind. Das Bezahlen ist eine charakteristische Verhaltensweise der Kunden im Krämer-

---

[4]Siehe etwa (Freudenthal,1934).

laden, es ist -in seinem Laden- nicht typisch für den Krämer. Eine charakteristische Handlung des Krämers ist der Einkauf beim Großhändler. Bei einem internationalen Konzern besteht eine charakteristische Handlungsart für Mitglieder des Top-Managements darin, sich im Dienstwagen fahren zu lassen, während eine charakteristische Handlung für die Fahrer der Dienstwagen im Öffnen und Schließen der Wagentüren besteht. Natürlich gibt es noch andere charakteristische Handlungstypen für diese Gruppen, die Beispiele sind zufällig ausgewählt. Eine charakteristische Handlungsart der Hilfs- oder Fließbandarbeiter besteht in der morgendlichen Groschenzeitungs-Frühstückspause. Diese Art von Handlungen findet sich zwar auch in anderen Gruppen, aber dort nicht so speziell ausgeprägt. Als historischer Fall sei ein französischer König im 16.Jahrhundert betrachtet. Eine für ihn charakteristische Handlung war das Betreten einer Versammlung mit typischer Geste, bei der sich die anderen vor ihm verbeugten. Typische Handlungen eines Hofadeligen bestanden in besonderen Handreichungen für den König, wie etwa dem Überreichen der Strümpfe beim *lever* Ludwigs XIV. Natürlich gibt es auch hier noch viele andere charakteristische Handlungsarten.

Unter den Gruppen einer Institution stellen wir unschwer eine hierarchische Ordnung fest. Es gibt Gruppen, die die Institution leiten; sie planen, wie es weitergehen soll und versuchen, die Pläne mit Hilfe wieder anderer Gruppen in die Tat umzusetzen. In einer großen Firma tritt dasselbe Muster auf verschiedenen Ebenen auf. Eine „höhere" Gruppe legt auf ihrer jeweiligen Ebene einige Ziele fest und versucht, diese mit Hilfe „niedrigerer" Gruppen, auf die sie Einfluß nehmen kann, zu verwirklichen. In der Sozialwissenschaft kommt der Ausdruck „sozialer Status" den Positionen in dieser Hierarchie nahe. Er wird aber normalerweise in unrelativierter Weise verwandt, d.h. nicht in Beziehung auf eine bestimmte Institution. In Ermangelung eines etablierten Ausdrucks verwenden wir die Bezeichnungen *Statushierarchie* und *Statusrelation*. Höherer Status wird dabei an größere Einflußmöglichkeiten gekoppelt. Der Status einer Gruppe ist gegenüber einer anderen Gruppe umso höher, je mehr die Mitglieder dieser Gruppe die der anderen tatsächlich beeinflussen oder möglicherweise beeinflussen können.

Betrachten wir einige der obigen Beispiele. In einer großen

Firma gibt es eine klare Statushierarchie. Eine oberste Gruppe, der Vorstand, lenkt die verschiedenen Abteilungen. In jeder Abteilung gibt es wieder eine oberste Gruppe, die die Unterabteilungen lenkt und so weiter bis zu den untersten Einheiten, wie Läden oder Werkstätten. Diese Struktur bleibt auch bei kleineren Institutionen erhalten bis hinunter zum Krämerladen, wo man sie zunächst nicht mehr wahrnimmt. Das System des Krämerladens gibt, wie wir sahen, Anlaß zu zwei Gruppen: dem Krämer und den Kunden. Zwischen dem Krämer und seinen Kunden besteht eine, wenn auch schwache, Statusrelation. Der Krämer beeinflußt seine Kunden in dieser oder jener Weise, er bewirkt, daß sie in seinem Laden einkaufen und nicht in einem anderen in der Nähe und daß sie manchmal Sachen kaufen, die sie eigentlich nicht vorhatten zu kaufen. In der umgekehrten Richtung: vom Kunden zum Krämer, besteht normalerweise keine Beeinflussung. Es mag Fälle geben, wo Kunden durch Beschwerde oder durch Wunsch eines besonderen Artikels Handlungen des Krämers verursachen. Aber dies sind Ausnahmen, die uns nicht erlauben, von einer allgemeinen Beeinflussung des Krämers durch die Kunden zu reden.

Die gleiche Statushierarchie finden wir in politischen Institutionen. Die Institution des US-Präsidenten, um ein lokales Beispiel zu nehmen, besteht aus dem Präsidenten samt seinem Stab, ferner aus dem Kabinett, dem Senat, dem Repräsentantenhaus, dem obersten Gerichtshof und einigen einflußreichen Gruppen aus den Medien. Das Prinzip der Gewaltenteilung, das in dieser Institution verwirklicht ist, stellt Statusrelationen zwischen allen beteiligten Gruppen her. Jede der anderen Gruppen kann auf bestimmte Handlungen des Präsidenten Einfluß nehmen, und umgekehrt natürlich auch der Präsident auf Handlungen jeder dieser Gruppen. Das Repräsentantenhaus kann Aktionen des obersten Gerichtshofes und der Medien beeinflussen und umgekehrt. Und so weiter. In diesem Beispiel scheint es schwierig, eine Statushierarchie festzustellen. Aber auch ohne Detailanalyse ist zu sehen, daß die Einflußmöglichkeiten auf Seiten des Präsidenten entscheidend größer sind, als bei den anderen Gruppen. Er und sein Stab können jedes Individuum einer anderen Gruppe in dramatischer Weise beeinflussen, etwa indem er ihm eine hohe Position anbietet, eine Medienkampagne gegen es anzettelt, oder sogar ein neues Gesetz einbringt, das darauf zielt, Vorhaben dieses Individuums zu vereiteln. Auf diese Weise beeinflußt der Präsident die (Mitglieder aller) anderen Gruppen. Das Umgekehrte gilt nicht. Keine andere Gruppe hat die Möglichkeit, den Präsidenten in vergleichbar drastischer Weise zu beeinflussen, es sei denn unter extremen äußeren Krisenbedingungen. Auch bei europäischen Premierministern oder Ministerpräsidenten, die nicht direkt gewählt werden, ist diese Statushierarchie vorhanden. Hier ist zusätzlich noch die Partei des Premiers, manchmal auch die Opposition, als wichtige Gruppe zu betrachten, aber die Statusrelation bleibt die Gleiche. Der Premier kann jede andere Gruppe in hohem Maß beeinflussen, während dies in umgekehrter Richtung nicht so leicht möglich ist. Die gleiche hierarchische Struktur läßt sich auch in umfassenderen politischen Institutionen, wie Staaten, oder den antiken Polis, oder feudalen Systemen, ausmachen. In solchen Systemen dehnt sich die Exekutivmacht der herrschenden Gruppe über alle beteiligten Gruppen aus.

Ein weiterer allgemeiner Aspekt von Institutionen, der sich aus den intendierten Systemen abstrahieren läßt, betrifft die Art und Weise, wie Institutionen stabilisiert und aufrechterhalten werden. Im Vergleich zu anderen Arten menschlichen Verhaltens sind Institutionen im Verlauf der Zeit sehr stabil. Sie ändern sich zwar, aber langsam. Normalerweise besteht eine Institution über mehrere Generationen hinweg. Einige der Kräfte, die sie „am Leben" erhalten, lassen sich direkt beobachten: solche, die durch Sprache und Erziehung wirken. Nicht immer, aber doch oft, enthält die Sprache, die die Individuen in einer Institution sprechen, Ausdrücke für die Mitglieder sowohl der Gesamtinstitution als auch Ausdrücke für die Mitglieder der verschiedenen Gruppen. Im feudalen System gibt es für die Hauptgruppen die Worte „Adel", „Geistlichkeit", „Bürger", „Bauer". Es gibt auch Ausdrücke für einige der Handlungsformen, die für Mitglieder bestimmter Teilgruppen charakteristisch sind, wie: „Handel treiben", „befehlen", „Vorlesung halten", „predigen", „ausbeuten" oder „herrschen". Normalerweise kann eine Handlungsform Personen aus mehreren verschiedenen Gruppen einer Institution zugeschrieben werden, wie „arbeiten", „den Haushalt führen", „beten", „schlagen". Die Sprache kann Ausdrücke enthalten, die nur die charakteristischen Handlungen einer einzelnen Gruppe betreffen, wie „die Messe lesen" und auch Phrasen, die die Statusrelation ausdrücken, wie „Der

König regiert das Volk", „Der Bauer ist dem König untertan".
Eine weitere stabilisierende Kraft kommt aus der Erziehung. Da
Institutionen über mehrere Generationen hinweg bestehen, wird
ein Individuum meistens in den von einer oder mehreren Institutionen gegebenen Rahmen hineingeboren. Der Erziehungsprozeß,
dem es dann ausgesetzt ist, wird durch diese Institutionen mitbe-
stimmt und mitgeformt. Die Kinder lernen, oft explizit, manchmal
aber auch bloß implizit, wer zu welcher Gruppe gehört und wie
man sich in jeder Gruppe, insbesondere in der „eigenen" Gruppe,
zu der die Eltern gehören, zu verhalten hat. Das Kind wächst in
einer Welt auf, in der die Institutionen zu seiner natürlichen Umgebung gehören, es nimmt sie als gegebene, feste Züge der Welt
wahr, die es nicht beeinflussen kann. Etwas einseitig betrachtet,
läßt sich Erziehung als die Bemühung beschreiben, die Kinder in
die wichtigsten und weitverbreitetsten Institutionen „einzupassen"
und sie zu einem Verhalten zu bringen, wie es für die Gruppen,
zu denen sie gehören, charakteristisch ist. Die Wissenschaft steht
gerade am Beginn, subtilere Formen dieses Prozesses aufzudecken.

Zum Beispiel wird die Institution der heutigen Kleinfamilie
in westlichen Ländern durch Nachahmung weitergegeben und erhalten. Die Kinder sehen und erfahren, wie es in ihrer eigenen
Familie zugeht, sie lesen entsprechende Bücher und sehen entsprechende Fernsehsendungen, und lernen so Verhaltensregeln, die sie
später als Erwachsene selbst befolgen. Ein anderes Beispiel ist
der Krämerladen. Kinder lernen, wie man einkauft. Ein Ein-
geborener aus den unter steinzeitlichen Verhältnissen lebenden
Stämmen in Neu-Guinea wäre im Krämerladen hilflos. Wesentlich mehr Erziehung ist nötig für den Krämer. Er muß -heute-
lernen zu schreiben, zu lesen, Buch zu führen, zu rechnen, und
er muß das Steuer- und Rechtssystem in den relevanten Teilen
kennen, um seinen Laden zu führen. Das Gleiche gilt für größere
Firmen. Die Spitzenmanager werden in Universitäten und in der
Firma selbst ausgebildet, Facharbeiter werden auf verschiedene
Weise, vom Schreibmaschinenkurs der Berufsschule bis zur jah-
relangen Maurerlehre, ausgebildet. Den Kindern werden gewisse
Grundkenntnisse über das politische System beigebracht und es
gibt häufige Muster, wie ein Kind in die Laufbahn des Politikers,
Rechtsanwalts oder Soldaten gerät. Obwohl politische Institutio-
nen nicht immer als gegeben und unveränderlich angesehen wer-

den, ist es doch eher die Ausnahme, daß ein Individuum sich zum
Ziel setzt, das bestehende System zu verändern. Auch für politische Institutionen gilt, daß die Individuen die geltenden Verhaltensregeln und Unterscheidungen in ihrem Erziehungsprozeß
lernen und internalisieren.

Von solcher Internalisierung ist es nur noch ein kleiner Schritt
zur Frage, wie Institutionen entstehen und sich entwickeln. Diese
Frage betrifft den schwierigsten, aber auch den wichtigsten Teil
einer Institutionentheorie. Sie kann im Prinzip durch empirische Studien beantwortet werden. Dazu ist die Entwicklung verschiedener Beispiele bis zu den jeweiligen Ursprüngen in der Geschichte zurückzuverfolgen. Diese Methode ist jedoch sehr aufwendig und langwierig. Viele Institutionen reichen weit in die
Geschichte zurück, die Aufdeckung ihrer Ursprünge erfordert umfassende historiographische Studien. Da solche bis jetzt nicht vorliegen, müssen wir uns bei der Entstehung von Institutionen auf einige ziemlich allgemeine Züge beschränken, die wir auf der Grundlage von verstreuten historischen Tatsachen, sowie von Analogien
mit beobachteten Phänomenen untersuchen.

Für die Entstehung einer Institution sind zwei Aspekte von
zentraler Bedeutung. Erstens müssen neue Handlungstypen oder
Handlungsmuster entstehen, die von einer oder mehreren Personen erfunden werden. Zweitens müssen die äußeren Umstände
günstig sein, sodaß die neuen Handlungsmuster akzeptiert und
nachgeahmt, anstatt bekämpft und unterdrückt werden. Dieses
Modell ist nicht neu, es stammt aus der Evolutionstheorie. An die
Stelle von Mutation tritt hier die Entstehung neuer Handlungstypen, und die jeweilige Umgebung besteht aus dem Umfeld an sozialen Gruppen, dem sozialen Rahmen, in dem sich die Erfinderin
des neuen Handlungstyps bewegt. Die Neuheit und Originalität
solcher Handlungstypen läßt sich graduell abstufen. Es kann sich
um Varianten bereits bekannter Handlungstypen handeln, aber
auch ganz neue und unerwartete Handlungstypen können entstehen. Der zweite Punkt: günstige Umweltbedingungen, läßt sich
im spieltheoretischen Jargon formulieren. Die Erfinder der neuen
Handlungstypen erhöhen ihren Nutzen, indem sie die neue Strategie spielen. Dies läuft auf die Einführung eines neuen Spiels
(neuer Strategien) hinaus, an dem die „umgebenden" Personen
freiwillig oder gezwungenermaßen teilnehmen. Das Spiel wird in

einer feindlichen Umgebung keinen Erfolg haben, es sei denn, es zielt primär auf die Etablierung neuer Macht in solcher Umgebung ab.

Die Schwierigkeit, eine Institution zu ihren geschichtlichen Ursprüngen zurückzuverfolgen, zeigt sich an jedem der bisher genannten Beispiele. Eine „jüngere" Institution sind die Universitäten, deren Entstehung in der Zeit vom 10. bis zum 12. Jahrundert schwierig genauer zu lokalisieren ist. Um 1100 nahmen die Schulen in Bologna und Paris einen starken Aufschwung, hervorgerufen durch die Ausbildung junger Leute im Rechtswesen bzw. in der Dialektik.[5] Zuvor war die Ausbildung in Kloster-, Dom-, aber auch Stadtschulen erfolgt. Die neuen Handlungstypen bestanden im Studium von Texten und Themen, welche keine unmittelbare praktische Anwendung hatten und nicht zum Stoffkanon der damals allmächtigen Kirche gehörten. In Bologna etwa erfolgte ein Aufbruch Ende des 11. Jahrhunderts durch die Magister *Peppo* und *Irnerius*, die erstmals das antike römische, justinianische Recht studierten.[6] Neu war nicht der Handlungstyp des Studierens, sondern das Studium aus wissenschaftlicher Neugier. Neu war auch das System der Rekrutierung von Schülern. Während in den Klosterschulen der Auswahlprozeß der Studenten und oft auch der Lehrer stark durch die Autoritätsstruktur der Kirche bestimmt war, erhielt das Studium nun einen freieren und ökonomischen Charakter ähnlich dem Angebot einer Ware zum Kauf. Die schnelle Ausbreitung des neuen Schemas, die Bildung von Korporationen unter Studenten und Lehrern („Universitas") zeigt, daß die Umstände günstig waren, es gab genug Nachfrage nach solcher Art von Ausbildung. Wir brauchen den Gründen hier nicht genauer nachzugehen: Bevölkerungswachstum speziell in den Städten, zunehmende Komplexität von privatem Handel und öffentlicher Verwaltung, steigende Zahl von Juristen. Eine ähnliche Form der Lehre existierte bereits in den antiken Akademien, war aber im Lauf der Geschichte wieder untergegangen. Im Mittelalter wurde sie neu aufgelegt. Obwohl die Erfinder die antike Form kannten, müssen wir ihnen Originalität zubilligen: Originalität relativ zu ihrer Umgebung.

Betrachten wir als weiteres Beispiel eine Armee. Der entschei-

---

[5] Siehe (Denifle,1956).
[6] Vergleiche (Grundmann,1960).

dende Schritt in der Formierung einer Armee, der sehr wohl öfter stattgefunden haben dürfte, besteht darin, Disziplin herzustellen, d.h. diejenigen Individuen zu bestrafen, die nicht ernst genug kämpfen oder die sich sonstwie nicht entsprechend den Zielen verhalten. Wir können nur darüber spekulieren, ob Disziplin erstmals durch einen starken Führer in natürlicher Weise aus den Umständen heraus eingeführt wurde, oder mehr oder weniger bewußt durch eine kleine Gruppe auf ihrem Weg zur Führung. Wie dem auch sei, die Handlungstypen zur Bestrafung von Mitgliedern der eigenen Gruppe sind klar genug, auch wenn sich ihre Ursprünge in der Geschichte verlieren. Ebenso ist klar, daß die Einführung von Disziplin im allgemeinen die Führung des Kampfes erleichtert und die Gruppe in dieser Hinsicht effizienter macht. Daher waren die Umstände für diese Art von Neuerung günstig.[7]

Ein letzter wichtiger Aspekt von Institutionen, der sich aus den intendierten Systemen extrahieren läßt, betrifft deren Entwicklungsmuster in der Zeit. Hier ist ein darwinistisches Grundmuster erkennbar. Fast jede Institution tendiert, falls sie über eine kritische Anfangsphase hinaus lebensfähig bleibt, auf Ausdehnung: neue Mitglieder kommen hinzu. Erfolgreiche Institutionen entstehen als Ganzheiten und vermehren sich so ähnlich wie Lebewesen. Sie können auch Nachwuchs haben, was im Deutschen treffend durch das Wort „Tochtergesellschaft" ausgedrückt wird. Der Ausbreitungstendenz wirken die äußeren Umstände entgegen: knappe Ressourcen, beschränkte Anzahl von Individuen, Rivalität mit anderen Institutionen.

Die Auflösung einer Institution kann verschiedene Formen annehmen: sie kann von einer anderen übernommen werden oder durch eine mächtigere echt aufgelöst werden, meist nach einer Periode langsamen Niedergangs unter dem Druck rivalisierender Institutionen. Viele Arten von Änderung können auftreten. Jede Änderung folgt im wesentlichen dem im Zusammenhang mit Entstehung beschriebenen Schema. Neue Handlungstypen werden eingeführt und breiten sich aus, aber nun ist das Muster der

---

[7]Eindrucksvoll sind die Strafen, die im antiken römischen Heer praktiziert wurden, wie etwa die Tötung jedes zehnten Soldaten der schuldigen Einheit, die Dezimierung. Diese brutale Disziplin war sicher eine wichtige Teilursache für den Erfolg römischer Heere. Vergl. die Darstellung bei (Machiavelli,1977), III,49.

neuen Handlungen in die schon existierenden Muster eingebettet und wandelt diese ab oder verfeinert sie. Solch kleine Änderungen können sich über längere Zeiträume hinweg zu großen Unterschieden aufsummieren, sodaß man schließlich die ursprüngliche Grundstruktur nur noch mit Mühe wiederentdeckt. Jedoch ist bloße Genidentität nicht ausreichend, um die Identität einer Institution über die Zeit hinweg zu sichern. Wir behaupten, daß es eine grundlegende Struktur gibt, die über die Zeit hinweg erhalten bleibt und die notwendig dafür ist, daß man von derselben Institution spricht.

So haben sich bei der römisch-katholischen Kirche, die zu den ältesten und immer noch mächtigsten Institutionen gehört, einige grundlegende Züge konstant erhalten, wie etwa die Hierarchie von Pabst, Priestern und Gläubigen, die Kommunion, bei hinreichender Abstraktion die Messe, sowie verschiedene Handlungstypen und Symbole, wie das Kreuz, das Schaf, der Hirtenstab usw. Die aus diesen Elementen geformten Muster blieben 2000 Jahre lang fast konstant und bildeten so ein Gerüst, einen Rahmen, um den herum ein ständiger Wandel in den Details stattfand. Die Messe wurde mehrfach reformiert, die Dogmen wurden ständig diskutiert und geändert, das Verhalten der Mitglieder gegenüber Nichtmitgliedern änderte sich von Zeit zu Zeit in höchst dramatischer Form, genauso wie der Stil der Gebäude, die ökonomischen Gewohnheiten, die Beziehungen zu anderen Institutionen und die Arten der Finanzierung. Das Gleiche gilt für die Institution einer Armee. Die allen Armeen gemeinsame Struktur ist die einer strengen Befehlshierarchie zusammen mit geregelten Arten der Bestrafung der eigenen Mitglieder zur Erzeugung von Disziplin. Alle anderen Verhaltensweisen, insbesondere die Arten des Kampfes, haben sich im Lauf der Geschichte durch stetige kleine Änderungen bei den Waffen, der Taktik, und Strategie total gewandelt. Was auch konstant geblieben ist, ist die Wirkung, die der Kampf hinterläßt. Dieses Beispiel zeigt deutlich, daß wir weder die Wirkung, noch die Ziele einer Institution für eine allgemeine Charakterisierung verwenden können. Einige Wirkungen treten nicht auf, zum Beispiel wenn die Institution nur latent vorhanden ist und nie richtig zum Einsatz kommt. Bei den Zielen stehen wir vor einer zu großen Bandbreite von Änderungen, als daß sie für theoretische Zwecke zu gebrauchen wären.

Diese durch eine Art rudimentärer Abstraktion aus Beispielen gewonnenen Vorstellungen werden im folgenden zu einem präzisen, geschlossenen Modell ausgebaut. Das Modell, genauer: die Modelle, werden charakterisiert durch eine feste Liste von Axiomen. Diese Axiome bestimmen im Sinne der Modelltheorie eine Klasse von Strukturen, die technisch als mengentheoretische Entitäten gefaßt sind.[8] Der „Kontakt" unserer Modelle zu realen Institutionen beschränkt sich aber nicht auf den angedeuteten Abstraktionsprozeß. Vielmehr sollen die Modelle die realen Institutionen genau in dem Sinn abbilden, wie dies alle empirischen Theorien mit ihren intendierten Systemen tun. Der Ausdruck „abbilden" ist hier etwas irreführend, genauer liegt folgendes Verhältnis vor. Auf der Seite der Realität gibt es viele verschiedene Systeme, deren Gemeinsamkeiten und Wesen modelliert werden soll. Wir bezeichnen sie als *intendierte Systeme*. Auf der anderen Seite beschreiben wir im folgenden eine Klasse präziser *Modelle*; jedes Modell ist eine durch Axiome festgelegte, mengentheoretische Struktur. Ein gegebenes Modell bildet nun ein intendiertes System ab, wenn das Modell durch eine erfolgreichen *Anwendungsprozeß* aus dem intendierten System hervorgeht. Den Anwendungsprozeß stellen wir uns grob in drei Schritten vor. Erstens werden aus dem realen, intendierten System auf verschiedenen Wegen möglichst viele Daten gewonnen, zweitens werden diese Daten in das Vokabular transformiert, in dem unsere Modelle definiert sind, und drittens wird untersucht, ob es ein Modell (eine mengentheoretische Struktur) gibt, in das sich die transformierten Daten in einem präzisen, technischen Sinn einbetten lassen.

Wenn die Existenz eines solchen Modells nachweisbar ist, so war der Anwendungsprozeß erfolgreich, andernfalls nicht. Der Begriff der Einbettung suggeriert, daß das Modell, in welches die Daten eingebettet werden, schon vorgegeben ist. Tatsächlich aber wird in der Regel das Modell ausgehend von den Daten erst konstruiert. Und weil die Konstruktion von den Daten ausgeht, sind

---

[8]Leider beschränken sich Abhandlungen über Modelltheorie fast nur auf Theorien der Prädikatenlogik erster Stufe. Eine knappe Darstellung der Art von allgemeineren Strukturen, die gebraucht werden, um unsere Theorie dem technischen Apparat der Modelltheorie zu unterwerfen, findet sich in (Balzer,1985). Eine gute Einführung in die Modelltheorie erster Stufe bietet etwa (Shoenfield,1967), Kap.5.

diese am Ende automatisch im Modell eingebettet. So gesehen besteht der Einbettungsprozeß in einer *Ergänzung* der Daten durch geeignete hypothetische Elemente so, daß ein Modell entsteht.[9] Der Einbettungsprozeß erhält so mehr die Form einer Konstruktion.

Wir verstehen unsere Theorie sozialer Institutionen in genau diesem Sinn als eine empirische Theorie. Wir behaupten, daß die Modelle, die wir im folgenden aufbauen werden, sich auf alle intendierten Systeme, insbesondere auf alle oben genannten Beispiele, erfolgreich anwenden lassen.

Diese einführende, kurze Darstellung unseres Ansatzes ermöglicht bereits einige Bemerkungen über dessen Verhältnis zu anderen Entwürfen. Die systematische Hauptalternative, die in allen Varianten von Harmoniemodellen besteht, wurde schon untersucht. Es bleiben einige weniger verbreitete Sichtweisen von Institutionen. Die erste läßt sich auf *Max Weber* zurückverfolgen[10], der die formale Aufteilung und Spezialisierung der Handlungstypen in einer Institution besonders hervorhebt und Machtaspekte berücksichtigt. Seine Ideen sind exemplarisch in bürokratisch organisierten Systemen realisiert, aber auch in großen Industriebetrieben. Sie sind teilweise in neuere Organisationstheorien im Bereich der Ökonomie eingegangen, wie etwa die von *Etzioni*[11], die sich gezielt nur auf Industrieorganisation richtet. *Etzioni* macht allerdings das Ziel der Organisation zum wichtigsten Definitionsbestandteil, während bei uns aus den in Kapitel 2 genannten Gründen Ziele keine Rolle spielen. In wichtigen anderen Punkten, wie dem der hierarchischen Struktur und der entsprechenden Machtverteilung, der Einbeziehung individueller Handlungen und Intentionen, dem entschieden empirischen Ansatz, kann unsere Theorie durchaus als Weiterentwicklung angesehen werden.

Eine zweite Sichtweise von Institutionen stammt aus der soziologischen Netzwerkanalyse, ist allerding noch wenig entwickelt.[12] Danach wird eine Institution als ein komplexes Netzwerk von in-

---

[9]Dieser Ergänzungsprozeß wird in der neueren Wissenschaftstheorie unter dem Thema „empirische Behauptung" diskutiert, vergleiche z.B. (Balzer,Moulines,Sneed,1987), Kap.2.

[10](Weber,1980).

[11](Etzioni,1967).

[12]Siehe etwa (Burt,1982).

dividuellen Relationen angesehen. Diese Sichtweise wird bei uns
als Teilperspektive voll übernommen, unser Modell enthält jedoch
neben einem sozialen Netzwerk noch eine ganze Reihe anderer
Komponenten. Darüberhinaus sind die Netze in unseren Modellen
wesentlich allgemeiner als in der Netzwerkanalyse, insofern wir
verschiedene Arten von Relationen zwischen denselben Individuen
zulassen und auch brauchen.

Eine dritte Richtung in der Institutionentheorie ist der funk-
tionalistische Ansatz, der auf *Parsons* zurückgeht[13], unter den
Luhmann eingeordnet werden kann[14] und mit dem auch *Renate
Mayntz* sympathisiert.[15] Hier geht eine organische, evolutionäre
Betrachtungsweise zusammen mit der Betonung der Funktion, die
die Institution im gesellschaftlichen Gesamtsystem hat. Auch
diese Sichtweise spielt bei uns eine Rolle, nämlich bei Fragen der
Entstehung und Entwicklung von Institutionen. Unsere systematischen Definitionen sind allerdings von funktionalistischem Ge-
dankengut weitgehend unabhängig und unsere Theorie hebt sich
gegenüber diesem Ansatz deutlich ab in der Präzision und in der
Art des Zugriffs auf empirische Systeme. Wir befleißigen uns einer
logisch präzisen Begriffsbildung und Formulierung, und statt von
mehr oder weniger komplexen Subsystemen des gesellschaftlichen
Gesamtsystems, wie etwa den Subsystemen der Elektrizitätsver-
sorgung oder des Gesundheitswesens, gehen wir aus von intendierten Systemen, die sich raum-zeitlich und auch handlungsmäßig
leichter und schärfer fassen lassen.

Schließlich sind noch zwei Namen, *Nietzsche* und *Foucault*, zu
nennen, die einen inhaltlichen Zusammenhang zwischen Institutionen und Macht sehen und in origineller Weise darstellen.[16] Der
Kern ihrer Gedanken ist sowohl durch die Betonung von Macht als
auch durch den Begriff der sozialen Macht (Kapitel 12) in unsere
Theorie eingegangen.

Unsere Theorie übernimmt also wichtige Gedanken aus
früheren Ansätzen als Bausteine, aus denen ein umfassendes Modell konstruiert wird. Natürlich ist unser Gesamtmodell mehr als
die Summe seiner Teile -genau wie beim Haus und den Steinen.

---

[13] Etwa (Parsons,1951).
[14] (Luhmann,1985).
[15] (Mayntz et al.,1988), vor allem S.11-44.
[16] Etwa (Nietzsche,1926), (Foucault,1975,1980).

5 Makromodelle

Da die vollen Modelle unserer machtbezogenen Institutionentheorie ziemlich komplex sind, führen wir sie in mehreren Schritten ein. Zunächst definieren wir in diesem Kapitel Modelle, die die makroskopischen Eigenschaften sozialer Institutionen erfassen. In den Makromodellen hat das Verhalten einzelner Akteure kein oder wenig Gewicht. In den Mikromodellen, die später eingeführt werden, spielen dagegen die verschiedenen Individuen und ihre Beziehungen zueinander die entscheidende Rolle. Der Unterscheidung von Makro- und Mikromodellen liegt, ähnlich wie in statistischer Mechanik und Ökonomie, die Vorstellung zugrunde, daß bei Institutionen mit sehr vielen Individuen die statistischen Verteilungen individuellen Verhaltens eine gewisse Stabilität aufweisen.

Die Makromodelle sollen auf soziale Systeme verschiedener Art anwendbar sein, wie sie im letzten Kapitel beschrieben wurden: auf umfassende Gebilde wie das feudale Frankreich im 13. oder im 16. Jahrhundert, auf alle Arten demokratischer Staaten in Ost und West, auf konstitutionelle Monarchien wie Schweden, auf große Firmen wie General Motors, oder auf andere Wirtschaftsunternehmen wie einen Krämerladen oder eine Einzelhandelskette ebenso, wie auf lokalere Systeme, die Teile der Größeren bilden, wie etwa den *Sire de Coucy* und seine Besitzungen,[1] den Präsidenten der USA, die Verkaufsabteilung von Daimler-Benz oder den Krämerladen bei mir um die Ecke.

Die Makromodelle bestehen aus drei Hauptteilen: dem externen Teil, den internen Modellen, sowie aus einer Repräsentationsrelation, die beide Teile miteinander in Beziehung setzt. Die Unterscheidung von externem und internem Teil läßt sich am besten von den internen Modellen her erläutern. Dies sind Modelle, die gewisse, von Personen internalisierte Verhaltensweisen und Fakten über die soziale Welt darstellen. Es handelt sich anders gesagt um Modelle der in den Individuen vorhandenen intel-

---

[1] Dieses Beispiel ist beschrieben in (Tuchman,1980).

lektuellen Strukturen, um Modelle dessen, was Individuen wissen, glauben, schätzen und der Leitlinien, an denen sie ihr Verhalten ausrichten. Wir stellen uns -metaphorisch- vor, daß sich die internen Modelle im Kopf der Individuen befinden: als die Modelle, die sich die Individuen von ihrer Welt machen. Der externe Teil eines Makromodells betrifft dagegen Dinge, die sich „außerhalb" der Individuen befinden: die soziale Realität in einer Institution, so wie sie sich äußerlich unabhängig von den intellektuellen Strukturen der Personen darstellt. Beide Teile werden durch die Repräsentationsrelation miteinander verbunden, die genau zeigt, in welcher Weise die internen Modelle Repräsentationen, oder „Bilder" des externen Teils sind.

Mit wenigen Ausnahmen verteilen sich die Individuen in sozialen Institutionen, genauso wie in ganzen Gesellschaften, auf verschiedene Klassen, Schichten oder soziale Gruppen. Wir benutzen den neutralen Term *Gruppe*. Gruppen sind zumindest Mengen von Individuen. Sie lassen sich formal oder inhaltlich unterscheiden. Auf formale Weise sind verschiedene Gruppen zum Beispiel durch offizielle Mitgliederlisten, wie bei den deutschen Religionsgruppen, bestimmt. Individuen, die als Babies in die Mitgliederliste kamen, gehören zu „ihrer" Glaubensgruppe auch dann, wenn sie jahrzehntelang keinen Kontakt mit anderen Gemeindemitgliedern hatten. Normalerweise werden sich jedoch Personen, die zu verschiedenen Gruppen gehören, auch unterschiedlich verhalten, wenigstens bei einigen Gelegenheiten. Normale Kirchenmitglieder besuchen ab und zu den Gottesdienst oder nehmen an anderen Veranstaltungen für Mitglieder teil und unterscheiden sich dadurch von Nichtmitgliedern oder Mitgliedern anderer Glaubensgruppen, bei denen diese Veranstaltungen anders ablaufen. So lassen sich Mitglieder verschiedener Gruppen auch auf inhaltliche Weise, durch Bezug auf Verhalten und Handlungen, voneinander unterscheiden. Offenbar setzt formale Mitgliedschaft schon eine etablierte Institution voraus. Da wir diesen Begriff erst klären wollen, ist die inhaltliche Unterscheidung von Gruppenmitgliedern und damit die Unterscheidung der Gruppen selbst, für uns primär.

Das heißt nicht, daß wir Gruppen durch das Verhalten ihrer Mitglieder definieren; Behaviorismus steht nicht zur Diskussion. Sowohl Gruppen als auch die für sie charakteristischen Handlungen sind irreduzible Bestandteile unserer Theorie. In den Modellen werden später sowohl Gruppen, wie in einem Konzern der Vorstand, der Aufsichtsrat, die Verkaufsabteilung usw., als auch Personen, wie der Direktor, der Aufsichtsratsvorsitzende, der Autoverkäufer Meyer in der Münchener Niederlassung usw., vorkommen. Gleiches gilt für Handlungen. In einem detaillierten Modell der mittelalterlichen Kirche ist eine für die Gruppe der Folterknechte typische Handlung etwa die, jemanden zu rädern. Mit dem Ausdruck „jemanden rädern" wird keine konkrete Handlung bezeichnet, er steht für den Typ dieser Handlung, d.h. für das, was alle konkreten Ausführungen des Räderns gemeinsam haben. Analog ist für die Gruppe der Priester das Weihen der Hostie ein charakteristischer Handlungstyp. Von Handlungstypen kommen wir zur Beschreibung konkreter Handlungen, indem wir den Akteur, und bei Bedarf Zeit- und Ortsangaben hinzufügen. Ausdrücke wie „Folterknecht Hans rädert Jungfer Lisbeth am 3.5.1560 in Bonn" oder „Priester Johannes weiht die Hostie in der Kirche Sankt Peter zu Bamberg am 3.5.1560 um xyz Uhr" beziehen sich auf konkrete, einmalige Handlungen und Ereignisse, die man auf Grund ihrer Beschreibung eindeutig identifizieren kann. In unseren Modellen werden wir beide Arten der Beschreibung benutzen.

Handlungstypen werden zunächst als nicht weiter analysierte Grundobjekte behandelt, erst später werden wir sie als Mengen konkreter Handlungen ansetzen. Dann wird etwa der Typ „jemanden rädern" gleichgesetzt mit der Menge aller konkreten Handlungen, bei denen eine Person eine andere rädert. Im Allgemeinen müßten wir analog sagen, ein Handlungstyp werde mit der Menge aller konkreten Handlungen *des betreffenden Typs* gleichgesetzt. Allerdings ist im allgemeinen Fall nicht mehr klar, was mit „dem betreffenden Typ" gemeint ist. Ein Ausweg besteht darin, Handlungstypen abstrakt als Mengen ähnlicher, konkreter Handlungen anzusehen, wobei die Ähnlichkeit von Typ zu Typ variiert. „Jemanden rädern" ist eine Menge von Handlungen, die sich alle in bestimmter Hinsicht ähnlich sind: zwei Akteure sind beteiligt, eine entsprechende Foltervorrichtung ist vorhanden, ein Akteur bindet den anderen auf das Rad, dreht an der Winde, sodaß die Stricke gespannt werden etc.

Es ist wichtig, zwischen konkreten und realen Handlungen zu

unterscheiden. Das Gegensatzpaar „konkret-abstrakt" deutet an, ob über eine ganz bestimmte Handlung einer bestimmten Person an bestimmtem Ort und zu bestimmter Zeit die Rede ist oder über eine Handlung schlechthin, unabhängig davon, wer sie wo, wann und genau wie ausführt. Der Gegensatz zu „real" ist „möglich". Eine reale Handlung wird in unserer Welt ausgeführt, eine mögliche Handlung -sofern sie nicht auch zugleich real ist- wird in unserer Welt *nicht* ausgeführt, es wird nur über sie geredet und nachgedacht. Konkrete Handlungen brauchen also nicht real stattzufinden, wie zum Beispiel die konkrete, aber bloß mögliche Handlung, daß US Präsident *Bush* am 3.5.1990 den Befehl gibt, sie Sowjetunion anzugreifen. Handlungstypen sind als Mengen konkreter Handlungen nicht auf reale Handlungen beschränkt. Sie enthalten mit einigen realen Handlungen immer auch bloß mögliche Handlungen, die den realen ähnlich sind. Am besten stellen wir uns einen Handlungstyp als ein Schema[2] vor, nach dem konkrete Handlungen dieses Typs erzeugt oder „konstruiert" werden können.

Wenn wir Gruppen nicht durch Handlungstypen definieren, ist es apriori unklar, welche Handlungstypen in welchen Gruppen ausgeführt werden. Zur Verknüpfung von Gruppen mit den Handlungstypen, die für sie charakteristisch sind, verwenden wir eine Funktion **ch**, die wir als charakteristische Funktion bezeichnen. **ch** ordnet jeder Gruppe eine Menge von Handlungstypen zu. Wenn **g** für eine Gruppe steht und $\mathbf{t}_1, ..., \mathbf{t}_n$ für verschiedene Handlungstypen, so schreiben wir abkürzend

$$(5.1) \qquad \mathbf{ch(g)} = \{\mathbf{t}_1, ..., \mathbf{t}_n\}$$

um auszudrücken, daß die Menge $\{\mathbf{t}_1, ..., \mathbf{t}_n\}$ von Handlungstypen charakteristisch für die Gruppe **g** ist. Die charakteristische Funktion dient unter anderem zur Unterscheidung der verschiedenen Gruppen in einer Institution. Diese Unterscheidung läßt sich im allgemeinen nicht unter Bezugnahme auf einzelne Handlungstypen treffen. Ein Handlungstyp kann nämlich in mehreren Gruppen ausgeführt werden. Zum Beispiel ist die Teilnahme an

---

[2]Diese Sichtweise übernehmen wir aus der Psychologie, vergleiche etwa (Aebli,1980). Kap.3.

der Messe in der Institution Kirche für alle Gruppen der Kirche wichtig. Im unangenehmsten Fall ist jeder einzelne, für eine Gruppe g wichtige Handlungstyp auch für eine andere Gruppe g' wichtig, wobei verschiedenen Typen verschiedene andere Gruppen entsprechen. Wir müssen deshalb, um allen auftretenden Fällen Rechnung tragen zu können, jede Gruppe durch eine ganze Menge von Handlungstypen charakterisieren.

Die charakteristische Funktion ist auf eine Institution zu relativieren. $t_1, ..., t_n$ sind Handlungstypen, die die Mitglieder von Gruppe g als Mitglieder einer bestimmten Institution ausführen. Ohne diese Beschränkung würde die Menge der Handlungstypen in (5.1) zu unübersichtlich und würde sich nicht länger für die systematische Analyse eignen. Bei der auf eine bestimmte Institution eingeschränkten Lesart wird dagegen die Menge der Handlungstypen in (5.1) normalerweise ziemlich klein sein und nur solche Elemente enthalten, die für die Charakterisierung der Gruppe in der untersuchten Institution wirklich nötig sind. So ist etwa für die Gruppe der Fließbandarbeiter in einer Firma der Handlungstyp „regelmäßiges abendliches Fernsehen" durchaus charakteristisch, aber er trägt nichts, oder jedenfalls nichts für unsere Theorie wesentliches, zur Analyse der Firma als einer Institution bei und kann daher bei Anwendung der Theorie vernachlässigt werden.

Die drei so eingeführten Entitäten: Gruppen g, Handlungstypen t und die charakteristische Funktion ch bilden den Kern eines Makromodells. In Abbildung 5.1 sind die Gruppen g_i als Mengen von Individuen dargestellt und die Handlungstypen als Mengen von Handlungen. Die mit ch indizierten Pfeile zeigen, welche Handlungstypen zu einer Gruppe gehören.

Abb.5.1

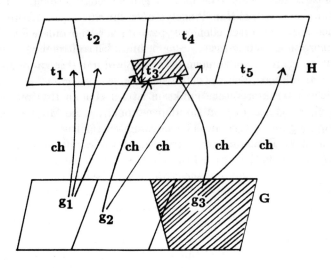

Natürlich können verschiedene Gruppen einen Handlungstyp gemeinsam haben, wie etwa t_3 in Abbildung 5.1. Auch die Handlungstypen selbst können sich überlappen und das Gleiche gilt
für die Gruppen, aus denen eine Institution besteht. So kann
eine Handbewegung, die der Dirigent im Finale ausführt, in anderem Kontext als Gruß gelten, oder eine Person in einer großen
Firma sowohl zur Gruppe der Hilfsarbeiter als auch zur Gruppe
der Betriebsräte gehören. Man beachte, daß in Abbildung 5.1
Personen, die zu keiner Gruppe gehören, nicht vorgesehen sind.
Fälle, in denen einzelne Personen eine zentrale Stellung inneha-
ben, wie Staaten mit einem starken Präsidenten oder Firmen mit
einem einzigen Eigentümer, lassen sich leicht behandeln, indem
die jeweilige Person als einziges Mitglied „ihrer" Gruppe geführt
wird.

Die letzte Komponente, mit der der externe Modellteil ver-
vollständigt wird, ist eine *Statusrelation*, die wir mit st bezeichnen. Sie gibt an, welche von je zwei Gruppen in der Institution
höheren Status als die andere hat. Der Statusbegriff wird später
mit Inhalt gefüllt, auf der Ebene der Makromodelle können wir für

ihn nur globale Bedingungen formulieren. Die Statusrelation soll
transitiv sein: wenn eine Gruppe **g"** höheren Status als Gruppe
g' hat und **g'** höheren Status als Gruppe **g**, so soll Gruppe **g"**
auch höheren Status als Gruppe **g** haben. Die Statusrelation soll
ferner ein eindeutig bestimmtes, größtes Element haben, d.h. es
soll in der Institution genau eine Gruppe mit höchstem Status
geben, die wir im folgenden als *Spitzengruppe* bezeichnen. Eine
solche Statusrelation stellen wir uns am besten als Hierarchie vor.

In Abbildung 5.2 stellen die Punkte Gruppen dar und die Li-
nien, die von einem Punkt nach unten gehen, führen zu allen
Gruppen, die einen niedrigeren Status als die Gruppe im Aus-
gangspunkt haben. Der „oberste" Punkt bezeichnet die Spitzengruppe. Zu ihm führt von jedem anderen Punkt eine Linie nach
oben, auf der noch andere Punkte liegen können. Gruppen, wie g_1
und g_2, die unterhalb einer Verzweigung auf verschiedenen verti-
kalen Ästen liegen, sind im Status unvergleichbar. Weder hat die
eine höheren Status als die andere, noch umgekehrt. Aus der Un-
vergleichbarkeit läßt sich nicht auf Statusgleichheit schließen.

Abb.5.2

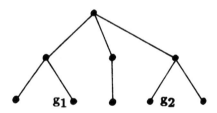

Die Bedeutung der Statusrelation bleibt zunächst vage. Wir be-
rufen uns auf das alltägliche Vorverständnis, nach dem Status-
unterschiede mehr oder weniger gut wahrgenommen werden. In
den westlichen Ländern haben zum Beispiel Politiker und hohe
Militärs einen höheren Status als kleine Geschäftsleute, Lehrer

oder Landwirte. In einer Institution wie der katholischen Kirche
hat der Pabst und die Gruppe der Kardinäle höheren Status als
die Gruppe der Bischöfe, diese höheren Status als die Gruppe der
Priester, und am Schluß kommt die Gruppe der einfachen Gläubigen. Die Statusrelation ist in unserer Theorie ein theoretischer
Term. Sie wird weder genau definiert, noch ist sie durch andere
Theorien bestimmt. Vielmehr erhält sie eine gewisse, am Ende
ziemlich feste Bedeutung allein durch die Rolle, die sie in unserer
Theorie spielt, also durch die Gesamtheit unserer Modellannah-
men. Insgesamt hat der erste Teil eines Makromodells somit vier
Komponenten und die Form

$$\langle \mathbf{G}, \mathbf{T}, \mathbf{ch}, \mathbf{st} \rangle.$$

mit einer Menge **G** von Gruppen, einer Menge **T** von Handlungstypen, der charakteristischen Funktion **ch** und der Statusrelation
st.

Wenden wir uns nun den internen Modellen zu. Sie entstehen
„in" den Individuen auf Grund der menschlichen Fähigkeit, komplexe Repräsentationssysteme aufzubauen und zu benutzen. Die
Fähigkeit, interne Modelle bilden zu können, hat viele Aspekte,
die bei sozialen Theorien berücksichtigt werden müssen. Sie führt
zu Intentionen, zielgerichtetem Handeln, Überzeugungen, Wer-
ten, Verstehen. Interne Modellbildung ist ein wichtiger Faktor
für die große Vielfalt von Formen sozialen Lebens, andererseits
aber auch das Haupthindernis zu deren empirischer Untersuchung.
Diese Fähigkeit läßt sich nicht direkt beobachten, was jedoch überhaupt kein Grund ist, sie aus der sozialen Theoriebildung auszuschließen. Im Gegenteil, nach allem, was wir über Theoriebildung
wissen, liefern abstrakte, hochtheoretische Begriffe einfache und
weitreichende Theorien, vorausgesetzt nur, es gibt hinreichenden
Kontakt zwischen ihnen und beobachtbaren Termen, die natürlich
auch vorkommen müssen. Wir zögern daher nicht, theoretische
Begriffe zu benutzen, die mit der internen Modellbildungsfähig-
keit zu tun haben.

Eine Theorie sozialer Institutionen sollte die interne Modellbil-
dungsfähigkeit aus mehreren Gründen berücksichtigen. Am wichtigsten ist hier erstens die Feststellung, daß Institutionen über
viele Generationen hinweg existieren. Welche Gründe auch immer die Entstehung der Institution verursachten: im Laufe der

Zeit und in späteren Generationen können sie unwirksam und irrelevant werden. Trotzdem zerfällt die Institution nicht, denn die neue Generation von Individuen, die nun „in ihr" lebt, wuchs in der Welt dieser Institution auf. Sie lernte, sich in ihr -nach ihren Regeln- zu verhalten, die Verhaltensregeln wurden in den internen Modellen der Kinder repräsentiert. Daher handeln die Individuen der neuen Generation auch als Erwachsene nach diesen Regeln - unabhängig davon, ob die Institution „von außen" noch sinnvoll ist oder nicht. Die Fähigkeit zur internen Modellbildung trägt so in entscheidender Weise dazu bei, die Stabilität von Institutionen in der Zeit und über mehrere Generationen hinweg zu sichern.

Zweitens geht interne Modellbildung Hand in Hand mit Sprache. Sprache ist das Vehikel der meisten sozialen Aktivitäten. In der Institutionentheorie brauchen wir eine Sprache, um konkrete Handlungen in konkreten Anwendungen zu modellieren. Es ist jedoch nicht nötig, eine volle natürliche Sprache als Bestandteil in die Modelle aufzunehmen. Für eine brauchbare Theorie genügt die Darstellung von Sprache durch einen Propositionenraum. Drittens spielen in unserer Theorie Handlungen und Intentionen eine Rolle. Handlungen sind zielgerichtet; hierauf beruhen indirekte, äußerst wichtige Formen der Beeinflussung wie zum Beispiel Erpressung (die in Kap.11 analysiert wird). Das Ziel einer Handlung läßt sich aber am einfachsten durch Bezug auf das interne Modell des Akteurs angeben: durch eine Proposition, die in diesem Modell vorkommt. Viertens benutzen wir Kausalrelationen, um bestimmte Züge der individuellen Überzeugungen auszudrücken. Auch diese Relationen lassen sich am besten als Teile der von den Individuen internalisierten Modelle behandeln.

Theoretische Komponenten, zentrale, nicht-beobachtbare Begriffe einer Theorie, können mehr oder weniger real bzw. fiktiv sein. Der theoretische Begriff des achtdimensionalen Raumes in der allgemeinen Relativitätstheorie ist ziemlich fiktiv, der theoretische Begriff der Masse in der Physik dagegen ziemlich real. Bei den internen Modellen ist zu betonen, daß sie in diesem Sinn zwar theoretisch sind, aber deswegen noch lange nicht fiktiv. Es handelt sich vielmehr um reale Komponenten der sozialen Welt. Die Frage, ob etwas real existiert, hängt nicht von der Unterscheidung zwischen beobachtbaren und theoretischen Objekten ab, sondern betrifft ein graduelles Phänomen, das durch Invarianzen sowohl auf synchronischer als auch auf diachronischer Ebene erzeugt wird. Nun stellen Modelle, die von Individuen internalisiert sind, gewiß Invarianzen dar, auch wenn wir nicht sehr viel über sie wissen. Daher darf man diesen internen Modellen einen gewissen Realitätsgrad zuschreiben. Und wenn sie real sind, warum sollen sie dann nicht als Komponenten in Modellen von Institutionen vorkommen dürfen?

Aus all diesen Gründen werden wir in unserer Theorie *interne Modelle* benutzen, die zu Individuen gehören und in diesen aufgebaut sind. Dadurch entsteht eine etwas ungewöhnliche Situation. Um Modelle für Institutionen zu definieren, beziehen wir uns auf interne Modelle, die als Teile in den zu definierenden Gesamtmodellen vorkommen. Formal haben wir also zwei Ebenen der Modellbildung: Modelle für Institutionen enthalten andere, interne Modelle als Teile. Es tritt jedoch keine Zirkularität auf. In einem ersten Schritt werden interne Modelle eingeführt, und in einem zweiten Schritt werden diese benutzt, um Modelle für soziale Institutionen zu definieren. Wir behaupten nicht, daß die Iteration der Modellbildung eine irreduzible Eigenschaft unserer Theorie sei. Es gibt jedoch zwei Gründe für die Abgrenzung interner Modelle. Erstens sind interne Modelle, wie bereits ausgeführt, reale Teile sozialer Systeme. Der zweite Grund ist formale Einfachheit. Die Zusammenfassung aller Komponenten eines internen Modells zu einer Einheit, eben *einem* internen Modell, macht unsere Institutionenmodelle wesentlich übersichtlicher.

In jedem Individuum wird im Laufe seiner Sozialisation ein internes Modell, eine Kollektion intellektueller Strukturen, aufgebaut. Im Prinzip könnten je zwei verschiedene Individuen verschiedene interne Modelle haben. Hiergegen könnte eingewandt werden, daß bei solcher Sichtweise eine für die Anwendungen nicht wirklich nötige Vielfalt von internen Modellen erzeugt wird. Dazu ist zweierlei zu sagen. Erstens werden wir die Vielfalt von internen Modellen dadurch einschränken, daß wir sie direkt den Gruppen zuordnen und nicht den Individuen. Dies entspricht der inhaltlichen Annahme, daß alle Mitglieder einer Gruppe über das gleiche interne Modell verfügen. Zweitens aber gehen wir nicht so weit, Gleichheit der internen Modelle für alle Individuen der Institution zu fordern, also auch für Individuen aus verschiedenen Gruppen. Dies liefe auf die Annahme nur einer einzigen Sprache und eines einzigen Musters kausaler Überzeugungen in der ganzen Institution, also auf die Annahme einer starken, metaphysischen Kohärenz hinaus, die im Zeitalter von Postmoderne und Inkommensurabilität bestensfalls als naiv bezeichnet werden kann. Bei unvoreingenommener Sichtweise ist klar, daß die Zugehörigkeit zu bestimmten Gruppen ein Individuum bis in die Sprache und die kausalen Überzeugungen hinein beeinflussen kann.

Auch wenn wir interne Modelle ohne direkte Bezugnahme auf Institutionenmodelle definieren, so besteht doch real eine Wechselbeziehung zwischen beiden Modellarten. Die internen Modelle spiegeln gewisse Teile der Institutionenmodelle wider. Die Modelle, Bilder, Begriffe, die in einem Individuum internalisiert sind und von ihm benutzt werden, repräsentieren in gewisser Weise die Welt, in der es lebt. Eine Institution, die einen wesentlichen Teil dieser Welt ausmacht, wird daher ganz natürlich in den internen Modellen des Individuums präsent sein. Der Begriffsrahmen eines Bauern im Frankreich des 13.Jahrhunderts wird -so arm er auch sein mag- sicher Repräsentationen der Feudalherrn enthalten, zu deren Lehen er gehört, Repräsentationen von den Personen, die auf dem Schloß wohnen und auch von anderen, „ähnlichen" Personen, sowie von gewissen typischen Verhaltensweisen dieser Personen. Das Gleiche gilt für den Krämer, der Begriffe von seinen Kunden und deren Gruppe, von deren typischen Handlungsformen in seinem Laden und von einer Zugehörigkeit der Kunden zu jenen Handlungstypen hat. Im allgemeinen werden die in den Individuen internalisierten Modelle Repräsentanten von Gruppen, Handlungstypen und charakteristischer Funktion enthalten, soweit diese in einer Institution, in der das Individuum lebt, vorkommen.

Andererseits leiten die internen Modelle die Handlungen der Individuen, sie erzeugen einen Rahmen von Handlungsalternativen, innerhalb dessen es auswählen kann, sie schließen gewisse physisch mögliche Handlungen als „verboten" aus und sie enthalten Standardreaktionen für typische, häufige Situationen: „so machen das die Leute hier". Auf diese Weise stabilisieren und erhalten sie die betreffende Institution. Institutionen beeinflussen also die internen Modelle und umgekehrt.[3]

---

[3]In gewisser Weise zeigt unsere Benutzung interner Modelle, daß wir die Idee der Hermeneutik ernst nehmen. Um eine komplexe Situation, wie einen

Auf der Makroebene sind die internen Modelle sehr einfach.
Sie enthalten Repräsentanten für die Gruppen, die Handlungstypen und die charakteristische Funktion. Es handelt sich hierbei
meist um Namen oder Bezeichnungen für Gruppen und Handlungstypen, wie „Kunde", „kaufen", „verkaufen", „zahlen", „Priester", „Gläubige", „Messe lesen", „beichten" usw. Die charakteristische Funktion ist meistens auf doppelte Weise internalisiert.
Einmal haben die Individuen durch konkrete Konditionierung gelernt, welche Handlungstypen ihnen anstehen und welche nicht.
Ebenso haben sie durch konkrete Hinweise gelernt, welche Handlungstypen andere Personen ausführen dürfen und sollen. Zum
anderen enthält die Sprache Ausdrücke der Art „es ist für Individuen der und der Art angemessen (typisch, charakteristisch,
richtig, gut,der Brauch, üblich), in Situationen der Art xyz Handlungen der und der Art auszuführen". Setzen wir hier für „Art
der Individuen" eine Gruppe ein und für „Art von Handlungen"
einen Handlungstyp, so sind wir fast bei der Form unserer charakteristischen Funktion. Neben dieser flexiblen Möglichkeit enthält
die Sprache manchmal auch direkte Wendungen oder Sprüche, die
das Verhalten in bestimmten Gruppen betreffen. Im Gegensatz
zu den drei Komponenten: Gruppen, Handlungstypen, charakteristische Funktion, gibt es bei Internalisierung der Statusrelation
Schwierigkeiten. Sie läßt sich nicht immer korrekt in der Sprache
ausdrücken. Die wenigsten Sprachen haben eigene Terme für so
etwas wie sozialen Status. Der Ausdruck „sozialer Status" selbst
ist noch ziemlich künstlich und theoretisch und selbst in heutigen
Institutionen keineswegs Bestandteil der Sprache aller Gruppen.
Oft gibt es Ausdrücke, die für eine bestimmte Gruppe andeuten,
daß ihr Status hoch oder niedrig ist, wie „vornehm", „gebildet",
„roh", aber es fehlt ein allgemeiner komparativer Term.

Unsere Theorie bringt ein gewisses Interesse zum Vorschein,
die Statusrelation *nicht* auf den Begriff zu bringen. Zur Erläuterung müssen wir kurz vorgreifen. Unsere Theorie zeigt, daß Institutionen verfestigte Machtverhältnisse sind, und daß die Gruppen
mit höchstem Status die meiste Macht und daher auch das größte

---

Text, aber auch wie eine soziale Institution, zu verstehen, muß man schon ein
Modell haben, in das die Situation eingebettet werden kann, in dem sie ihren
Sinn erhält. Interne Modelle spielen diese Rolle für die Individuen, in denen
sie internalisiert sind.

Interesse an der Institution haben. Die Gruppen mit hohem Status haben kein Interesse daran, daß die Struktur und Wirkungsweise der Institution ins allgemeine Bewußtsein gelangt, weil dies die Wahrscheinlichkeit kritischer Reaktionen der „unteren" Gruppen, die stets in der überwiegenden Mehrheit sind, erhöht. Die „oberen" Gruppen haben also ein Interesse daran, die Statusrelation aus dem allgemeinen Bewußtsein, und insbesondere aus der Sprache herauszuhalten.

Wir gehen nicht davon aus, daß in den internen Modellen die Statusrelation immer repräsentiert ist. Die Repräsentation der Makrokomponenten in internen Modellen ist also auf die drei Terme: Gruppen, Handlungstypen und charakteristische Funktion, beschränkt. Die entsprechenden Repräsentanten bezeichnen wir mit: G^*, T^* und ch^*, sodaß ein internes Modell die Form $\langle G^*, T^*, ch^* \rangle$ hat. G^* und T^* sind Mengen von nicht weiter spezifizierten Objekten, die wir Repräsentanten (von Gruppen und Handlungstypen) nennen. ch^* ist eine Funktion ähnlichen Typs wie **ch**, das heißt, ch^* bildet Elemente g^* aus G^* in Mengen $\{t_1^*, ..., t_n^*\}$ von Elementen von T^* ab. $ch^*(g^*) = \{t_1^*, ..., t_n^*\}$ bedeutet, daß im internen Modell dem Repräsentanten g^* die Repräsentanten $t_1^*, ..., t_n^*$ zugeordnet sind, daß also die Menge dieser Repräsentanten als für g^* charakteristisch internalisiert ist.

Die inhaltliche Bedeutung der Repräsentanten, nämlich, daß sie Gruppen und Handlungstypen bezeichnen, wird erst klar, wenn wir einen weiteren Grundbegriff einführen, der genau diese Beziehung zwischen Zeichen und Bezeichnetem herstellt. Da wir die Möglichkeit offen halten möchten, daß verschiedene Gruppen verschiedene interne Modelle haben und benutzen, ordnen wir zunächst jeder Gruppe **g** ein internes Modell zu, bestehend aus den drei angesprochenen Teilen: G^*, T^*, ch^*. Die Funktion, die diese Zuordnung ausführt, werde mit **x** bezeichnet. Wir schreiben

$$\mathbf{x}(\mathbf{g}) = \langle G^*, T^*, ch^* \rangle,$$

um auszudrücken, daß Gruppe **g** das interne Modell $\langle G^*, T^*, ch^* \rangle$ hat und benutzt. Gruppe **g** und ihre Mitglieder haben also etwa Repräsentanten $g_1^*, ..., g_n^*$ der verschiedenen Gruppen in der Institution und Repräsentanten $t_1^*, ..., t_m^*$ der verschiedenen relevanten Handlungstypen, wobei $g_1^*, ..., g_n^*$ bzw. $t_1^*, ..., t_m^*$ genau die Elemente von G^* und T^* sind. Außerdem hat Gruppe **g** die Funktion

ch^* als Repräsentanten der charakteristischen Funktion **ch** der Institution. Eine andere Gruppe **g'** in der Institution kann ein anderes internes Modell **x(g')** haben, etwa $\mathbf{x(g')} = \langle G^{*\prime}, T^{*\prime}, ch^{*\prime} \rangle$.

Die Beziehung zwischen Bezeichnetem und Zeichen ist hier noch ziemlich grob: **G** wird durch G^* bezeichnet, **T** durch T^* und **ch** durch ch^*. Die eigentlich interessante Repräsentationsrelation besteht zwischen Elementen der Mengen **G** und G^*, sowie **T** und T^*, also zwischen Gruppen und deren Namen, und zwischen Handlungstypen und Ausdrücken für diese. Zur Darstellung dieser feineren Art von Repräsentation benutzen wir eine Repräsentationsrelation, die wir mit **rep** bezeichnen. **rep** setzt Gruppen, Handlungstypen und die charakteristische Funktion mit deren Repräsentanten in Beziehung, und zwar jeweils in Abhängigkeit von einer festgehaltenen Gruppe. **rep** hat also stets drei Argumente: ein erstes für die Gruppe, in deren internen Modellen die Zeichen auftreten, ein zweites für die jeweils zu repräsentierende Objekt, also für eine Gruppe oder einen Handlungstyp oder die charakteristische Funktion und ein drittes für das entsprechende Zeichen. Wir setzen die erste Gruppe in eckige Klammern und schreiben

(5.2) g (**rep**[**g'**]) g^*
       t (**rep**[**g'**]) t^*
       ch (**rep**[**g'**]) ch^*

um auszudrücken, daß g^* der Repräsentant von Gruppe **g** im internen Modell von Gruppe **g'** ist und entsprechend t^* und ch^* die Repräsentanten von **t** und **ch**. Diese Schreibweise bietet den Vorteil, daß wir **rep**[**g'**] als „die Repräsentationsrelation von Gruppe **g'**" im direkten Zugriff haben. Beim Übergang von **g'** zu einer anderen Gruppe **g''** können sich die Repräsentanten ändern, d.h. **rep**[**g'**] und **rep**[**g''**] können verschieden sein, so daß sie dem gleichen Repräsentierten verschiedene Repräsentanten zuordnen. Ist zum Beispiel **g''** die Managergruppe einer bayerischen Firma und **g'** die Gruppe der Arbeiter, so ist ein Repräsentant von **g''** im internen Modell der Manager das Wort „Manager", dagegen kann das interne Modell der Arbeiter einen anderen Repräsentanten enthalten, etwa „Großkopferte". Die Abhängigkeit der Repräsentationsrelation von einer jeweils festen Gruppe zwingt uns zu fordern, daß für eine solche Gruppe die entsprechenden Repräsentanten stets aus dem internen Modell dieser Gruppe stammen müssen. Gilt zum Beispiel **g'** (**rep**[**g**]) g^* und hat das interne Modell von Gruppe **g** die Form $\mathbf{x}(\mathbf{g}) = \langle G^*, T^*, ch^* \rangle$, so muß g^* ein Element von G^* sein. Auf der Ebene der Repräsentationsrelation entspricht die Beziehung zwischen Bezeichnetem und Zeichen der zwischen Objekt und sprachlichem Ausdruck, jedenfalls dann, wenn die Sprache entsprechende Ausdrücke enthält. Die Repräsentanten g^* und t^* sind einfache Wörter oder auch komplexe Ausdrücke der Sprache, und sie bezeichnen Gruppen **g** und Handlungstypen **t**.

Wir fordern, daß die Mengen G^* und T^* keine unnötigen Repräsentanten enthalten und weiter, daß der Repräsentant ch^* stets ein homomorphes Bild der charakteristischen Funktion sein soll. Das heißt, die Repräsentanten von Handlungstypen sollen durch ch^* genau den Repräsentanten solcher Gruppen zugeordnet werden, für die die Handlungstypen charakteristisch sind.

(**5.3**) t^* ist genau dann ein Element von $ch^*(g^*)$, wenn **t** ein Element von $\mathbf{ch}(\mathbf{g})$ ist.

Dabei ist die Verbindung zwischen t^* und **t**, g^* und **g** und zwischen ch^* und **ch** genauer durch die Repräsentationsrelation festgelegt. Pedantisch müssen wir (5.3) also mit folgendem Vorspann versehen: „Für **t** (**rep**[ ]) t^*, **ch** (**rep**[ ]) ch^* und **g** (**rep**[ ]) g^* gilt:". Diese Beziehung soll für jede Gruppe gelten, die bei den eckigen Klammern von **rep** eingesetzt werden kann. Sie betrifft im wesentlichen den Repräsentanten der charakteristischen Funktion. Da für ihn oft kein eigener sprachlicher Ausdruck zur Verfügung steht, stellen wir ihn uns am besten als internalisierte Disposition vor, nämlich eine Disposition, bestimmte Handlungstypen als für bestimmte Gruppen charakteristisch anzusehen. Die Homomorphiebedingung besagt nun, daß diese Disposition genau die tatsächlichen Verhältnisse, wie sie durch die charakteristische Funktion erfaßt sind, widerspiegelt. Noch anders gesagt soll in den internen Modellen die charakteristische Funktion völlig korrekt repräsentiert sein. Diese Annahme stellt eine Idealisierung dar, weil oft die Repräsentation gerade der charakteristischen Funktion durch ideologische Einwirkungen verzerrt scheint. Hierzu ist jedoch zu betonen, daß erstens die charakteristische Funktion nicht das äußerliche, ideologisch eingehämmerte Geplapper erfaßt, sondern die tatsächlichen Verhaltensdispositionen, die in der Regel den tatsächlichen Verhältnissen angepaßt sind. Zweitens kann es aber doch Fälle, vor allem bei Heranwachsenden, geben, wo die ideologische Propaganda zu stellenweise nicht-korrekten Repräsentationen der charakteristischen Funktion führt. Wir können das Axiom aber auf jeden Fall in der idealisierten Form beibehalten, indem wir solche Abweichungen durch Approximation oder durch Spezialisierung der Theorie[4] behandeln. Durch Zusammenfassung aller eingeführten Komponenten erhalten wir Makromodelle. Ein Makromodell besteht aus den Teilen, die in folgender Liste zusammengestellt sind:

G: eine Menge von Gruppen
H: eine Menge von Handlungstypen
ch: eine charakteristische Funktion
st: eine Statusrelation
M: eine Menge von internen Modellen
x: eine Funktion, die jeder Gruppe g aus G ein internes Modell $x(g)$ zuordnet
rep: eine Relation, die für jede Gruppe g Repräsentanten der Gruppen, Handlungstypen und der charakteristischen Funktion im internen Modell $x(g)$ spezifiziert

Die internen Modelle haben dabei alle die Form $\langle G^*, T^*, ch^* \rangle$ mit den Komponenten:

G^*: einer Menge von Repräsentanten für Gruppen
T^*: einer Menge von Repräsentanten für Handlungstypen
ch^*: einem Repräsentanten für die charakteristische Funktion.

Schreiben wir die Komponenten horizontal zusammen, so nimmt ein Makromodell die folgende Form an:

---

[4]Vergleiche (Balzer, Moulines, Sneed, 1987), Kap.7 und Kap.4 für entsprechende Formalismen.

$$\langle G, T, ch, st, M, x, rep \rangle.$$

Ein solches Modell enthält in Form der charakteristischen Funktion, die bestimmte Handlungstypen als zulässig auszeichnet, und der zugehörigen internen Repräsentanten, einen Rahmen für die Handlungsmöglichkeiten der Akteure. Im Hinblick auf das in Kap.3 diskutierte Rahmenproblem können wir festhalten, daß in unserer Theorie der soziale Rahmen eines Individuums explizit vorhanden ist, eben in Form von ch und den verschiedenen Funktionen ch^*. Zwar schöpfen diese Begriffe nicht das volle, reale soziale Umfeld einer Person aus, aber sie enthalten die für institutionelles Verhalten wichtigen Komponenten. Wir können also das Rahmenproblem innerhalb unserer Theorie untersuchen. Darüberhinaus enthält die Theorie zumindest deutliche Hinweise darauf, wer den so definierten sozialen Rahmen bestimmt. Im Hinblick auf die hierachische Struktur der Gruppen und deren spätere Anbindung an Machtausübung auf individueller Ebene sind es die Personen in der Spitzengruppe, die den größten Anteil an der Formation des Rahmens haben. Es dürfte nicht schwer sein, diese Aussage in einer geeigneten Erweiterung unserer Theorie als Theorem zu beweisen.

In Anknüpfung an die Diskussion gesellschaftlicher Ordnung in Kapitel 2 können wir jetzt sehen, daß die charakteristische Funktion zusammen mit den entsprechenden Repräsentanten in den internen Modellen eine Ordnung definieren.[5] Sie legt fest und schreibt in gewissem Sinn vor, welche Handlungen typischerweise ausgeführt werden, sie verbietet untypische Handlungen; kurz: sie ordnet die möglichen Handlungen nach einem bestimmten Muster. Auf diese Weise definiert jede Institution eine Ordnung und umfassende Institutionen, wie Staaten, definieren so gesellschaftliche Ordnungen, die wir als *institutionalisierte* Ordnungen bezeichnen wollen. Von der institutionalisierten Ordnung ist zu unterscheiden die *gesetzte* Ordnung, ein sprachlich -meist schriftlichniedergelegter Kanon von Regeln, Normen und Gesetzen. Die gesetzt Ordnung in einem Staat kann stark von der institutionalisierten Ordnung dieses Staates abweichen, ja ihr sogar widersprechen. Während es bei der institutionalisierten Ordnung keine Probleme ihrer Geltung gibt -sie gilt, weil die Leute *per Definition* ihr ent-

---

[5]Ich bin in diesem Punkt J.Mittelstraß verpflichtet.

sprechend handeln- ,stellt sich für gesetzte Ordnungen die Frage,
ob und inwieweit sie gelten. Keine gesetzte Ordnung wird der
institutionalisierten völlig, d.h. in allen Handlungstypen, widersprechen. Das Geltungsproblem ist also gradueller Natur. Im
Idealfall der völligen Harmonie fallen alle gesetzten Gebote unter
die charakteristischen Handlungen und alle gesetzten Verbote betreffen uncharakteristische Handlungen. Widersprüche entstehen
in der Regel dadurch, daß charakteristische Handlungen nach dem
Gesetz verboten sind. Je mehr solches Widersprüche im System
existieren, desto weniger gilt die gesetzte Ordnung. Je weniger die
gesetzte Ordnung gilt -so wird man vermuten- desto schwächer
ist die Institution, d.h. hier der Staat. Dabei liegt die Schwäche
in der Spitzengruppe, die ihre Vorstellungen, wie sich die unteren Gruppen verhalten sollen, zwar in Satzungen niederlegt, aber
nur teilweise durchsetzen kann. Damit zusammenhängend ist die
Unfähigkeit der Spitzengruppe, die internen Modelle der anderen
Gruppen im Erziehungsprozeß gemäß ihren eigenen Vorstellungen
vollständig festzulegen.

6 Handlungen und Ursachen

In den Sozialwissenschaften haben Handlungen ungefähr den gleichen Status wie Teilchen in der Mechanik: sie bilden das Material, aus dem soziale Systeme aufgebaut sind und ihre Eigenschaften und Beziehungen bestimmen die innere Struktur solcher Systeme.[1] Im Gegensatz zu Teilchen sind Handlungen hochgradig komplex und in der Regel von nur kurzer zeitlicher Dauer. Hieraus resultieren fast alle Probleme der sozialwissenschaftlichen Forschung. Um eine Handlung zu charakterisieren, braucht man eine immense Menge von Informationen über diese und andere Handlungen, aber bevor man alle Informationen zusammentragen kann, sind die meisten Handlungen schon vorbei und ist die Informationsquelle verstopft. Wegen dieser Schwierigkeiten und wegen ihrer grundlegenden Bedeutung in der Sozialwissenschaft muß der Handlungsbegriff als Grundbegriff gefaßt werden. Zwar ist es möglich, Handlungen als bestimmte Arten von Ereignissen zu kennzeichnen, nämlich als Ereignisse, in die ein menschliches Wesen einbezogen ist, das intentional wesentliche Teile des Ereignisses bestimmt. Diese Definition bringt uns zur Ebene der Ereignisse, der feinsten Ebene, die wir erreichen können. Die Probleme der Charakterisierung von Ereignissen sind jedoch nicht kleiner als die für Handlungen, sodaß wir aus der Subsumption von Handlungen unter Ereignisse nichts gewinnen.

Für unsere Zwecke muß es genügen, zwei wichtige Charakteristika von Handlungen in Erinnerung zu rufen. Das erste betrifft ihre „innere Struktur".[2] Handlungen sind zu unterscheiden von zufälligen Bewegungen, wie etwa dem Ausrutschen auf einer Schale. Das Nicht-Zufällige, also Regelmäßige, einer Handlung kommt von ihrer Wiederholbarkeit und diese rührt daher, daß die Handlung von einem Schema erzeugt wird. Der Akteur hat das Schema vorher irgendwie in sich aufgebaut und kann es nun

---

[1] Der mit Handlungen befaßte Teil dieses Kapitels wurde im Rahmen des DFG-Forschungsprojekts Ba 678/4-1 erarbeitet.

[2] Wir lehnen uns hier an (Aebli,1980) an.

in vielen Situationen anwenden, um eine entsprechende Handlung
zu erzeugen. Neben dieser Schemastruktur hat die Handlung stets
ein Ziel, der Akteur will mit ihr irgendetwas erreichen. Das Ziel
ist mehr oder weniger vage, und braucht keineswegs verbalisierbar
zu sein. Auch der Zusammenhang zwischen Schema und Ziel kann
sehr locker sein. Zum Beispiel sind „berühmt werden" oder „ins
Paradies kommen" durchaus respektable Ziele für Handlungen,
während wir diese Ausdrücke nicht als Beschreibungen von Schemata ansehen. Die Beispiele sind typisch. Eine Handlung besteht
aus einem vagen oder umfassenden Ziel und einem lokal anwend-
baren Schema, das irgendwie zur Erreichung des Ziels beiträgt.

Vielleicht der wichtigste Aspekt von Handlungen ist, daß man
sie nicht direkt sinnlich erfassen kann. Wir brauchen nicht auf
philosophische Einzelheiten des Begriffs der direkten sinnlichen
Wahrnehmung einzugehen. Die uns vorschwebende Unterscheidung zwischen direkter und indirekter Wahrnehmung läßt sich
durch Beispiele hinreichend klären. Nehmen wir an, ich sehe den
Wagen einer Freundin die Straße herauffahren: es ist ein BMW.
Meine Wahrnehmung des BMW ist direkt in dem Sinn, daß ein
neutraler Beobachter, der mit einem Grundwissen über Automarken ausgestattet ist, etwa eine Videokamera mit kleinem Compu-
terprogramm, zum gleichen Ergebnis kommen würde: er würde
das näherkommende Objekt als einen BMW erkennen. Dagegen
fällt es schwer sich vorzustellen, ein solch automatischer Beobachter könne eine Drohung, die in einem Brief enthalten ist, als
Drohung identifizieren. Um eine Drohung zu erkennen, müssen
wir ziemlich viel über die Sprache und über das soziale Verhalten
der Gruppe wissen, in der der Brief geschrieben ist. Eine etwas
direktere, aber ebenso schwierig zu identifizierende Handlung ist
das Unterschreiben einer Heiratsurkunde durch die Beteiligten.
Der neutrale Beobachter wird es ohne Bezugnahme auf den Inhalt
des unterschriebenen Textes schwierig finden, die Handlung etwa
von einem Kaufvertrag zu unterscheiden, in dem „sie" von „ihm"
ein Haus kauft. Wir unterscheiden Wahrnehmungen, die einen
Begriffsrahmen und sprachliche Kategorien voraussetzen, von anderen, für die dies nicht nötig ist. Das ist natürlich keine systematisch scharfe Unterscheidung. Auch das Wissen über Automarken
geht normalerweise zusammen mit der Kenntnis einer Sprache und
kann eine große Portion der Sprache voraussetzen. In der Realität

gibt es verschiedene Grade von mehr oder weniger direkter Wahrnehmung. Das ist zwar richtig, aber banal: letzten Endes sind alle empirischen Begriffe graduell. Der wichtige Punkt, den wir hier festhalten müssen, ist, daß die Wahrnehmung von Handlungen einen substantiellen Teil der Sprache und umfangreiches Wissen über soziale Praktiken voraussetzt.

Diesen Aspekt von Handlungen nennen wir ihre *Sprachbeladenheit*. In den Sozialwissenschaften sind Handlungen sogar in doppeltem Sinn sprachbeladen. Ihre Wahrnehmung durch die in den Modellen der Sozialtheorien vorkommenden Akteure setzt, wie gerade ausgeführt, die Sprache voraus. Darüberhinaus wird die Sprache aber auch vorausgesetzt, um Handlungen in der Theorie darzustellen. Immer, wenn wir in der Theorie von Handlungen reden, setzen wir voraus, daß wir diese sprachlich beschreiben können.

Handlungen werden in der Regel durch Sätze im Indikativ beschrieben, wie zum Beispiel: „Ich lasse mein Auto an", „Er schlug mit der Stange auf den Kopf seines Opfers", „Sie fordert ihre Tochter auf, das Fenster zuzumachen". Wir könnten unsere Modelle so konstruieren, daß in ihnen Handlungen nur durch Sätze oder Propositionen dargestellt werden. Dann wäre aber bei der Anwendung der Modelle ein eigener Interpretationsschritt erforderlich, um von Sätzen zu realen Handlungen zu kommen. Das Prinzip, die Interpretation theoretischer Annahmen möglichst einfach zu halten, erfordert einen anderen Ansatz. Um mit einem Minimum an Interpretation auszukommen, führen wir den Begriff der *konkreten Handlung* ein. Er bezeichnet konkrete Ereignisse, die nicht real zu sein brauchen und nicht durch Sätze beschrieben sein müssen, also mögliche, raum-zeitlich lokalisierte, in einer bestimmten sozialen Umgebung einmalige Handlungen.

Wenn wir konkrete Handlungen zulassen, ergibt sich ein weiterer Grund für die Darstellung von Handlungen durch nichtsatzartige Entitäten. Da die Handlungen schon für die in den Modellen vorkommenden Akteure sprachbeladen sind, wird es oft -und sicher in unserer untigen Theorie- nötig sein, innerhalb des Modells zwischen einer konkreten Handlung und dem Satz *s*, der sie darstellt, zu unterscheiden. Die Beziehung zwischen beiden läßt sich am besten durch eine Repräsentationsrelation, *rep*, darstellen, die konkrete Handlungen mit Sätzen verbindet. Damit haben wir drei Grundbegriffe: Handlung, Satz und Repräsentationsrelation. Mit ihrer Hilfe ist es leicht, Sachverhalte wie „Handlung a wird durch zwei verschiedene Sätze s, s' repräsentiert" oder „Sätze s, s' haben verschiedene Bedeutung, aber repräsentieren die gleiche Handlung" auszudrücken.

Natürliche Sprachen eignen sich wegen ihrer großen Komplexität nicht gut zur Darstellung von Handlungen oder Bedeutungen in Modellen sozialer Theorien. Wir brauchen einfachere, künstliche Repräsentanten für Sprachen und Sätze. Im Prinzip könnten wir formale Sprachen aus der Logik benutzen. Dies erfordert jedoch einigen technischen Aufwand, den wir uns und den Lesern ersparen möchten.

Sätze, die die gleiche Handlung beschreiben, können in verschiedenen Sprachen formuliert sein. Es gibt im allgemeinen unendlich viele verschiedene Sätze, die eine Handlung repräsentieren und selbst wenn wir diejenigen, an denen ein bloß akademisches Interesse besteht, weglassen, bleiben immer noch viele übrig. Um dieser Vielfalt zu entgehen, liegt es nahe, von den verschiedenen Formulierungsmöglichkeiten und den verschiedenen Sprachen zu abstrahieren. Diese Idee läßt sich leicht aussprechen, aber schwer präzisieren. Wann repräsentieren verschiedene Sätze *dieselbe* reale Handlung? Wir sind weit von einer Antwort auf diese Frage entfernt. Ein ähnliches Abstraktionsprojekt ist in Philosophie und Logik schon seit längerem aktuell: von der Verschiedenheit von Sätzen zu abstrahieren, die das Gleiche bedeuten. Eine Klasse von Sätzen mit gleicher Bedeutung wird *Proposition* genannt. Bei Propositionen gibt es die bekannten Probleme: Was ist die Bedeutung eines Satzes und wann haben zwei Sätze die gleiche Bedeutung? Gute Lösungen sind nicht bekannt, sondern im Gegenteil Argumente gegen die Existenz einer Relation der Bedeutungsgleichheit zwischen Sätzen.[3] Solche Argumente lassen sich auf Handlungsgleichheit übertragen; wir haben also keine guten Kriterien für Handlungsgleichheit. Andererseits ist Bedeutungsgleichheit trotz der Probleme in den Grundlagen kein nutzloser Begriff. Immerhin gibt es Computer, die Texte von einer Sprache in die andere übersetzen und Menschen machen Übersetzungen, auch wenn sie keine hundertprozentig scharfen Regeln dafür angeben können. All dies

---

[3] Siehe etwa (Schiffer,1987).

deutet auf die Existenz von Bedeutungsgleichheiten hin, jedenfalls in einem doch großen Bereich, und gleiches gilt für Handlungen. Wir können recht gut entscheiden, wann zwei Sätze aus einer oder aus verschiedenen Sprachen die gleiche Handlung darstellen, solange wir uns auf gewohnte Kontexte beziehen. Trotz der philosophischen Probleme werden wir deshalb aus verschiedenen sprachlichen Darstellungen von Handlungen abstrahieren. Der Gewinn an Einfachheit hierbei ist groß genug, um Anwendungsprobleme bei komplexen und subtilen Handlungen auszugleichen.

Propositionen sind Klassen von bedeutungsgleichen Sätzen. Wenn ein Satz ein Ereignis beschreibt, so wird dieses auch von allen mit ihm bedeutungsgleichen Sätzen beschrieben. Ereignisse werden durch Propositionen dargestellt. Da Handlungen spezielle Ereignisse sind, werden auch sie durch Propositionen dargestellt. Wir benutzen daher Propositionen zur Darstellung von Handlungen. Der Vorteil hierbei ist, daß wir uns keine -oder nicht viele-Gedanken über verschiedene Beschreibungen einer Handlung zu machen brauchen. Er wird erkauft durch die etwas eingeschränkte innere Struktur von Propositionenmengen.

Wir werden Propositionen nicht streng als Klassen bedeutungsgleicher Sätze behandeln, sondern sie im Prinzip als undefinierte, theoretische Grundobjekte ansehen, und zwar aus theoretischen Gründen. Wie wir im letzten Kapitel sahen, dürfen interne Modelle auf keinen Fall nur auf sprachliche Ausdrücke beschränkt werden. Es gibt zahlreiche und wichtige Verhaltensdispositionen, die die Akteure zwar internalisiert haben, die sie aber nicht ohne weiteres verbalisieren können. Solche Dispositionen spielen bei der Internalisierung der charakteristischen Funktion und der Statusrelation eine zentrale Rolle. Wir brauchen daher in den internen Modellen neben sprachlichen Ausdrücken noch andere, nichtverbale Repräsentanten von Handlungen und von Beziehungen zwischen Handlungen. Anstatt nun zwei Typen von Repräsentanten: sprachliche und nicht-sprachliche, zu benutzen, vereinheitlichen wir die Darstellung, indem wir beide Arten in einer künstlichen Menge von Repräsentanten zusammenfassen, eben in einer Menge von Propositionen. Eine Proposition ist dann zunächst nichts weiter als ein Objekt aus einem Propositionenraum. Die obige Konstruktion aus Sätzen wird dabei nicht vorausgesetzt. Propositionen sind mit einer minimalen formalen Struktur versehen, die auch Teile der Aussagenlogik umfaßt. Der begrifflich einfachste Ansatz besteht in der Einführung einer zweistelligen Relation $\preceq$ auf einer Menge P von Grundobjekten, die wir als Propositionen bezeichnen. $\preceq$ wird als eine Art Implikation interpretiert: „$p \preceq p'$" drückt aus, daß die Bedeutung von p die von p' impliziert. Es handelt sich nicht um logische Implikation, sondern um eine wesentlich schwächere Form. Zum Beispiel impliziert in diesem Sinn „Andrea küßt Peter" den Satz „Andrea berührt Peter"; „Ich gehe" impliziert „Ich bewege meine Beine", „Ich baue ein Haus" impliziert „Ich verhandle mit einem Architekten", „Ich fahre mit der U-Bahn nach Hause" impliziert „Ich steige in die U-Bahn ein". Wenn wir uns Propositionen als Mengen von Sätzen mit gleicher Bedeutung vorstellen, wird diese Art von Implikation, wie in all den Beispielen, am besten für Repräsentanten der Klassen, also für Sätze aus den Satzmengen, formuliert. Wenn die Bedeutung von Satz s die von Satz s' impliziert und umgekehrt, dann haben s und s' die gleiche Bedeutung. Das heißt, daß die von s und s' erzeugten Propositionen (Satzmengen) p und p' identisch sind. Diese Bedingung soll auch für Propositionen in abstrakto (d.h. wenn sie nicht als Satzmengen, sondern als unspezifische Objekte aufgefaßt werden) gelten.

(6.1) wenn $p \preceq p'$ und $p' \preceq p$, dann gilt $p = p'$.

Weiter soll die Implikation reflexiv und transitiv sein:

(6.2) $p \preceq p$

(6.3) wenn $p_1 \preceq p_2$ und $p_2 \preceq p_3$, dann ist auch $p_1 \preceq p_3$.

Das heißt aber, daß die Menge P der Propositionen zusammen mit der Implikation $\preceq$, die (6.1) bis (6.3) erfüllt, eine Halbordnung bildet.[4] Wir nehmen an, daß Propositionen, auch wenn sie nicht als Mengen von bedeutungsgleichen Sätzen aufgefaßt werden, im allgemeinen diese Struktur haben. Zusätzlich zu (6.1) bis (6.3) gibt es weitere natürliche Bedingungen für Propositionen. Zur Erläuterung benötigen wir einige Standardbegriffe aus der Verbandstheorie. Das *Infimum* zweier Propositionen $p, p', p \sqcap p'$, ist

---

[4]Vergleiche (Graetzer,1971) für diesen und die folgenden verbandstheoretischen Begriffe.

als die größte untere Schranke von p und p' in Bezug auf $\preceq$ definiert, falls diese existiert. Analog wird das *Supremum* von p und p', $p \sqcup p'$, als kleinste obere Schranke definiert, falls es eine solche gibt. Diese Definitionen lassen sich nicht nur auf zwei Propositionen p, p' anwenden, sondern auf beliebige Mengen von Propositionen erweitern. Das Infimum über alle Propositionen in P wird mit **0**, das Supremum über ganz P mit **1** bezeichnet. Wenn zu Proposition p eine andere Proposition q existiert, sodaß $p \sqcap q = \mathbf{0}$ und $p \sqcup q = \mathbf{1}$ ist, so heißt q ein *Komplement* oder eine *Negation* von p und wird mit ¬ p bezeichnet. Diese Operationen entsprechen bei Sätzen gerade den bekannten logischen Junktoren „und", „oder" und „nicht", und **0** und **1** entsprechen den logisch falschen bzw. wahren Sätzen. Für Sätze gibt es keine Frage, ob Konjunktionen, Disjunktionen, Negationen und logisch falsche und wahre Sätze existieren. Das überträgt sich auf Propositionen. Wir nehmen an, daß in der Menge P folgende Gesetze gelten.

(**6.4**) für je zwei Propositionen p, p' in P existieren deren Infimum und Supremum

(**6.5**) **0** und **1** existieren in P

(**6.6**) zu jeder Proposition p in P gibt es genau eine Proposition ¬p in P, für die $p \sqcap \neg p = \mathbf{0}$ und $p \sqcup \neg p = \mathbf{1}$ ist

Die Annahmen (6.1) bis (6.6) sind charakteristisch für *komplementäre Verbände mit* **0** *und* **1**. Schließlich nehmen wir an, daß Supremum und Infimum das Distributivgesetz erfüllen:

(**6.7**) für alle p_1, p_2, p_3 in P gilt:
$$p_1 \sqcap (p_2 \sqcup p_3) = (p_1 \sqcap p_2) \sqcup (p_1 \sqcap p_3)$$
$$p_1 \sqcup (p_2 \sqcap p_3) = (p_1 \sqcup p_2) \sqcap (p_1 \sqcup p_3)$$

Dies gilt für Sätze und wird auch für Propositionen in abstrakto postuliert.[5]

Eine Menge P von Propositionen, die zusammen mit einer Implikation $\preceq$ Bedingungen (6.1) bis (6.7) erfüllt, nennen wir

---

[5] Die Tatsache, daß das Distributivgesetz in der Quantenphysik nicht gilt, hat bis heute keinen Einfluß auf Theorien über die soziale Welt.

einen *Propositionenraum*. Weitere Eigenschaften, wie Vollständigkeit oder garantierte Existenz von Atomen, wären im allgemeinen zu stark. In den meisten Anwendungen sind jedoch auch diese Eigenschaften, zusammen mit noch weiteren, vorhanden. Ein Grund hierfür ist, daß wir in den meisten Anwendungen P ziemlich „klein" -meist endlich- wählen können. Wenn P endlich ist und die Eigenschaften (6.1) bis (6.7) hat, so lassen sich die *Atome* von P, d.h. die von **0** verschiedenen Propositionen, die zwischen sich und der **0** keine weitere mehr haben, theoretisch leicht ermitteln.

Auf der Ebene von Sätzen ist es unproblematisch, Infimum, Supremum und Komplement zu interpretieren und auf der Ebene der Propositionen gibt es auch keine großen Probleme, einfach weil unsere Intuitionen über abstrakte Propositionen schwach entwickelt sind. Andererseits haben wir ziemlich starke Vorstellungen über Handlungen und es stellt sich die Frage, welche Handlungen von Infima, Suprema und Komplementen dargestellt werden, wenn die jeweiligen Komponenten schon Handlungen darstellen. Hier müssen wir zuerst untersuchen, ob die Implikation von Propositionen auf der Ebene der Handlungen irgendetwas repräsentiert. Dies könnte in zwei Modi der Fall sein. Einmal könnte Implikation eine Art von Enthaltensein repräsentieren. Die implizierte Handlung ist „kleiner" und in der implizierenden als Teil enthalten. Meine Handlung, ein Darlehen von der Bank zu nehmen, ist Teil meiner Handlung, ein Haus zu bauen und wird daher von letzterer impliziert. Die Zerstörung einer Stadt enthält -und impliziert in diesem Sinn- die Zerstörung eines speziellen Gebäudes als Teilhandlung. Eine zweite Art von Implikation ist durch die Sprache gegeben. Wenn die Bedeutung von Proposition p_1 (die Handlung a darstellt) die von p_2 (die Handlung b darstellt) impliziert, dann „impliziert" Handlung a die Handlung b in eben diesem Sinn. Erinnern wir uns an das Beispiel mit p_1: „Peter küßt Andrea" und p_2: „Peter berührt Andrea", in dem der Handlungstyp des Küssens den des Berührens „impliziert". In diesem Sinn impliziert meine Handlung, zu Hans zu sagen „Wenn du nicht verschwindest, schlage ich dir die Zähne ein" die Handlung, Hans zu bedrohen.[6] Wir sehen, daß Implikation von Propositionen durchaus eine Art von „Implikation" von Handlungen darstellen kann,

---

[6]Interessante Ausführungen hierzu finden sich in (Lenk,1980).

die allerdings in der natürlichen Sprache nicht geläufig ist.

Seien nun a und b zwei konkrete Handlungen, und p_1, p_2 zwei sie darstellende Propositionen. Was wird durch die Propositionen $p_1 \sqcap p_2$, $p_1 \sqcup p_2$ und $\neg p_1$ repräsentiert? Das Infimum ist unproblematisch, es repräsentiert die „vereinigte" Handlung, bei der sowohl a als auch b ausgeführt wird. Eine so vereinigte Handlung braucht nicht immer möglich zu sein, denn a kann logisch oder kausal oder vielleicht in noch schwächerer Weise mit b unverträglich sein. Die Handlungen a: „Ich gehe baden" und b: „Ich gehe nicht baden" lassen sich aus logischen Gründen nicht zusammenfassen. Auch zwischen a und c: „Ich gehe einkaufen" gibt es, nunmehr kausale, Probleme. Und selbst zwischen a und d: „Ich nehme ein Surfbrett mit" kann es Schwierigkeiten geben, etwa weil ich Surfen plebejisch finde. Wenn zwei Handlungen von verschiedenen Akteuren ausgeführt werden, entsteht das Problem, einen Akteur zu finden, der die zusammengefaßte Handlung ausführt. In vielen Situationen existiert ein solcher Akteur, etwa wenn einer von beiden einfach dem Befehl des anderen gehorcht, oder wenn beide dem Befehl einer dritten, möglicherweise juristischen Person, wie einem Stadtrat, gehorchen. Immerhin können wir die zusammengefaßte Handlung in einer großen Zahl von Fällen bilden, wenn die Teilhandlungen in einem schwachen Sinn verträglich miteinander sind.

Die Fälle von Suprema und Komplementen sind schwieriger. Das Komplement oder die Negation einer Handlung besteht darin, daß sie nicht ausgeführt wird. In einigen Anwendungen spielt das Nichtausführen einer Handlung eine wichtige Rolle und kann deshalb theoretisch als ein neuer Typ von Handlung angesehen werden. Beispiele sind das Nichtstun von England und Frankreich bei Hitlers Besetzung des Rheinlandes, oder der Entschluß einer Stadtverwaltung, die Situation in einem Armenviertel nicht zu untersuchen.[7] In den meisten Fällen ist die Identifikation der Negation einer Handlung schwierig. Das Supremum zweier Handlungen a, b ist noch abstrakter. Formal handelt es sich hierbei um die „kleinste" Handlung, die von beiden impliziert wird, aber real ist diese nicht leicht festzumachen.

In einem intendierten System werden in typischen Fällen nur

---

[7] Diese „non-issue" Politik wird in (Lukes,1974) genauer analysiert.

endlich viele und meistens sehr wenige Propositionen relevant sein. Man kann diese dann auflisten und durch Bildung von Suprema, Infima und Komplementen so lange anreichern, bis keine neuen Propositionen mehr entstehen. Oder man kann sie als einen Teil eines Propositionenraums ansehen, dessen andere Teile nicht explizit gemacht werden.

Betrachten wir das Beispiel zweier Akteure, eines Ritters A und eines Bauern B mit folgenden Handlungen.

$p \equiv$ A sagt zu B: „Du hat nicht deinen vollen Zehnt abgeliefert. Bring mir für den ausstehenden Rest ein großes Schwein."

$p' \equiv$ B bringt ein Schwein und übergibt es an A.

Aus diesen beiden Handlungen können wir weitere konstruieren: $p \sqcap p'$, $p \sqcup p'$, $\neg p$, $\neg p'$, $p \sqcap \neg p'$, $\neg p \sqcap p'$, $p \sqcup \neg p'$, $\neg p \sqcup p'$. Wie steht es mit weiteren Konstruktionen, etwa mit $\neg(p \sqcap p')$? Aus den Annahmen (6.1) bis (6.7) folgt, daß diese mit $\neg p \sqcup \neg p'$ identisch ist, d.h. mit der etwas merkwürdigen Proposition: „A befiehlt dem B nicht, ein Schwein zu bringen, oder B bringt kein Schwein." Diese Proposition ist offensichtlich von geringem Interesse und man könnte hypothetisch annehmen, daß das Supremum aus den beiden Teilpropositionen maximal, also gleich 1 wird. Rein logisch gesehen ist $\neg p \sqcup \neg p'$ keine Tautologie, wir fahren jedoch mit der entgegengesetzten Annahme fort: $\neg p \sqcup \neg p' = 1$. In ähnlicher Weise erhalten wir, daß $\neg(p \sqcup p')$ das gleiche wie $\neg p \sqcap \neg p'$ ist, was bedeutet, daß keine der beiden Handlungen ausgeführt wird. Auch dieses ist ein „terminaler" Fall im Hinblick auf die untersuchte Situation, sodaß wir geneigt sind anzunehmen, daß $\neg p \sqcap \neg p' = 0$. Schauen wir nun auf $p \sqcap \neg p'$ und $p \sqcup \neg p'$. $p \sqcap \neg p'$ beschreibt eine Situation, in der A das Schwein bestellt, aber B es nicht bringt, und $p \sqcup \neg p'$ eine Situation, in der B's Bringen des Schweins A's Befehl im Sinne der Logik impliziert. Die Negationen dieser neuen Propositionen sind: $\neg(p \sqcap \neg p') = \neg p \sqcup p'$ und $\neg(p \sqcup \neg p') = \neg p \sqcap p'$ und führen damit nicht zu Neuem. $\neg p \sqcup p'$ drückt aus, daß A's Befehl B's Bringen des Schweins impliziert, und $\neg p \sqcap p'$ beschreibt eine Situation, in der B das Schwein ohne Befehl bringt. Wir können nun die Infima und Suprema der letzten vier Propositionen mit den vorherigen untersuchen. Die Regeln für einen Propositionenraum führen entweder zu trivialen Ergebnissen, wie etwa $(p \sqcap \neg p') \sqcap x = 0$ für $x \epsilon \{p \sqcap p', \neg p, \neg p \sqcap p', p \sqcup p', p', \neg p \sqcup p'\}$, oder zu Ergebnissen, die jedenfalls nicht neu sind, wie $(p \sqcap \neg p') \sqcap x = p \sqcap \neg p'$, für $x\epsilon\{p, \neg p', p \sqcup \neg p', p \sqcup p'\}$. Es ist nicht schwierig, höchstens mühsam, mittels des Graphen in Abbildung 6.1 zu zeigen, daß die bisher erzeugten

Abb.6.1

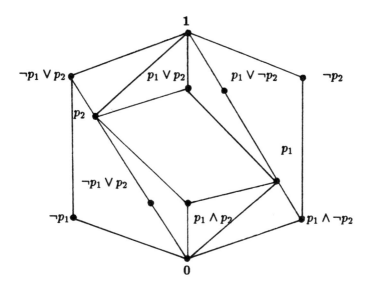

Propositionen bereits einen Propositionenraum bilden. Dabei ist das Supremum (Infimum) zweier Knoten als der nächste gemeinsame, oberhalb (unterhalb) liegende Knoten zu interpretieren.

Dagegen ist es schwierig, die Strategie dieses Beispiels auf den Fall von endlich vielen Ausgangspropositionen zu verallgemeinern, weil die Anzahl der möglichen Kombinationen, die zu betrachten sind, exponentiell wächst. Wenn wir im obigen Beispiel am Anfang auch nur eine einzige Proposition hinzunehmen, etwa daß A's Frau sagt,`sie brauche für das Festessen in der nächsten Woche ein Schwein, so wird die Konstruktion des Propositionenraums langwierig und -zumindest für die Lektüre- langweilig. Für solche Konstruktionen haben wir Computer.

Bis jetzt wurden konkrete Handlungen eingeführt, die wir in einer Menge H versammeln, sowie ein repräsentierender Propositionenraum $\langle P, \preceq \rangle$. Zusätzlich brauchen wir eine Relation, die angibt, welche Propositionen Repräsentanten welcher Handlungen sind. Hierzu benutzen wir eine Repräsentationsrelation rep zwischen Handlungen und Propositionen. Wir schreiben a $(rep[i])$ p, um auszudrücken, daß Proposition p für das Individuum i ein Repräsentant der Handlung a ist. Eine Handlung kann durch verschiedene Propositionen repräsentiert werden und umgekehrt kann es zu einer Proposition verschiedene Handlungen geben, die durch sie repräsentiert werden. Meine Handlung, einen Stein zu werfen, läßt sich darstellen durch „Ich werfe einen Stein", aber auch etwa durch „ich verjage die Katze" und die durch den zweiten Satz gegebene Proposition kann zahllose verschiedene Handlungen darstellen. Ein brisanteres Beispiel ist der Sprengstoffanschlag einer extremen Gruppe, der meist von der einen Seite als „feiger Mord", von der anderen als „Bestrafung" bezeichnet wird. Die Repräsentationsrelation rep ist jedenfalls in jeder Richtung mehrdeutig. Da nicht alle Personen die gleiche Repräsentationsrelation haben, müssen wir die Person, in der die Relation internalisiert ist, als Index angeben. Wie vorher setzen wir diese Angabe in eckige Klammern, was eine leichte Bezugnahme auf „die Repräsentationsrelation $rep[i]$ von Person i" ermöglicht.

Schon aus rein formalen Gründen liegt bei Propositionenräumen eine gewisse Vielfalt vor. Verschiedene Räume können als mehr oder weniger adäquat bzw. detailliert unterschieden werden. Einige dieser Räume sind von den Individuen internalisiert und bilden grobe Repräsentanten ihrer Sprache, sowie weiterer internalisierter Dispositionen. In solchen Fällen sagen wir, das Individuum *verfüge über* einen Propositionenraum. Der wichtige Punkt ist, daß verschiedene Individuen über verschiedene solche Räume verfügen können. Dies ist offensichtlich, wenn wir uns Propositionen in Form von Sätzen aus verschiedenen Sprachen vorstellen. Der von einem geeigneten Fragment einer natürlichen Sprache erzeugte Propositionenraum ist aus bekannten Gründen von dem durch eine andere Sprache erzeugten verschieden;[8] natürliche Sprachen lassen sich nicht ohne Rest ineinander übersetzen. Verschiedene Sprachen differenzieren auf verschiedene Weise. Wir können unter Zustimmung von Linguisten annehmen, daß solche Unterschiede sogar innerhalb „einer" Sprache zwischen Mitgliedern verschiedener sozialer Klassen bestehen. Heutzutage ist der Propositionenraum von Hilfsarbeitern von dem eines Politikers verschieden und beide unterscheiden sich von dem professioneller Künstler.

Propositionen brauchen, als Sätze dargestellt, nicht wahr zu sein oder zuzutreffen. Ein Propositionenraum, über den ein Individuum verfügt, enthält sowohl wahre als auch falsche Propositionen. Da eine Person sich über das, was wahr und falsch ist, ziemlich falsche Vorstellungen machen kann, sollten wir statt von Wahrheit besser von graduellen Überzeugungen reden. Der Propositionenraum einer Person kann also Propositionen enthalten, von denen die Person glaubt, sie seien wahr, andere, deren Wahrheitswert offen bleibt, und noch andere, die als falsch angesehen werden. Dazwischen gibt es die verschiedenen Grade oder Stärken von Überzeugung. Es ist jedenfalls irreführend, von Propositionenräumen (und ebenso von Sprachen) als „Bildern" der Realität zu sprechen, was immer mit dieser Wendung gemeint sein möge. Propositionenräume stellen begriffliche Möglichkeiten dar.

Zwischen realen Handlungen besteht eine Ähnlichkeitsrelation. Mein Steinwerfen jetzt zum Verjagen der Katze ist ähnlich dem Steinwerfen, das Peter morgen zu einem anderen Zweck ausführt. Wir unterscheiden zwischen *Typen* und *Vorkommnissen* einer Handlung. Ein Vorkommnis ist eine Handlung in ihrer konkreten Einmaligkeit, während ein Handlungstyp als eine Klasse von ähnlichen Vorkommnissen aufgefaßt werden kann (sie steht für das, was allen ihren Vorkommnissen gemeinsam ist). Eine solche Klasse wird durch eine konkrete Handlung *a* erzeugt, nämlich als Klasse aller zu *a* ähnlichen Handlungen.

Handlungstypen brauchen nicht disjunkt zu sein. Konkrete Handlungen können einander in verschiedenem Grad ähnlich sein

---

[8] (Quine,1960).

und zwischen zwei unähnlichen Vorkommnissen kann man oft Ketten von jeweils ähnlichen Handlungen konstruieren, die beide verbinden. Die Unterschiede, wenn ich gehe oder laufe, oder wenn ich befehle oder vorschlage, können sehr fein sein. Ein weiterer Grund für überlappende Handlungstypen liegt in deren sprachlicher Beschreibung. Sehr ähnliche Vorkommnisse werden oft sehr verschieden ausgedrückt. Ein Edelmann, der einen anderen von höherem Rang grüßt, mag sagen, er grüße den anderen, während der andere vielleicht sagen kann „Er hat seine Unterwürfigkeit zum Ausdruck gebracht". Die beiden Handlungstypen „grüßen" und „Unterwürfigkeit zeigen" sind gewiß verschieden, enthalten aber gemeinsame Elemente: Handlungsvorkommnisse, die unter beide Typen fallen.

Implikation (und Äquivalenz) von Propositionen zieht eine Ähnlichkeit der repräsentierten Handlungen nach sich. Wenn zwei Sätze das Gleiche bedeuten und so ihre Propositionen äquivalent oder gleich sind, und wenn beide Sätze Handlungen repräsentieren, so sind auch die Handlungen ähnlich. Die durch „Ich eile in mein Büro" und „Balzer läuft in sein Büro" repräsentierten Handlungen sind ähnlich, ja identisch. Darüberhinaus können Sätze mit gleicher Bedeutung bei Handlungsrepräsentation füreinander substituiert werden. Eine Handlung, die durch *einen* Satz repräsentiert wird, wird auch durch den anderen repräsentiert. Andererseits können, wie das Beispiel des Steinewerfens zeigt, ähnliche Handlungen durch ganz verschiedene Propositionen dargestellt werden. Grob gesprochen liefert die Äquivalenz von Propositionen (oder die Bedeutungsgleichheit von Sätzen) engere Klassen als die Ähnlichkeit von Handlungen. Dies ist zu erwarten, denn unser Wissen über Ähnlichkeit von Handlungen ist bis jetzt ziemlich implizit und wird durch die Sprache vermittelt, das heißt über Bedeutungsgleichheit. Aus diesen Gründen vermeiden wir es, der Ähnlichkeit von Handlungen eine theoretische Funktion in unseren Modellen zuzuweisen. Es ist bequem, den Term „Handlung" in sehr weiter Bedeutung zu verwenden, die manchmal über die der natürlichen Sprache hinausgeht. Oft ist es angenehm, Handlungen einer etwas künstlichen Art zu benutzen, einfach weil ihre repräsentierenden Propositionen theoretisch wichtig sind. Die früheren Beispiele von Nichtstun sind in ihrem Kontext von größter Bedeutung und sollten deshalb als Handlungen angesehen werden. Weitere Beispiele theoretisch wichtiger Grenzfälle finden wir bei Zuständen. Zur Bildung von Präferenzen zwischen Handlungen ist es oft nötig, die Ergebnisse der Handlungen miteinzubeziehen. Indem wir solche Ergebnisse, die in den meisten Fällen Zustände sind, als Grenzfälle von Handlungen auffassen, erzielen wir eine homogene und einfache Darstellung.[9]

Die grundlegende Beziehung zwischen Ereignissen und damit auch zwischen Handlungen ist die von Ursache und Wirkung, die Kausalrelation. *Mackie* nennt sie den „Zement des Universums",[10] in unserer Theorie geht sie explizit in die Charakterisierung von Machtrelationen ein.

Auf *Hume* zurückgehend wurde von einem Kausalverhältnis meist dann geredet, wenn die Ursache regelmäßig und mit Notwendigkeit die Wirkung hervorbringt. Eine neuere Sichtweise[11] dagegen spricht von Ursache nur dann, wenn eine Verzweigung des Ereignisverlaufs möglich ist. In der Situation einer möglichen Verzweigung ist die Ursache das, was dazu führt, daß die Ereignisse in die eine oder andere Richtung gehen. Dabei sollten beide mögliche Ereignisverläufe mit einer gewissen Regelmäßigkeit vorkommen, d.h. sie sollten auch früher schon mehrmals eingetreten sein. Diese Bedingung ist in der Regel bereits dann erfüllt, wenn wir die Verläufe sprachlich beschreiben können.

Kausalität spielt auch in sozialen Theorien eine wichtige Rolle, weil sie die Individuen in ihren Handlungen leitet und bestärkt. Wenn ein Individuum glaubt, daß seine Handlung einen bestimmten, erwünschten Zustand verursacht, dann wird es diese mit großer Wahrscheinlichkeit ausführen. Wenn es umgekehrt glaubt, daß eine andere Handlung einen mit dem erwünschten Zustand unverträglichen Zustand verursacht, dann wird es die andere Handlung nicht ausführen. Die Wahrnehmung kausaler Beziehungen und die Überzeugungen der Individuen vom Bestehen solcher Beziehungen bilden wichtige Handlungsursachen. Indem wir Handlungen als Spezialfälle von Ereignissen auffassen, können wir die zunächst für Ereignisse definierte Kausalrelation auch auf Hand-

---

[9]Vergleiche (Jeffrey,1965), Kap.4, für eine ähnliche Homogenitätsannahme.
[10](Mackie,1974).
[11]Die Idee ist etwa in (Hart,1973) zu finden. Eine verbesserte Analyse gab L.Krüger in seinem (noch) unveröffentlichten Vortrag auf dem Festkolloquium für D.Henrich (München 1992).

lungen anwenden. Dies verträgt sich durchaus mit der natürlichen Sprache. So kann man zum Beispiel sagen, i's Ruf habe verursacht, daß j auf die Seite gesprungen sei. Oft ist die Wirkung ein Zustand: „Wenn ich den Baum fälle, haben wir mehr Sonne". Umgekehrt können auch Zustände als partielle Ursachen auftreten: „Mein Knopfdruck und die vorhandenen Kontakte verursachten die Explosion". Solche Fälle können wir in die Analyse miteinbeziehen, indem wir Zustände als Grenzfälle von Ereignissen ansehen. Die Kausalrelation zwischen Ereignissen deckt also alle wichtigen Anwendungen ab.

Normalerweise reden wir über Ursachen und Wirkungen in realistischer Weise, wir reden über die „wirklichen" Ursachen „dort draußen". Andererseits ist die Kausalrelation nicht direkt beobachtbar in dem Sinn, in dem etwa die Relation „ist größer als" manchmal direkt beobachtbar ist. Obwohl die Ereignisse, die wir als Ursachen und Wirkungen fassen, oft direkt beobachtet werden können, beinhaltet Kausalität stets ein hypothetisches Element, ein Element der Überzeugung, denn kausale Zusammenhänge müssen eine gewisse Regelmäßigkeit aufweisen und Regelmäßigkeit entzieht sich der direkten Wahrnehmung. In der sozialen Welt ist dies hypothetisch-subjektive Element der Überzeugung wesentlich stärker als in wissenschaftlichen Anwendungen des Kausalbegriffs. Viele Gesellschaften leben in Welten mit Kausalrelationen, bei denen die Regularitäten kaum oder nur schwach ausgeprägt sind und die vom wissenschaftlichen Standpunkt aus seltsam anmuten. Extremfälle finden wir in „primitiven" Gesellschaften, in denen die Individuen an die Existenz und an Handlungen von Geistern glauben, die im Alltagsleben als wichtige Ursachen fungieren. Diese Phänomene sollten nicht leichtfertig beiseite gewischt werden: die letzte Hexenverbrennung in Europa liegt gerade 200 Jahre zurück.[12]

Wie durch viele ethnologische Untersuchungen belegt ist, unterscheiden sich kausale Überzeugungen für verschiedene Formen sozialer Strukturen in bemerkenswerter Weise. Selbst in der Wissenschaft enthält Kausalwissen so viele hypothetische Elemente, daß es im Prinzip für Änderung offen ist. Während *Stahl* und andere[13] in der ersten Hälte des 18. Jahrhunderts glaubten, daß

---

[12] Vergleiche (Trevor-Roper,1969).
[13] Vergleiche (Toulmin und Goodfield,1970), 234ff.

die Verbindung etwa von Atemluft und Phlogiston die Ursache für die Entstehung von Stickluft sei, würde kein heutiger Chemiker dies als korrekte Kausalbeziehung ansehen. Als grobe Regel gilt, daß eine Kausalrelation umso wissenschaftlicher und objektiver ist, je besser die Regularitäten, die ihr zugrundeliegen, ausgeprägt sind (d.h. je weniger Ausnahmen sie haben).

Wir sollten uns daher des Unterschiedes zwischen „der" wirklichen Kausalrelation in der Welt und unseren kausalen Überzeugungen bewußt bleiben. Während es für die Naturwissenschaften und für die Philosophie ein wichtiges Projekt sein mag, realen Ursachen nachzugehen und diese zu definieren, konzentriert sich das sozialwissenschaftliche Interesse auf die kausalen Überzeugungen und ihre Rolle und Funktion in sozialen Strukturen. Damit soll nicht behauptet werden, die Sozialwissenschaft interessiere sich nicht für reale Ursachen. Schließlich kann i's kausale Überzeugung, die Hexe j habe seine Schafe verhext, tatsächlich eine reale Ursache von i's Handlungen sein. Wir betonen nur, daß kausale Überzeugungen und ihre Rolle in der Sozialwissenschaft primär sind.

Kausale Überzeugungen sind propositionale Einstellungen, wir beschreiben sie in der Form „Person i glaubt, daß Ereignis a eine (Teil-) Ursache von Ereignis b ist". Die Einstellung ist also die des Glaubens oder der Überzeugung, und die Proposition, der gegenüber sie vorliegt, lautet „a ist eine (Teil-) Ursache von b". In dieser Form treten die Ereignisse (bzw. Handlungen) a, b schon innerhalb der Propoposition, im Status konkreter Ereignisse, auf. In den Anwendungen wollen wir statt a und b jedoch sprachliche Repräsentanten von Ereignissen und Handlungen zur Verfügung haben, das heißt Propositionen p_a und p_b, die a bzw. b repräsentieren, für die also gilt a ($rep[\,]$) p_a und b ($rep[\,]$) p_b.

Um den hier lauernden Komplikationen zu entgehen, entschließen wir uns zu einem von der Umgangssprache etwas abweichenden Vorgehen. Wir führen einen Grundbegriff für kausale Überzeugungen ein, und zwar als Relation zwischen Propositionen, relativ zu einem Akteur. Diesen Grundbegriff benutzen wir in Ausdrücken folgender Form:

p *verursacht* nach i's Überzeugung p' *teilweise*,

wobei p und p' für Propositionen stehen. Äquivalent kann man diesen Ausdruck auch lesen als „Individuum i glaubt, daß p eine Teilursache von p' ist". In der Anwendung werden p und p' stets Propositionen sein, die Handlungen repräsentieren. Ein direkt auf reale Handlungen bezogener, entsprechender Begriff läßt sich mit Hilfe der Repräsentationsrelation definieren. Für Handlungen a, b und einen Akteur i definieren wir, daß

(6.8) a *verursacht* nach i's Überzeugung b *teilweise* per Definition genau dann gilt, wenn es Propositionen p_a, p_b gibt, sodaß gilt:

in i's internem Modell wird a durch p_a und b durch p_b repräsentiert und p_a verursacht nach i's Überzeugung p_b teilweise.

Mit diesem Hilfsbegriff sind wir wieder in der Nähe der Umgangssprache. „a verursacht nach i's Überzeugung b teilweise" läßt sich zwanglos lesen als „i glaubt, daß Handlung a eine Teilursache von Handlung b ist".

Die in verschiedenen Gesellschaften zu beobachtende Variation kausaler Überzeugungen läßt sich leicht behandeln, indem wir die Kausalrelation zwischen Propositionen, zusammen mit den Propositionen selbst, auf Individuen relativieren.

Propositionen und die ihnen auferlegte Struktur eines Propositionenraums sind flexibel genug, in den Anwendungen mit Ursachen und Wirkungen zurechtzukommen. Es ist in der Regel schwierig, eine eindeutige Ursache anzugeben; eine Wirkung kann von mehreren unabhängigen Faktoren verursacht oder die eigentliche Ursache von einer Scheinursache abgeschirmt sein. Man denke an das bekannte Beispiel einer Person, die erstochen wird und gleichzeitig einen tödlichen Herzanfall hat. Es mag zwar möglich sein, eine einzige wirkliche Ursache herauszupräparieren, aber das ist mühsam und man kann genausogut von einer „Disjunktion" mehrerer Teilursachen ausgehen. In einem Propositionenraum ist die Disjunktion zweier Propositionen immer vorhanden und kann daher in Fällen kausaler Überbestimmtheit benutzt werden. Ein zweiter anwendungsrelevanter Zug ist, daß oft keine volle Ursache angegeben werden kann. i's Befehl kann die Ursache dafür sein, daß j etwas tut, aber dies gilt nur, wenn andere Bedingungen zusätzlich gelten, etwa daß i in einem bestimmten Kontext j's Vorgesetzter ist, daß die Befolgung des Befehls für j nicht zu großes Leid bringt, daß es für j schwierig ist, der Situation ungestraft zu entkommen und so weiter.

Die praktische Schwierigkeit, volle Ursachen zu bestimmen, tritt im wahrscheinlichkeitstheoretischen Ansatz, den wir zwar hier nicht verwenden werden, der sich aber ohne Mühe in unsere Modelle einbauen läßt, in den Hintergrund. Dieser Ansatz hat seine Fruchtbarkeit schon unter Beweis gestellt und wird sicher in zukünftigen Entwicklungen sozialer Theorien eine Rolle spielen. Die Grundidee ist sehr einfach: die Ursache erhöht die Wahrscheinlichkeit des Auftretens der Wirkung. Mit anderen Worten, die Wahrscheinlichkeit für das Eintreten der Wirkung ohne Vorliegen der Ursache ist kleiner als die für ihr Eintreten, wenn die Ursache auch eingetreten ist. Zur genaueren Formulierung dieser Idee benutzt man den verallgemeinerten Begriff einer Wahrscheinlichkeitsfunktion auf einem Propositionenraum $\langle P, \preceq \rangle$.[14] Dies ist eine Funktion $\mathbf{p}$, die Propositionen in reelle Zahlen zwischen 0 und 1 abbildet, sodaß Axiome ähnlich denen für Wahrscheinlichkeiten gelten. Die maximale Proposition $\mathbf{1}$ soll den Wert 1 bekommen und für je zwei unverträgliche Propositionen soll die Wahrscheinlichkeit ihres Supremums gleich der Summe ihrer Wahrscheinlichkeiten sein. Für $\mathbf{p}(p) > 0$ können wir die übliche Formel für die bedingte Wahrscheinlichkeit von p^* unter der Bedingung p einführen: $\mathbf{p}(p^*/p) = \mathbf{p}(p \sqcap p^*)/\mathbf{p}(p)$. Die wahrscheinlichkeitstheoretisch präzise Fassung des Kausalbegriffs sieht dann wie folgt aus. Es seien p_u und p_w Propositionen, die Kandidaten für Ursache u und Wirkung w repräsentieren. Wenn u eine Ursache von w ist, dann gilt:

$$(\mathbf{6.9}) \quad \mathbf{p}(p_w/p_u) \geq \mathbf{p}(p_w),$$

das heißt, die Wahrscheinlichkeit der Wirkung in Anwesenheit der Ursache wird relativ zum Zustand, in dem die Ursache nicht als vorhanden vorausgesetzt wird, größer. Diese Ungleichung ist sicher nicht hinreichend dafür, daß u eine Ursache von w ist. Es handelt sich nur um eine schwache, notwendige Bedingung. *Patrick Suppes*, der diesen Ansatz einführte, nennt im Fall von (6.9) p_u oder u eine *prima facie Ursache* von p_w oder w.[15] Wenn p_u

---

[14] Vergleiche z.B. (Fishburn,1970).

[15] (Suppes,1970). In diesem Ansatz läßt sich auch die oben angedeutete

darüberhinaus in gewissem Sinn minimal ist, können wir von einer Ursache schlechtin sprechen. Der dieser Definition zugrunde liegende Ansatz ist sehr flexibel und läßt sich auf verschiedene Weise erweitern und spezialisieren.[16] Der Ansatz liefert in Situationen, wo Stichprobenbildung oder Wiederholung möglich ist, einen operationalen Zugang zu Ursachen und Wirkungen.

Einige Züge der Kausalität lassen sich in dieser wahrscheinlichkeitstheoretischen Definition allerdings nicht direkt unterbringen, wie etwa die zeitliche Ordnung oder Bedingungen der Stetigkeit und des raum-zeitlichen Kontakts. Jedoch sind diese Bedingungen mit dem neuen Ansatz verträglich und lassen sich bei Bedarf hinzufügen.[17]

Variante von Kausalität definieren, die nur bei Verzweigung von Ereignisverläufen von Ursachen spricht.

[16](Cartwright,1989).

[17]Für eine tiefergehende Analyse sei auf (Mackie,1974) verwiesen. Auch die herausfordernde Aufgabe, zu zeigen, wie Kausalität in sozialen Strukturen verwurzelt ist, können wir hier nicht angehen.

7 Mikromodelle

In den Mikromodellen konzentrieren wir uns nun auf die Individuen und ihre Handlungen und Eigenschaften, soweit sie für Institutionen relevant sind. Im Gegensatz zu den Makromodellen ist der Anwendungsbereich der Mikromodelle nicht auf Institutionen beschränkt. Sie sind zum Beispiel auch auf kleine Gruppen anwendbar, die keine Institution bilden. Genau wie die Makromodelle bestehen auch die Mikromodelle aus einem externen Teil und einer Menge interner Modelle, sowie einer Repräsentationsrelation zwischen beiden Teilen. Der externe Teil erfaßt eine Menge von Individuen, sowie deren Handlungen und Beziehungen. Wir verwenden aus syntaktischen Gründen den Ausdruck *realisiert* und schreiben

$$i \; realisiert \; a,$$

oder ausführlicher „Person i realisiert Handlung a". Um zu beschreiben, wie die Personen in einer Institution miteinander umgehen, greifen wir auf die Ideen der Netzwerkanalyse zurück, und betrachten ein Netz von verschiedenen Beziehungen oder Relationen zwischen den Individuen. Das Potential dieses Ansatzes in der Soziologie ist bei weitem noch nicht ausgeschöpft[1] und zwar deshalb, weil die bisherigen Anwendungen zu einseitig operational orientiert waren. Es soll nicht geleugnet werden, daß die empirische Untersuchung von Beziehungen zwischen Individuen, die leicht zu beobachten und zu quantifizieren sind, einen wesentlichen Fortschritt in der Soziologie markiert. Aber der begriffliche Rahmen von Beziehungsnetzen sollte auch auf komplexere und mehr theoretische Beziehungen angewandt werden. Wir benutzen hier nur die Idee, nicht die spezifischen Formalismen der Netzwerkanalyse, was nicht heißen soll, daß diese Formalismen nicht im Rahmen unserer Modelle angewandt werden könnten.

---

[1] Einen Überblick über das Gebiet gibt (Burt,1980).

Wir machen weder spezielle Annahmen über die Arten der
auftretenden Relationen, noch über ihre Form, sondern benutzen
zunächst eine unspezifische Menge R von Relationen zwischen Individuen und Handlungen. Von R verlangen wir nur, daß jedes
Individuum durch irgendwelche Relationen aus R mit einem anderen Individuum verbunden ist. Wir nennen R dann ein *soziales
Netzwerk*. Beispiele für Relationen aus R kommen im alltäglichen
Leben reichlich vor: i tauscht etwas (unspezifiziertes) mit j; i
äußert gegenüber $j_1, ..., j_n$ einen Satz; i bittet j um einen Gefal-
len; i befiehlt, daß $j_1, ..., j_n$ die Handlungen $a_1, ..., a_m$ tun sollen;
i befiehlt j, a zu tun, usw.

Stellen wir uns als konkretes Beispiel eine Firma vor. Sie besteht als soziales System unter anderem aus einer Menge J von
Individuen (einschließlich der Kunden), sowie einer Menge H von
Handlungen, unter denen die realen Handlungen der Individuen
vorkommen. Individuen und reale Handlungen lassen sich ziemlich direkt durch Beobachtung der Firma ermitteln. Wir stellen
fest, welche Individuen welche Handlungen realisieren. Wir beobachten die Beziehungen zwischen den beteiligten Individuen und
den von ihnen realisierten Handlungen und erhalten eine Menge R
weiterer Relationen. Die so gewonnenen Komponenten bilden den
externen Teil eines Mikromodells, also den Teil, der unabhängig
von intellektuellen Repräsentationen beschrieben werden kann. Er
hat die Form $\langle J, H, realisiert, R \rangle$ mit den Komponenten

J einer Menge von Individuen
H einer Menge von Handlungen
realisiert   der Realisierungsrelation
R dem sozialen Netzwerk.

Es kommt nicht darauf an, *alle* Relationen in R explizit zu machen,
nicht einmal alle wichtigen. Wir stellen uns R besser als eine „of-
fene" Menge vor, in der Art eines Rahmens, der sich in verschiedenen Anwendungen auf verschiedene -möglicherweise inkompatible-
Weise ausfüllen läßt. Im folgenden wird in *einer* solchen Anwendung gefordert, daß R unter anderem eine Machtrelation enthält,
sowie eine Relation, die die Intentionen von Individuen erfaßt.
In einer anderen, hier nicht zu behandelnden Anwendung, ist

zu fordern, daß R Verwandtschaftsbeziehungen enthält, in wieder anderen eine Befehlshierarchie. Trotz dieser beabsichtigten Unbestimmtheit hat R eine wichtige Rolle zu spielen. Es liefert sozusagen den Kitt, der die verschiedenen Individuen bei ihren Aktivitäten zu Gruppen zusammenfügt und aus ihnen ein soziales Ganzes, ein System, macht. Beim Erwerb von Wissen ist das Individuum in viele der Relationen des sozialen Netzwerks R einbezogen. Das soziale Netzwerk bildet eine Basis, auf der sich Wissen, zum Beispiel über die charakteristische Funktion, entwickeln kann.

Wie bei den Makromodellen, so sind auch die externen Teile eines Mikromodells in den Individuen internalisiert. Die obigen Überlegungen hierzu können direkt übernommen werden. Ein internes Modell, welches die für unsere Theorie wichtigen Teile der intellektuellen Struktur einer Person modelliert, besteht aus einem Propositionenraum $\langle P, \preceq \rangle$, sowie einem Repräsentanten der kausalen Überzeugungen der Person und nimmt also die Form $\langle P, \preceq, verursacht \rangle$ an. Dabei ist

> P eine Menge von Propositionen
> $\preceq$ die Relation der Bedeutungsimplikation
> *verursacht* die Relation der teilweisen Verursachung.

In Analogie zu den Makromodellen benutzen wir eine Funktion y, die jedem Individuum i sein internes Modell zuordnet. Wir schreiben demgemäß $y(i) = \langle P, \preceq, verursacht \rangle$, zu lesen als: „$\langle P, \preceq, verursacht \rangle$ ist das interne Modell von Person i". Wenn jede Person so ihr eigenes internes Modell hat, ist klar, daß jede Verursachungsrelation *verursacht* zu einer bestimmten Person gehört. Wir hängen den Namen ”i” der Person in eckigen Klammern an die Relation an, um diesen Zusammenhang explizit zu machen, und schreiben also *verursacht*[i] für die Kausalrelation, die nach i's Überzeugung besteht. Die „Hauptlast" der Repräsentation trägt natürlich der Propositionenraum. Von ihm erwarten wir, daß er Repräsentanten für alle wichtigen Komponenten des externen Modellteils enthält. Bei Handlungen ist dies der Fall, der Propositionenraum wurde ja gerade zu ihrer Repräsentation eingeführt. Bei den restlichen, externen Komponenten ist die Siklar. Betrachten wir zunächst die Individuen. In vielen Anwendungen sind die Gruppen und insbesondere die Gesamtmenge von Individuen so groß, daß jeder Akteur nur einen kleinen Teil der anderen Akteure überhaupt kennt. Ein Akteur wird daher nur über Repräsentanten für einen kleinen Bruchteil der Individuen verfügen; eben die, die in seinem näheren Umkreis wichtig sind. Für sie stehen Namen zur Verfügung. Weiterhin gibt es für einige wenige Individuen sprachliche Kennzeichnungen, wie „der Präsident der Republik", oder „der Direktor der Firma XYZ". Wir können jedenfalls nicht annehmen, daß der Propositionenraum eines Individuums Repräsentanten aller Individuen des Systems enthält.

Ähnlich liegen die Verhältnisse bei den sozialen Relationen, die in R zusammengefaßt sind. Unsere Diskussion der charakteristischen Funktion und der Statusrelation in Kap.5 hat ergeben, daß bei diesen beiden Komponenten eine volle sprachliche Repräsentation nicht zu erwarten ist. Das Argument überträgt sich auf R, denn R kann zum Beispiel auf Individuen relativierte Analoga der charakteristischen Funktion und der Statusrelation enthalten. Konkreter kann R etwa eine Relation ch enthalten, die ausdrückt, welche Handlungen für welche Individuen charakteristisch sind, oder eine Relation st, die das Statusverhältnis zwischen je zwei Individuen angibt. Wir können daher nicht allgemein fordern, daß jede Relation des sozialen Netzwerks im Propositionenraum eines Individuums einen Repräsentanten hat. In konkreten Fällen sind meist einige der Relationen aus R durch sprachliche Ausdrücke repräsentiert, wie „tauschen", „unterwerfen", oder „beeinflussen". Es besteht jedoch kein Grund zur Annahme, daß dies im allgemeinen für alle oder auch nur alle wichtigen Relationen aus R gilt. Zum Beispiel gibt es verschiedene Arten der Machtausübung, für die die Alltagssprache keine speziellen Ausdrücke hat. Der Leiter einer großen Büroabteilung in einer Versicherung übt eine spezielle Art von Macht über die anderen Angestellten seiner Abteilung aus, aber es gibt keinen Ausdruck, der diese Art von anderen Arten der Macht, etwa in der Armee oder einem feudalen System, unterscheidet. Wir haben schon darauf hingewiesen, daß die Sprache in solch sensiblen Bereichen durch die oberen Gruppen geprägt wird, die kein Interesse daran haben, sprachliche Ausdrücke für die feineren Arten der Machtausübung bereitzustellen. Daher ist zu erwarten, daß einige der Relationen in R nicht in den internen Modellen repräsentiert sind. Bei der Realisierungsrelation können wir davon ausgehen, daß der Propositionenraum Repräsentanten der einzelnen Realisierungsereignisse, das heißt der konkreten Ausführungen von Handlungen durch bestimmte Akteure, enthält. Jedoch ist auch hier die Situation nicht sehr übersichtlich, sodaß wir von allgmeinen Forderungen absehen.

Wie im letzten Kapitel begründet, wird die Kausalrelation auf der Ebene der Sprache, genauer: der Propositionen eingeführt, sodaß kausale Beziehungen zwischen dem, was wir wissen und glauben, bestehen, und nicht zwischen dem, was der Fall ist. Sprache wird durch Propositionen dargestellt und die Kausalrelation folglich als Relation zwischen Propositionen eingeführt. Das führt zunächst zu einer etwas gewundenen Ausdrucksweise, hat aber wesentliche Vorteile im Hinblick auf eine einfache Darstellung der Theorie. Wie schon erläutert wurde, läßt sich die zwischen Propositionen angesetzte Kausalrelation leicht durch eine Definition mit Hilfe der Repräsentationsrelation auf die Ebene der realen Ereignisse projizieren.

Im Prinzip unterscheiden sich die internen Modelle, die in verschiedenen Personen aufgebaut sind, mehr oder weniger, je nach deren speziellen Lebensumständen. Das gilt auch für Personen aus derselben Gruppe einer Institution, obwohl die Gruppe für ihre Mitglieder eine sehr ähnliche Umgebung schafft. Ein Grund für Differenzierung selbst innerhalb einer Gruppe ist, daß die Personen noch zu mehreren anderen Gruppen aus anderen Institutionen gehören können. Trotz solcher Verschiedenheiten gibt es auch Ähnlichkeiten der internen Modelle, die für die Funktion einer Institution wichtig sind. Im Idealfall haben alle Personen in der Institution die gleiche Vorstellung von den existierenden Gruppen, Handlungstypen und der charakteristischen Funktion. Oft jedoch haben die Personen als Mitglieder einer bestimmten Gruppe eine hierdurch bestimmte speziellere Vorstellung oder Wahrnehmung der Institution. Ein indischer Paria, der von seinem Landpächter ausgenutzt wird, hat eine andere Wahrnehmung des Kastensystems als ein Brahmane, der sich zur Askese in das gleiche Dorf zurückgezogen hat. Beide wissen aber genau, zu welchen Gruppen sie gehören, und sie haben einen reichen Wissensvorrat über in diesen Gruppen verbotene und erlaubte Handlungen.

So wirken beim Aufbau der internen Modelle zwei entgegengesetzte Kräfte. Die eine Kraft treibt jedes interne Modell in immer
größere Individualität, je nach den speziellen Erfahrungen der Person, in der es aufgebaut wird. Die zweite Kraft bringt dagegen die
internen Modelle verschiedener Personen einander näher und erzeugt in ihnen identische Teile. Diese Kraft wird von der sozialen
Umgebung ausgeübt, in der die Individuen leben: gemeinsame
Sprache, gemeinsame Überzeugungen, gemeinsame Erfahrungen
kausaler Zusammenhänge, Konventionen für alltägliche Verrichtungen.

In unserem Modell sind beide Kräfte berücksichtigt und zwar
erstens durch die Art, wie die internen Modelle den Individuen zugeordnet werden, und zweitens durch die den internen Modellen
auferlegten Gemeinsamkeiten. Um der Vielfalt gerecht zu werden, lassen wir die Forderung fallen, alle internen Modelle seien
für alle Personen identisch. Solch globale Identität würde bedeuten, daß alle Personen in einer Institution die gleiche Sprache und
die gleichen kausalen Überzeugungen haben. Diese Annahme ist
zu stark. Selbst in einer kleinen Firma kann sich die Sprache
des Besitzers von der eines Hilfsarbeiters unterscheiden, das Gleiche gilt für deren Überzeugungen. Andererseits tragen wir den
Ähnlichkeiten auf zweierlei Weise Rechnung. Erstens sind alle internen Modelle teilweise von gleicher Form. Sie müssen alle einen
Propositionenraum und eine Kausalrelation enthalten. Zweitens
fordern wir, daß diese beiden Komponenten für alle Individuen der
gleichen Gruppe identisch sind. Alle Individuen in einer Gruppe
müssen den gleichen Propositionenraum und die gleichen kausalen
Überzeugungen haben. Dies ist immer noch eine starke Annahme,
aber eine für das Verständnis von Institutionen wesentliche. Denn
ein Faktor, der Institutionen „am Leben erhält", besteht aus den
Handlungen, die alle Personen einer Gruppe in gleicher Weise
ausführen, Handlungen, die in bestimmten Situationen als normal angesehen werden. Solche Konformität setzt ein gemeinsames
Verständnis voraus und dies wiederum ein gemeinsames, grobes
Bild der Institution. Wir bestehen nicht in letzter Konsequenz
darauf, daß alle internen Modelle in einer Gruppe wirklich identisch sein müssen. In Wirklichkeit gibt es immer Abweichungen,
aber die Annahme von Gleichheit ist für den Aufbau einer einfa-

chen Theorie am besten geeignet. Sie liefert ein einfaches Bild,
das sich bei Bedarf leicht verfeinern läßt. Zwei Arten der Verfeinerung sind auch auf abstrakter Ebene schon interessant. Erstens
kann man die Identitätsbedingung zu einer der bloßen Ähnlichkeit abschwächen. Dazu sind geeignete Ähnlichkeitsgrade für interne Modelle einzuführen, wofür es Standardmethoden aus den
Naturwissenschaften gibt.[2] Zweitens läßt sich die Identität abschwächen, indem weitere Komponenten eingeführt oder die eingeführten von neuen Parametern abhängig gemacht werden. Zum
Beispiel könnten wir die Repräsentanten für Handlungstypen von
den anderen Institutionen abhängen lassen, die im Umfeld der
jeweiligen Person wichtig sind.

Zwischen den externen Komponenten und den internen Modellen setzen wir eine Repräsentationsrelation an, die mit *rep* bezeichnet wird. Die Repräsentation von Handlungen durch Propositionen ist in jeder Richtung mehrdeutig, wie wir schon sahen.
rep soll auch Repräsentanten wenigstens für einige Individuen und
einige der Relationen im sozialen Netzwerk liefern. Eine genaue
Spezifikation ist hier nicht möglich. Da jedes Individuum i über
ein eigenes internes Modell $y(i)$ verfügt, ist die Repräsentationsrelation ebenfalls auf Individuen zu relativieren. Wir müssen also
Ausdrücke der Form „Proposition p *repräsentiert* Handlung a für
Person i" verwenden. Wie früher schreiben wir bei Bedarf: a
($rep[i]$) p, um die Repräsentation für Person i zu beschreiben. Die
repräsentierende Proposition für eine feste Handlung a kann von
Person zu Person variieren und tut dies auch oft, nämlich wenn
wir Personen aus verschiedenen Gruppen betrachten. Die Handlung a eines Hilfsarbeiters, sich lautstark zu beschweren, kann von
einem Mitglied der Firmenleitung als Störung des Betriebsklimas
dargestellt werden, dagegen von Kollegen des Arbeiters als mutige
Demonstration von Unabhängigkeit. Insgesamt hat ein Mikromodell also die Form

---

[2]Vergleiche auch (Balzer,Moulines,Sneed,1987),Kap.7.

$$\langle J, H, realisiert, R, N, y, rep \rangle$$

und enthält folgende Komponenten:

J	eine Menge von Individuen
H	eine Menge von konkreten Handlungen
realisiert	die Realisierungsrelation
R	das soziale Netzwerk
N	eine Menge interner Modelle
y	eine Funktion, die jedem Individuum i ein internes Modell $y(i)$ zuordnet
rep	eine Repräsentationsrelation, die für jedes Individuum i Handlungen aus H mit repräsentierenden Propositionen im internen Modell $y(i)$ von i in Beziehung setzt.

Die internen Modelle bestehen dabei aus den Komponenten:

$\langle P, \preceq \rangle$:	einem Propositionenraum
verursacht:	einer auf Individuen bezogenen Relation der teilweisen Verursachung.

Oft, und weiter unten systematisch, müssen in Mikromodellen die Intentionen der Individuen explizit gemacht werden. Der Begriff der Intention ist noch nicht zufriedenstellend geklärt.[3] In erster Näherung fassen wir Intentionen als eine bestimmte Art von Disposition auf, nämlich die Disposition, unter geeigneten Umständen gewisse Handlungen auszuführen. Sie entsteht aufgrund eines Wunsches oder Antriebs, der aber nicht unreflektiert verfolgt wird. Vielmehr ist das charakteristische Kennzeichen einer Intention, daß sie im kognitiven Bereich wirkt. Um zu intendieren, muß eine Person glauben, daß das, was sie intendiert, auch möglich ist. Neben dieser Minimalbedingung hat die Person beim Intendieren oft auch eine Art Handlungsplan, nach dem sie die Intention verfolgt. Intentionen setzen also Überzeugungen und damit die Fähigkeit der Repräsentation voraus, wobei

---

[3]Vergleiche (Tuomela,1992) und (Cohen und Levesque,1990) für neuere Analysen.

nicht klar ist, ob dies auch Sprache impliziert. Intentionen, die sprachlich formuliert werden können, sind oft extrem empfindlich gegenüber Änderungen der Beschreibung. In Mikromodellen werden sie durch eine Relation im sozialen Netzwerk dargestellt.

Der Begriff der Intention wird vor allem im Englischen in der Form „ich intendiere, etwas zu tun" verwandt, wobei „etwas" für eine spezielle Handlung steht. Im Rahmen unserer Theorie erweist es sich als bequem, von dieser alltäglichen Verwendungsweise abzugehen. Bei uns stehen Intentionen im Vordergrund, die auf Handlungen anderer Personen abzielen. Intentionen, deren Ziel etwa die Hervorbringung physischer Zustände ohne die Mitwirkung anderer Akteure ist, spielen in der sozialen Welt eine Nebenrolle -in unserer Theorie gar keine.

Wir erfassen Intention als eine Relation zwischen je zwei Individuen und einer Handlung, sodaß wir Ausdrücke der Form

$$i\ intendiert,\ daß\ j\ b\ tut,$$

erhalten, ausführlicher: „Person i intendiert, daß Person j Handlung b tut". Durch Gleichsetzung von i und j erhält man hieraus die übliche, zweistellige Form „i intendiert, b zu tun", die wir bei unserem Ansatz als Abkürzung für „i intendiert, daß i b tut" ansehen. Im folgenden nehmen wir stets an, daß das soziale Netzwerk R eine Relation des Intendierens enthält. Wir erwähnen noch, daß unsere Modelle sich auch mit einer auf Propositionen bezogenen Relation des Intendierens konstruieren lassen. Dies führt zu einer etwas komplizierteren Version, analog zu der von kausalen Überzeugungen.

8 Soziale Schemata

Makro- und Mikromodelle für sich sind nicht besonders aufregend, die bisher formulierten Axiome ziemlich schwach. Erst im Zusammenwirken beider Modelle werden zentrale Züge sozialer Institutionen sichtbar. Das „Zusammenwirken" besteht im wesentlichen darin, daß die Objekte aus den Makromodellen durch Gesamtheiten von „Mikroobjekten" festgelegt werden, zum Beispiel Gruppen als Mengen von Individuen. Wenn es zu einem Makromodell ein Mikromodell gibt, aus dem sich in dieser Weise alle Objekte des Makromodells konstituieren lassen, so sagen wir, das Makro- sei in das Mikromodell *eingebettet*.

Betrachten wir die Sache genauer. Gruppen sind Mengen von Individuen, d.h. jede Gruppe $\mathbf{g}$ des Makromodells ist eine Teilmenge der Individuenmenge J des Mikromodells. Analog ist jeder Handlungstyp $\mathbf{t}$ des Makromodells eine Menge von Handlungen, das heißt eine Teilmenge von H, der Menge aller Handlungen im Mikromodell. Wie schon früher erläutert, stellen wir uns Handlungstypen als Mengen ähnlicher Handlungen vor. Die hierbei heranzuziehende Ähnlichkeit ist allerdings schwer auf den Begriff zu bringen und bis jetzt nicht systematisch erforscht. Da Handlungstypen auch bloß mögliche Handlungen enthalten, müssen wir die Menge H entsprechend interpretieren. H enthält also nicht nur die tatsächlich ausgeführten Handlungen der Personen.

Auch die Repräsentanten in den internen Makromodellen werden in die internen Mikromodelle eingebettet. Die Einbettung ist auf Individuen zu relativieren, da die einzelnen internen Mikromodelle je einem Individuum zugeordnet sind. Der Zusammenhang gestaltet sich genauer wie folgt.

Sei i ein Individuum aus Gruppe $\mathbf{g}$ im Makromodell. Dem Individuum ist im Mikromodell ein internes Modell $y(i) = \langle P, \preceq, verursacht \rangle$ zugeordnet, der Gruppe im Makromodell ein internes Modell $\mathbf{x}(\mathbf{g}) = \langle G^*, T^*, ch^* \rangle$. Als Makrorepräsentanten haben wir also die drei Entitäten G^*, T^*, ch^*, von denen in Kap.5 nur gefordert wurde, daß es sich um Mengen bzw. bei ch^* um eine

Funktion passenden Typs handelt. Nun sind aber weder Mengen noch deren Elemente Propositionen, sodaß wir nicht wie vorher einfach annehmen können, daß etwa G^* eine Menge von Propositionen aus P sei. Diese Annahme ist nur für ch^* möglich, denn ch^* besteht als Funktion mengentheoretisch aus Paaren $\langle g^*, ch^*(g^*) \rangle$ und ein solches Paar entspricht der Proposition, daß $ch^*(g^*)$ der Funktionswert von ch^* für Argument g^* ist. Bei G^* und T^* behelfen wir uns damit, die einzelnen Aussagen „$g^* \epsilon G^*$" und „$t^* \epsilon T^*$" als Propositionen aus P aufzufassen. Das bedeutet für G^* konkret folgendes. G^* besteht nach Annahme aus nicht näher spezifizierten Entitäten $G^* = \{g_1^*, g_2^*, ..., g_k^*\}$, wobei jedes g_r^* Repräsentant für eine entsprechende Gruppe $\mathbf{g}_r$ in der Institution ist. Die Einbettung von G^* in das interne Modell $y(i)$ bedeutet nun, daß der Propositionenraum P in $y(i)$ für jedes $r \leq k$ eine Proposition des Inhalts enthält, daß $\mathbf{g}_r$ eine Gruppe der Institution ist.

Analog ist T^* eine Menge von Repräsentanten $\{t_1^*, ..., t_s^*\}$, wobei jedes t_j^* für einen der Handlungstypen in der Institution steht. Einbettung des internen Makromodells in das interne Mikromodell von Person i bedeutet, daß i's Propositionenraum P für jedes t_j^*, $j = 1, ..., s$, eine Proposition des Inhalts enthält, daß $\mathbf{t}_j$ ein Handlungstyp in der Institution sei. Im Fall von ch^* stellen wir die Einbettung am besten für einzelne Handlungstypen dar. Nach Konstruktion der Makromodelle ist $ch^*(g^*)$ eine Menge von Repräsentanten für Handlungstypen $\{t_1^*, ..., t_r^*\}$. ch^* ist dann in $y(i)$ eingebettet, wenn für jedes $s \leq r$ in $y(i)$ eine Proposition des Inhalts vorkommt, daß der Handlungstyp $\mathbf{t}_s$ zu den für Gruppe $\mathbf{g}$ charakteristischen gehört.

Weiter ist die Verträglichkeit der Repräsentationsrelationen sicherzustellen. Ist $\mathbf{t}$ ein Handlungstyp und a eine Handlung dieses Typs, so hat $\mathbf{t}$ im Makromodell einen Repräsentanten t^*, der ein Element von T^* ist. Wie vorher gefordert, soll in $y(i)$ eine Proposition, etwa $p_\mathbf{t}$, vorhanden sein, des Inhalts, daß $\mathbf{t}$ ein Handlungstyp der Institution ist. Im internen Mikromodell wird Handlung a über die Repräsentationsrelation rep durch eine Proposition p_a aus i's Propositionenraum P dargestellt. Es muß nun sichergestellt werden, daß die Proposition p_a zur Proposition $p_\mathbf{t}$ „paßt". Wenn $\mathbf{t}$ etwa der Handlungstyp „Ziege melken" und a die konkrete Handlung meines Nachbarn (jetzt): "Lakis melkt die Ziege" ist, so ist der zweite Ausdruck eine Instanz des ersten, oder unter den ersten subsumierbar. Dies Verhältnis läßt sich bei genauerer Analyse von Propositionen und Einführung einer Subjekt-Prädikat-Struktur leicht präzisieren. Wir begnügen uns mit dem Hinweis, daß man in Propositionenräumen einen entsprechenden Subsumptionsbegriff (am einfachsten als Grundbegriff) einführen und dann die Forderung, daß Proposition p_a unter Proposition p_t subsumierbar sein soll, präzise formulieren kann.

Der so definierte Einbettungsbegriff geht von einem Makromodell aus, welches durch Einbettung in ein geeignetes Mikromodell zusätzliche Feinstruktur erhält. Bei einer sozialen Institution ist jedoch das Mikromodell nicht frei wählbar. Im Gegenteil befinden sich gerade unter den Komponenten des Mikromodells Terme, die besonders gut beobachtbar sind. Bei der Anwendung ist also das Mikromodell nicht nur durch das untersuchte intendierte System vorgegeben, es ist in Bezug auf den Anwendungsprozeß sogar primär. Zuerst werden die bestimmbaren Komponenten des Mikromodells ermittelt, erst danach kann man die Makrostrukturen der Institution untersuchen. Die Gewichtung der beiden Ebenen ist gegenläufig, je nachdem, ob der Anwendungsprozeß oder das ontologische Bild einer Institution in den Vordergrund gerückt wird. Für den Begriff und das Wesen einer sozialen Institution ist das Makromodell entscheidend. Das Verhalten der beteiligten Individuen mit seinem großen Reichtum an Variation ist hier eher verwirrend und hinderlich. Andererseits hängt das Makromodell beobachtungsmäßig in der Luft, es gewinnt erst im Zusammenwirken mit einem zugrundeliegenden Mikromodell empirischen Gehalt. Wir tragen der Bedeutung beider Komponenten Rechnung, indem wir sie zu einem Gesamtmodell zusammenfassen. Die so entstehenden Strukturen nennen wir *soziale Schemata.* Ein soziales Schema erfaßt also ein reales System sowohl auf der Mikro- als auch auf der Makroebene. Begrifflich besteht es aus der Summe der Komponenten eines Mikro- und eines Makromodells. Inhaltlich können wir darüberhinaus weitere wichtige Annahmen formulieren, die das Zusammenwirken beider Modellebenen betreffen. Ein *soziales Schema* läßt sich daher als eine Liste von Komponenten der Form

$$\langle \mathbf{G,T},ch,st,\mathbf{M},x,rep,J,H,R,\textit{realisiert},N,y,rep \rangle$$

notieren, das den zuvor erläuterten Bedingungen genügt. Darüberhinaus formulieren wir ein zentrales Axiom, in dem ein Zusammenhang zwischen der charakteristischen Funktion auf der Makroebene und den konkreten Handlungen der Mikroebene hergestellt wird. Es besagt, daß ein Individuum nur solche Handlungen realisiert, die für eine der Gruppen, zu denen es gehört, charakteristisch sind. Dabei nennen wir eine Handlung charakteristisch für eine Gruppe, wenn sie zu einem für diese Gruppe charakteristischen Handlungstyp gehört.

S Für alle Individuen i und alle Handlungen a gilt:
     wenn i a *realisiert*, dann gibt es eine Gruppe **g**, zu der i gehört, sowie einen Handlungstyp **t**, sodaß gilt:
     1) a ist eine Handlung vom Typ **t**
     2) **t** ist für **g** charakteristisch (d.h. **t** ϵ **ch(g)**).

Nach diesem Axiom stellt die Institution (vorläufig: das soziale Schema) in Form der charakteristischen Funktion einen Handlungsrahmen für die Individuen dar, die in ihr leben. Die Individuen bewegen sich mit ihren Handlungen völlig innerhalb dieses Rahmens. Dies wird noch klarer, wenn wir das Axiom mittels einer abkürzenden Definition formulieren. Wir definieren die für Individuum i in einer Institution *zulässigen* oder *erlaubten* Handlungen als Handlungen, die für eine der Gruppen, zu denen i gehört, charakteristisch sind. Axiom (S) lautet dann kurz, daß alle Individuen in einer Institution nur jeweils für sie zulässige Handlungen ausführen.

Wegen der Wichtigkeit dieses Axioms sind weitere Erläuterungen angebracht. Erstens stellt es in obiger Formulierung den Idealfall dar. Es ist klar, daß in Wirklichkeit auch unzulässige Handlungen ausgeführt werden. Wie groß deren Anzahl sein darf, damit das Axiom trotzdem im wesentlichen noch als erfüllt angesehen werden kann, muß im Einzelfall entschieden werden. Jedenfalls wird man das Axiom in der Anwendung statistisch verstehen. Es genügt, wenn fast alle Individuen fast nur zulässige Handlungen ausführen. Dabei sind geeignete Prozentzahlen für tolerierbare Abweichungen zu finden -ganz in der Art von Approximation, wie sie in den Naturwissenschaften üblich ist. Zweitens muß betont werden, daß das Axiom nur für die Anwendung auf eine einzige Institution gefordert wird. In einer solchen Anwendung werden nur Handlungen betrachtet, die für die Institution von Relevanz sind. Wenn wir den Allquantor über alle Handlungen erstrecken, die eine Person in und außerhalb der Institution ausführt, wird das Axiom sofort falsch. Eine Person kann sich innerhalb der Institution perfekt an das Schema der zulässigen Handlungen halten, aber sie kann zugleich noch in anderen Institutionen leben, in denen sie andere Rollen spielt. Je nach Rolle ist eine Handlung einmal zulässig, ein anderes Mal nicht. Zum Beispiel kann ein Akteur in einer Firma als einfacher Büroangestellter arbeiten, wobei er nie Gelegenheit hat, Befehle zu erteilen. Der Handlungstyp des Befehlens gehört in der Firma nicht zu den für seine Gruppe charakteristischen und ist deshalb, in der Firma, nicht zulässig. Ganz anders sieht es aus, wenn er nach Büroschluß als Truppführer bei der freiwilligen Feuerwehr agiert. In dieser Institution ist das Befehlegeben sehr wohl für ihn und seine Gruppe (die der Truppführer) zulässig. In diesem Beispiel betrifft Axiom (S) nur jeweils die Handlungen, die für die untersuchte Institution (entweder die Firma oder die freiwillige Feuerwehr) relevant sind. Die Abgrenzung solcher Handlungen von anderen, irrelevanten, mag praktische Probleme aufwerfen, aber diese betreffen den Prozeß der Anwendung unserer Theorie, nicht die Theorie selber. Drittens hängt die charakteristische Funktion oft eng mit expliziten Normen zusammen. Der Bereich der zulässigen Handlungen ist oft durch Normen geregelt, sodaß die charakteristische Funktion in gewissem Sinn diese Normen ausdrückt oder realisiert. Unser Modell kann an dieser Stelle weiter ausgebaut werden. Viertens bemerken wir, daß das Axiom, wenn man hinreichend lange Zeiträume betrachtet, notwendigerweise verletzt werden muß, weil sich andernfalls Institutionen nicht verändern könnten. Dies wird in Kap.14 genauer diskutiert. Vorwegnehmend sei nur darauf hingewiesen, daß die Entstehung neuer, und die Veränderung bestehender Institutionen nur dadurch möglich ist, daß ein oder mehrere „wichtige" Akteure systematisch unzulässige Handlungen ausführen, nämlich Handlungen neuen Typs. Dies wirft bei der gerade angesprochenen Approximation zusätzliche Probleme auf, weil die abweichenden Handlungen unter geeigneten Umständen von der Anzahl her unterhalb der Signifikanzgrenze bleiben. Die Einordnung dieser Handlungen als nicht signifikante Abweichungen würde aber ein Verständnis der verändernden Kräfte verbauen.

In (S) wird gefordert, daß eine Person nur solche Handlungen realisiert, die für sie zulässig sind. Ersetzen wir Realisierung durch Intention, so erhalten wir die Aussage, daß eine Person nur solche Handlungen zu tun intendiert, die für sie zulässig sind. Bei dieser Version wird die Wirkungsweise der internen Modelle hervorgehoben. Diese wirken einschränkend auf die propositionalen Einstellungen der Individuen. Wenn wir, wie in Kap.6, bei jeder Handlung ein Ziel voraussetzen, ist es nur ein kleiner Schritt von Handlungen zu Intentionen. Wir könnten den Handlungsbegriff noch etwas schärfer fassen, sodaß jede Handlung von ihrem Akteur intendiert ist. Unter dieser Prämisse bedeutet die intentionale Variante von Axiom S7 eine Verstärkung, denn aus ihr läßt sich unsere Formulierung ableiten: jede realisierte Handlung ist eine Handlung und daher, nach der Zusatzannahme, intendiert. Jede intendierte Handlung ist nach der intentionalen Variante des Axioms zulässig. Also ist auch jede realisierte Handlung zulässig. Da der Handlungsbegriff allerdings keine allgemein akzeptierte Ausformulierung erfahren hat, wollen wir unsere Theorie nicht zu sehr mit handlungstheoretischen Problemen belasten. Wir ziehen aus diesem Grund die nicht-intentionale Formulierung von Axiom (S) vor.

Im Begriff des sozialen Schemas sind Mikro- und Makroebene miteinander verbunden. Wir haben damit eine Stufe erreicht, auf der wir soziale Institutionen sowohl „von außen" als Ganzheiten, als auch „von innen", über individuelles Verhalten, studieren können. Jede der beiden Ebenen ist nötig. Ohne die Makroebene müßte das ganze komplexe Zusammenwirken der Individuen aus deren Handlungen und Plänen allein heraus verstanden werden -ein schier unmögliches Unternehmen. Ohne Mikroebene hätten wir keine operationale Grundlage für den empirischen Test der Theorie. Erst die Kombination ermöglicht ein Verständnis der umfassenden Strukturen und Vorgänge aus vielen, wohlbestimmten Handlungen der Individuen heraus.

Als Beispiel betrachten wir ein kleines, mittelalterliches Kloster, etwa cluniazensischer Art.[1] Hier lassen sich drei Gruppen

---

[1]Für konkrete Details vergleiche (Wollasch,1973), (Hourlier,1974), oder spezieller (Melville,1989). Das vorliegende Beispiel habe ich bereits in (Balzer,1992a) dargestellt, wobei ich mich dankenswerterweise auf viele Anregungen G.Melvilles stützen konnte.

ausmachen: die des Abtes und der führenden Amtsträger (wie Prior oder Cellerarius), die der „einfachen" Mönche, sowie die der Knechte. Charakteristische Handlungen in der Gruppe des Abtes sind etwa das Verhängen von Strafen und das Erteilen von Anordnungen, in der Gruppe der Mönche das gemeinsame Einnehmen der Mahlzeiten oder das Schlafen in bestimmten Formen, und in der Gruppe der Knechte das Ausmisten des Stalls oder das Fluchen. Offenbar hat die Gruppe des Abtes den höchsten Status, gefolgt von der der Mönche und dann der der Knechte. Damit ist bereits eine Makrostruktur gegeben. Zur Bezeichnung aller Gruppen gibt es sprachliche Ausdrücke, und auch die Verhaltensregeln, die die charakteristische Funktion definieren, können in der Sprache der Akteure ausgedrückt werden. Die so entstehenden internen Modelle sind bei den drei Gruppen ziemlich ähnlich.

Auf der Mikroebene haben wir die Menge der Individuen aus den drei Gruppen, sowie eine Menge konkreter Handlungen, darunter alle realen Handlungen der Akteure, die in einem gewissen Zeitraum für die Beschreibung des Klosters relevant sind. Hierzu gehören insbesondere alle Handlungen, die unter die vorher genannten Handlungstypen, wie Anordnen, gemeinsam Essen, Messe abhalten und Stallsäubern fallen, also z.B. eine Anweisung des Abtes oder Priors an einen Mönch, die Mahlzeit eines Mönchs in Gemeinschaft mit den anderen, oder das Säubern des Stalles durch einen Knecht. Die betrachteten Individuen haben Intentionen, insbesondere solche, andere Personen zu bestimmten anderen Handlungen zu veranlassen. Zum Beispiel will der Prior, daß ein Mönch die Aussaat für den Salat vornimmt. Zusammen mit der Realisierungsrelation, die feststellt, wer welche Handlungen ausführt, erhalten wir so ein Mikromodell. Den Handlungen liegen Annahmen über kausale Zusammenhänge zugrunde. Der Prior glaubt, daß die Aussaat die Ursache des folgenden Spriessens und Wachsens des Salates ist, und daß seine Anweisung, die Aussaat vorzunehmen, mindestens teilweise dazu beiträgt, daß der Mönch dies tut. In diesem Beispiel sind viele Verhaltensformen verbalisierbar. Viele solche Formen sind sogar in der Ordensregel, der die Mönche bei Eintritt zustimmen, schriftlich fixiert. Weiter enthält die Sprache der Personen Wörter für Anordnen, Beten, gemeinsam Essen, Stallsäubern, für die verschiedenen Gruppen (Abt, Mönche, Knechte), sowie Ausdrucksmöglichkeiten für

das, was eine charakteristische Handlungsweise ist: „Der Abt trifft
die Anordnungen", „Gott hat den Knecht zum Stallsäubern bestimmt". Die Sprache ist jedoch nicht für alle Gruppen gleich.
Der Abt und meist auch die Mönche können lateinisch lesen und
schreiben, während die Knechte andererseits etwa fluchen dürfen,
was den Mönchen verboten ist. Die Propositionenräume in den
ersten beiden Gruppen sind also praktisch gleich, und umfassen
diejenigen der Knechte. Die Kausalrelationen der verschiedenen
Personen sind aus dem allgemeinen mittelalterlichen Weltbild einerseits und aus dem lokal vorhandenen Vorrat an Aberglauben
abzuleiten, was uns hier jedoch nicht möglich ist. Zum Beispiel
mögen die Akteure der beiden ersten Gruppen glauben, daß eine
gerade umgehende Seuche teilweise durch den sündhaften Lebens-
wandel der Städter verursacht ist, während die Knechte jeden
Krankheitsfall dem Kräuterweib im nahen Wald in die Schuhe
schieben. Mittels historischer Studien könnten wir die internen
Modelle der Akteure im konkreten Fall rekonstruieren. In vielen Orden sind weite Bereiche von charakteristischen Handlungen
durch die Ordensregel, also eine fixierte Norm, geregelt und somit
in einem engeren Sinne institutionalisiert. Unsere Theorie setzt
aber elementar genug an, um den Rückgriff auf explizite Normen
vermeiden zu können. Die Mönche werden in der Regel in jungen
Jahren ins Kloster eingeliefert und im wesentlich dort erzogen.
Dabei lernen sie, mindestens in impliziter Weise, daß es für einen
Mönch, ein Mitglied der Gruppe der „einfachen" Mönche, gänzlich
uncharakteristisch und unerlaubt ist, die Hand gegen den Abt zu
heben und auch ziemlich uncharakteristisch, einen anderen Mönch
zu schlagen oder gar zu verprügeln. Dagegen kann es erlaubt sein,
dem Knecht einen Nasenstüber zu geben, wenn er nicht richtig arbeitet. So erzogen, wird ein Mönch auch drastische Strafen durch
den Abt ohne äußeren Widerstand hinnehmen; es liegt jenseits seines Horizontes, seiner „Welt", sich physisch zur Wehr zu setzen.
Ganz ähnlich lernt der Knecht von klein auf, daß es Mönche gibt,
die ihm und Mitgliedern seiner Gruppe Anweisungen für alltägliche Arbeiten erteilen. Er lernt, daß „man" diese Anweisung zu
befolgen hat und befolgt sie dann auch als erwachsener Mensch,
ohne auf die Idee zu kommen, eine Anweisung zwar zu hören, aber
einfach zu ignorieren.

In unserem Modell tritt die viel allgemeinere charakteristische

Funktion an die Stelle ausdrücklich formulierter Normen. Die für jede Gruppe charakteristischen Handlungstypen bilden den Rahmen, in dem sich die Gruppenmitglieder bewegen und bewegen dürfen. Nach Axiom (S) wird dieser Rahmen normalerweise eingehalten: die Individuen führen in jeder Gruppe nur solche Handlungen aus, die für die Gruppe charakteristisch sind. Der Abt mistet keinen Stall aus und kein Knecht gibt den Mönchen Anordnungen.

Institutionen mit sprachlich festgelegten Normen, zum Beispiel Industriebetriebe oder Staaten mit schriftlich niedergelegten Vorschriften oder Gesetzen, bilden Spezialfälle, in denen die charakteristische Funktion zum Teil explizit durch die entsprechenden Kodizes gegeben ist. Betriebsvorschriften, Stellenbeschreibungen, oder Gesetzeswerke können die charakteristische Funktion aber nie vollständig bestimmen. In der juristischen Sphäre liegt dies an der weitgehend negativen Form von Gesetzen. Die Betonung liegt hier auf Verboten, während charakteristische Handlungen zum großen Teil positiven, gebotsartigen Charakter haben. Auch in der Wirtschaft ist es unmöglich, alle Handlungen einer Angestellten im Rahmen des Arbeitsvertrags genau festzulegen. Selbst bei Fließbandarbeit bleiben verschiedene Freiräume, zum Beispiel hinsichtlich des Qualitätsniveaus, das der Arbeiter einhält. In der Ökonomie ist es wohlbekannt, daß die zu genaue Beschreibung von Arbeitsplätzen kontraproduktiv ist, indem sie hohe Kosten und geringere Effizienz der Produktion bewirkt.[2]

Wir können hier nicht näher auf diese Spezialfälle von Institutionen mit expliziten Normen eingehen, sondern nur noch kurz das Verhältnis von expliziten Normen (Verordnung, Recht, Gesetz) und charakteristischer Funktion beleuchten. Bekanntlich gibt es Gesetze, die de facto nicht eingehalten werden, zum Beispiel Steuer- oder Verkehrsvorschriften in disziplinierten Staaten, aber auch Strafgesetze in Staaten mit starken kriminellen Gruppen. Dies zeigt das Primat der charakteristischen Funktion vor abstrakt gesetztem Recht. Die charaktristische Funktion erfaßt die Handlungen, die tatsächlich charakteristischerweise ausgeführt werden, und zwar auch dann, wenn sie mit gesetztem Recht in Konflikt stehen. Es kommt durchaus vor, daß ein charakteristi-

---

[2] Vergleiche etwa (Williamson,1975).

scher Handlungstyp einer Gruppe in einer Institution nach explizitem Recht dieser Institution verboten ist. Beispiel wäre der italienische Staat und die Gruppe der Mafiosi. Für die tatsächliche Geltung des expliziten Rechts ist dessen bloße Formulierung und der Geltungsanspruch nicht hinreichend. Erst wenn auch die charakteristische Funktion mit den Normen harmoniert, erlangen diese real Geltung. Konflikte zwischen fixiertem Recht und charakteristischer Funktion deuten darauf hin, daß die Institution nicht alle Teile der internen Modelle unter Kontrolle hat. Im Erziehungsprozeß gelingt es nicht, alle verbotenen Handlungstypen als nicht-charakteristisch aufzubauen.

Soziale Schemata bilden einen statischen Kern für Institutionen, sie beinhalten, wenn wir von den internen Modellen absehen, die hauptsächlichen Daten, die wir beim Leben in einer Institution oder bei deren Untersuchung von außen beobachten können. Sie lassen jedoch die Begriffe der Gruppe und des Handlungstyps weitgehend undefiniert. Wir wenden uns nun einer weiteren Charakterisierung dieser beiden Begriffe zu und beginnen mit den Handlungstypen.

Konkrete Handlungen sind äußerst facettenreich und streuen weit um jeden Idealtyp. Ihre systematische, theoretische Beschreibung ist daher sehr schwierig und problematisch. Dies überträgt sich auf die Bestimmung von Handlungstypen. Die konkrete Handlung einer Anordnung zum Beispiel kann unendlich viele verschiedene Formen annehmen, von der vollständigen, verbalen Formulierung „Du sollst dies und das tun" bis zum für den uneingeweihten Beobachter nicht erkennbaren unmerklichen Kopfnicken oder einer metaphorischen Äußerung, die dem nicht Eingeweihten unverständlich bleibt. Der Schlüssel zur Systematisierung konkreter Handlungen durch Handlungstypen liegt deshalb im Begriff der *Genidentität*. Eine Menge von Objekten nennen wir *genidentisch*,[3] wenn sich all ihre Elemente auf einen gemeinsamen Ursprung zurückverfolgen lassen. Handlungstypen sind Klassen von Handlungen, die durch Nachahmung bestimmter Originalhandlungen entstehen. Die Nachahmung kann längere Zeiträume, maximal Jahrtausende, und viele menschliche Generationen umfassen.

---

[3] Unser Begriff von Genidentität ist verschieden von dem *Carnap*s, vergleiche (Carnap,1958), S.198.

Im Lichte der Vielzahl von Handlungstypen, die für verschiedene soziale Gruppen in verschiedenen historischen Epochen bekannt ist, wird niemand auf die Idee kommen, es gebe eine als „natürlich" ausgezeichnete Gruppe von Handlungstypen. Selbst die einfachsten Handlungen, wie Essen, weisen eine so große kulturelle Verschiedenheit auf, daß es schwerfällt, sie unter einen einzigen natürlichen Typ zu subsumieren. Darüberhinaus haben Individuen eine relativ kurze Lebenszeit im Vergleich mit der sozialer Strukturen. Individuen lernen, in bestimmter Weise zu handeln und indem sie in verschiedenen Gesellschaften aufwachsen, lernen sie die verschiedenen, dort jeweils vorherrschenden Handlungstypen. Aber warum haben verschiedene Gesellschaften verschiedene Handlungstypen? Die beste Antwort, die wir bisher haben, ist die der Evolutionstheorie: Neue Handlungsformen werden ständig spontan erfunden und ausprobiert und solche, die auf eine günstige Umgebung treffen, breiten sich durch Nachahmung aus. Die Vielfalt der Handlungen hat also zwei Ursachen, den Zufall und die Verschiedenheit der Umgebungen.

Handlungstypen können aus verschiedenen Ursachen neu entstehen: spielerisch, systematisch, durch zielgerichtete Anstrengung, durch systematischen Versuch und Irrtum im Umgang mit anderen Personen, oder durch Mischformen dieser „reinen" Fälle. Auf abstraktem Niveau ist es schwer, etwas über günstige Umgebungen zu sagen, in denen neue Formen von Handlungen nachgeahmt werden. Es gibt einfach zu viele Arten von Bedingungen, die zudem auf den jeweils neuen Handlungstyp zu relativieren sind. Was für den einen Handlungstyp günstig ist, kann einen anderen zum Aussterben bringen. Bis jetzt konnte niemand alle Bedingungen in nicht-trivialer Weise in einem einzigen Modell vereinen. Wir dürfen das darwinistische Bild also nur als groben Führer benutzen -genau wie in der Evolutionstheorie selbst. Es liefert einen sehr allgemeinen begrifflichen Rahmen, der in jeweils spezieller Weise ausgefüllt werden muß, um eine empirisch gehaltvolle Theorie zu bekommen. An konkreten Beispielen sehen wir, daß es über strukturelle Eigenschaften von Handlungstypen und über deren Entwicklung eine Menge zu sagen gibt. Wir betrachten die Verhältnisse zunächst ohne Berücksichtigung der Zeit, was nicht heißt, daß wir sie völlig statisch sehen. Vielmehr beginnen wir mit der Analyse einiger einfacher struktureller Eigenschaften der

Entstehung und Ausbreitung von Handlungstypen.

Handlungstypen sind genidentische Entitäten. Sie entstehen zu einer bestimmten Zeit und behalten ihre Identität über die Zeit hinweg und durch verschiedene wechselnde „Medien" oder „Träger" hindurch, die durch Personen und konkrete Handlungen gegeben sind. Das Gleiche gilt für manche Gruppen von Individuen. Auch sie bilden sich irgendwann und behalten ihre Identität für längere Zeit unter wechselnden äußeren Bedingungen. Wir können den Begriff der Genidentität auf zwei Arten von Entitäten anwenden: auf Handlungstypen und auf Gruppen. Es ist deshalb zweckmäßig, diesen Begriff zunächst abstrakt zu definieren. Unter einer *genidentischen Struktur* verstehen wir eine Struktur mit drei Komponenten:

$$\langle X, QUELLE, KOPIE \rangle,$$

die wir am besten am Beispiel einer bestimmten Gruppe erläutern, etwa einer Religionsgruppe. *QUELLE* enthält die historisch ersten Mitglieder, also den oder die Stifter der neuen Religion. *KOPIE* ist die Relation, die auf je zwei Personen zutrifft, von denen die zweite von der ersten bekehrt wurde. Genauer ist also die erste Person schon bekehrt und in den neuen Glauben eingeweiht und sie gibt ihr Wissen und ihre Praxis an die zweite Person weiter, die dies Wissen und die Praxis übernimmt und nachahmt. *KOPIE* gibt also an, wie sich die neue Religion vom Stifter sukzessive auf weitere Personen ausbreitet. Die Menge X besteht aus Gläubigen, die in Vergangenheit und Zukunft zur Gruppe gehörten bzw. gehören werden. Derartige Strukturen gab es in der Geschichte und gibt es auch heute noch in geradezu massenhafter Vielfalt.[4]

Allgemein ist die Menge X eine unspezifische Menge von „Trägern", *QUELLE* eine Teilmenge von X und *KOPIE* eine Relation zwischen Trägern. Die Elemente von *QUELLE* werden als die ursprünglichen, ersten originalen Vorkommnisse von Trägern interpretiert und *KOPIE* drückt aus, daß Träger von sich selbst oder von anderen Trägern Kopien anfertigen oder selbst von anderen kopiert werden. Die Bestimmung der Trägermenge X ist nicht unproblematisch. Wir können sie nicht einfach auf alle

---

[4]Vergleiche (Wilson,1973).

bisher realisierten Kopien beschränken. Dies hätte verschiedene
unerwünschte Folgen: die Formulierung von Prognosen würde
schwierig, die Handlungstypen und Gruppen würden sich mit fort-
schreitender Zeit und neu hinzukommenden Handlungen und Mitgliedern ständig ändern. Wir ziehen es vor, die Trägermenge so
weit zu interpretieren, daß sie auch bloß mögliche, noch nicht exi-
stente Träger umfaßt. Diese Interpretation paßt durchaus mit
der der Kopierrelation zusammen, die ein konstruktives Element
enthält und somit als eine Art Erzeugungsmechanismus für die
Trägermenge angesehen werden kann.

Bei der Anwendung dieser abstrakten Begrifflichkeit auf Handlungstypen ist die Menge X eine Menge von Handlungen, die
in irgendeinem Sinn einander ähnlich sind. Zum Beispiel bilden
alle Schläge eines Balls im Tennis einen Handlungstyp. Selbst
in diesem einfachen Beispiel ist die Ähnlichkeitsrelation zwischen
den verschiedenen konkreten Schlägen schwer zu fassen. Muß der
Schlag in einem offiziell als Tennismatch deklarierten Spiel erfolgen? Darf er auch in die falsche Richtung gehen? *QUELLE*
enthält bei einem Handlungstyp die historisch ersten Exemplare
von Handlungen dieses Typs (die ersten Schläge im ersten Tennis-
spiel) und *KOPIE* trifft auf zwei Handlungen zu, wenn die zweite
eine Nachahmung oder Kopie der ersten ist.

An weiteren Beispielen ist kein Mangel. Sie reichen von der
Ausbreitung neuer sprachlicher Ausdrücke, bei denen die Hand-
lung in der Äußerung besteht, über das Tragen neuer Arten von
Kleidung, das Hineinspringen in einen Swimming-Pool im Abend-
kleid, das Dauerlaufen in der Großstadt, das Pizzaessen außerhalb
Italiens, das Nicht-Schlagen kleiner Kinder, bis zum Kaufen von
Video-Anlagen und ähnlichen Errungenschaften des Fortschritts.
Komplexere und weniger harmlose Beispiele sind das Abschla-
gen eines menschlichen Kopfes oder einer Hand als Strafe, das
Schießen mit einem Gewehr oder einer Rakete, das Bauen einer
Stadtmauer, das Einäschern einer Stadt, das Handeltreiben über
weite Entfernungen.

Betrachten wir etwas genauer die Situation im mittelalterlichen Kloster. Dort bilden die gemeinsamen Verrichtungen der
Mönche genidentische Strukturen. Ihre Lebensweise, die Art, gemeinsam zu beten, zu essen, zu arbeiten, wurde erstmals vom
Gründer des entsprechenden Ordens und seinen Jüngern vorgeführt

und dann durch Nachahmung, unter die auch Lehre zu subsumieren ist, weitergegeben und fortgeführt. Gleiches gilt für den Handlungstyp des Erteilens von Anordnungen durch den Abt. Auch diesen hat der Abt von seinem Vorgänger oder einem anderen Vorbild gelernt; er läßt sich mühelos zurückverfolgen bis zum Ordensgründer und von dort sicher noch weiter über Verhaltensweisen der Kirchenoberen bis zum Anordnungsverhalten in antiken und vielleicht sogar prähistorischen Staatsgebilden. Selbst die einfachsten Verrichtungen eventuell vorhandener Knechte lassen sich so analysieren. Das Säubern eines Stalles zum Beispiel ist keine angeborene Verhaltensweise, es wird gelernt und läßt sich zurückverfolgen bis zur „Erfinderin des Stalls", die erstmals eine Säuberung durchführen mußte.

Die Kopierrelation für Handlungen muß mit einiger Vorsicht angewandt werden. Wenn Person i Handlung a ausführt und j die Handlung b, dann muß j bei Ausführung von a durch i dabei sein, oder i's Handlung a durch irgendein Medium wie Sprache, Bild oder Schrift mitbekommen. Es liegt nahe, einen raum-zeitlichen Kontakt zwischen a und b zu fordern, oder die Existenz einer Folge von Zwischenschritten, bei denen jeweils raum-zeitlicher Kontakt besteht. Auch eine kausale Beziehung zwischen beiden Ereignissen wäre plausibel: i's Handlung a erhöht die Wahrscheinlichkeit dafür, daß j b tut. So gesehen wäre a eine prima facie Ursache von b. Um die Dinge nicht zu sehr zu komplizieren, gehen wir auf Fragen der weiteren axiomatischen Charakterisierung der Kopierrelation nicht im Detail ein. Wir beschränken uns auf drei einfache Bedingungen.

G1 Die Kopierrelation ist transitiv, reflexiv und anti-symmetrisch (also eine *poset*), d.h. es gilt für alle a, b, c aus X:

(8.1) wenn a b kopiert und b c kopiert, dann kopiert a auch c

(8.2) a kopiert a und

(8.3) wenn a b kopiert und b a kopiert, dann ist $a = b$.

G2 Zu jedem Element a in X gibt es eine Kette von Elementen $a_1,...,a_n$ in X, deren erstes Glied a_1 ein Element von
$QUELLE$ und deren letztes Glied a_n gleich a ist, sodaß je
zwei aufeinanderfolgende Glieder durch die Kopierrelation
miteinander verbunden sind.

G3 $QUELLE$ enthält viel weniger Elemente als X.

Man beachte, daß Transitivität in Verbindung mit der Forderung
nach raum-zeitlichem Kontakt zu Schwierigkeiten führen würde,
weil raum- zeitliche Kontakte eben nicht transitiv sind. (8.2) und
(8.3) sind analytische Aussagen, die gewisse Extremfälle regeln.
Nach (8.2) ist jedes Ereignis a eine Kopie von sich selbst, per
Definition. (8.3) schließt aus, daß zwei verschiedene Ereignisse
jeweils Kopien voneinander sind. Axiom G3 ist die einzige mehr
synthetische Annahme, allerdings ist sie schwierig zu präzisieren.
Es genügt nicht, daß die Zahl der Elemente von X einfach nur
größer ist als die in $QUELLE$. Ein Faktor 10 sollte auf jeden Fall
den Unterschied markieren. Bei detaillierterer Untersuchung zeit-
abhängiger Ausbreitungsprozesse liegen oft exponentielle Wachs-
tumsraten von X relativ zu $QUELLE$ vor. Wenn wir mit q die
Anzahl der Elemente von $QUELLE$ und mit $\#X_t$ die der zur Zeit
t existierenden Elemente von X bezeichnen, so erhalten wir Glei-
chungen der Form: $\#X_t = \alpha \cdot e^{\beta qt}$ zur Beschreibung des Wachstums von X_t im Laufe der Zeit. Dies gilt zumindest für die An-
fangsphasen in der Entwicklung einer Institution. Zur Beschreibung längerer Zeiträume könnten Modelle aus der evolutionären
Spieltheorie nützlich sein.[5]
Der Begriff des Handlungstyps gewinnt als genidentische Struktur Dynamik, und in gewissem Sinn auch eine historische Dimension. Handlungstypen werden irgendwann einmal in der Geschichte erfunden, erschaffen, erstmals ausgeführt. Die originalen
Handlungen bilden die $QUELLE$. Diese Handlungen treffen auf
eine günstige Umgebung, in der andere Personen sie interessant
genug finden, um sie nachzuahmen. Die Durchführung solcher
Handlungen breitet sich dann durch Nachahmung wie eine La-
wine oder eine Virusinfektion aus. Manchmal kommt es vor, daß

---

[5]Vergleiche etwa (Maynard Smith,1982).

ein Handlungstyp wieder ausstirbt und nach einiger Zeit oder an anderem Ort neu erfunden und neu eingeführt wird.

Die Anwendung genidentischer Strukturen auf Gruppen ist noch direkter. Die Menge X besteht aus allen Personen, die zu irgendeiner Zeit Mitglieder der Gruppe sind. $QUELLE$ ist die Menge der Gründer oder ersten Mitglieder und $KOPIE$ die Relation zwischen einem alten und einem von diesem neu eingeführten Mitglied. Oft wird diese Relation in der Gruppe durch eine formale Initiation bestätigt, bei der das kopierte Mitglied keine ausgezeichnete Rolle mehr spielt. Eine Gruppe als genidentische Entität ansehen heißt, ihr eine eigene Identität im Ablauf der verschiedenen Generationen von Mitgliedern zuschreiben. In sozialen Schemata entsteht diese Identität durch die Handlungstypen, die für Mitglieder der Gruppe charakteristisch sind. Sie werden den Kindern beigebracht, internalisiert und so aktiv von einer Generation zur nächsten weitergegeben. Im Klosterbeispiel können wir die verschiedenen Gruppen zurückverfolgen. Die Gründer für die Gruppe des Abtes und seiner Helfer sind die Gründer des Ordens, zu dem das Kloster gehört. Die Kopierrelation für diese Gruppe ist an der förmlichen Einsetzung als neuer Abt festgemacht. Die Gründer für die Gruppe der „einfachen" Mönche sind die Jünger des Ordensgründers, die dieser ursprünglich zum Mönchsleben bekehrt hat, die Kopierrelation wird bestätigt durch formale Aufnahme in die Klostergemeinschaft. Die Gründermenge für die Gruppe der Knechte ist schwieriger zu fassen und, da solche Helfer ursprünglich von Benediktus nicht vorgesehen waren, auch nicht innerhalb der Institution „Kloster" zu lokalisieren. Auch ist es wenig wahrscheinlich, daß die ersten Stallsäuberer schon gleichzeitig Knechte waren. Der Ursprung der Gruppe der Stallknechte liegt vielmehr dort, wo die vermutlich ursprünglich freien StalltierhalterInnen erstmals verknechtet wurden. Auch die Initiationsrelation ist in diesem Fall schwierig, sie besteht im wesentlichen in Nachahmung, jedoch muß dabei der Nachahmer in einer ähnlichen sozialen Stellung sein wie sein Vorbild.

In vielen Fällen ist es schwierig, die Elemente von $QUELLE$ explizit anzugeben, besonders für soziale Praktiken, die weit in die Geschichte zurückreichen. Wer war die erste Person, die sich selbst als Richter einsetzte oder von anderen eingesetzt wurde? Welche Person übertrug erstmals als König oder Königin Land und Verfügungsmacht über dessen Bewohner an Krieger? Wer zog erstmals auf eigene Faust mit einer Ladung Güter und der Absicht, diese zu tauschen, in ferne Länder? Es scheint, daß sich solche Fragen auf der Grundlage unseres historischen Wissens heute und auch in Zukunft nicht werden beantworten lassen. Einerseits kann es mehrere -sogar viele- solch „erster" Personen geben, die unabhängig voneinander handeln. Andererseits liegen diese Handlungen zu weit zurück, sodaß die Basis an historischen oder sonstigen Daten für eine Entscheidung zu schmal ist. Trotzdem bestehen wir auf der Wichtigkeit beider $QUELLEN$, sowohl für Handlungstypen als auch für Gruppen. Die Tatsache, daß sie oft schwierig zu bestimmen sind, zeigt nur, daß sie in unserer Theorie nicht den Status klarer Beobachtungsterme haben. Als theoretische Terme jedoch markieren sie in der Theorie eine Stelle, die sich Schritt für Schritt, mit wachsendem Wissen, ausfüllen läßt. Darüberhinaus liefern sie wichtige Einsichten in den Prozeß der Entstehung sozialer Praktiken und sozialer Institutionen.

Die Individuen, die Handlungen eines bestimmten Typs ausführen, bilden zusammen mit diesen Handlungen eine sehr schwache und in gewissem Sinn atomare, soziale Struktur, die wir als *soziale Praxis* bezeichnen. Sie ist atomar, insofern sich komplexere soziale Strukturen aus solch atomaren Teilen zusammensetzen und konstruieren lassen. In einer Gruppe $\mathbf{g}$ benutzen wir den Index „$\mathbf{g}$" für die Komponenten von deren genidentischer Struktur. Wir schreiben also $\langle \mathbf{g}, QUELLE(\mathbf{g}), KOPIE(\mathbf{g}) \rangle$ und bei den Handlungstypen entsprechend $\langle \mathbf{t}, QUELLE(\mathbf{t}), KOPIE(\mathbf{t}) \rangle$. Eine *soziale Praxis* wird nun definiert als eine Struktur der Form

$$\langle \mathbf{g}^*, \mathbf{t}^*, \mathit{realisiert}, QUELLE(\mathbf{g}^*), KOPIE(\mathbf{g}^*), QUELLE(\mathbf{t}^*),$$
$$KOPIE(\mathbf{t}^*) \rangle.$$

Dabei sind $\mathbf{g}^*$ und $\mathbf{t}^*$ Mengen von *Akteuren* und *Handlungen* und *realisiert* ist die Realisierungsrelation zwischen Akteuren und Handlungen. Ferner sollen $\langle \mathbf{g}^*, QUELLE(\mathbf{g}^*), KOPIE(\mathbf{g}^*) \rangle$ und $\langle \mathbf{t}^*, QUELLE(\mathbf{t}^*), KOPIE(\mathbf{t}^*) \rangle$ genidentische Strukturen sein und es soll folgende, triviale Bedingung gelten: alle Akteure realisieren irgendwelche der Handlungen aus $\mathbf{t}^*$.

Die oben genannten Beispiele für genidentische Strukturen sind alle auch Beispiele für soziale Praktiken. In vielen dieser Fälle

sind die Handlungen ziemlich komplex, wie etwa die, eine Stadtmauer zu bauen. Oft sind mehrere Personen an ihrer Ausführung
beteiligt. Während die Zusammenfügung mehrerer Handlungen
zu einer größeren, komplexeren Handlung keine Probleme macht,
funktioniert eine solche Zusammenfügung bei den Akteuren nur
in rein begrifflicher Form. Wenn wir verschiedene Personen, die
an einer komplexen, gemeinsamen Handlung beteiligt sind, als
einen einzigen Akteur ansehen, dann ist dieser nur hypothetisch,
etwa als juristische Person, eingeführt. Die abstrakten, juristischen Personen in den Beispielen sind in der Regel Repräsentanten
oder Vertreter von Institutionen. Der abstrakte Akteur, der eine
Stadtmauer baut, besteht aus der Stadtverwaltung samt den von
ihr angeleiteten Bautrupps, der abstrakte Akteur, der eine Stadt
in Asche legt, ist die belagernde Armee. Die entscheidenden Individuen sind in diesen Fällen die Repräsentanten und Führer von
Institutionen, wie der Bürgermeister oder der Feldherr. Der Soldat, der den Knopf drückt, handelt als „Teil" eines komplexen,
anonymen, weil abstrakten, Akteurs: „der Armee". Jedenfalls
wird er in der Regel bis heute von sich selbst und von anderen
Personen so wahrgenommen.

Was weiter oben über Modellbildung und innere Modelle gesagt wurde, gilt auch hier. Wie bei sozialen Schemata erfolgt bei
sozialen Praktiken eine Stabilisierung dadurch, daß in den Akteuren interne Modelle aufgebaut werden, die ihre Handlungen leiten,
die möglichen Alternativen festlegen und verbotene Handlungen
ausschließen. Die Lage ist hier allerdings viel einfacher, weil wir
es nur mit einem einzigen Handlungstyp und einer Gruppe zu tun
haben. Es genügt deshalb, ein einziges internes Modell zu betrachten, das von allen Akteuren der Gruppe internalisiert ist. Wir
bezeichnen es mit Y und nennen es ein *internes Modell* der sozialen Praxis. Verwechslungen mit den anderen internen Modellen
lassen sich im jeweiligen Kontext leicht vermeiden. Wie vorher
enthält ein internes Modell die Repräsentation einer Sprache in
Form eines Propositionenraums und die Repräsentation kausaler
Überzeugungen. Zusätzlich fordern wir, daß im Propositionenraum Repräsentanten für die Menge der Akteure, d.h. für die
Gruppe, sowie für den Handlungstyp ausgezeichnet sind. Diese
beiden Repräsentanten werden wegen ihrer Wichtigkeit als Komponenten des internen Modells explizit gemacht und mit $\mathbf{r}(\mathbf{g}^*)$

bzw. $r(t^*)$ bezeichnet. Wir stellen sie uns am besten als verbale
Beschreibungen oder einfach als Namen für die Gruppe und den
Handlungstyp vor. Ihre Rolle wird besonders bei den elementaren
sozialen Praktiken, zum Beispiel im Totemismus,[6] in eindrucksvoller Weise belegt. Alle Indizien deuten darauf hin, daß die ersten in
der Steinzeit und auch bei den in der Neuzeit entdeckten, primitiven Stämmen benutzten Symbole, wie Höhlenzeichnungen und
Totems, die Natur von Repräsentanten im Rahmen sozialer Praktiken hatten. Die genaue formale Natur dieser Repräsentanten in
der Form von Propositionen lassen wir wieder offen. Vom totemistischen Namen „Schildkröte" zum Beispiel läßt sich ohne Mühe
zu einer entsprechenden Proposition, etwa „Wir sind der Clan der
Schildkröte", übergehen. Insgesamt hat ein internes Modell für
eine soziale Praxis die Form

$$(8.4) \qquad \langle P, \preceq, r(g^*), r(t^*), verursacht \rangle.$$

Dabei ist $\langle P, \preceq \rangle$ ein Propositionenraum und *verursacht* ist die
frühere, auf Individuen relativierte Kausalrelation. Die Entstehung und Ausbreitung eines Handlungstyps liefert eine soziale
Praxis. Wenn diese wichtig oder aufregend genug ist, wird sie
in den internen Modellen der Akteure repräsentiert und internalisiert. Die internen Modelle bilden die Vorlage für weitere Handlungen des betreffenden Typs und stabilisieren somit die ganze
Praxis. Sie sind für alle Akteure einer sozialen Praxis gleich oder,
in weniger idealisierter Form, fast gleich. Deshalb benutzen wir
von Anfang an nur ein einziges internes Modell Y. Gleichheit
der internen Modelle beinhaltet insbesondere auch Gleichheit der
kausalen Überzeugungen, die einen wichtigen Faktor bei der Entstehung von Gruppenzusammengehörigkeit bilden. Wir definieren
eine *stabilisierte soziale Praxis* als eine Struktur der Form

$$\langle g^*, t^*, realisiert, QUELLE(g^*), KOPIE(g^*), QUELLE(t^*),$$
$$KOPIE(t^*), Y, REP \rangle,$$

die aus der sozialen Praxis

$$\langle g^*, t^*, realisiert, QUELLE(g^*), KOPIE(g^*), QUELLE(t^*),$$
$$KOPIE(t^*) \rangle$$

---

[6]Siehe (Durkheim,1984).

durch Hinzufügung des internen Modells Y der in (8.4) angegebenen Form und einer Repräsentationsrelation REP entsteht. Dabei soll REP (i) die Handlungen von t^* mit Propositionen aus P und (ii) die Mengen g^* und t^* von Akteuren und Handlungen mit den Repräsentanten $r(g^*)$ und $r(t^*)$ aus Y in Beziehung setzen.

Mit der Gleichheit der internen Modelle aller Akteure geht die der Repräsentationsrelation REP zusammen. Auch hier haben wir deshalb von Anfang an keine Relativierung vorgenommen.[7]

Die Begriffe der sozialen Praxis und der stabilisierten sozialen Praxis haben einen großen Anwendungsbereich. Hier sind einige Beispiele.

A) **Promotion.** Die Gruppe der Akteure besteht aus allen Personen, die den Doktorgrad erwerben oder erworben haben. Der Handlungstyp ist sehr komplex: Studium an einer Universität oder ähnlichen Institution, Schreiben einer Doktorarbeit, mündliche Prüfungen, am Ende die Entgegennahme einer Urkunde, die den Empfänger als Doktor ausweist. Der Handlungstyp nimmt die verschiedensten Ausprägungen an, die sich jedoch in der beschriebenen Grobstruktur ähnlich sind. Natürlich gibt es auch viele ähnliche Handlungen, die keine Promotionen sind, sondern zu niedrigeren oder höheren akademischen Graden führen, wie etwa Diplom oder Habilitation. Das Beispiel weist wieder auf die Schwierigkeit bei der Ähnlichkeit hin. Die Realisierungsrelation setzt die Handlung mit dem Akteur, der den Grad erwirbt, in Beziehung. Die genidentischen Strukturen sind sehr schwierig zu beschreiben. Elemente von $QUELLE(g^*)$ und $QUELLE(t^*)$ sind schwer zu lokalisieren, weil es einen fast fließenden Übergang von promotionsartigen Handlungen in Kloster- und Domschulen zu den ersten Promotionen an „echten" Universitäten im 12. Jahrhundert gibt.[8] Wenn wir unterscheiden zwischen einer vollständig auf praktische Ziele gerichteten Schule, deren Lehrstoff völlig von der Kirche bestimmt wird und einer solchen, für die dies nicht gilt, dann sind die Quellenereignisse in den ersten teilweise unabhängi-

---

[7]Wollten wir Y und REP wie in den sozialen Schemata behandeln, so müßten wir zusätzlich eine Menge O interner Modelle einführen und Y als Funktion auffassen, die jedem Individuum aus g^* sein internes Modell zuordnet. REP wäre entsprechend auf Individuen zu relativieren und die Gleichheit der internen Modelle und der Repräsentationsrelationen wäre per Axiom zu fordern.

[8]Vergleiche (Denifle,1956).

gen Schulen in den Städten Italiens, Frankreichs und Englands
zu suchen. Elemente von $QUELLE(\mathbf{g}^*)$ sind die ersten Studenten, die dort ihre Doktorgrade erhalten; ihre Studien, Abschlüsse
und Ernennungen bilden die Handlungen in $QUELLE(\mathbf{t}^*)$. Auch
die Kopierbeziehungen sind komplex. In einer Universität folgen die Studenten den vorgegebenen Studiengängen, Regeln und
Ratschlägen der Professoren, sie ahmen aber auch das Verhalten
anderer Studenten nach, von dem sie über direkten persönlichen
Kontakt, oder auch nur indirekt, über Berichte oder durch Bücher
wissen. Über verschiedene Universitäten hinweg liegen Kopierbeziehungen vor, wenn eine neue Universität gegründet wird und
die Regeln, sowie auch Lehrpersonal von einer älteren, schon etablierten, übernimmt. Die ersten Promotionen an der neuen Universität sind Kopien von solchen an der „Mutteruniversität". Die
Kopierbeziehung für Akteure besteht hautpsächlich zwischen Student und Professor. Der Professor, der den Studenten anleitet,
ist ja selbst Doktor und hat die entsprechende Handlung durchgeführt. Sein Student wird, wenn er den Grad erwirbt, eine Kopie
von ihm -jedenfalls in dem theoretisch genau umrissenen Sinn der
formalen Relation $KOPIE$. Im Deutschen gibt es den bezeich-
nenden Ausdruck „Doktorvater".

Soweit haben wir die Komponenten bestimmt, die zu einer
sozialen Praxis gehören und haben damit gezeigt, daß Promotion eine soziale Praxis ist.[9] Die internen Modelle, die die soziale
Praxis der Promotion stabilisieren, sind in verschiedener Hinsicht
bemerkenswert. Die Repräsentanten für die Gruppe der Doktoren und für den Prozeß der Promotion sind hochgradig invari-
ant. Die Akteure werden durchweg als Doktoren bezeichnet und
die entsprechende Handlung als Promotion oder Erwerb des Dok-
torgrades. Verschiedene Ausdrücke in verschiedenen Sprachen
sind durch unsere Benutzung von Propositionen abgedeckt: die
Ausdrücke haben durchweg die gleiche Bedeutung. Interessant
ist die Stabilität des Propositionenraums und der einschlägigen
kausalen Überzeugungen, vor allem im Hinblick auf den langen

---

[9]Natürlich ist dies nur eine dürftige Skizze, die genauer auszuführen wäre.
Die für unser relativ einfaches Modell nötigen Idealisierungen werden umso
spürbarer, je genauer wir auf die historischen Details schauen. Aber diese
Bemerkung ist kein Einwand, denn sie gilt für *alle* wissenschaftlichen Modelle,
sobald wir „historisch" durch „empirisch" ersetzen.

Zeitraum von nun fast 1000 Jahren, in dem die Praxis existiert,
sowie auf die wissenschaftlichen und sozialen Revolutionen, die
sich in diesem Zeitraum ereigneten. Natürlich hat es auch gewisse
Änderungen beim Propositionenraum und den kausalen Überzeugungen gegeben. Im Zuge der kopernikanischen Wende wurde
zum Beispiel die Proposition, daß die Erde den Mittelpunkt des
Universums bildet, aus dem Vorrat von als wahr akzeptierten Propositionen eliminiert und stand danach für kausale Schlüsse nicht
mehr zur Verfügung. Die französische Revolution markierte unter anderem das Ende der Überzeugung, das Feudalsystem sei
von Gott legitimiert. Solche Änderungen, auch wenn sie uns
dramatisch erscheinen, lassen sich durch Benutzung von Ähnlichkeitsgraden und Idealisierung unter unsere Gleichheitsannahmen subsumieren. Die Stabilität der Propositionen und kausalen
Überzeugungen, die in unseren Modellen angenommen wird, ist,
wie betont wurde, idealisiert. Wir brauchen keine strenge Identität nachzuweisen, sondern müssen nur sehen, ob reale Änderungen groß genug sind, um neue Arten von Propositionen oder von
kausalen Überzeugungen hervorzubringen, Arten, die man nicht
durch Idealisierung und Ähnlichkeiten mit den vorher vorhandenen in Übereinstimmung bringen kann. Die Änderungen sind im
vorliegenden Fall nicht von solcher Größenordnung. Dafür gibt
es mindestens zwei Argumente: erstens, daß die soziale Praxis
der Promotion ihre Stabilität über einen sehr langen Zeitraum
hinweg bewahrte und immer wichtiger zu werden scheint. Das
zweite Argument entspringt einer besseren Einsicht in die intellektuellen Strukturen der beteiligten Individuen. Promotion ist
ein wichtiger Teil des wissenschaftlichen Gesamtsystems. Wissenschaft funktioniert auf der Grundlage gewisser Vorstellungen
über die Konstitution der materiellen, der sozialen und der individuellen (inneren) Welt; Vorstellungen, die nicht leicht herauszupräparieren sind. Wir erwähnen nur zwei Beispiele. Eine
Annahme ist, daß Kausalrelationen zwischen nichtmenschlichen
Entitäten nicht durch menschliche Intentionen in direkter Weise
beeinflußt werden. Eine zweite ist, daß Kausalrelationen gewissen Prinzipien der Logik nicht widersprechen, sodaß eine Ursache
keine logisch unmögliche Wirkung hervorbringen kann. Diese und
andere ähnliche Grundannahmen bilden die Basis für die Identität und Genidentität der Wissenschaft. Sie bilden den Kern

dessen, was wissenschaftliche Weltsicht genannt wird. Die Propositionen und kausalen Überzeugungen in der sozialen Praxis der Promotion repräsentieren nun gerade diese Grundannahmen. Sie bilden nicht nur eine wesentliche Zutat im Wissenschaftssystem, sie liefern auch eine teilweise Erklärung für dessen Erfolg im Umgang mit der materiellen Welt. Denn ein Großteil solcher Annahmen betrifft die Unabhängigkeit bestimmter Aspekte der Welt, nämlich der materiellen Objekte und Relationen, von menschlichen Wünschen, Überzeugungen, Vorstellungen. *Weil* die materielle Welt unabhängig und deshalb stabiler ist, oder jedenfalls so angesehen wird, konnte ein System von Regeln zum Umgang mit ihr entstehen, das zuverlässiger ist, als ein entsprechendes Regelsystem für den Umgang mit menschlichen Angelegenheiten.[10]

B) **Totenklage.** Als zweites Beispiel sei die Art betrachtet, wie einige „Primitive" sich im Fall verhalten, daß in ihrer Gruppe eine Person stirbt. Von den Warramunga wird berichtet,[11] daß sie in solchen Fällen nicht nur weinen und sich selbst schlagen, sondern sich darüberhinaus schwere Wunden beibringen, etwa durch stark blutende Stiche in den Oberschenkel. Wir beschränken die Betrachtung auf einen Clan. Die Gruppe g^* der involvierten Akteure umfaßt alle Generationen des Clans, in denen solches Stechen praktiziert wird, als Handlungstyp wollen wir eben das Stechen betrachten. Die Elemente von $QUELLE(g^*)$ sind die ersten Individuen, die eine solche Handlung ausführen und $QUELLE(t^*)$ enthält genau jene ersten Ausführungen. Wir haben kein Wissen über sie, aber es scheint nicht unplausibel, daß die Handlung erstmals von einer einzelnen Person vielleicht mit Wiederholungen ausgeführt wurde, bevor andere sie aufnahmen und nachahmten. $KOPIE(t^*)$ ist die Relation der einfachen, direkten Nachahmung. Auch $KOPIE(g^*)$ ist einfach, diese Relation ist durch biologische Reproduktion gegeben. Somit ist das sich selbst in den Schenkel Stechen Beispiel einer sozialen Praxis.

Selbst diese möglicherweise einfachste Form einer sozialen Praxis ist stabilisiert. Es gibt Repräsentanten für den Clan in der Form seines Totems und Wörter für die Handlungen. Es gibt eine Sprache (einen Propositionenraum), die von Mitgliedern des Clans

---

[10]Die Beschreibung einer Welt voll magischer Akteure finden wir z.B. in (Evans-Pritchard,1937).

[11](Durkheim,1984), Kap.5.

gesprochen wird, sowie eine feste Menge kausaler Überzeugungen, wovon viele im Bereich der heiligen Handlungen des totemistischen Systems Ausdruck finden.

C) **Abendmahl**. Ein drittes Beispiel ist das Abendmahl, wie es in der römisch-katholischen Kirche praktiziert wird. Es besteht heute in der Einnahme heiliger Brotstücke oder ähnlichem und im Trinken eines Schlucks geheiligten Weins im Kontext einer festgelegten Handlungsfolge. Die Akteure sind die römisch-katholischen Gläubigen, der Handlungstyp ist sehr grob durch die gegebene Beschreibung angedeutet, die bei Hinzufügung einiger charakteristischer Sätze der Liturgie vielleicht schon hinreichend zur Festlegung der Ähnlichkeiten ist. Die ersten Akteure, die Elemente von $QUELLE(\mathbf{g}^*)$, die diesen Handlungstyp durchführten, finden wir in den frühen Tagen des Christentums. Das singuläre Originalereignis wird in der Bibel als Abendmahl beschrieben, an dem Christus und seine Jünger teilnahmen. Sicher ist, daß Mitglieder der frühen Christengemeinde diese Praxis -in weniger strenger Form als heute- ausübten, und ebenso, daß die Praxis sehr alte Vorformen bis hin zu jüngeren Formen, wie den dionysischen Mysterien, hat. Es könnte also durchaus sein, daß sie im christlichen Bereich mehrfach unabhängig auftrat. In diesem Fall wären die Mitglieder von $QUELLE(\mathbf{g}^*)$ alle Individuen, die in den verschiedenen „ersten" Ereignissen auftreten. Die Kopierbeziehung ist gegeben durch die Kind-Eltern-Beziehung oder durch die zwischen einem Neubekehrten und einem Altgläubigen. Die ersten Handlungen dieser Art, das heißt Elemente von $QUELLE(\mathbf{t}^*)$, wurden von Mitgliedern der $QUELLE(\mathbf{g}^*)$ ausgeführt, und die Kopierbeziehung für Handlungen ist gegeben durch Nachahmung, zusammen mit dem Lernen der neuen Glaubensinhalte und der Bedeutung der Handlung. Die soziale Praxis wird stabilisiert durch einen gemeinsamen Propositionenraum und durch gemeinsame kausale Überzeugungen, die zum großen Teil in der Bibel niedergelegt sind, sowie durch Repräsentanten für den Handlungstyp (wie das Wort „Abendmahl") und Ausdrücke für die Gläubigen („Christen").

In diesem Beispiel sind die Quellenelemente zentral für die Abgrenzung zu anderen ähnlichen Handlungstypen. Denn die Praxis des gemeinsamen Essens und Trinkens geheiligter Materie in symbolischer oder auch direkter Form (wie beim Menschenfressen) ist viel älter und war in jener Zeit durchaus üblich. Erst die Anbindung an spezielle Individuen, an die Gründer, ermöglicht es, das Abendmahl von anderen, ähnlichen Praktiken abzugrenzen.

Soziale Praktiken spielen eine entscheidende Rolle bei der Konstitution von Gruppen und Handlungstypen. In erster Näherung liegt folgendes Verhältnis vor. Ein gegebener Handlungstyp t, der im sozialen Schema für Gruppe g charakteristisch ist, bildet zusammen mit dieser Gruppe die Basis für eine soziale Praxis. Das heißt, durch geeignete Kopierbeziehungen lassen sich die Individuen in g und die Handlungen in t auf entsprechende Originale, d.h.Quellenelemente, zurückverfolgen. Genauer besehen, liegen die Dinge allerdings etwas komplizierter, weil soziale Praktiken oft viel älter als eine zu untersuchende Institution sind und folglich auch eine viel größere Menge von Individuen umfassen, als nur eine Gruppe in der Institution. So ist zum Beispiel die Gruppe der Volks- und Betriebswirte, die in Analogie zu den Doktoren eine soziale Praxis konstituieren, auf verschiedene Firmen aufgeteilt, sodaß bei Vernachlässigung der Juristen die Gruppe des Managements in jeder Firma (im wesentlichen) eine Teilgruppe der Volks- und Betriebswirte bildet.

Eine derartige Inklusion liegt auch im Allgemeinen vor. Die Gruppe g und einer ihrer Handlungstypen t im sozialen Schema sind Teil einer sozialen Praxis, insofern alle Mitglieder von g auch zur Individuenmenge g^* dieser Praxis, und alle Handlungen aus t auch zur Handlungsmenge t^* dieser Praxis gehören. Daneben bestehen auch Beziehungen zwischen den anderen Komponenten. Betrachten wir eine stabilisierte soziale Praxis der Form

$$u = \langle \mathbf{g}^*, \mathbf{t}^*, \mathit{realisiert}^*, QUELLE(\mathbf{g}^*), KOPIE(\mathbf{g}^*),$$
$$QUELLE(\mathbf{t}^*), KOPIE(\mathbf{t}^*), Y^*, REP^* \rangle$$

und ein soziales Schema der Form

$$v = \langle \mathbf{G}, \mathbf{T}, \mathbf{ch}, \mathbf{st}, \mathbf{M}, \mathbf{x}, \mathbf{rep}, J, H, R, \mathit{realisiert}, N, y, \mathit{rep} \rangle.$$

Dabei ist Y^* eine Struktur $\langle P^*, \preceq^*, \mathbf{r}(\mathbf{g}^*), \mathbf{r}(\mathbf{t}^*), \mathit{verursacht}^* \rangle$ und die internen Modelle in N haben die Gestalt $\langle P, \preceq, \mathit{verursacht} \rangle$. Die Beziehung, um die es geht, besteht zwischen einer im sozialen Schema festgehaltenen Gruppe g und einem der für g charakteristischen Handlungstypen t. Wir sagen, das Paar $\langle \mathbf{g}, \mathbf{t} \rangle$ sei *in* die soziale Praxis u *eingebettet*, wenn folgende Bedingungen erfüllt sind.

E1 g ist eine Teilmenge von g^* und t ist eine Teilmenge von t^*.

E2 Die Realisierungsrelation in v stimmt in g und t mit der entsprechenden Relation in u überein, d.h. für alle Handlungen a aus t und alle Personen i aus g gilt: i *realisiert* a gdw i *realisiert** a.

E3 Für alle Individuen i aus g sind die Propositionenräume und kausalen Überzeugungen, die i in den beiden internen Modellen Y^* und $y(i)$ hat, identisch.

E4 In den internen Modellen von g ist $r(g^*)$ mit einem Repräsentanten der Gruppe g und $r(t^*)$ mit einem Repräsentanten des Handlungstyps t identisch.

E5 Falls eine Handlung a vom Typ t für ein Individuum i aus Gruppe g in beiden internen Modellen Y^* und $y(i)$ einen Repräsentanten hat, so hat a in beiden internen Modellen die gleichen Repräsentanten.

Der Begriff der sozialen Praxis soll dazu dienen, der Ähnlichkeit von Handlungen wenigstens einen schwachen Inhalt zu geben. Handlungen sind ähnlich, wenn sie sich auf die gleichen Quellenbedingungen zurückführen lassen, wenn sie also Kopien der gleichen Originalhandlungen sind. In diesem Sinn ähnliche Handlungen, wie zum Beispiel Grüsse, können als konkrete Ereignisse so verschieden sein, daß man sie ohne Kenntnis ihres gemeinsamen Usprungs nicht als ähnlich einstufen würde. Zur Bestimmung der Ähnlichkeit von Handlungen könnte auch ihre Funktion dienen. Da diese aber oft eng mit einer entsprechenden Institution zusammenhängt, ist ein solcher Ansatz für eine allgemeine Institutionentheorie nicht brauchbar. Möglich und nützlich erscheint die Bezugnahme auf Fälle, in denen die Funktion gewisser Handlungen weitgehend unabhängig von der Institution beschrieben werden kann.

Die Einbettung von Handlungstypen in soziale Praktiken dient in erster Linie dazu, die Bestimmung von Handlungstypen durch Angabe von Kriterien zur Feststellung von Ähnlichkeit der Handlungen auf eine systematische Grundlage zu stellen. Gleichzeitig hat sie noch einen ganz anderen Effekt. Sie sprengt nämlich die bisher eingehaltene, rein statische Betrachtungsweise und führt zwanglos zur Untersuchung historischer Anfänge und Entwicklungen.

Die Frage ist, für welche Paare $\langle g, t \rangle$ in einem sozialen Schema wir die Einbettung in eine soziale Praxis verlangen können und die einfache, aber weitreichende Antwort lautet: für alle. Zur genaueren Formulierung greifen wir den schon oben benutzten Begriff der Zulässigkeit auf. Wir sagen, daß in einem sozialen Schema der Handlungstyp t für die Gruppe g *zulässig* ist, wenn er unter den für g charakteristischen Handlungstypen vorkommt. In Erweiterung dieser Definition nennen wir ein Paar $\langle g, t \rangle$ bestehend aus einer Gruppe und einem Handlungstyp in einem sozialen Schema *zulässig*, wenn t ein für g zulässiger Handlungstyp ist. Damit ist im sozialen Schema die Menge aller zulässigen Paare $\langle g, t \rangle$ definiert. Unser Einbettungsaxiom lautet nun genauer wie folgt.

Einbettungsaxiom Zu jedem zulässigen Paar $\langle g, t \rangle$ eines sozialen Schemas gibt es eine stabilisierte soziale Praxis, in die das Paar eingebettet ist.

Damit können alle Gruppenmitglieder auf Gründerfiguren und alle Handlungen auf historische Originalhandlungen zurückgeführt werden. Ist diese Forderung nicht zu stark? Betrachten wir sie separat in den beiden Dimensionen der Gruppen und der Handlungstypen. Bei den Handlungstypen sind zwei Punkte von Bedeutung. Erstens gehören im allgemeinen mehrere Handlungstypen zu einer Gruppe, sodaß erst die Menge all dieser für die Gruppe charakteristisch wird. Wenn zum Beispiel t_1 und t_2 zu den für g charakteristischen Handlungstypen gehören, so beinhaltet die Einbettungsforderung, daß sowohl für t_1 als auch für t_2 eine soziale Praxis existiert, in die der jeweilige Handlungstyp eingebettet ist. Wenn die Handlungen in t_1 und t_2 hinreichend verschieden sind, -das ist der Normalfall- werden auch die sozialen Praktiken verschieden sein. Die Handlungen der beiden Typen müssen irgendwie gelernt worden sein und durch Rückverfolgung entdecken wir zugehörige soziale Praktiken, zu denen sie gehören. In einem zweiten Fall kann der gleiche Handlungstyp für verschiedene Gruppen im sozialen Schema charakteristisch sein. Es kann Gruppen g_1 und g_2 geben, deren charakteristische Mengen von Handlungstypen $ch(g_1)$ und $ch(g_2)$ sich überlappen. Wenn t in $ch(g_1)$ und in $ch(g_2)$ vorkommt, dann müssen nach dem Einbettungsaxiom beide Paare $\langle g_1, t \rangle$ und $\langle g_2, t \rangle$ in soziale Praktiken eingebettet sein. Im Normalfall wird hier die gleiche soziale Praxis zur Einbettung herangezogen. Unsere Definition der Einbettung ist allgemein genug, dies zuzulassen. Im vorliegenden Fall unterscheiden sich die zulässigen Paare in den Gruppen. Bei der Einbettung muß daher die Individuenmenge der sozialen Praxis groß genug sein, um beide Gruppen als Teilmengen zu enthalten. Begrifflich besteht hier überhaupt keine Schwierigkeit, aber auch inhaltlich nicht, wie anhand von Beispielen deutlich wird. Im Fall des Abendmahls als sozialer Praxis etwa können wir innerhalb des Feudalsystems (z.B. in einer französischen Grafschaft im 14. Jahrhundert) die Gruppen der Bauern und der Feudalherren unterscheiden. Das Abendmahl gehört -zumindest bei einigen Anwendungen- zu den charakteristischen Handlungstypen beider Gruppen. Als soziale Praxis umfaßt es alle Individuen in beiden Gruppen, sowie noch eine Vielzahl anderer, hier nicht relevanter Individuen. Das Einbettungsaxiom ist auch in Fällen dieser Art gültig.

In der zweiten Dimension, der der Gruppen, ist das Einbettungsaxiom nicht ganz so offensichtlich. Wieder können die beiden schon untersuchten Fälle getrennt werden: erstens der einer Gruppe mit mehreren charakteristischen Handlungstypen und zweitens der Fall mehrerer Gruppen, für die der gleiche Handlungstyp charakteristisch ist. Im ersten Fall, dem Normalfall, sind im allgemeinen wieder zwei soziale Praktiken zur Einbettung nötig. Man könnte fragen, wieso diese zur gleichen Gruppe führen, aber diese Frage unterstellt einen stärkeren Zusammenhang zwischen der Individuenmenge der sozialen Praxis und der Gruppe, als er in unserem Einbettungsbegriff enthalten ist. Wie schon bei den Handlungstypen klar wurde, kann die sehr große Individuenmenge einer sozialen Praxis bei der „Aufteilung" dieser Praxis auf verschiedene Institutionen zu vielen verschiedenen, auch

disjunkten Gruppen führen. Im vorliegenden Fall ist die gleiche
Vorstellung angemessen, nur gehen wir diesmal von zwei „großen"
sozialen Praktiken aus, deren Individuenmengen sich überschneiden müssen. Es ist dann durchaus möglich, aus beiden Praktiken
„lokal" die gleiche Gruppe herauszuschneiden, welche in beiden
Fällen mit einem anderen Handlungstyp assoziiert wird. Um diesen Sachverhalt besser zu verstehen, betrachten wir die zeitliche
Ausbreitung einer genidentischen Struktur (siehe Abbildung 8.1).

Abb.8.1

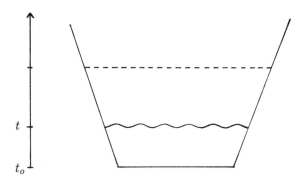

Links ist vertikal eine Zeitskala angedeutet, die beim Zeitpunkt t_0
beginnt und auf der spätere Zeitpunkte jeweils weiter oben liegen.
Insbesondere ist t später als t_0. Zur Zeit t_0 deutet der schraffierte
Balken die Menge der Quellenereignisse an. Zu einer späteren
Zeit t sind die Quellenereignisse durch Kopien mehr geworden
und nun durch die längere Wellenlinie dargestellt. Je weiter wir
in der Zeit vorangehen, also im Bild nach oben, desto länger wird
die horizontale Linie, die einen jeweiligen Zeitschnitt im Trichter darstellt. Ihre Länge ist zu interpretieren als die Anzahl der
zu dieser Zeit existierenden Träger der genidentischen Struktur.
Solange der Trichter breiter wird, wächst die Zahl. Wenden wir
diese Darstellung nun auf die Individuenmengen zweier sozialer
Praktiken an, die sich irgendwann zu überschneiden beginnen.

Als konkretes Beispiel denken wir etwa links an das Abendmahl und rechts an die soziale Praxis, ein Heer zu führen. Irgendwann, zur Zeit t_0, werden Heere und das entsprechende Führertum
erfunden. Der rechte

Abb.8.2

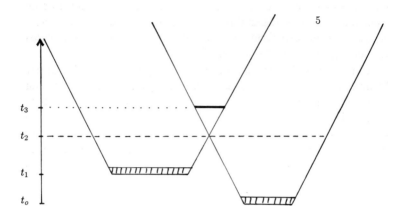

untere horizontale Balken stellt die Quellengruppe der ersten Heerführer dar. Zu einem späteren Zeitpunkt t_1 entsteht die christ-
liche Praxis des Abendmahls mit der Quellengruppe links unten
und wieder später, zu t_2 haben wir den ersten Fall eines christlichen Heerführers. Beide Gruppen breiten sich weiter aus und
ebenso der Bereich, wo sie sich überschneiden. Zur Zeit t_3 hat
sich die Gruppe der christlichen Heerführer wie angedeutet ausgebreitet. Wir sehen, wie auf diese Weise aus zwei verschiedenen
sozialen Praktiken eine Gruppe und zwei ihrer charakteristischen
Handlungstypen entstehen können. Die im Beispiel betrachtete
Gruppe spielt in mittelalterlichen Institutionen eine Rolle: in feudalen Systemen oder bei den Kreuzzügen. Natürlich läßt sich die
Situation auf endlich viele Handlungstypen für eine Gruppe, also
den für Makromodelle allgemeinen Fall, übertragen.

Schließlich ist der Fall zu untersuchen, wo zwei Gruppen im sozialen Schema einen gemeinsamen charakteristischen Handlungstyp haben. Das schon benutzte Beispiel des Abendmahls für
Bauern und Feudalherren kann auch hier zur Illustration dienen. Beide Gruppen werden in die gleiche soziale Praxis, eben
das Abendmahl, eingebettet. Es ist klar, wieso hier zwei verschiedene Gruppen innerhalb einer Institution an der gleichen sozialen

Praxis partizipieren. Die Individuenmenge der sozialen Praxis hat sich im Laufe der Zeit ausdifferenziert. Die anfangs nach innen homogene Gruppe der Urchristen wurde im Laufe der Zeit in eine Vielzahl von Untergruppen in jeweils relevanten Institutionen aufgespalten. Auch dieser Fall bietet keinen Anlaß, die Gültigkeit des Einbettungsaxioms in Frage zu stellen.

Ein soziales Schema, zusammen mit einer Menge $\mathbf{P}$ sozialer Praktiken nennen wir *historisch verankert*, wenn jedes im Schema zulässige Paar $\langle \mathbf{g}, \mathbf{t} \rangle$ in eine der sozialen Praktiken aus $\mathbf{P}$ eingebettet ist. Die für ein gegebenes Paar $\langle \mathbf{g}, \mathbf{t} \rangle$ jeweils benutzte soziale Praxis lassen wir uns dabei durch eine Funktion $\mathbf{z}$ aus der Menge $\mathbf{P}$ herauspicken. $\mathbf{z}$ ordnet jedem im Schema zulässigen Paar $\langle \mathbf{g}, \mathbf{t} \rangle$ eine soziale Praxis $\mathbf{z}(\langle \mathbf{g}, \mathbf{t} \rangle)$ aus $\mathbf{P}$ zu. Ein *historisch verankertes soziales Schema* hat also die Komponenten

$$\langle \mathbf{G}, \mathbf{T}, \mathbf{ch}, \mathbf{st}, \mathbf{M}, \mathbf{x}, \mathbf{rep}, J, H, R, \textit{realisiert}, N, y, \textit{rep}, \mathbf{P}, \mathbf{z} \rangle$$

wobei das Einbettungsaxiom folgende Form annimmt:

Für alle in $\langle \mathbf{G}, ..., N, y, \textit{rep} \rangle$ zulässigen Paare $\langle \mathbf{g}, \mathbf{t} \rangle$ gilt: $\langle \mathbf{g}, \mathbf{t} \rangle$ ist eingebettet in die soziale Praxis $\mathbf{z}(\mathbf{g}, \mathbf{t})$.

Um die Menge $\mathbf{P}$ der sozialen Praktiken minimal zu halten, genügt es, daß alle stabilisierten sozialen Praktiken in $\mathbf{P}$ auch als Funktionswerte von $\mathbf{z}$ auftreten.

Als Beispiel kann die soziale Praxis der Kommunion und ihre Rolle in der Institution des Klosters dienen. Die Gruppe aller Personen, die die Kommunion in dem Zeitraum, in dem wir ein Kloster beobachten, irgendwo in der Welt praktizieren, ist gewiß viel größer als die Gruppe der Mönche und die Gruppe der Amtsträger im Kloster selbst. Trotzdem kann die Kommunion als charakteristische Handlung für die Gruppe der Mönche und auch für die der Amtsträger gelten, etwa um diese von den Knechten abzuheben, wenn das Kloster im Heidenland neu gegründet ist. Das Einbettungsaxiom beinhaltet in diesem Fall, daß alle Kommunionshandlungen der Mönche Nachahmungen ursprünglicher Kommunionshandlungen sind, und daß sich alle Mönche durch eine Initiationsrelation (hier die Erstkommunion) auf geeignete Gründer zurückverfolgen lassen. Als Menge der Gründer bieten sich die ersten Christen an, die den Ritus als wichtig für die sich bildende Gruppe praktizierten. Aber auch eine weitere Rückverfolgung in jüdische Gefilde scheint möglich. Das Beispiel zeigt zugleich, wie sich Handlungstypen für verschiedene Gruppen einer Institution überlappen können.

In der Anwendung erweist sich das Einbettungsaxiom als äußerst aufwendig. Es muß ja für jedes zulässige Paar $\langle g, t \rangle$ geprüft werden, ob es in einer sozialen Praxis eingebettet werden kann. Schon die Zahl solcher Paare kann in einer großen Institution je nach Feinkörnigkeit der Analyse ziemlich groß werden. Jede einzelne soziale Praxis will dann aber für sich studiert sein. Den Arbeitsaufwand, der in jedem solchen Fall für die Ermittlung historischer Daten nötig ist, kann sich nur der Historiker realistisch vorstellen. Er ist, untertrieben gesagt, groß, und würde leicht Summen verschlingen, wie man sie heutzutage nur Physikern für ähnlich exotisch scheinende Unternehmungen bewilligt. Das Einbettungsaxiom wird wie folgt überprüft. Wir sammeln für jedes zulässige Paar $\langle g, t \rangle$ so viele Daten wie (finanziell und historisch) möglich und formatieren sie in den Begriffen der vorliegenden Theorie. Es ist klar, daß auf diese Weise jeweils nur ein kleiner Teil der ganzen sozialen Praxis ermittelt wird. Der „Rest" ist hypothetisch hinzuzufügen.[12] Unsere Modelle erstrecken sich aus dieser Perspektive über beträchtliche Zeiträume und unterschiedliche Kulturen, und dies, obwohl wir uns noch im statischen Teil der Theorie befinden.

---

[12]Vergleiche (Balzer,1985a) für eine genauere Erläuterung der so entstehenden empirischen Behauptung.

9 Dynamik 1: Potentielle Institutionen

In einem weiteren Schritt beziehen wir nun explizit Zeit und zeitliche Entwicklung in die Theorie mit ein. Implizit sind diese schon im Begriff der sozialen Praxis und damit lokal an verschiedenen Stellen eines historisch verankerten sozialen Schemas enthalten. Nun wenden wir uns der Entwicklung eines sozialen Systems im Verlauf der Zeit zu. Die Grundidee der Analyse ist, das System zeitlich „in Scheiben zu schneiden", jede zu einem Zeitpunkt gehörige „Scheibe" als ein soziales Schema zu beschreiben und das Gesamtsystem durch „Zusammenfügung" aller „Scheiben" in einer Folge zu gewinnen. Wir betrachten also eine Menge von aufeinanderfolgenden Zeitpunkten und eine Folge von sozialen Schemata, deren Folgenglieder mit Zeitpunkten indiziert sind. Für ein reales soziales System stellt jedes Folgenglied den Zustand des Systems, modelliert durch ein soziales Schema, zu einem Zeitpunkt dar.

Wenn wir mit T die endliche Menge der Zeitpunkte bezeichnen, so hat T die Form $\{t_1, ..., t_n\}$. Die Elemente von T sind durch eine Relation $\leq$ geordnet und wir einigen uns darauf, daß t_0 immer den „ersten" und t_e den „letzten" Zeitpunkt in Bezug auf diese Ordnung bezeichnen. $t \leq t'$ ist zu lesen als „Zeitpunkt t ist früher als, oder gleichzeitig mit Zeitpunkt t'". Wie üblich können wir eine strenge, d.h. nicht-reflexive, Ordnung wie folgt definieren:

t ist vor t' (in Zeichen: $t < t'$) gdw
$t \leq t'$ ist und beide Zeitpunkte verschieden sind.

Da wir nur endlich viele Zeitpunkte zulassen, können wir definieren, wann zwei Zeitpunkte benachbart sind. Wir schreiben $t + 1$ für den nächsten, auf t folgenden Zeitpunkt. Die Zeitpunkte brauchen nicht als ideale Punkte interpretiert zu werden. Unsere Fähigkeiten zur Beschreibung dessen, was wirklich in einer Institution vorgeht, sind beschränkt, der volle Bereich der physikalischen Zeit wird in der Sozialwissenschaft nie ganz auszuschöpfen sein. Einzelne menschliche Handlungen, die kleinsten Untersuchungseinheiten in diesem Kontext, benötigen im Vergleich zu dem, was Physiker zeitlich messen und unterscheiden können, ziemlich lange Zeiträume. Wir können problemlos Zeitpunkte als Perioden interpretieren und wir werden, wenn dies angemessen scheint, auch den Ausdruck „Periode" verwenden. Es scheint unzweckmäßig, eine physikalische Einteilung der Zeit zu benutzen, jedenfalls solange keine quantitativen, zeitabhängigen Gesetze gefunden wurden. Nur solche Perioden sind zu berücksichtigen, in denen etwas „Interessantes" im Hinblick auf die Institution geschieht. Wenn wir unser Modell auf eine große Firma anwenden, so gewinnen wir nicht viel, wenn wir die Geschehnisse in jeder Minute aufzeichnen. Eine viel gröbere Einteilung wird nützlicher sein. Wenn wir physikalische Perioden variabler Länge betrachten, so brauchen deren Anfangs- und Endpunkte nicht völlig scharf festgelegt sein, oft ist eine solche Fixierung auch gar nicht möglich. Die Perioden können sich sogar überlappen, aber nur solange die globale Ordnung der Perioden dadurch nicht zerstört wird. In einigen Anwendungen mag es hilfreich sein, sich auf die physikalische Zeit zu beziehen, etwa wenn die Handlungen selbst stark von einer physikalischen Zeitskala abhängen, wie beim Studium der Aktienbörse.

Wir betrachten nun eine endliche Folge sozialer Schemata, bei der die Indizes der Folgenglieder durch die Zeitpunkte in ihrer Ordnung $\leq$ gegeben sind. Die inhaltliche Aussage, daß eine solche Folge die zeitliche Entwicklung *eines* Systems modelliert, ist natürlich im formalen Begriff einer Folge sozialer Schemata in keiner Weise enthalten. Formal könnten zwei benachbarte Folgenglieder total verschieden sein, sodaß es absurd wäre zu sagen, sie modellierten das gleiche System. Das Problem ist also, ausgehend von einer „bloßen" Folge sozialer Schemata, Bedingungen zu finden, die auch formal so weit wie möglich sicherstellen, daß alle Glieder ein und dasselbe System -nur zu verschiedenen Zeiten- beschreiben. Völlige Sicherheit ist prinzipiell nicht erreichbar. Wir können nur verschiedene notwendige Bedingungen formulieren und annehmen, daß diese zum Zweck der Anwendung genügend trennscharf sind.

Für eine Folge sozialer Schemata werden wir notwendige Bedingungen in drei Schritten formulieren. Dabei genügt es in den ersten beiden Schritten, Bedingungen jeweils nur für den Übergang von einem Folgenglied zum nächsten zu untersuchen. Im ersten

Schritt beschränken wir uns auf Bedingungen von mehr analytischem Charakter. Jede Folge sozialer Schemata, die diese ersten Bedingungen erfüllt, nennen wir eine *potentielle Institution*, um anzudeuten, daß sie, unter bestimmten, zusätzlichen Bedingungen, zu einem echten Modell einer sozialen Institution werden kann. Im zweiten Schritt formulieren wir für potentielle Institutionen in Kap.12 eben jene Bedingungen, die sie zu echten Institutionen machen. Diese Bedingungen betreffen typischerweise jeweils mehrere Grundbegriffe.[1] Im dritten Schritt schließlich untersuchen wir in Kap.14 weitere speziellere Bedingungen, die verschiedene Möglichkeiten der Veränderung einer sozialen Institution charakterisieren.

Betrachten wir zwei aufeinanderfolgende soziale Schemata. Das erste habe die Form

$$\mathbf{S}_t = \langle \mathbf{G}, \mathbf{T}, \mathbf{ch}, \mathbf{st}, \mathbf{M}, \mathbf{x}, \mathbf{rep}, J, H, R, \textit{realisiert}, N, y, \textit{rep} \rangle$$

das zweite die Form

$$\mathbf{S}_{t+1} = \langle \mathbf{G'}, \mathbf{T'}, \mathbf{ch'}, \mathbf{st'}, \mathbf{M'}, \mathbf{x'}, \mathbf{rep'}, J', H', R', \textit{realisiert'}, N', y', \textit{rep'} \rangle.$$

Welche Bedingungen müssen für $\mathbf{S}_t$ und $\mathbf{S}_{t+1}$ gelten, wenn beide das gleiche System zu zwei aufeinanderfolgenden Zeitpunkten beschreiben? Wir gehen die Komponenten der Reihe nach durch.

Die Menge der Gruppen $\mathbf{G}$ kann sich ändern, indem neue Gruppen hinzukommen oder vorhandene verschwinden. Solange wir diese Möglichkeit offenhalten wollen, können wir nicht fordern, daß $\mathbf{G}$ und $\mathbf{G}$' identisch sein sollen. Ebensowenig können wir verlangen, daß „dieselbe" Gruppe $\mathbf{g}$, wenn sie in $\mathbf{G}$ und in $\mathbf{G}$' vorkommt, jeweils dieselben Mitglieder hat. Allerdings ist der Wechsel der Mitglieder ziemlich kontinuierlich und da die beiden Schemata zeitlich direkt aufeinanderfolgen, können wir den dramatischen Fall, daß die Gruppe in $\mathbf{S}_t$ und $\mathbf{S}_{t+1}$ völlig verschiedene Mitglieder hat, ausschließen. Bei der Formulierung dieser Bedingung entsteht aus mengentheoretischen Gründen das Problem, zu sagen, was „dieselbe" Gruppe in $\mathbf{G}$ und $\mathbf{G}$' ist. Wir müssen den Begriff der „gleichen" Gruppe schwächer denn als logische

---

[1] Schritte Eins und Zwei entsprechen in der Metatheorie von (Balzer, Moulines, Sneed, 1987) der Einführung potentieller, bzw. echter Modelle.

Identität fassen. Hier hilft nur ein neuer Grundbegriff, den wir *Identifikationsrelation* nennen und mit ϕ bezeichnen. $\phi(\mathbf{g},\mathbf{g'})$ soll abkürzen, daß die Gruppen $\mathbf{g}$ und $\mathbf{g'}$, die in $\mathbf{G}$ und $\mathbf{G'}$ vorkommen, die „gleiche Gruppe", nur eben zu verschiedenen Zeiten, darstellen. Die Bedingung an $\mathbf{G}$ und $\mathbf{G'}$ lautet dann wie folgt. Wenn die Gruppen $\mathbf{g}$ und $\mathbf{g'}$ in $\mathbf{G}$ und $\mathbf{G'}$ identisch im Sinne der Identifikationsrelation ϕ sind, so haben beide Gruppen gemeinsame Mitglieder. Eine weitere Bedingung ist, daß die ϕ-Relation die meisten Gruppen in $\mathbf{G}$ und $\mathbf{G'}$ verbindet. Der Zugang neuer Gruppen und der Abgang alter soll, relativ zur Gesamtzahl der Gruppen in $\mathbf{G}$, klein sein. „Klein" heißt in der Regel, daß höchstens eine neue Gruppe hinzukommt oder eine alte wegfällt.

Bei Handlungstypen ist die Lage ähnlich. Wir wollen zulassen, daß die Gesamtmenge $\mathbf{T}$ der Handlungstypen sich verändert und können also keine Identität von $\mathbf{T}$ und $\mathbf{T'}$ fordern. Die Identifikation einzelner Handlungstypen fällt leichter als bei den Gruppen, weil sich ein einzelner Handlungstyp wegen seines Schemacharakters in einer kurzen Zeitspanne zeitlich nicht verändert. Unter dieser Voraussetzung kommen wir ohne Identifikationsrelation aus und nehmen an, daß je zwei Handlungstypen aus den beiden Schemata schon dann identisch sind, wenn sie sich überlappen. Wie bei den Gruppen nehmen wir an, daß die meisten Handlungstypen in beiden sozialen Schemata identisch sind. Es kommen nur sehr wenige Handlungstypen neu hinzu, oder fallen weg.

Auch die charakteristischen Funktionen können in beiden sozialen Schemata verschieden sein. Dies folgt, wenn sich die Gruppenmengen verändern. Für eine Gruppe $\mathbf{g}$, die im Übergang erhalten bleibt, sollen allerdings all jene Handlungstypen, die in $\mathbf{S}_t$ für $\mathbf{g}$ charakteristisch sind und in $\mathbf{S}_{t+1}$ vorhanden, dann auch in $\mathbf{S}_{t+1}$ für $\mathbf{g}$ charakteristisch sein. Diese Bedingung impliziert zusammen mit der Beschränkung der Zahl der Veränderungen bei Gruppen und Handlungstypen, daß auch die charakteristische Funktion „im wesentlichen" dieselbe bleibt. Für die meisten Gruppen sind die charakteristischen Handlungstypen in beiden sozialen Schemata gleich. Genau die gleichen Bedingungen gelten auch für die Statusrelation. Sie kann sich zwar verändern, wenn Gruppen dazukommen oder verschwinden, im wesentlichen bleibt sie aber gleich.

Ähnlich ist die Situation auch bei den internen Modellen der Makrostrukturen. Die internen Modelle, sowie die Repräsentationsrelation für Gruppen, die erhalten bleiben, ändern sich nur minimal, d.h. nur in Bezug auf das Neuauftauchen bzw. Verschwinden von Gruppen und Handlungstypen. „Im wesentlichen" bleiben sie unverändert. Die Zuordnungsfunktion x ist entsprechend anzupassen.

Bei den Mikromodellen ist dagegen keine Konstanz zu erwarten. Sowohl die Individuen, als auch die konkreten Handlungen ändern sich ständig, und damit auch die Realisierungsrelation. Bei den Relationen im sozialen Netzwerk R ist die Situation weniger klar, weil wir die Elemente von R bisher nicht angegeben haben. Einerseits enthält R zeitabhängige Relationen wie die des Intendierens. Diese Relation muß auf die Zeit relativiert werden, weil sich die Intentionen eines Individuums im Laufe der Zeit ändern können. Wir müssen dann schreiben:

i *intendiert* zu t, daß j a tut.

Andererseits kann R aber auch Relationen enthalten, die man nicht explizit zeitabhängig zu machen braucht. Als Beispiel sei die Relation „i ist Mutter von j" genannt, die in manchen Anwendungen sozialer Formationen als Element von R wichtig wird.

Die internen Modelle sind dagegen auch auf der Mikroebene ziemlich konstant. Sie ändern sich nur in der langsamen und geringfügigen Art der Makrokomponenten. Bei den Propositionen mag es zwar auch schnellwirkende Neuerungen geben, wie wir sie etwa durch die Ausbreitung von Modewörtern kennen, doch betreffen diese in der Regel keine Propositionen, die in der Repräsentationsrelation auftauchen. Gleiches gilt für die Kausalrelation: kausale Überzeugungen wandeln sich nur langsam. Insgesamt passen sich die internen Modelle im wesentlichen den wenigen Änderungen an, die auf der Makroebene stattfinden. Wenn eine neue Gruppe oder ein neuer Handlungstyp entsteht, werden zwangsläufig neue Namen gebraucht, um entsprechende Propositionen zu formulieren. Wenn Gruppen oder Handlungstypen verschwinden, geraten ihre Repräsentanten, wenn auch langsamer, in Vergessenheit, so z.B. Wörter für einige mittelalterliche Zünfte wie Schäffler. Wie vorher können wir behaupten und postulieren, daß die internen Modelle im wesentlichen gleich bleiben. Dies ist auch ganz im Sinne der früheren Verträglichkeitsannahmen. Wenn die Makrorepräsentanten in allen Mikromodellen vorhanden sind, so können sich die Mikromodelle in diesem Teil nicht schneller ändern als die Makromodelle. Gleiches gilt auch für Repräsentationsrelationen auf beiden Ebenen.

Als nächstes müssen wir soziale Praktiken in die Folge sozialer Schemata „einbauen". Dazu benutzen wir die sozialen Praktiken, in die nach dem Einbettungsaxiom des letzten Kapitels jedes zulässige Paar $\langle g, t \rangle$ eines sozialen Schemas eingebettet ist. Die Grundidee der zeitlichen Einpassung ist ziemlich einfach. Jede soziale Praxis enthält implizit über die Kopierrelationen schon eine schwache zeitliche Ordnung: die Kopie des Originals liegt stets später oder gleichzeitig mit dem Original vor. Wir können also die Kopierrelationen mit einer zeitlichen Ordnung versehen und diese mit der zeitlichen Ordnung der Folgenglieder unserer Folge sozialer Schemata identifizieren. Formal ist dazu die Menge der Träger einer sozialen Praxis auf die verschiedenen Zeitperioden so aufzuteilen, daß für jeden Träger ausgesagt werden kann, in genau welchen Perioden er existiert und in welchen nicht. Für Individuen bedeutet dies, zu wissen, in welchen Perioden sie leben und für Handlungen, in welchen Perioden sie ausgeführt werden. Für Individuen führen wir ein Existenzprädikat ein, durch das die zeitliche Abfolge der Individuen erfaßt wird:

$$i \text{ existiert zu } t.$$

Da Institutionen stets länger als Individuen existieren, wird es für eine Person immer Zeitpunkte geben, zu denen sie existiert und andere, zu denen sie nicht existiert. Mit Hilfe dieses Prädikats lassen sich verschiedene andere statische Begriffe zeitlich relativieren. Bei der Mutterschaftsrelation zum Beispiel können wir Ausdrücke der Form „i ist zur Zeit t die Mutter von j" definieren durch „i ist die Mutter von j und i existiert zu t und j existiert zu t". Für die Kopierrelation fordern wir, daß i eine $KOPIE$ von j nur dann ist, wenn i und j zu Zeiten t_i und t_j existieren, für die $t_j \leq t_i$ gilt, d.h. wenn die Kopie in diesem schwachen Sinn später als das Original existiert. Bei den Handlungen brauchen wir keinen neuen Grundbegriff, wir können die schon vorhandenen Realisierungsrelationen benutzen. Dazu schreiben wir für Akteur i und Handlung a: i realisiert a zu t, wenn a, i und realisiert alle im t-ten Folgenglied S_t vorkommen. Eine Handlung kann sich über mehrere Perioden erstrecken, sodaß die Realisierungsrelation bei festem i und a für mehrere Zeitpunkte gelten kann. Von der Folge der sozialen Schemata gehen wir somit über zu einer Folge von Realisierungsrelationen. Die Kopierrelation für Handlungen wird in die Zeitordnung eingepaßt durch die Forderung, daß eine Handlung a nur dann die *KOPIE* einer Handlung b ist, wenn es Zeiten t_a, t_b und Personen i_a und i_b gibt, sodaß i_a die Handlung a zu t_a realisiert, i_b die Handlung b zu t_b, und so, daß gilt $t_b \leq t_a$. Außerdem ist natürlich zu fordern, daß eine Person i, die Handlung a zu t realisiert, auch selbst zur Zeit t existiert.

Wie steht es mit der Annahme, daß alle Quellenhandlungen in der ersten Periode t_0 ausgeführt werden und alle Gründungsmitglieder zu t_0 existieren? Die Analyse von Beispielen zeigt, daß sie zu stark wäre. In vielen Fällen existierten einige der sozialen Praktiken eines sozialen Schemas lange vor dem Schema selbst. Man denke an die Praxis, Recht durch einen Richter finden oder lokale Verwaltung durch einen Repräsentanten ausführen zu lassen. Diese Praktiken reichen weit in die Geschichte zurück, ihre Quellen sind kaum zu identifizieren. Man findet sie jedoch in vielen aufeinander folgenden sozialen Institutionen wie dem Feudalsystem, modernen Demokratien, oder föderativ organisierten Staaten. Indem wir solche Institutionen als soziale Schemata beschreiben, könnten wir für jede Institution eigene *QUELLEN* ansetzen, indem wir die Periode der Entstehung der Institution festhalten und die Individuen und Handlungen aus dieser Periode als Elemente der *QUELLEN* nehmen. Dieses Vorgehen würde die *QUELLEN* völlig theoretisch machen in dem Sinn, daß sie erst dann bestimmbar werden, wenn die entsprechende Institution bereits identifiziert ist. Wir ziehen demgegenüber eine schwächere Formulierung vor, nach der kein Quellenelement in einer späteren (d.h. von t_0 verschiedenen) Periode des sozialen Schemas existiert oder ausgeführt wird. Damit ist zugelassen, daß Elemente der *QUELLEN* in keiner der Perioden des Schemas vorkommen oder ausgeführt werden. Natürlich dürfen wir dann auch nicht fordern, daß alle Quellenelemente in der Menge J der Individuen oder der Menge H der Handlungen in der Institution vorkommen; dies würde zusammen mit den anderen Annahmen zu Widersprüchen führen.

Schließlich ist festzuhalten, daß die Repräsentanten für soziale Praktiken als zeitunabhängig behandelt werden können, ebenso wie die entsprechende Funktion **z**, die solche Repräsentanten den charakteristischen Paaren zuordnet. In Bezug auf die Komponenten der Sprache und Überzeugungen bleiben die bisherigen Annahmen bestehen. Die restlichen zwei Komponenten, die Repräsentanten $r(g^*)$ für die ganze Gruppe und $r(t^*)$ für den Handlungstyp bleiben über die Zeit unverändert.

Ein letztes Problem der Dynamisierung betrifft die Relationen im sozialen Netzwerk R. Bisher wurde deren Zeitabhängigkeit nicht thematisiert, aber es ist klar, daß viele von ihnen nicht nur zeitabhängig sind, sondern sich im Lauf der Zeit auch stark ändern. Dies gilt offensichtlich für die beiden im folgenden wichtigen Beziehungen des Intendierens und des Machtausübens. Beispiel einer zeitunabhängigen Relation ist Mutterschaft: „i ist Mutter von j" gilt, wenn überhaupt, zu jeder Zeit, zu der i und j existieren. Die Zeitabhängigkeit der Relationen aus R ist heikel, weil sich diese Relationen auf mehr als einen Zeitpunkt beziehen können und wir dann nicht wissen, welchen Folgengliedern wir die Zeitpunkte zuordnen sollen. Unser zentraler Begriff des Machtausübens wird von solcher Art sein. Wir müssen deshalb die Relationen des sozialen Netzwerks unabhängig von der Folgenbildung zeitabhängig machen.[2] Zu diesem Zweck erweitern wir den Begriff des sozialen Schemas so, daß die Beziehungen im sozialen Netzwerk zeitliche Argumente haben können. Für einen Zeitpunkt t und eine Relation S aus R definieren wir den *Zeitschnitt* S$[t]$ von S bezüglich t als die Relation, die zwischen allen Individuen und Handlungen besteht, für die S zu t gilt. Wenn S mehr als ein Zeitargument hat, so muß ein Zeitschnitt auf ebenso viele Argumente relativiert werden; wir schreiben dann S$[t_1, ..., t_k]$. Sei $\langle t_1, ..., t_n \rangle$ ein Satz von Zeitpunkten, der ausreicht, alle Relationen in R zeitlich zu relativieren. Mit $R[t_1, ..., t_n]$ bezeichnen wir dann die Menge aller auf $t_1, ..., t_n$ relativierten Relationen aus R. So erhalten wir ein *durch* $\langle T, \leq \rangle$ *dynamisiertes* soziales Schema als eine Struktur der Form

$$\langle \mathbf{G}, \mathbf{T}, \mathbf{ch}, \mathbf{st}, \mathbf{M}, \mathbf{x}, \mathbf{rep}, J, H, R, \textit{realisiert}, N, y, rep, T, \leq \rangle$$

für die gilt:

---

[2]Die formale Ineleganz dieses Vorgehens zahlt sich durch leichtere Verständlichkeit aus.

DS1 $\langle T, \leq \rangle$ ist eine Ordnung (reflexiv, transitiv, konnex, anti-symmetrisch).

DS2 Die Elemente in R sind Relationen zwischen Individuen, Handlungen und Zeitpunkten (d.h. Elementen aus T).

DS3 Für alle geeigneten Sätze von Zeitpunkten $\langle t_1, ..., t_n \rangle$ $(t_i \epsilon T)$ ist $\langle \mathbf{G}, \mathbf{T}, \mathbf{ch}, \mathbf{st}, \mathbf{M}, \mathbf{x}, \mathbf{rep}, J, H, R[t_1, ..., t_n], \textit{realisiert}, N, y, rep \rangle$ ein soziales Schema.

Nach diesen Vorbereitungen können wir nun eine potentielle Institution definieren. Dazu gehen wir aus von einer Folge $(\mathbf{S}_t)$ dynamisierter sozialer Schemata, bei denen also die Relationen des sozialen Netzwerks zeitabhängig sein können. Die Folgenglieder sollen durch endlich viele Zeitindizes geordnet sein. Zu dieser Folge nehmen wir erstens das Existenzprädikat hinzu und zweitens eine Menge $\mathbf{P}$ sozialer Praktiken und eine Funktion z, die jedem zulässigen Paar $\langle \mathbf{g}, \mathbf{t} \rangle$ aus jedem Schema eine Praxis zuordnet, in die das Paar eingebettet ist. Für diese Entitäten sollen nun die schon formulierten Annahmen gelten, wobei wir Axiome, die „unscharfe" Bestimmungen enthalten, im Informellen belassen. Insgesamt ist damit eine *potentielle Institution* eine Struktur der Form

$$\langle T, \leq, (\mathbf{S}_t), \textit{existiert}, \mathbf{P}, \mathbf{z} \rangle,$$

die die folgenden Bedingungen erfüllt.

Ip1 $\langle T, \leq \rangle$ ist eine endliche Ordnung (reflexiv, transitiv, konnex, anti-symmetrisch).

Ip2 Für alle t aus T ist $\mathbf{S}_t$ ein durch $\langle T, \leq \rangle$ dynamisiertes soziales Schema.

Ip3 *existiert* ist eine Relation zwischen Zeitpunkten und Individuen.

Ip4 $\mathbf{P}$ ist eine Menge stabilisierter sozialer Praktiken.

Ip5 z ist eine Funktion, die jedem zulässigen Paar $\langle g, t \rangle$ aus jedem sozialen Schema S_t, $t \epsilon T$, eine soziale Praxis aus P zuordnet.

Ip6 Jede Gruppe in S_t, $t \epsilon T$, hat zu t existierende Mitglieder.

Ip7 Alle Mitglieder einer Gruppe existieren zu mindestens einem Zeitpunkt und von jedem Handlungstyp gibt es Handlungen, die irgendwann realisiert werden.

Ip8 Die Realisierungsrelation und die Relationen in den sozialen Netzwerken sind mit dem Existenzprädikat verträglich.

Ip9 Für alle Gruppen g und Handlungstypen t: wenn in einem Schema S_t t für g charakteristisch ist und wenn $QUELLE(g^*)$ und $KOPIE(t^*)$ die zu g und t gehörigen Komponenten von $z(g,t)$ sind, dann gilt:
(a) kein Element von $QUELLE(g^*)$ *existiert* zu einem Zeitpunkt später als t_0
(b) für je zwei Individuen i,i' mit i $KOPIERT(g^*)$ i' gibt es Zeitpunkte t, t' sodaß i zu t *existiert* und i' zu t' *existiert* und weiter gilt: $t' \leq t$.

Ip10 Für alle Gruppen g und Handlungstypen t: wenn in einem Schema S_t t für g charakteristisch ist und wenn $QUELLE(g^*)$ und $KOPIE(t^*)$ die zu g und t gehörigen Komponenten in $z(g,t)$ sind, dann gilt für alle Handlungen a, a' in t:
(a) wenn a zu $QUELLE(t^*)$ gehört, dann wird a zu keinem Zeitpunkt später als t_0 *realisiert*
(b) wenn gilt: a $KOPIERT(t^*)$ a', dann wird a zu einem Zeitpunkt *realisiert*, der später oder gleich dem ist, zu dem a' *realisiert* wird.

Ip11 Es gibt eine Relation ϕ zwischen den Gruppen aus den verschiedenen Schemata, sodaß für alle von t_e verschiedenen Zeitpunkte t und für alle Gruppen g, g' gilt: wenn g in S_t und g' in S_{t+1} vorkommt und wenn gilt $\phi(g,g')$, so haben g und g' gemeinsame Mitglieder.

Ip12 Für alle von t_e verschiedenen Zeitpunkte t und alle Handlungstypen t,t' gilt: wenn t in S_t und t' in S_{t+1} vorkommt, und wenn t und t' gemeinsame Handlungen enthalten, so ist $t = t'$.

Ip13 Für alle Zeitpunkte t,t', alle Gruppen $\mathbf{g}$, $\mathbf{g}'$ und Handlungs-typen $\mathbf{t}$, $\mathbf{t}'$ gilt: wenn $\mathbf{g}$ und $\mathbf{t}$ in S_t und $\mathbf{g}'$, $\mathbf{t}'$ in $S_{t'}$ vor-kommen, wenn gilt $\phi(\mathbf{g}, \mathbf{g}')$, und wenn $\mathbf{t}$ und $\mathbf{t}'$ gemeinsame Handlungen enthalten, so ist $\mathbf{z}(\mathbf{g},\mathbf{t}) = \mathbf{z}(\mathbf{g}',\mathbf{t}')$.

Ip14 Die Menge T der Zeitpunkte umfaßt die Existenz minde-stens zweier nacheinander existierender Individuen.

Die Aufgabe von Axiom Ip2 besteht darin, alle früheren Bedingun-gen und Begriffe zusammenzufassen und bereitzustellen. Axiome Ip6,Ip7 und Ip8 sind mehr analytischer Natur. Mit Verträglichkeit ist in Axiom Ip8 gemeint, daß immer, wenn i zur Zeit t eine Hand-lung a *realisiert*, dann auch i zu t *existiert*. Verträglichkeit von R mit dem Existenzprädikat ist genauso zu verstehen. Betrachten wir eine Relation S aus R, die auf Individuen $i_1, ..., i_n$, Handlungen $a_1, ..., a_m$ und Zeitpunkte $t_1, ..., t_k$ zutrifft. Wir nehmen an, es sei syntaktisch möglich, festzustellen, welche Individuen zu welchen Zeiten in welche Handlungen involviert sind und erhalten so für jede Handlung a_r ein oder mehrere Individuen $i(r,1), ..., i(r, j_r)$, die a_r zu einer Zeit t_s realisieren. Verträglichkeit bedeutet nun, daß für jede Handlung a_r alle in sie zu t_s involvierten Individuen auch zu t_s existieren. Die wirkliche Rolle der Zeit in der obigen Definition kommt in Axiomen Ip9 und Ip10 zum Ausdruck. Durch diese Bedingungen wird jede Gruppe und jeder Handlungstyp als genidentische Struktur mit einer zugehörigen Zeitstruktur verse-hen. Ip13 läßt sich mit Hilfe der Existenzprädikats präzisieren. Es besagt in anderer Formulierung, daß eine (potentielle) Institution sich über mindestens zwei Generationen erstreckt. Institutionen „leben" länger als Individuen.

Unser Bild einer Institution ist, wie bereits gesagt, von der Evolutionstheorie inspiriert. Irgendwann erfinden oder erschaffen (ein oder mehrere) Individuen einen neuen Handlungstyp, indem sie eine neue Art von Handlung durchführen, die in ihrer Um-gebung vorher nicht bekannt war. Wenn der Handlungstyp in-teressant oder wichtig genug ist, wird er von anderen Personen nachgeahmt, die dadurch in Affinität zu den Erfindern geraten und Mitglieder einer Gruppe in unserem technischen Sinn wer-den. Andere Individuen, die von diesem neuen Verhalten nicht angezogen oder von ihm ausgeschlossen werden, erfinden ange-messene Reaktionen. So entsteht ein weiterer Handlungstyp, der auch Nachahmer findet. Dieser Prozeß kann sich mehrfach wiederholen, bis schließlich ein gewisses Gleichgewicht erreicht wird, in dem keine neuen Handlungen mehr erfunden werden. Verschiedene Muster von Handlungen sind dabei verschiedenen Individuenmengen (Gruppen) zugeordnet. Dies ist der Moment, in dem die soziale Institution „geboren" wird. Sie existiert dann in der Regel viele Generationen lang, wobei die Kopien Nachkommen oder neue Mitglieder von außen sind, die das Verhalten ihrer Eltern oder Vorbilder nachahmen. Wenn die soziale Institution nicht alle physisch vorhandenen Individuen umfaßt, können neue Mitglieder für eine Gruppe auch aus dem Vorrat der noch nicht erfaßten Individuen rekrutiert werden. Diese beginnen, die für eine Gruppe charakteristischen Handlungstypen zu kopieren und werden so zu Mitgliedern der Gruppe und zu einem Teil der Institution.

Als abstrakte Illustration betrachten wir den Prozeß der Etablierung eines neuen Systems durch eine Gruppe von Kriegern, die ein vorher gut organisiertes, kulturell höherstehendes Volk unterwerfen. Nach einer ersten unruhigen Zeit stabilisieren sich neue Verhaltensformen. Die Invasoren entwickeln Regeln zur Wahl von Partnern aus der beherrschten Bevölkerung und zum Umgang mit deren Verwandten, sowie bestimmte Verhaltensformen im Umgang mit Einheimischen, die zur Verwaltung gebraucht werden, und im Umgang mit anderen Teilen der Bevölkerung. Im unterworfenen Volk werden andererseits neue Verhaltensformen entstehen, je nach der verschiedenen Behandlung, die man von den neuen Machthabern erfährt. Die, die in verwandtschaftliche Beziehungen zu den Eroberern eintreten, verhalten sich anders als jene, die in der Verwaltung dienen und wieder anders als die, die keine regelmäßigen Kontakte mit den Eroberern haben. Wir können uns mindestens vier klar unterschiedene Gruppen mit verschiedenen charakteristischen Handlungstypen vorstellen, die sich in diesem Prozeß entwickeln. Wenn deren Beziehungen und Handlungstypen erst einmal an die Kinder weitergegeben und diesen beigebracht werden, hat sich das System stabilisiert und interne Modelle sind aufgebaut.

Unser Modell trifft auch auf die Entstehung religiöser Institutionen zu. Hier gibt es meist einen Gründer, der neue Verhaltensformen praktiziert und predigt und natürlich dazu passende interne Modelle liefert. Diese werden von seinen Jüngern über-

nommen. Innerhalb der so entstehenden Gruppe findet weitere
Differenzierung zu Teilgruppen statt, etwa in die Gruppe derer,
die den Ritus gestalten, derer, die die Botschaft auf friedliche
Weise weiterverbreiten und derer, die dies mit Feuer und Schwert
tun. Andere, schon existierende Gruppen müssen ihr Verhalten
gegenüber den Neulingen anpassen und entsprechende Handlungstypen entwickeln. Die neue Bewegung kann totalen Erfolg haben
und durch etablierte profane Institutionen anerkannt werden, oder
sie kann in eine Art Gleichgewicht mit anderen, konkurrierenden
religiösen Bewegungen kommen. Dieser Prozeß erzeugt auch neue
Handlungsformen über die religiösen Gruppen hinweg, wie etwa
Regeln für die Heirat mit einem Partner aus einer anderen Gruppe.
Wenn ein solcher Prozeß zur Ruhe kommt, können interne Modelle in den folgenden Generationen aufgebaut werden und das
System stabilisiert sich. Die überwiegende Mehrzahl aller derartiger Ansätze verschwindet allerdings nach ziemlich kurzer Zeit
wieder von der Bildfläche.[3]

Indem wir in der Definition potentieller Institutionen nur die
„harten" Axiome explizit machen, bleiben einige der vorher diskutierten Annahmen formal unberücksichtigt. Dadurch werden in
einer potentiellen Institution beim Übergang von einem Schema
S_r zum nächsten auch ziemlich dramatische Veränderungen zugelassen. Dies ist durchaus beabsichtigt, denn wir wollen den Begriff
der potentiellen Institution als einen weitgesteckten Rahmen zur
Verfügung haben, den wir in verschiedener Weise weiter ausfüllen
werden.

---

[3] Siehe (Wilson, 1973).

10 Machtbeziehungen

Von potentiellen Institutionen ist es nur noch ein kleiner Schritt zu echten sozialen Institutionen. Eine einzige Art von Beziehungen unter den Individuen muß noch spezifiziert und geeignet strukturiert werden: Beziehungen der Einflußnahme oder *Machtbeziehungen*. Um Mißverständnissen vorzubeugen, sind einige Vorbemerkungen zum Wort „Macht" angebracht. Erstens ist der Ausdruck problematisch wegen der vielen, vorwiegend negativen Assoziationen, die er beim Leser und über den Schreiber hervorruft. Es sollte sich von selbst verstehen, daß solche Assoziationen für die Formulierung der vorliegenden Theorie völlig irrelevant sind. Nach unserem Ansatz ist das Wort „Macht" ein theoretischer Term, der seine Bedeutung durch die präzise und vollständig vorgelegte Theorie erhält. Die Bedeutung des Wortes wird so für uns implizit über die Theorie und ihre intendierten Systeme festgelegt. Wir könnten genausogut ein Kunstwort wie „Chamt" benutzen. Zweitens gibt es kein deutsches Wort, das die Art dieser Beziehungen besser treffen würde. Der im folgenden auch benutzte Term „Einfluß" hat im Rahmen unserer Theorie die gleiche Bedeutung wie „Macht". Wir verwenden ihn trotz seiner Blässe zum einen, um gegen die erwähnten Assoziationen anzukämpfen und zum anderen, weil es zu ihm das Verb „beeinflussen" gibt, welches als Relationsausdruck dem umständlichen „übt Macht aus über" vorzuziehen ist. Drittens ist die Bedeutung von „Macht" nicht eben klar. Der Term kann auf viele verschiedene Weisen und in vielen Kontexten verschieden verstanden werden. Die Bedeutung, in der wir ihn hier benutzen, dürfte die am weitesten Verbreitete sein. Nach dieser Lesart *übt* ein Individuum i *Macht über* Individuum j *aus*, wenn i j vorsätzlich dazu bringt, etwas zu tun, was j ansonsten nicht getan hätte. Reziprok dazu erleidet in einem solchen Fall das Individuum j eine Machtausübung durch i. Jede Machtausübung hat also eine aktive und eine passive Seite, der Machtausübung durch eine Person entspricht stets die Machterleidung einer Anderen. Wir benutzen im folgenden die aktive Ausdrucksweise und

beschränken uns auf die Analyse des Machtausübens. Dabei ist
das Machterleiden automatisch mitanalysiert. Individuum *i hat*
Macht über *j*, wenn *i* Macht über *j* ausüben könnte. Dies kann
auf ganz verschiedene Arten passieren. Die gegebene Definition
liefert nur einen allgemeinen begrifflichen Rahmen, in dem sich
diese verschiedenen Arten durch weitere Spezialisierung definieren lassen. Das vorliegende Kapitel stützt sich dem Geist nach
stark auf die Arbeit von *Thomas Wartenberg*, der vor kurzem
eine neue, umfassende Theorie der Macht vorlegte.[1] Machtbeziehungen können weitgehend unabhängig von Institutionen charakterisiert werden. Das heißt nicht, daß sie auch faktisch von
Institutionen unabhängig sind. Im Gegenteil: Machtbeziehungen
sind mit den Institutionen, in denen sie auftreten, eng verwoben.
Machtbeziehungen treten in vielen Formen auf. Neben den hier
zunächst zu betrachtenden „reinen" Formen, bei denen es im wesentlichen nur um eine Beziehung zwischen zwei Personen geht,
gibt es viele „vermittelte" Formen, bei denen die Machtausübung
von sozialen Positionen oder sozialen Institutionen abhängt. Diese
Formen „sozialer Macht", zu denen auch „Herrschaft" gehört, werden weiter unten analysiert.

Betrachten wir die beiden gerade grob definierten Modi von
Macht genauer. Im aktuellen Modus wird Macht ausgeübt und
zwar durch eine intendierte Handlung oder das bloße Vorhan-
densein gewisser Bedingungen, die auf vergangenen, intendierten
Handlungen beruhen. Sie wird durch ein Individuum ausgeübt,
das wir den *bestimmenden Akteur* nennen, um ein anderes Individuum zur Ausübung einer Handlung zu veranlassen, die ohne
die Handlung des bestimmenden Akteurs nicht ausgeführt würde.
Das andere Individuum nennen wir die *betroffene Person*. Der
zweite, dispositionelle, Modus ist der des Macht *habens*. Diese
Disposition wird aufgebaut durch ein oder mehrere Ereignisse, in
denen Macht im aktuellen Modus ausgeübt wird. Sprachlich wird
sie, genau wie andere Dispositionen im allgemeinen auch, ausgedrückt durch eine kontrafaktische Aussage. Individuum *i hat*
Macht über *j*, wenn *i* Macht über *j* ausüben *könnte*, wenn es
nur wollte. Solch kontrafaktische Aussagen werden heute im Rah-

---

[1](Wartenberg,1990). Eine gute Übersicht über andere Auffassungen von
Macht findet sich in (Ball,1988).

men der Semantik möglicher Welten analysiert.[2] Danach ist die
Aussage in einer realen Situation wahr wenn, grob gesprochen,
die bestimmende Person in einer der realen Situation möglichst
ähnlichen hypothetischen Situation, in der sie dies möchte oder
nötig findet, Macht über den Betroffenen ausübt. Diese Analyse
setzt einen Begriff der Ähnlichkeit für Situationen („mögliche Welten") voraus, der stark von der Struktur der gegebenen Situation
abhängt.

Nehmen wir an, ein Soldat sitzt in seinem Unterstand an der
Front, während der Hauptmann gut gelaunt auf einem Kontroll-
gang vorbeikommt. Nichts passiert. In dieser Situation hat der
Hauptmann Macht über den Soldaten im folgenden Sinn. Wenn
er wollte oder die äußeren Umstände es erforderten, könnte er den
Soldaten zusammen mit anderen zu einem Erkundungsspähtrupp
losschicken. Stellen wir uns die kontrafaktische Situation vor, in
der nur ein Aspekt anders ist, nämlich, daß der Hauptmann nun
schlecht gelaunt ist, oder gar eifersüchtig, weil der Soldat hübsch
ist und im Frieden mit seiner Frau ein Verhältnis hatte. Er hat also
Grund, den Soldaten zum Spähtrupp zu kommandieren. Wenn
diese Situation nach einem hier nicht angegebenen Ähnlichkeits-
maß die der vorherigen, realen am meisten Ähnliche ist, dann sendet in ihr der Hauptmann den Soldaten auf Spähtrupp aus. Die
Wahrheit der kontrafaktischen Aussage wird damit auf sonstwie
gewonnene Hypothesen („Was tut der Hauptmann unter welchen
Umständen") und eine Relation der Ähnlichkeit zwischen Situationen oder „möglichen Welten" zurückgeführt.

Wir akzeptieren diese Art der Analyse, obwohl der Begriff der
möglichen Welt im allgemeinen mit Vorsicht, d.h. im Rahmen
einer wohlformulierten Theorie, zu genießen ist. In Anwendungen läßt sich die Situation oft so beschreiben, daß eine natürliche
Klasse von in verschiedenen Graden ähnlichen Situationen definiert werden kann, die dann die Grundlage zur Auswertung des
Konditionalsatzes liefert. Aus diesem Grund beschränken wir uns
auf den ersten, den aktuellen, Modus. Dieser Modus enthält vier
Ingredienzien: ausgeführte Handlungen, Intentionen der Individuen, eine schwache Form kausaler Verbindung, sowie die Zeit.

Wir analysieren die Machtrelation in der folgenden Form: In-

---

[2] Vergleiche etwa (Lewis, 1973).

dividuum i übt zur Zeit t mit Handlung a Macht über Individuum j aus, sodaß j zur Zeit t' Handlung b ausführt, oder kürzer

$$i \text{ } beeinflußt \text{ mit } a \text{ zu } t \text{ } j, \text{ zu } t' \text{ } b \text{ zu tun.}$$

Wir könnten auch sagen: „mittels a bringt i zu t j dazu, zu t' b zu tun". Diese Relation hat den richtigen Typ, um im sozialen Netzwerk R auftreten zu können. Wie schon in Kap.2 werden wir die Zeichen i, j im folgenden immer als Variablen für Individuen, und a, b als Variablen für konkrete Handlungen benutzen. Ferner sollen t, t' als Variablen für Zeitpunkte dienen. Noch spezieller wird „i" stets den bestimmenden Akteur, „j" stets die betroffene Person, „a" die Handlung von i, „b" die Handlung von j, „t" den Zeitpunkt der Ausführung von a und „t'" den Zeitpunkt der Ausführung von b bezeichnen. Wir beschreiben also Situationen, in denen Macht ausgeübt wird, unter Bezugnahme auf zwei Zeitpunkte. Zum ersten Zeitpunkt t findet die Handlung a des bestimmenden Akteurs statt. Mit Hilfe von a bringt der bestimmende Akteur das betroffene Individuum j dazu, in der Folge die Handlung b auszuführen. b wird zu einer späteren Zeit als a ausgeführt, der entsprechende Zeitpunkt wird mit t' bezeichnet. Realistisch betrachtet kann es sich bei t und t' um kürzere oder um längere Zeiträume handeln, je nach Dauer der Handlungen a, b. Die Zeiträume können sich auch überlappen, solange nur t' trotzdem in einem klaren Sinn nach t kommt. Auch die Zeit, die nach einer physikalischen Zeitskala zwischen den zwei Handlungen a, b gemessen wird, kann in jedem Fall verschieden lang sein. Bei einigen Machtausübungen können Jahre vergehen, bevor das betroffene Individuum „seine" Handlung j ausführt. Man denke etwa an die Bestimmungen in einem Testament, die von j eine komplexe Handlung, wie die Einrichtung einer Stiftung, verlangen. Bei speziellen Formen der Macht werden wir außer diesen beiden Zeitpunkten noch andere brauchen, sodaß wir die Anzahl der Zeitpunkte im Modell von vornherein variabel halten und nur fordern, daß stets mindestens zwei Zeitpunkte in ihm vorkommen. Ebenso werden wir von Anfang an in einem Modell die Möglichkeit mehrerer verschiedener Ereignisse von Machtausübung vorsehen, insbesondere also auch mehr als zwei Akteure. Zur Erläuterung der Axiome betrachten wir jedoch zunächst nur ein Ereignis der Machtausübung, in dem zwei Akteure involviert sind. Es dreht sich also im Folgenden darum, zu erklären, wann ein Akteur i mit seiner Handlung a zum Zeitpunkt t Macht über Akteur j ausübt, sodaß j zum Zeitpunkt t' die Handlung b tut. Dazu muß die bestimmende Person i irgendetwas tun, eine Handlung ausführen, damit die betroffene Person überhaupt einen Hinweis erhält, daß etwas von ihr erwartet wird. Nur in Extremfällen kann i's Handlung im Nichtstun bestehen, wenn durch vorherige Aktivitäten gerade das Nichtstun eine bestimmte Bedeutung gewonnen hat. Voraussetzung für solche Extremsituationen ist, daß beide Individuen schon nach bestimmten Regeln verfahren, die der Betroffenen sagen, in welchen Umständen sie sich wie zu verhalten hat. Man denke an eine Gärtnerin, die die Anweisung hat, stets in Abwesenheit der Herrschaft den Rasen zu mähen. Solche Extremfälle setzen oft schon eine Art Institution voraus, und sind für uns nicht von primärem Interesse.

Andererseits muß sich auch der Effekt der Machtausübung auf der Seite der Betroffenen in irgendeiner Weise, durch eine Handlung, manifestieren. Wenn sie gar nichts tut, hat man keinen Hinweis, daß Macht auf sie ausgeübt wurde. Unter Benutzung der zeitabhängigen Realisierungsrelation lautet daher die erste Bedingung für Machtausübung:

M1 i *realisiert* zum Zeitpunkt t die Handlung a und j *realisiert* zum Zeitpunkt t' die Handlung b.

Weiter sind für Machtausübung die Intentionen der Beteiligten wichtig. Die bestimmende Person i intendiert, daß die betroffene Person j Handlung b ausführt. Wenn i überhaupt nicht wollte, daß j b tut, so gibt es für i keinen Grund, a zu tun. Wenn sie a nur zufällig ausführt, wird man nicht sagen wollen, sie übe mit a Macht über j aus, selbst dann nicht, wenn j b tut. Wenn ich mit meinem Auto ein anderes ramme und dadurch dessen Fahrerin zwei Stunden eingeklemmt wird, habe ich keine Macht über sie ausgeübt, auch wenn meine Handlung a (ihr Auto mit meinem zu rammen) die Ursache für ihre Handlung b (zwei Stunden in ihrem Auto auf Hilfe zu warten) war, die sie ansonsten nicht ausgeübt hätte. *Wartenberg*[3] fordert weiter, daß der Grund der Machtausübung für die bestimmende Person darin liegt, daß sie ihren eigenen Handlungsspielraum erweitern möchte. Sie benutzt die betroffene Person und deren Handlung b als Mittel für

---

[3](Wartenberg,1992)

ihren Zweck der Erweiterung ihres Handlungsspielraums. Unter der Annahme, daß intentionales Handeln stets auf Erweiterung des eigenen Handlungsspielraums abzielt, wäre diese Forderung schon durch die „bloße" Intention der bestimmenden Person erfüllt. Sollte sich diese Annahme als unhaltbar herausstellen, so wäre in unserem Modell ein entsprechender Zusatz nötig. Wir lassen diesen Punkt hier offen.

Auf der Seite der Betroffenen dagegen ist keine Intention vorhanden, die verlangte Handlung auszuführen. Im Gegenteil, die wichtigste Bedingung der Machtausübung ist, daß auf Seite der Betroffenen ein Widerstand besteht, der überwunden werden[4] muß. Hier ist zu unterscheiden zwischen dem „reinen" Fall von Machtausübung und Machtausübung in einer schon institutionalisierten Umgebung, in der oft die Intentionen des Betroffenen schon angepaßt sind. Wenn zum Beispiel ein mittelalterlicher Bauer von hilfreichem Charakter von seinem Herrn gebeten wird, dessen Dienern beim Fällen eines großen Baums zu helfen, so kann es sein, daß er zunächst keine Absicht hatte, mitzuhelfen. Wir wissen aber, daß der Herr in ähnlichen Situationen schon früher Macht über den Bauern ausübte. Es liegt nahe, auf diesem Hintergrund anzunehmen, daß die intentionale Struktur des Bauern schon den Umständen entsprechend verändert ist, sodaß er beim Ertönen der Stimme seines Herrn sofort alle anderslautenden Intentionen abschaltet. Aber diese Sichtweise setzt natürlich die schon vorhandenen und wirkenden Institutionen voraus. Der „reine" Fall, in dem noch keine vorherige Internalisierung von Machtstrukturen erfolgt ist, erfordert eine Perspektive, in der die Individuen in etwa gleichgestellt sind. Wenn der Bauer immer intentional oder jedenfalls ohne entgegenwirkende Intentionen dem Herrn zu Hilfe kommt, und wenn dies die einzige Art von Beziehung zwischen beiden wäre, können wir nicht sagen, daß der Herr Macht über den Bauern ausübt.

Wir schließen, daß im „reinen" Fall der Machtausübung, in dem keine Institutionen vorausgesetzt werden, auf Seite der Betroffenen entgegenstehende Intentionen vorhanden sind, die durch die Machtausübung überwunden werden. Die betroffene Person möchte zur Zeit t, wenn die Handlung a vom bestimmenden Ak-

---

[4]Die Bedingung ist lange bekannt, siehe etwa (Weber,1980),S.28.

teur ausgeführt wird, etwas anderes als b tun und ändert ihre Handlungweise nur in Reaktion auf die Handlung des bestimmenden Akteurs. Also haben beide Personen Intentionen. Der bestimmende Akteur hat Intentionen darüber, daß die betroffene Person bestimmte Handlungen tun soll und die betroffene Person hat Intentionen, irgendetwas Anderes zu tun. Zur Darstellung von Intentionen benutzen wir eine Relation der folgenden Form:

Individuum i *intendiert* zur Zeit t, daß Individuum j Handlung b tun soll.

Den Zeitpunkt, zu dem j b tun soll, unterdrücken wir aus Einfachheitsgründen. Genau wie die Machtrelation, paßt auch die Intentionsrelation in das soziale Netzwerk einer sozialen Formation hinein. Die obigen Bedingungen lassen sich durch diese Relation wie folgt ausdrücken.

(**10.1**) i *intendiert* zur Zeit t, daß j b tun soll und j *intendiert* zur Zeit t, eine von b verschiedene Handlung c auszuführen.

Um den Bezug auf eine andere Handlung c zu vermeiden, die oft für die Analyse nicht wichtig ist, können wir einfach eine negierte Fassung von (10.1) verwenden:

(**10.2**) j *intendiert* zur Zeit t nicht, b zu tun

d.h. genauer: Es ist nicht der Fall, daß j zur Zeit t *intendiert*, b zu tun. Diese Bedingung ist zu unterscheiden von der stärkeren Bedingung, nach der j zu t eine positive Intention hat, non-b zu tun, oder eine andere, mit b unverträgliche Handlung auszuführen. Die Intentionen beider Akteure zur Zeit t', zu der die Handlung b vom Betroffenen realisiert wird, sind für die Analyse weniger relevant. Wenn j in geeigneter Weise zum Gehorsam erzogen wurde, wird sie vielleicht zur Zeit t' intendieren, b zu tun. Im allgemeinen braucht dies aber nicht der Fall zu sein und ist es auch oft nicht. Man denke an einen Fall, in dem i durch physische Gewalt j zum Drücken eines Knopfes bringt, wodurch andere Personen getötet werden. Durch Zusammenfassung von (10.1) und (10.2) erhalten wir eine zweite allgemeine Bedingung für Machtausübung.

M2 i *intendiert* zur Zeit t, daß j b tun soll und j *intendiert* zur Zeit t nicht, b zu tun.

Schließlich spielt bei der Machtausübung eine schwache kausale Beziehung mit. Erinnern wir uns daran, daß die Kausalrelation zwischen zwei Propositionen, der Ursache p_a und der Wirkung p_b, und einem Individuum angesetzt wurde. Beide Propositionen repräsentieren Handlungen oder Zustände. Wir benutzen die Wendung „Handlung *a verursacht nach i* Handlung *b teilweise*" als Abkürzung für „ein Repräsentant p_a von Handlung *a verursacht nach* Meinung von *i* einen Repräsentanten p_b von Handlung *b teilweise*", oder anders „nach der kausalen Überzeugung von Person *i* ist p_a eine Teilursache von p_b". Im Idealfall kann die Handlung der bestimmenden Person die der Betroffenen voll verursachen. Man denke zum Beispiel an einen Arzt, der den Mund eines Kindes mit Gewalt öffnet, um ihm eine Medizin einzuflößen. Meistens sind die Handlungen jedoch nur im schwächeren Sinn der Teilursache verknüpft. Dabei ist *a eine Teilursache* von *b*, wenn sich *a* durch geeignete weitere $a_1, ..., a_n$ zu einer vollen Ursache von *b* ergänzen läßt. In der Anwendung ist dieser Begriff nützlicher, weil wir nur sehr selten die volle Ursache einer Handlung kennen. Normalerweise haben wir explizite Beschreibungen (Propositionen) einer oder weniger Teilursachen, wovon eine die Handlung der bestimmenden Person darstellt.

Eine schwache kausale Beziehung dieser Art zwischen beiden Handlungen muß bei der Machtausübung vorausgesetzt werden.[5] Betrachten wir dazu als Beispiel eine Person *i*, die sich wünscht, *j* solle sein Auto vor *i*'s Garagenausfahrt wegnehmen, wobei *a* aus *i*'s Wunsch und *b* aus *j*'s entsprechender Handlung bestehen mögen. Nehmen wir an, *j* fährt sein Auto tatsächlich weg, aber nicht weil *i* sich dies wünscht, sondern weil ein Polizist gerade anfing, Bußgeldzettel zu verteilen. Da *j* die Handlung *b* ausführt, sind Bedingungen M2 erfüllt, aber natürlich wollen wir nicht sagen, *i* übe mit ihrem Wunsch Macht über *j* aus. Macht wird hier nur durch den Polizisten ausgeübt, falls dieser intendiert, *j* solle sein Auto wegnehmen. Zwischen der Handlung des Polizisten, Strafzettel zu verteilen, und dem Wegfahren des Autos durch *j* besteht ein, wenn auch schwacher, kausaler Zusammenhang. Daß keine volle Ursache vorliegt, sieht man daran, daß manche Personen lieber die Strafe zahlen, als ihr Auto wegzufahren. Ein kausaler Zusammenhang zwischen *i*'s Wunsch und *j*'s Wegfahren ist dagegen nicht zu sehen.

---

[5] In diesem Punkt bin ich Jörg Sander verpflichtet.

M3 Nach der kausalen Überzeugung der Akteure ist a eine Teilursache von b.

M3 enthält eine Mehrdeutigkeit in Bezug auf die Zuordnung von kausalen Überzeugungen zu Personen. Wessen kausale Überzeugungen sind gemeint, die des bestimmenden oder die des betroffenen Akteurs, oder die von beiden? Verschiedene Individuen können verschiedene kausale Überzeugungen haben, diese sind aber innerhalb einer Gruppe praktisch identisch. Da Machtrelationen in den interessanten Fälle zwischen Individuen aus verschiedenen Gruppen bestehen, müssen wir mit Situationen rechnen, in denen die kausalen Überzeugungen und möglicherweise auch die Repräsentationsrelationen der in die Machtrelation einbezogenen Individuen verschieden sind.

Wir sind gewohnt, von Kausalität bei Ereignissen, nicht aber bei Handlungen zu reden. Im Bereich der Handlungen könnten wir statt von Wirkungen von *systematischen Reaktionen* reden. Wenn a eine Teilursache von b ist, könnten wir sagen, daß b eine systematische Reaktion auf a sei. „Systematisch" soll soviel wie „nicht völlig zufällig" bedeuten. Auch die Idee einer prima facie Ursache erweist sich hier als nützlich, denn nach der Häufigkeitsinterpretation der Wahrscheinlichkeit weist die prima facie Ursache auf einen regelmäßigen Zusammenhang hin, „regelmäßig" im probabilistischen Sinn. Daß a eine prima facie Ursache von b ist, heißt nicht viel mehr, als daß es einen regelmäßigen, asymmetrischen Zusammenhang zwischen Vorkommnissen der Art a und denen der Art b gibt. „Reaktion" andererseits betont, daß wir es mit Handlungen zu tun haben.

Wir lassen die Möglichkeit verschiedener kausaler Überzeugungen bei beiden Akteuren in der Machtausübung zu, indem wir durch eine partielle Funktion für jedes Individuum eine eigene Verursachungsrelation einführen. Diese Funktion ordnet den Individuen k, für die sie definiert ist, eine Verursachungsrelation *verursacht*[k] zwischen Propositionen zu. *Verursacht*[k] kann für eines der beiden Individuen, oder auch für beide undefiniert bleiben. Wenn *verursacht*[k] für Individuum k nicht definiert ist, so bleiben k's kausale Überzeugungen offen. Sie sind unbekannt.

Die beiden Fälle, in denen jeweils die Kausalrelation für i oder für j undefiniert ist, haben unterschiedliche Anwendungen. Wenn

dem betroffenen Individuum j keine kausalen Überzeugungen zugeordnet sind, so enthält die Machtausübung nach unserer Definition keinen Hinweis, daß j's Handlung b eine systematische Reaktion auf i's Handlung a ist. In solchem Fall könnte man zögern,
von Machtausübung zu reden. Wenn mir ein Straßenräuber in
Beijing einen starken Strick zeigt und in lächelndem Chinesisch,
das ich nicht verstehe, zu mir sagt: „Gib mir dein Geld oder ich
erdrossle dich mit diesem Strick", könnte ich vielleicht auf die
Idee kommen, ihm einige Yüan zu geben in der irrigen Meinung,
er wollte mir den Strick verkaufen. In dieser Situation wären Bedingungen M1 und M2 erfüllt: ich gebe ihm das Geld, um ihn
loszuwerden. Aus meiner Perspektive kann ich meine Handlung
mehr als plötzliche Gefühlshandlung auffassen, denn als eine systematische Reaktion auf seine Gesten und Äußerungen. Es liegt
also nahe, *verursacht*[j] undefiniert zu lassen. Allerdings ist nicht
klar, ob wir unter dieser Interpretation noch von Machtausübung
reden wollen.   Auf jeden Fall zeigt die Diskussion, daß kausale
Überzeugungen auf der Seite des Betroffenen wichtig sind. Wenden wir uns der bestimmenden Person zu. Wenn sie nicht der Meinung wäre, j's Handlung b sei eine systematische Reaktion auf ihre
Handlung a, was wäre dann ihr Grund, a zu tun? Ihre Handlung
a könnte dann bestenfalls als ein Versuch aufgefaßt werden, aber
wäre sie eine Machtausübung? Betrachten wir das operettenhafte
Szenario eines Grafen (als i) und einer anderen Partei, die beide
den Tod eines Mannes (j) betreiben. Der Graf beabsichtigt, es
am nächsten Tag zu erledigen, während die Partei einen Mörder
schon für heute Nacht gedungen hat. Er soll während eines Fe-
stes zustechen, das der Graf veranstaltet und zwar genau dann,
wenn der Graf einen Trinkspruch auf den König ausbringt. Wenn
der Mann bloß verletzt wird und hinterher vom Komplott erfährt,
wird er den Trinkspruch als eine Teilursache seiner Verletzung
ansehen, nicht so jedoch der Graf, der unaufgeklärt bleibt. Für
ihn besteht zwischen seinem Trinkspruch und der Stecherei kein
Zusammenhang und wir sind nicht geneigt zu sagen, er habe mit
dem Trinkspruch Macht über den Mann ausgeübt. Hier haben wir
eine Situation, in der die kausalen Überzeugungen auf Seiten des
bestimmenden Akteurs undefiniert bleiben und man aus diesem
Grund nicht von Machtausübung reden möchte. Das zeigt, daß
kausale Überzeugungen für die Machtausübung auch auf Seiten

des bestimmenden Akteurs wichtig sind.

Diese Überlegungen zwingen zu keiner definitiven Entscheidung. Sie zeigen die Wichtigkeit kausaler Überzeugungen, aber wir können uns auch Situationen vorstellen, in denen sie eher von marginaler Bedeutung sind. Solche Situationen finden wir typischerweise in einem institutionalisierten Umfeld. Dort können beide Handlungen a und b einer Machtrelation fest internalisierte Routinehandlungen sein, sodaß es für die Akteure nicht wirklich nötig ist, einen kausalen Zusammenhang wahrzunehmen und an ihn zu glauben -wie etwa beim Drill im militärischen Bereich. Da wir uns im Moment auf „reine" Machtausübung beschränken, d.h. auf Beziehungen, die nicht durch Institutionen geregelt werden, fordern wir, daß mindestens eines der involvierten Individuen kausale Überzeugungen hat und deshalb auch formal zugeordnet bekommt. Damit verträglich ist natürlich der stärkere Fall, in dem die Kausalrelation bei beiden definiert ist. Nur der Fall, daß überhaupt keine Kausalbeziehung definiert ist, weder auf i's noch auf j's Seite, wird ausgeschlossen. Es ist nicht sicher, daß Situationen ohne Intentionen niemals auftreten, aber wenn es sie gibt, dann nur im Kontext sehr stark verfestigter Institutionen. Unter Benutzung der früher eingeführten Schreibweise fordern wir:

M3 *a verursacht* nach i b *teilweise* oder
a verursacht nach j b *teilweise*.

In genauer Formulierung unter Benutzung unserer Grundbegriffe werden diese Aussagen komplizierter. Die erste Teilaussage zum Beispiel lautet genauer: „Es gibt Propositionen p_a und p_b, die für i die Handlungen a und b repräsentieren und p_a *verursacht* nach i p_b *teilweise*". Umgangssprachlich geglättet: i glaubt, daß a eine Teilursache von b ist.

Im Prinzip können sich sowohl Repräsentationsrelationen als auch kausale Überzeugungen mit der Zeit verändern. Wir nehmen, hauptpsächlich aus Einfachheitgründen, an, daß sie konstant bleiben und haben die Annahme bereits in die Typisierung dieser Begriffe eingebaut, nämlich indem wir sie nicht mit einem Zeitindex versehen. Wir werden unten spezielle Formen der Machtausübung untersuchen, bei denen eine der beiden Alternativen aus M3 positiv gefordert wird. So müssen zum Beispiel bei Manipulation die kausalen Überzeugungen des bestimmenden Akteurs stets definiert sein, und umgekehrt bei Erpressung bestimmte Überzeugungen der Betroffenen.

Die Stärke des kausalen Einflusses zwischen beiden Handlungen in einer Machtrelation variiert mit der Stärke der ausgeübten Macht. Über einen Sklaven, den man durch physischen Zwang zum Kniefall vor dem Herzog bringt, wird mehr Macht ausgeübt, als vom Polizisten über einen Falschparker. Schwache kausale Verbindung führt zu einer nur schwachen Machtrelation, etwa der Art von Manipulation. Denken wir an Großvater, der vom Enkel sehr bewundert wird, und eines Tages sagt: „Steinpilze wachsen nur unter Tannen". Diese Äußerung kann unter Umständen eine Teilursache dafür sein, daß der Enkel in seinem weiteren Leben nie an anderen Orten nach Steinpilzen sucht, das heißt sie kann zusammen mit anderen Handlungen unter geeigneten Umständen ein bestimmtes Verhalten verursachen. Dies ist der Grenzfall einer sehr schwachen Machtbeziehung, ein Fall von Manipulation. Wenn wir annehmen, daß der Enkel „vorher" intendiert, auch an anderen Plätzen nach Steinpilzen zu suchen, so sind unsere drei Bedingungen der Machtausübung erfüllt. Großvater intendiert, dem Enkel etwas über Steinpilze beizubringen, der Enkel intendiert, auch an anderen Orten zu suchen, Großvater sagt seinen Satz, Enkel sucht Steinpilze nur unter Tannen, und Großvaters Handlung ist Teilursache der des Enkels. Trotz der schwachen Art von Einfluß hat die Situation die Struktur einer Machtausübung.

Natürlich könnten wir für solch schwächere Formen von Macht eine andere Bezeichnung wählen, und wir werden dies im nächsten Kapitel auch tun. Das Grundmuster von Machtausübung, das durch die drei obigen Bedingungen charakterisiert ist, erfaßt einen weiten Bereich realer Fälle, eben weil die Bedingungen ziemlich schwach sind. Es gibt einen Rahmen ab, der in verschiedener Weise ausgefüllt und spezialisiert werden kann. Durch Spezialisierung des allgemeinen Begriffs erhalten wir verschiedene konkrete Formen der Machtausübung, die auf enger umgrenzte Situationen zutreffen.

Bis jetzt haben wir drei notwendige Bedingungen für das Bestehen einer Machtrelation formuliert. Gibt es noch andere? Bei der „reinen", nicht durch Institutionen gefestigten Form scheinen M1 bis M3 zusammen sogar hinreichend für das Ausüben von Macht zu sein. Versuchen wir, mit den drei Annahmen eine ele-

mentare Theorie der Macht in kleinen Gruppen aufzustellen. Ein
Modell dieser Theorie enthält eine Menge von Individuen, darunter i und j, den bestimmenden und den betroffenen Akteur.
Es enthält weiterhin zwei oder mehr Handlungen, darunter a und
b, wobei „a" die Handlung von i und „b" die von j bezeichnet.
Es enthält die Zeit in Form einer linear geordneten Menge T von
mindestens zwei Zeitpunkten. Es enthält zeitabhängige Relationen des Realisierens und des Intendierens. Es enthält schließlich
die Machtrelation, in der jeweils zwei Zeitpunkte eine Rolle spielen. Zusätzlich zu diesen Komponenten enthält das Modell interne
Modelle, die den Akteuren zugeordnet sind. Wir notieren diese in
der Form

$$\langle P[k], \preceq[k], \text{verursacht}[k]\rangle,$$

wobei k eines der Individuen bezeichnet und $\langle P[k], \preceq[k]\rangle$ dessen Propositionenraum. Aus Einfachheitsgründen nehmen wir
zunächst an, daß alle Propositionenräume identisch sind. Eigentlich kommen wir mit der viel schwächeren Annahme aus, daß jene
Propositionen, die explizit in der Machtrelation eine Rolle spielen,
in den beiden Propositionenräumen der involvierten Akteure vorkommen. Die kausalen Überzeugungen können dagegen verschieden sein. Wie früher benutzen wir eine Repräsentationsrelation
rep, die für jeden Akteur k Repräsentationen von Handlungen in
Form von Propositionen in k's internem Modell liefert.

Aus Gründen, die später klar werden, stellen wir noch eine allgemeine Bedingung an die Realisierungsrelation. Wir fordern, daß
eine Handlung zu einem Zeitpunkt nicht von verschiedenen Akteuren realisiert wird, daß also, mit anderen Worten, der jeweilige
Akteur ein wesentlicher Bestandteil der Handlung ist. Diese Forderung betont den konkreten Charakter von Handlungen und ist
für Handlungen einzelner Akteure unproblematisch. Bei Gemeinschaftshandlungen hat sie allerdings eine gewisse einschränkende
Wirkung, indem sie uns verbietet zu sagen, ein Individuum rea-
lisiere die „ganze" Gemeinschaftshandlung. Wenn die Handlung
etwa darin besteht, daß i und j gemeinsam einen Tisch tragen,
so können wir bei Beachtung dieser Forderung nicht sagen, i rea-
lisiere diese Handlung. Bei Gemeinschaftshandlungen wäre dann
eine neue Realisierungsrelation zu benutzen, die alle beteiligten
Akteure explizit macht. Wir definieren ein *Machtmodell* als eine

Struktur der Form

$$\langle J, H, T, <, \textit{realisiert}, \textit{intendiert}, \textit{beeinflußt}\, t, P, \preceq,$$
$$\textit{verursacht}, \textit{rep}\rangle,$$

die folgende Bedingungen erfüllt:

MM1 J ist eine Menge von mindestens zwei Individuen, darunter i, j.

MM2 H ist eine Menge von mindestens zwei Handlungen, darunter a und b.

MM3 T ist eine Menge von mindestens zwei Zeitpunkten, die durch die Relation $<$ linear geordnet ist.

MM4 *realisiert* ist eine Relation zwischen Zeitpunkten, Individuen und Handlungen.

MM5 *intendiert* ist eine Relation zwischen Zeitpunkten, zwei Akteuren und einer Handlung.

MM6 *beeinflußt* ist eine Relation zwischen zwei Zeitpunkten, zwei Akteuren und zwei Handlungen.

MM7 $\langle P, \preceq \rangle$ ist ein Propositionenraum.

MM8 *verursacht* ist eine partielle Funktion, die den Akteuren k, für die sie definiert ist, eine Relation *verursacht*$[k]$ zwischen Propositionen zuordnet.

MM9 *rep* ist eine Relation zwischen Akteuren, Handlungen und Propositionen.

MM10 Für alle Zeitpunkte t in T, Handlungen a in H und Akteure i, j in J gilt:
wenn i und j verschieden sind, dann können nicht i und j beide zur Zeit t die gleiche Handlung a *realisieren*.

MM11 Für alle Zeitpunkte t, t' in T, alle Akteure i, j in J und alle Handlungen a, b in H gilt:
i *beeinflußt* zu t mit a j, zu t' b zu tun
genau dann, wenn folgende Bedingungen erfüllt sind:

$t < t'$, i, j und a, b sind jeweils verschieden und

(1) i *realisiert* zum Zeitpunkt t die Handlung a und j *realisiert* zum Zeitpunkt t' die Handlung b

(2) i *intendiert* zum Zeitpunkt t, daß j b tun soll und j *intendiert* zum Zeitpunkt t nicht, b zu tun

(3) für $k = i$ oder $k = j$ gilt: a *verursacht* nach k b *teilweise*.

Axiom MM11-3 ist genauer wie folgt zu lesen: für $k = i$ oder $k = j$ gibt es Propositionen p_a, p_b in k's Propositionenraum, sodaß nach k's kausaler Überzeugung p_a eine Teilursache von p_b ist. Axiom MM11 ist das zentrale Verknüpfungsgesetz der hier beschriebenen Machttheorie. Alle Grundbegriffe, mit Ausnahme von $\preceq$, werden in diesem Axiom zusammengebunden. Die Tatsache, daß es die Form einer expliziten Definition hat, sollte uns nicht stören, ähnliche Fälle finden wir in den angesehensten naturwissenschaftlichen Theorien. Nicht jeder Satz, der die Form einer Definition hat, wird auch als solche benutzt. Im vorliegenden Fall soll Axiom MM11 nicht als Definition von Machtausübung dienen. Jeder kann sich Situationen vorstellen, in denen klar zu erkennen ist, daß eine Person Macht über eine andere ausübt. Bedingungen (1)-(3) von Axiom MM11 sind für das Erkennen solcher Situationen nicht nötig. Natürlich wäre es für unsere Machttheorie schlimm, wenn wir Situationen von Machtausübung finden könnten, in denen darüberhinaus die Bedingungen (1)-(3) nicht alle erfüllt sind. Die mit Machtmodellen verknüpfte empirische Behauptung lautet, daß in der überwiegenden Zahl von Situationen, in denen Macht ausgeübt wird, auch die Axiome des Modells gültig sind.

Klare Fälle reiner, das heißt nicht durch Institutionen gestützter Machtausübung sind die folgenden. A) Ein starker Mann (i), der beim Abendessen mit einem schwachen Freund (j) wütend wird und seinen Freund anschreit (a), er solle sofort verschwinden (b). Der starke Mann intendiert, daß j b tun soll. j hat zunächst keine Absicht, das Essen abrupt zu beenden, aber er verschwindet gleich nach der Realisierung von a. i's Wutausbruch ist eine Teilursache von j's Aufbruch. B) Eine Mutter (i) sagt (a) ihrer Tochter (j), sie solle Einkaufen gehen (b). Die Tochter geht, obwohl sie dies zunächst nicht vorhatte. Sie wollte vielmehr ihre Freundin anrufen. Ihre Handlung, Einkaufen zu gehen, ist teilweise ver-

ursacht durch die Äußerung der Mutter, vielleicht in Verbindung
mit dem Hinweis auf die schlechten Noten, die die Tochter gestern
heimbrachte. C) Zwei Jungen, die dem gleichen Mädchen den Hof
machen, treffen sich zufällig. Einer von ihnen (i) fordert den anderen (j) auf (a), das Mädchen in Ruhe zu lassen (b), weil er ihr
sonst sagen würde, daß er ihn (j) neulich beim Küssen mit einem
anderen Mädchen gesehen habe. j hatte vor diesem Treffen nicht
vor, seine Beziehung mit dem Mädchen abzubrechen, aber er tut
es danach. i intendiert, daß j wegbleiben soll und seine kleine Erpressung ist eine Teilursache davon, daß j wegbleibt. i's Äußerung
ist eine Teilursache, weil sie zusammen mit anderen Teilursachen,
wie etwa Äußerungen von j's Mutter, die in ähnliche Richtung
gehen, tatsächlich j's Verhalten verursachen. Betrachen wir einige „unreine" Fälle, in denen die Machtausübung wesentlich von
einer Institution abhängt und gestützt wird. D) Ein Richter (i)
verurteilt (a) einen Räuber (j) zu zwei Jahren Gefängnis. Die
Handlung b von j besteht darin, zwei Jahre lang gewisse Rou-
tineverrichtungen im Gefängnis auszuführen. Beide Handlungen
werden ausgeführt, der Richter intendiert, daß der Räuber ins
Gefängnis kommen solle, und die Handlung des Richters ist eine
Teilursache für die zweijährige Handlung b des Räubers. Sie ist
eine teilweise Ursache, weil sie in Verbindung mit dem existierenden Justizapparat zu einer vollen Ursache wird. E) Der Direktor
(i) einer Firma weist einen seiner Angestellten (j) an (a), sofort in
eine andere Stadt zu fahren, um dort einen Vertrag für die Firma
abzuschließen (b). i intendiert, daß j sofort dorthin aufbrechen
solle, aber j, der am Nachmittag seinen Garten umgraben wollte,
intendiert zum Zeitpunkt der Anweisung nicht, zu reisen. Trotzdem packt er sofort den Koffer und fährt los. Beide Handlungen
werden ausgeführt, die Anweisung verursacht j, b zu tun. F) In
ähnlicher Weise befiehlt (a) ein Feldwebel (i) einem seiner Männer
(j), trotz schweren feindlichen Feuers zum Essenholen zu gehen
(b).

Machtrelationen sind im allgemeinen nicht transitiv. Schrei-
ben wir *beeinflußt* (t, t', i, a, j, b) als Abkürzung für „i *beeinflußt*
zu t mit aj, zu t' b zu tun", so folgt aus *beeinflußt* (t, t', i, a, j, b)
und *beeinflußt* (t', t'', j, b, k, c) nicht, daß *beeinflußt* (t, t'', i, a, k, c).
Kausal scheint alles zusammenzupassen, aber die Kette reißt bei
den Intentionen ab. Unter den betrachteten Umständen inten-

diert i im allgemeinen nicht automatisch, daß auch k c tun solle. i intendiert nur, daß j b tun soll und hat im allgemeinen keine Intention bezüglich c. Der Polizist mag Macht über den Mann ausüben, der vor meinem Tor parkt, und dieser Mann mag Macht über mich ausüben, indem er absichtlich beim Wegfahren meinen Zaun rammt und beschädigt, sodaß ich ihn reparieren lassen muß. Der Polizist intendiert, daß der Mann sein Auto wegschafft und der Mann intendiert, daß ich mich beim Reparieren des Zauns ärgern soll, aber der Polizist intendiert nicht, daß ich mich ärgern soll. Er übt deshalb zwar Macht über den Parkenden, nicht aber über mich aus. Im Rahmen von Institutionen gibt es allerdings wichtige Fälle, in denen Machtausübung transitiv ist. Typisch sind hier Systeme mit Befehlshierarchien. Die Hauptbedingung, die zusätzlich gelten muß, lautet wie folgt.

M4 wenn i zu t *intendiert*, daß j b tun soll und j zu t' (mit $t < t'$) *intendiert*, daß kc tun soll, dann *intendiert* i auch zu t', daß k c tun soll.

Mit jedem Befehl etwa, den i an i gibt, intendiert i zugleich auch den entsprechenden Folgebefehl, den j an k gibt, auch wenn i diesen Befehl im Moment, wo er seinen Befehl an j gibt, nicht klar vor Augen zu haben braucht. Bedingung M4 reicht aber zum Beweis der Transitivität nicht aus. Auch bei der Kausalrelation gibt es Probleme. Es genügt nicht, daß kausale Überzeugungen von Personen transitiv sind; sie müssen auch so beschaffen sein, daß die verknüpften Ereignisse zueinander passen. Erinnern wir uns daran, daß die Kausalrelation nicht für beide Individuen definiert zu sein braucht. Wenn in einem Fall, wo i mit a j beeinflußt, b zu tun, und j mit b k beeinflußt, c zu tun, kausale Überzeugungen in der ersten Machtausübung nur für i und in der zweiten nur für k definiert sind, so erhalten wir eine „Kette": „i glaubt, daß a Teilursache von b ist" und „k glaubt, daß b Teilursache von c ist", aus der keinerlei kausale Überzeugung von i oder k bezüglich a und c erschlossen werden kann. Zur strengen Gültigkeit der Transitivität ist, wie man an dieser Überlegung sieht, neben M4 die folgende Bedingung hinreichend:

M5 Kausale Überzeugungen sind stets für beide Akteure definiert und transitiv.

Unter Voraussetzung von M4 und M5 folgt in der betrachteten Situation, daß für j a Teilursache von b und b Teilursache von c ist, sodaß also, bei Transitivität, a für j auch Teilursache von c ist. Situationen, in denen die letzten beiden Bedingungen erfüllt sind, bilden das Rückgrat großer hierarchischer Institutionen. Machtmodelle, in denen sie gelten, können wir deshalb als *hierarchisch* bezeichnen.

Die Ausübung von Macht ist auch nicht reflexiv. Ich kann nicht Macht über mich selbst ausüben. Dazu müßte ich intendieren, sowohl b zu tun, als auch gleichzeitig nicht intendieren, b zu tun. Wie steht es mit Symmetrie? Wir können fragen, ob es möglich ist, daß i Macht über j ausüben kann und gleichzeitig auch j Macht über i. Dies kann Mehreres bedeuten. Erstens können wir bei festgehaltenen Handlungen fragen, ob *beeinflußt*(t, t', i, a, j, b) und zugleich *beeinflußt*(t, t', j, a, i, b) gelten kann. Dies ist auf Grund von Axiom MM10 nicht möglich und genau deshalb wird das Axiom auch gebraucht. Aus *beeinflußt*(t, t', i, a, j, b) würde folgen, daß a von i zur Zeit t ausgeführt wird, aus *beeinflußt*(t, t', j, a, i, b) würde aber genauso folgen, daß auch j zur Zeit t a ausführt. Dies ist durch Axiom MM10 ausgeschlossen. Auch eine Symmetrie der Form *beeinflußt*(t, t', i, a, j, b) und *beeinflußt*(t, t', j, b, i, a) wird ausgeschlossen, wenn wir fordern, daß eine Person nicht die gleiche Handlung zu zwei verschiedenen Zeiten durchführen kann. Da diese Art von Symmetrie hier nicht wichtig ist, verzichten wir auf ein entsprechendes Axiom. Eine weitere Art von Symmetrie erhalten wir, wenn wir bei der Umkehrung nur Handlungen des gleichen Typs verlangen, nicht jedoch die gleichen konkreten Vorkommnisse. Wir fragen also, ob es möglich ist, daß *beeinflußt*(t, t', i, a, j, b) und *beeinflußt*(t, t', j, b', i, a') gelten, wenn a, a' und b, b' jeweils zum gleichen Handlungstyp gehören. Dies ist auf abstrakter Ebene in der Tat möglich, wenn es auch schwerfällt, sich entsprechende reale Fälle auszudenken.

Schließlich ist eine noch schwächere Form der Symmetrie zu betrachten, bei der über die Handlungen gar nichts gesagt wird. Wir sagen, daß ij *beeinflußt*, wenn gilt: es gibt Zeitpunkte t, t' und Handlungen a, b, sodaß gilt *beeinflußt*(t, t', i, a, j, b). Aus den vorherigen Überlegungen folgt, daß diese schwächere Relation in einem Machtmodell in beiden Richtungen zugleich gelten kann, daß also i Macht über j ausübt und gleichzeitig j auch Macht über i,

wobei in beiden Richtungen verschiedene Handlungen zugelassen
sind. Diese Art von Symmetrie ist für das Verständnis großer politischer Institutionen wichtig. Denn selbst wenn ein Individuum
eine überwältigende Machtfülle hat, bestehen oft Möglichkeiten,
diese Macht auszugleichen. Demokratische Parteien und Gewerk-
schaften funktionieren auf dieser Basis. Wenn sich viele betroffene
Individuen zusammentun, können sie zusammen wirksame Macht
über eine zentrale Person ausüben, auch dann, wenn der Einfluß
jedes Einzelnen sehr klein ist. Oft entsteht eine Art von Gleichgewicht, bei dem die sich gegenseitig aufhebenden Machtanteile auf
verschiedene Gruppen verteilt sind. Ein solcher Zustand ließe sich
mit Machtrelationen, bei denen Symmetrie ausgeschlossen ist, gar
nicht beschreiben.

Frühere Formen des hier präsentierten Machtbegriffs, vor allem
die Definition von (Dahl,1957), sind als zu positivistisch oder zu
eingeschränkt kritisiert worden.[6] Die Kritik zielt darauf ab, daß -
in der hier benutzten Terminologie- Machtrelationen nur zwischen
zwei Personen angesetzt werden. In der heutigen sozialen Welt
dagegen sind viele oder sogar die meisten Machtrelationen Ausdruck „sozialer Macht". Der bestimmende Akteur verdankt die
Möglichkeit, Macht ausüben zu können, einem gegebenen sozialen
Umfeld, welches ihn in der Machtausübung quasi unterstützt und
der Position, die er darin hat. *Wartenberg* benutzt den Ausdruck
„situated power", *Foucault* erhebt diese Macht gar zu einer Art
metaphysischer Substanz.[7] Mindestens ein wichtiger Grund, der
manche Autoren dazu bringt, soziale Macht als eine unabhängige
Entität zu behandeln, liegt in der Komplexität der realen Geflechte von Machtbeziehungen, bei der man schnell der Überblick
verlieren kann.

Wir werden später noch auf diese Kritik eingehen. Im Moment
sei nur darauf hingewiesen, daß sie die Vollständigkeit betrifft, mit
der eine Machttheorie reale Verhältnisse erfaßt. In einer Machtrelation der hier betrachteten Art ist der für die Ausübung sozialer
Macht nötige soziale Hintergrund nicht explizit gemacht. In diesem Sinn ist eine Beschreibung nur mit den Termen der obigen
Machttheorie unvollständig. Das heißt aber nicht, daß deshalb

---

[6]Siehe etwa die Arbeiten von Isaac und von Wartenberg in
(Wartenberg,1992a).
[7](Wartenberg,1992), (Foucault,1980).

soziale Macht aus dem Anwendungsbereich der Machttheorie herausfiele. Wie die obigen Beispiele zeigen, mündet auch soziale Macht letzten Endes in eine Beziehung zwischen Personen: eine Machtrelation. Der Richter kann zwar nur mit dem vorhandenen Sicherheits- und Vollzugsapparat etwas gegen den Dieb ausrichten; dies ändert aber nichts daran, daß *er* Macht über den Dieb ausübt. Die alternative Redeweise, nämlich zu sagen, der Sicherheits- und Vollzugsapparat übe Macht über den Dieb aus, bevölkert -abgesehen davon, daß sie zunächst grammatisch unsinnig scheint-[8] die Theorie mit unnötigen Entitäten und ist damit dem *Ockham*'schen Rasiermesser ausgesetzt.[9]

---

[8]Wir haben hier ein schönes Beispiel der Figur der Verdinglichung von Relationen vor uns, die vor allem von deutschen Philosophen wegen der entsprechenden, sprachlichen Möglichkeiten des Deutschen immer wieder gerne ausgeführt wird.

[9]Dafür, daß soziale Macht als eigene Entität unnötig ist, liefert unsere Theorie, in der wir soziale Macht definieren können, einen strengen Beweis. siehe Kapitel 12.

11 Formen der Macht

Um das Potential unserer kleinen Machttheorie deutlich zu machen, betrachten wir einige konkretere Formen der Machtausübung, allerdings ohne Anspruch auf Vollständigkeit. Auch hier stützen wir uns auf die schon angegebene Arbeit Thomas Wartenbergs.[1] Zuvor sei bemerkt, daß die zu untersuchenden speziellen Formen der Machtausübung begrifflich als Spezialisierungen unserer Machtmodelle anzusehen sind. Eine Spezialisierung[2] ist eine Bedingung, die zum „Fundamentalgesetz" einer Theorie hinzugenommen wird, um eine stärkere Aussage für einen eingeschränkten Anwendungsbereich zu machen. Der zentrale theoretische Begriff der obigen Machttheorie ist die Machtrelation. Die Spezialisierungen, die wir einführen, dienen alle dazu, diese Relation in verschiedenen speziellen Situationen genauer zu analysieren. Da das zentrale Axiom für die Machtrelation die Form einer Äquivalenz („i beeinflußt j genau dann, wenn...") hat, werden die einzuführenden Zusatzbedingungen in Form weiterer Konjunktionsglieder auf der rechten Seite der Äquivalenz hinzugefügt.[3] Das zentrale Axiom der Theorie wird so für verschiedene Anwendungsbereiche spezialisiert. Die Spezialisierungen, die wir betrachten, entsprechen also speziellen Formen der Machtausübung.

Zur Beschreibung der speziellen Machtformen benutzen wir den Begriff des Machtereignisses. Ein solches besteht aus den zwei in der Machtrelation involvierten Akteuren i, j, ihren beiden Handlungen a, b, sowie den beiden Zeitpunkten t, t', zu denen die Handlungen ausgeführt werden. Ein Machtereignis hat also immer die Form $\langle t, t', i, a, j, b \rangle$, wobei die Symbole ihre früher festgelegte

---

[1] (Wartenberg,1990).

[2] Siehe (Balzer,Moulines,Sneed,1987), Kap.4, für eine ausführliche Darstellung dieses Begriffs.

[3] Dies zeigt noch einmal, daß das Axiom MM11 nicht als explizite Definition für die Machtrelation zu lesen ist. Würde man es als Definition lesen, so müßte man bei Hinzufügung neuer Bedingungen sagen, man habe es danach mit einem anderen Begriff von Macht zu tun, das heißt man benutze für verschiedene Anwendungsbereiche verschiedene Machtbegriffe.

Bedeutung haben. Wenn man die Akteure und Zeitpunkte als wesentliche Bestandteile der Handlungen ansieht, reduziert sich ein Machtereignis auf die beiden in einer Machtrelation ausgeführten Handlungen. In den Machtmodellen des letzten Kapitels blieb offen, wieviele Machtereignisse durch ein Modell beschrieben werden. Minimale Modelle enthalten genau ein solches Ereignis, aber „größere" Modelle können sehr viele verschiedene Machtereignisse, wie auch sehr viele verschiedene Individuen, enthalten. Unsere Spezialisierungsschritte werden jeweils ein Machtereignis betreffen. Bei der Definition spezieller Machtmodelle müssen wir also auch festlegen, ob *alle* Machtereignisse des Modells die spezielle Form haben sollen, oder nur einige. Wir entscheiden uns für die zweite Alternative, weil es nur so möglich wird, reale Situationen zu modellieren, in denen verschiedene Formen von Macht gleichzeitig vorkommen. Die folgenden Definitionen charakterisieren also zunächst nur einzelne Machtereignisse. Sie werden auf ganze Modelle übertragen durch die Forderung, daß das jeweilige Modell mindestens ein spezielles Machtereignis der definierten Art enthalten solle.

Die erste und zugleich grundlegende Form der Macht ist Gewalt. Wir sagen, ein Machtereignis $\langle t, t', i, a, j, b \rangle$ sei *gewaltsam*, wenn gilt:

G1 das Ereignis ist ein Machtereignis, d.h. es gilt Axiom MM11,

G2 der betroffene Akteur j *intendiert* zur Zeit t' eine mit der tatsächlich *realisierten* Handlung b inkompatible Handlung,

G3 die Handlung a des bestimmenden Akteurs *verursacht* nach Überzeugung beider Akteure die Handlung b des Betroffenen *vollständig*.

Ein Modell, in dem ein gewaltsames Machtereignis vorkommt, nennen wir ein *Gewaltmodell*. Diese Definition findet Anwendung in Fällen, wo vom bestimmenden Akteur physische Gewalt angewandt wird, etwa beim Gefangenhalten, oder beim Rauswerfen aus einer Kneipe. In solchen Beispielen sind die allgemeinen Bedingungen (1) bis (3) aus Axiom MM11 erfüllt. Die erzwungenen Handlungen (Gefängnisroutine, Hinausgeworfenwerden) sind durch den bestimmenden Akteur intendiert, durch seine Handlung voll verursacht und der Betroffene intendiert, sie nicht auszuführen. Auch sind beide Akteure von der Verursachung überzeugt. Gewalt dient meistens einem, zumindest aus der Sicht des Betroffenen, negativen Zweck: gewisse Handlungen auf der Seite des betroffenen Individuums werden verhindert. Die Zahl der „positiven" Anwendungen, wie Eingabe von Medizin beim Kleinkind, oder Schläge in erzieherischer Absicht, ist klein.

Eine zweite, subtilere Form der Macht, die, nunmehr aus der Sicht der bestimmenden Person „positiv" eingesetzt wird, um die andere zur Ausführung bestimmter Handlungen zu bringen, ist Erpressung. Auch hier ist das Wort wieder geeignet, die Assoziation in eine bestimmte Richtung, nämlich die von kriminellen Delikten, zu lenken. Tatsächlich jedoch ist die Struktur dieser Machtform weit verbreitet und in unserem Alltagsleben fest verankert. Wir beginnen mit einem Beispiel. Vater (i) sagt zu seinem Sohn (j):

(S^*) „Du wäscht jetzt das Auto, oder du bleibst heute abend zu Haus."

Der Sohn geht und wäscht den Wagen (b). Die Handlung a des bestimmenden Akteurs besteht in der Äußerung von (S^*) und die Situation ist ein klarer Fall von Machtausübung im allgemeinen Sinn. Im Vergleich zur Gewaltausübung gibt es mehrere neue Aspekte. Erstens ist die kausale Beziehung zwischen beiden Handlungen a und b nicht mehr rein physisch. Wenn der Sohn stark genug ist, kann der Vater ihn physisch nicht im Haus halten. Da also Gewalt nicht im Spiel ist, müssen es mehr rationale Überzeugungen und Erwartungen sein, die den Sohn zum Autowaschen bringen.

Rationales Verhalten wird gewöhnlich mit Hilfe von Präferenzen modelliert. Wir führen eine Präferenzrelation ein, die wir in der Form

$$i \text{ zieht } p_a \text{ vor } p_b \text{ vor}$$

als Relation zwischen Propositionen notieren. Die Propositionen p_a und p_b können dabei Zustände, Objekte, aber auch Ereignisse und Handlungen repräsentieren. Zum Beispiel kann p_a einen Zustand beschreiben, von dem der Akteur glaubt, daß er eintreten wird, oder ein Objekt, etwa in der Form „i ist im Besitz des Objektes...“. Die normale Erklärung, warum der Sohn den Wagen wäscht, obwohl er es nicht intendiert, benutzt dessen Präferenzen. Wenn er den Wagen nicht wäscht, muß er am Abend zu Hause bleiben (und kann nicht zur Party eines Freundes gehen). Das Zuhausebleiben ist eine Handlung, der er das Wagenwaschen vorzieht. Deshalb käme er, wenn er b (Wagenwaschen) nicht täte, in eine Situation, die noch schlechter ist als b. Dies ist für einen rationalen Akteur oft schon Grund genug, b zu tun.

Betrachten wir die Sache genauer. Die Handlung des bestimmenden Akteurs hat hier und im allgemeinen die Form einer Äußerung oder einer anderen Form von Informationsübertragung. Es wird mitgeteilt, daß der bestimmende Akteur eine Handlung a^* tun würde, wenn nicht der betroffene Akteur eine andere Handlung b tut. Wesentlich ist nicht die bloße Mitteilung, sondern deren Effekt auf den betroffenen Akteur. Dieser muß zur Überzeugung gelangen, daß die Ankündigung glaubhaft ist, daß also der bestimmende Akteur tatsächlich a^* tun würde. Hier hilft uns der Begriff der kausalen Überzeugung nicht weiter, wir brauchen vielmehr den „direkten“ Begriff der Überzeugung oder des Glaubens. Führen wir *glauben* als Relation zwischen Zeitpunkten, Individuen und Propositionen ein, so können wir Sätze der Form

$$i \text{ glaubt zu } t, \text{ daß } p$$

formulieren. Im vorliegenden Fall drückt die Proposition p aus, daß i a^* tun würde, wenn j nicht b tut; im Beispiel: wenn der Sohn den Wagen nicht wäscht, wird Vater ihn am Abend nicht weggehen lassen. Diese Überzeugung wird durch i's Äußerung a erzeugt, wobei wir der Einfachheit halber annehmen, daß die Erzeugung ohne Verzögerung zur Zeit der Äußerung von a geschieht. Die Erzeugung läßt sich als partielle Verursachung beschreiben, also mit Hilfe der Verursachungsrelation. Insgesamt lautet dann eine erste Bedingung für Erpressung wie folgt:

EP1 Die Handlung a des bestimmenden Akteurs i ist eine Teilursache dafür, daß der betroffene Akteur j glaubt, i werde a^* tun, falls j nicht b tut.

Die Proposition, die hier die Wirkung beschreibt, ist ziemlich komplex: „j glaubt, daß i a^* tun würde, wenn j nicht b tut". Das ist aber kein Einwand gegen unsere Analyse, sondern zeigt nur die Komplexität der wirklichen Struktur von Erpressung. Es besteht kein Anlaß, die Möglichkeit zur Formulierung solcher Propositionen in geeigneten Propositionenräumen zu bezweifeln, allerdings ist es hier nicht nötig, auf technische Details der Durchführung einzugehen.[4] Der Zeitpunkt der Ausführung von a^*, der bei einer genauen Formulierung in unseren Grundbegriffen anzugeben ist, muß zwei Bedingungen erfüllen. Er muß natürlich erstens später liegen, als der Zeitpunkt der Äußerung von a, er muß aber zweitens auch später sein als der Zeitpunkt, zu dem b ausgeführt wird oder ausgeführt werden soll. Wenn t_1 und t_2 die beiden Zeitpunkte sind, zu denen a bzw. b ausgeführt werden, so muß also gelten.

EP2 Der Zeitpunkt t^* der eventuellen Realisierung von a^* liegt später als beide in der Machtrelation vorkommende Zeitpunkte.

Eine dritte und entscheidende Bedingung betrifft nun die Wirkung der Drohung, a^* zu tun. Damit die Erpressung wirkt, muß a^* Folgen haben, die für den Betroffenen im Vergleich mit der Ausführung von b so unangenehm sind, daß er, um diesen Folgen zu entgehen, doch lieber b tut. Diese Bedingung läßt sich in verschiedener Weise präzisieren. Wir verfolgen hier einen durch *Wartenbergs* Ansatz vorgezeichneten Weg. Danach besteht Machtausübung generell in einer Veränderung des Handlungsraums des betroffenen Akteurs. Im vorliegenden Fall kommt die Veränderung durch die von a^* ausgehenden Folgen zustande und besteht in der Regel in einer Einschränkung der real möglichen Handlungen, die der betroffene Akteur ausführen kann. Diese Vorstellung läßt sich unter Benutzung eines einzigen neuen Grundbegriffs präzisieren, nämlich der Menge der für einen Akteur *real möglichen* Handlungen. Damit meinen wir Handlungen, die für den Akteur sowohl physisch als auch sozial und ökonomisch möglich sind. So ist es

---

[4]Vergleiche (Balzer,1992b) für eine knappe Darstellung des technischen Apparats. Die hier vorgelegte Analyse von Erpressung verbessert die Definition in der genannten Arbeit.

zum Beispiel für einen starken Mann zwar physisch (und auch ökonomisch) möglich, seinen Vorgesetzten zu verprügeln, aber sozial ist dies ausgeschlossen. Umgekehrt ist es sozial möglich, im Sinne von „erlaubt", einen unheilbar Kranken zu heilen, aber das geht physisch nicht. Oder es ist sozial und physisch möglich, ein großes Geschenk zu machen, aber die ökonomische Ausstattung der Person läßt es nicht zu. Der Bereich der real möglichen Handlungen ist in der Regel, wenn man ihn zu einem bestimmten Zeitpunkt betrachtet, ziemlich übersichtlich und nicht allzu groß. Wir beschreiben ihn formal durch eine Funktion RM, die jedem Zeitpunkt und jedem Akteur eine Menge von Handlungen zuordnet,

$$RM(t, i) = \{a_1, ..., a_n\},$$

zu lesen als „zur Zeit t sind die Handlungen $a_1, ..., a_n$ für Akteur i real möglich".

Unter Benutzung dieses Begriffs läßt sich die dritte Bedingung nun einfach formulieren. Sie lautet, daß die angedrohte Handlung a^* eine wesentliche Einschränkung der real möglichen Handlungen für den betroffenen Akteur verursacht. Was eine „wesentliche Einschränkung" ist, läßt sich weiter mit Hilfe von Präferenzen erklären. Die allgemeinste Formulierung ist, daß der betroffene Akteur die von ihm verlangte Handlung b der erwarteten Einschränkung seines Handlungsraums gegenüber vorzieht. Insgesamt haben wir also folgende Bedingung:

EP3 Die angedrohte Handlung a^* ist für die betroffene Person Teilursache für eine Einschränkung ihres realen Handlungsraums, und sie zieht die von ihr verlangte Handlung b dieser Einschränkung vor.

Im Beispiel enthält der Handlungsraum des Sohnes vor der Äußerung des Vaters etwa zwei real mögliche Handlungen: zu einer Party eines Freundes zu gehen oder zu Hause zu bleiben, wobei er eine sehr starke Präferenz für die erste Alternative hat. Wenn Vater seine Drohung wahr macht und ihn am Abend nicht ausgehen läßt, schrumpft der Handlungsraum auf die eine Möglichkeit „zu Hause bleiben" zusammen, und es ist durchaus plausibel, daß ihm das Wagenwaschen lieber ist, als diese Einschränkung seines Handlungsraums. Mit Hilfe der Annahmen EP1 bis EP3 läßt sich

erklären, warum der Sohn den Wagen wäscht, auch wenn er dies
gar nicht wollte, oder allgemein, warum das betroffene Individuum
b tut, ohne dies zunächst zu intendieren. Dazu muß man annehmen, daß sich j rational verhält, insofern er solche Handlungen
realisiert, die er vor anderen, ihm möglichen, vorzieht. Axiom EP3
enthält hinsichtlich der Präferenz eine Asymmetrie. Die Präferenz
besteht zwischen einer „einfachen" Handlung und einer ziemlich
komplexen Proposition des Inhalts, daß der Raum der real möglichen Handlungen in bestimmter Weise eingeschränkt wird oder
ist. Diese Asymmetrie verschwindet in konkreten Fällen, wenn
der Raum der real möglichen Handlungen gut überschaubar ist.
In manchen Fällen sind zum Beispiel einfach alle in RM verbleibenden Alternativen schlechter als die erpreßte Handlung b und es
genügt, wie in unserem Beispiel, b in Bezug auf Präferenz mit allen
verbleibenden Möglichkeiten zu vergleichen. Im allgemeinen sehen
wir jedoch keinen Weg, die Einschränkung des Handlungsraums
auf der einen Seite der Präferenzrelation zu vermeiden. Dies ist
mit ein Grund, weshalb wir Präferenz zwischen Propositionen,
und nicht etwa zwischen Handlungen oder Zuständen direkt ansetzen. Durch Hinzufügung der drei Bedingungen EP1 bis EP3
zu den Axiomen der Machtmodelle wird die Klasse aller Modelle
mit Erpressung definiert. Diese Modelle sollen auf alle konkreten
Situationen Anwendung finden, in denen wir präsystematisch, aus
dem Alltagsverständnis heraus sagen, daß Erpressung vorliegt, sowie auf alle ähnlichen Situationen, die sich in natürlicher Weise
unter die Modelle subsumieren lassen. Situationen des letzteren
Typs werden erst dann als Erpressung wahrgenommen, wenn ein
Modell mit Erpressung erfolgreich auf sie angewandt wurde. Insgesamt hat ein Modell *mit Erpressung* die Form eines allgemeinen
Machtmodells, zu dem noch drei weitere Komponenten hinzutre-
ten: die Relationen *glaubt, zieht vor* und die Funktion RM. Neben
den allgemeinen Axiomen sollen für die neuen Komponenten auch
die obigen Aussagen EP1 bis EP3 als Axiome gelten. Genauer
fordern wir, daß mindestens ein Machtereignis des Modells auch
die zusätzlichen Axiome EP1 - EP3 erfüllt. Das Modell kann also
viele verschiedene Machtereignisse enthalten und mindestens eines
von diesen muß die zusätzliche Form der Erpressung haben.

Wir fordern nicht, daß die betroffene Person ihren Nutzen ma-
ximiert. Unsere Theorie soll möglichst allgemein gehalten werden.

Nicht alle Menschen verhalten sich immer rational, also darf eine allgemeine Theorie keine Rationalitätsannahme machen. Die Rationalitätsbedingung der Nutzenmaximierung läßt sich bei Bedarf sehr einfach hinzufügen. Sie besagt, daß die Person k zu jeder Zeit t aus ihrer Menge $RM(t, k)$ realer Alternativen nur solche realisiert, die unter ihrer Präferenzrelation maximal sind, d.h. zu denen in $RM(t, k)$ keine besseren Alternativen existieren. Schauen wir uns zwei weitere Beispiele von Erpressung an. Zuerst einen Lokalpolitiker (j), der am Anfang seiner Laufbahn in einen Skandal verwickelt war, welchen er aber vertuschen konnte, und einen Mann (i), der eine Stellung in der Stadtverwaltung bekommen möchte. i geht zu j und erzählt ihm, daß er die dunkle Geschichte kennt und droht ihm, diese der Zeitung zu berichten, wenn er ihm nicht helfe, die Stelle zu bekommen. Danach wirkt j darauf hin, daß i die Stelle bekommt. Sei b die Handlung von j, mit der er i bei der Bewerbung um die Stelle zur Zeit t' unterstützt und sei a^* die Handlung, daß i der Zeitung die dunkle Geschichte aus j's Vergangenheit erzählt. Dann läßt sich i's tatsächliche Handlung a wie folgt umschreiben: i sagt: „wenn du (j) zur Zeit t' nicht b realisierst, dann werde ich (i) anschließend (zu einer späteren Zeit) a^* realisieren".

Beide Handlungen a und b werden ausgeführt. Nehmen wir an, i intendiere zur Zeit t, daß j b tun solle und j intendiere zur Zeit t nicht, b zu tun. Dann ist die Situation, falls aus j's Sicht a eine Teilursache von b ist, ein Machtereignis. Alle drei Bedingungen der allgemeinen Machtausübung aus Axiom MM11 sind erfüllt. Aber auch die drei spezielleren Annahmen für Erpressung sind erfüllt. j glaubt, daß i seine Drohung wahrmachen würde, wenn er ihm nicht zu der Stelle verhilft (EP1), die Ausführung von a^* würde zu einer Zeit t^* später als t' erfolgen (EP2), und schließlich ist aus j's Sicht die Handlung a^* Teilursache einer wesentlichen Einschränkung seines Handlungsraumes $RM(t, j)$ auf eine kleinere Menge $RM(t^*, j)$, vor der er b vorzieht (EP3). Ein zweites Beispiel ist der Raubüberfall. Ein Räuber (i) zeigt einem Mann (j) seinen Revolver und verlangt dessen Brieftasche. j's Handlung b ist, die Brieftasche herauszugeben, i's hypothetische Handlung a^* ist, auf j zu schießen und i's tatsächliche Handlung a ist: i sagt: „wenn du (j) zur Zeit t' nicht b realisierst, dann werde ich (i) anschließend (zu einer späteren Zeit t^*) a^* realisieren".

Wir können annehmen, daß zur Zeit t i intendiert, daß j b tun soll und daß j zur Zeit t nicht intendiert, b zu tun. Weiter verursacht a in beiden internen Modellen b. Die Situation liefert also ein Machtmodell. Auch die Zusatzbedingungen für Erpressung sind erfüllt. Bei EP1 kommt es darauf an, daß der Überfall glaubhaft wirkt. Wenn ja, ist EP1 erfüllt. Auch EP3 ist, neben der trivialen Bedingung EP2, plausiblerweise erfüllt. Eine Verletzung oder gar Tod durch die Revolverkugel schränkt den realen Möglichkeitsraum des betroffenen Akteurs normalerweise so stark ein, daß er die Herausgabe seiner Brieftasche vorzieht. Dies wäre etwa dann *nicht* der Fall,[5] wenn j sein gesamtes, nicht geringes Vermögen in der Brieftasche hat und mit einer nicht zu schweren Verletzung rechnet, oder wenn er die Summe, die er bei sich trägt, zu einem für ihn sehr wichtigen Zweck braucht, der ihm einen Krankenhausaufenthalt wert ist.

Eine dritte Form der Macht ist die Einflußnahme. Zwar besteht hier in der Wortwahl eine Verwechslungsgefahr, weil wir im allgemeinen Kontext „Macht" als synonym mit „Einfluß" gebrauchen. Die jetzt zu beschreibende Einflußnahme dagegen ist von viel speziellerer Natur als Machtausübung im allgemeinen. Leider gibt es im Deutschen kein anderes geeignetes Wort für diese spezielle Form, sodaß wir die Doppeldeutigkeit in Kauf nehmen. Verwirrung kann trotzdem nicht entstehen, weil wir „Einfluß" in diesem Kapitel stets in der speziellen Bedeutung verwenden, überall sonst dagegen in der allgemeinen Bedeutung von „Macht". Typisch für Einflußnahme ist, daß die kausale Wirkung, die von Handlung a zu Handlung b führt, einen „Umweg" über das interne Modell des betroffenen Akteurs macht, und zunächst dieses selbst verändert, sodaß j mit seinen veränderten Intentionen rationalerweise b tut. Die relevanten Komponenten des internen Modells sind hier Intentionen, Präferenzen und Glauben. Tieferreichende Komponenten der internen Modelle, wie die Bedeutungsimplikation $\preceq$ könnten im Prinzip auch betrachtet werden. Ihre Änderung erfolgt aber langsamer und langfristiger, und in der Regel nicht aufgrund einzelner Handlungen als Ursachen. Jeder Änderung in einer der drei Komponenten: Intention, Präferenz und Glauben, entspricht eine eigene Form der Einflußnahme und natürlich

---

[5] Die Beispiele wurden mit Variation aus (Wartenberg,1990) übernommen.

können auch gemischte Fälle auftreten.

Zur einfacheren Beschreibung führen wir den Begriff des *psychischen Zustands* $PZ(t,i)$ eines Akteurs i zur Zeit t ein. Dazu sind die Relationen des *Intendierens*, *Präferierens* und *Glaubens* auf den Zeitpunkt t und den Akteur i zu relativieren. Relativierung auf einen Zeitpunkt wurde in Kapitel 9 erläutert, bezüglich eines Akteurs verfahren wir analog. Wir schreiben *intendiert*(t,i), *präferiert*(t,i) und *glaubt*(t,i) für die jeweils auf t und i relativierten Relationen. Der psychische Zustand $PZ(t,i)$ von Akteur i zur Zeit t wird nun definiert als Zusammenfassung von i's Intentionen, Präferenzen und Glauben zur Zeit t.

$$PZ(t,i) = \langle intendiert(t,i), pr\ddot{a}feriert(t,i), glaubt(t,i)\rangle.$$

Ein Modell *mit Einflußnahme* ist ein allgemeines Machtmodell, in dem mindestens ein Machtereignis die spezielle Form der Einflußnahme hat. Genauer sollen für dieses Ereignis $\langle t, t', i, a, j, b\rangle$ zwei zusätzliche Bedingungen erfüllt sein. Erstens ist der psychische Zustand des betroffenen Akteurs j zu beiden Zeitpunkten t, t' verschieden:

EF1 $PZ(t,j)$ ist verschieden von $PZ(t',j)$.

Zweitens ist diese Verschiedenheit durch die Handlung a des bestimmenden Akteurs teilweise verursacht.

EF2 a *verursacht*, nach i, *teilweise*, daß $PZ(t,j)$ von $PZ(t',j)$ verschieden ist.

Hier haben wir einen ersten Fall, in dem die kausale Beziehung in den internen Modellen des bestimmenden Akteurs vorliegen *muß*. Der betroffene Akteur braucht diesen Zusammenhang nicht zu erkennen.

Spezielle Modelle mit Einflußnahme, in denen sich jeweils nur eine der drei Komponenten des psychischen Zustands ändert, bezeichnen wir entsprechend als Modelle mit *Änderung der Intention*, der *Präferenzen* und der *Überzeugungen*. Insbesondere sind hier jene Modelle von Interesse, in denen die Änderung des psychischen Zustandes unmittelbar zur Handlung b führt. Im ersten Fall ändern sich die Intentionen des betroffenen Akteurs so, daß die zu

t nicht intendierte Handlung b zum späteren Zeitpunkt t' nun intendiert ist. Ein Beispiel ist die Studienberatung. Die Beraterin sagt dem Studenten, er sei besonders begabt für Medizin, während der Student zunächst Jura studieren wollte und nicht an Medizin dachte. Die Mitteilung a bewirkt beim Studenten eine Änderung seiner Intention, sodaß er nun tatsächlich vorhat, Medizin zu studieren und, zu t', dies auch tut. Modelle mit Machtereignissen dieser Art nennen wir Modelle mit *unmittelbar relevanter Änderung der Intention*.

Entsprechend ist eine Änderung der Überzeugung *relevant*, wenn die betroffene Person bemerkt, daß die Handlung b eine Wirkung c hervorruft, die sie sehr stark vorzieht, während sie vor der Einflußnahme diese Wirkung nicht erkannte. Ein Machtereignis $\langle t, t', i, a, j, b \rangle$ stellt demzufolge eine *unmittelbar relevante Änderung der Überzeugung* (des betroffenen Akteurs j) dar, wenn es ein c gibt, sodaß gilt:

R1 j *intendiert* zu t und zu t', c zu tun,

R2 j *glaubt* zu t nicht, daß b eine Teilursache von c ist,

R3 j *glaubt* zu t', daß b eine Teilursache von c ist,

R4 a ist, aus i's Sicht, *Teilursache* der durch R2 und R3 ausgedrückten Änderung von j's Überzeugung.

Ein Modell, das solche Ereignisse enthält, bezeichnen wir als *Machtmodell mit unmittelbar relevanter Überzeugungsänderung*. Drittens sind *Machtmodelle mit unmittelbar relevanter Präferenzänderung* zu definieren. Hierbei spielt es eine Rolle, daß die Präferenzrelation nicht für alle Propositionenpaare definiert zu sein braucht. Es kann Paare $\langle p_c, p_d \rangle$ von Propositionen geben, bei denen die Person keine Präferenzen hat. Wir sagen, die Proposition p_c *liege zu t im Bereich* der Präferenzrelation, wenn es eine Proposition p_d gibt, mit der p_c zu t in der Präfenrenzrelation steht. Änderungen der Präferenzrelation können auf drei Arten eintreten. Erstens kann sich der Bereich der Präferenzrelation vergrößern. Eine Proposition p_c, die zur Zeit t nicht im Bereich der Präferenzrelation lag, kommt als

Folge der Handlung a neu in den Bereich hinein. Von unmittelbarer Relevanz ist hier der Fall, wo p_c gerade die Handlung b des Betroffenen repräsentiert. Denken wir an Großvater und die Steinpilze. Durch Großvaters Äußerung entwickelt der Enkel eine erste Präferenz für Plätze, an denen nach Steinpilzen zu suchen ist.

Das Beispiel zeigt, daß viele alltägliche Handlungen die Form von Einflußnahme haben und daher Ausdruck von Macht sind. Dies könnte als Einwand gegen die Theorie vorgebracht werden: weil sie auf so viele reale Situationen zutreffe, sei sie trivial. Der Einwand ist aber falsch. Es *gibt* wesentliche Bereiche menschlicher Handlungen, in denen keine Macht ausgeübt wird: Spiele, gefühlsbetonte Beziehungen, sexuell betonte Beziehungen, Tauschbeziehungen. Die Tatsache, daß Machtbeziehungen über einen breiten Bereich von Situationen streuen, weist nicht auf ihre Trivialität hin. Ganz im Gegenteil, sie zeigt, daß Macht in Wirklichkeit eine treibende Kraft für menschliche Handlungen ist. Die Behauptung, Machtbeziehungen wären heutzutage unwichtig, erzeugt ein falsches und schädliches Bild der menschlichen Existenzbedingungen.

Zweitens kann sich der Bereich der Präferenzrelation verkleinern. Eine Proposition,die zu t in den Bereich hineinfiel, wird aus ihm hinausgeworfen. Unmittelbar relevant ist hier der Fall, bei dem die hinausgeworfene Proposition besser als p_b war und alle im verkleinerten Bereich verbliebenen Propositionen schlechter als p_b sind. Ein Beispiel läßt sich im Zusammenhang mit radikaler Änderung des Lebenswandels konstruieren. Ein erfolgreicher Geschäftsmann, der in den Einflußbereich eines Gurus gerät, verliert das Interesse an vielen Handlungen, die er in seinem „ersten" Leben sehr wichtig fand, zum Beispiel die Bewegungen an der Börse zu verfolgen. Diese Handlungen hatten vor der Bekehrung einen hohen Rang in der Präferenzrelation, nachher sind sie so bedeutungslos, daß sie einer Bewertung nicht einmal gewürdigt werden.

Im dritten Fall schließlich dreht sich die Ordnung der Präferenz bei einem Paar von Propositionen um. Während zur Zeit t p_c vor p_d vorgezogen wird, gilt zu t' die Umkehrung: p_d wird vor p_c vorgezogen. Unmittelbar relevant ist dieser Fall, wenn p_d gleich p_b ist. Während es also zu t eine Handlung c gibt, die vor b

vorgezogen wird, ist diese Handlung zu t' „neutralisiert". Da sie
nun schlechter als b rangiert, steht sie der Ausführung von b nicht
mehr im Weg. Ein Beispiel wäre der obige Student, wenn er sich
vorher schon Gedanken über ein Medizinstudium gemacht hätte,
aber dieses bei ihm niedriger rangierte als das der Rechte. Nach
der Studienberatung hat sich seine Präferenz geändert: er zieht
nunmehr das Medizinstudium vor.

In jedem der drei als unmittelbar relevant ausgezeichneten
Fälle liegt ein Machtereignis vor, in dem die Einflußnahme direkt über eine Änderung der Präferenzen erfolgt. In allen Fällen
reden wir von *Einflußnahme über Präferenz*.

Ein sehr wichtiger Spezialfall der Einflußnahme ist Manipulation. Manipulation liegt vor, wenn der bestimmende Akteur
mit seiner Handlung a ein bestimmtes Ziel verfolgt, das er jedoch vor dem betroffenen Akteur verbirgt. Die Verbergung kann
aktiv oder passiv sein; es genügt schon, daß er dem betroffenen
Akteur sein Ziel nicht mitteilt, wenn er Gelegenheit dazu hätte.
Daß a ein Ziel für i ist, können wir ausdrücken durch „i *intendiert, a zu tun*". Wir definieren Machtmodelle *mit Manipulation*
als Machtmodelle, in denen Ereignisse von Manipulation vorkom-
men. Dabei heiße ein Machtereignis $\langle t, t', i, a, j, b \rangle$ ein Ereignis *von
Manipulation*, wenn folgende Bedingungen erfüllt sind.

P1 Das Machtereignis ist eine Einflußnahme.

P2 Es gibt ein c, sodaß gilt:

P2.1 c ist für i zur Zeit t ein Ziel,

P2.2 i glaubt zu t, daß b eine Teilursache von c ist,

P2.3 j glaubt zur Zeit t nicht, daß c ein Ziel für i ist.

i verfolgt also sein Ziel c dadurch, daß er durch Einflußnahme auf
j versucht, diesen zu einer Handlung zu bewegen, die zum Ziel c
beiträgt, ohne daß j diesen Effekt der Handlung bemerkt. Beispiele für Manipulation sind alle Arten von Werbung, die vom Betroffenen nur als Information angesehen werden. Sein psychischer
Zustand wird verändert, er entwickelt vielleicht die Überzeugung,
daß der Besitz eines Sportwagens ihm zu einer hübschen Freun-

din verhelfe und sieht nicht, daß der bestimmende Akteur mit der Serie von Spots, die die Handlung a bilden, gerade auf solche Veränderung seiner Überzeugungen abzielt. Betrachten wir weiter einen gewöhnlichen Wähler (j), dem einige Tage vor der Wahl gesagt wird, daß sein Kandidat heroinsüchtig sei. Der Akteur i, der dies sagt, ist für den Wähler vertrauenswürdig. Der Wähler weiß aber nicht, daß i Mitglied der Partei des Gegenkandidaten ist. Als Folge von i's Äußerung (a) wählt j den Gegenkandidaten (b). Beide Handlungen werden ausgeführt, i intendiert, daß j den Gegenkandidaten wählen soll, und j intendiert dies am Anfang nicht. i verursacht, aus seiner Sicht, daß j b tut, also ist Axiom MM11 erfüllt und die Situation ein Machtmodell. Auch P1 bis P2.3 sind erfüllt. i hat das Ziel c, daß sein Kandidat die Wahl gewinnt, und er glaubt, daß j's Stimme eine Teilursache hierzu bilden kann. j dagegen weiß zu t nicht, daß i Wählerstimmen „werben" wollte.

Eine letzte sehr schwache und unsichere Form der Machtausübung ist Bestechung. Der „Bestecher" ist hier der bestimmende Akteur, während der Bestochene, der meistens sozial höher steht, die Rolle des Betroffenen innehat. Die Handlung a des bestimmenden Akteurs besteht darin, dem Betroffenen eine Geldsumme auszuhändigen, zusammen mit der Mitteilung, daß er von ihm dafür Handlung b erwarte. Damit j überhaupt einen Anreiz hat, b zu tun, muß die Summe groß genug sein, ihm (j) Handlungen zu ermöglichen, die er ohne sie nicht oder nur mit Mühe hätte ausführen können. Wir sagen, ein Machtereignis $\langle t, t', i, a, j, b \rangle$ sei *eine Bestechung*, wenn das Ereignis ein Machtereignis ist und wenn es eine Handlung c gibt, sodaß gilt:

B1 i glaubt zu t, daß a eine Teilursache davon ist, daß j zu t' intendiert, b zu tun.

B2 b ist für j real möglich.

B3 a ist, aus i's Sicht, Teilursache von c.

B4 c ist zu t für j nicht real möglich, wohl aber zu t'.

B5 j zieht, zu t, c vielen Handlungen e vor, die zu t real möglich sind.

Nach B5 ist c immerhin so attraktiv, daß j es vielen Handlungen e, die für ihn zu t real möglich sind, vorzieht. Bei genauer Formulierung müßten für c und e natürlich repräsentierende Propositionen eingesetzt werden. B4 drückt aus, daß es die in Empfang genommene Summe (die j zu t noch nicht hat) ist, die für j die Handlung c ermöglicht. Nach B1 glaubt i daran, daß das Geld j tatsächlich dazu bringt, b zu intendieren.

Zum Abschluß dieses Kapitels sei ein Blick auf Abhängigkeiten unter den verschiedenen Machtmodellen geworfen. Die allgemeinen Machtmodelle sind offensichtlich auch auf all die Fälle anwendbar, auf die die spezielleren Modelle Anwendung finden. Welche Beziehungen bestehen aber zwischen den speziellen Modellen? Schließen sie sich gegenseitig aus oder können sie auf gemeinsame Situationen zutreffen?

Zunächst ist klar, daß in einem Modell verschiedene Machtereignisse spezieller Form, wie Gewalt und Manipulation, vorkommen können. Von den speziellen Modellen wurde ja nur verlangt, daß sie jeweils mindestens ein Ereignis der speziellen Machtform enthalten. Damit ist verträglich, daß ein Modell mehrere solche Ereignisse enthält und daß diese verschiedene Formen der Macht exemplifizieren. Ebenso ist klar, daß der syntaktische Unterschied zwischen Gewaltmodellen einerseits und Modellen für Erpressung und Manipulation andererseits bei inhaltlicher Betrachtung keine Rolle spielt. Wir können leicht Präferenzrelationen und andere Begriffe in redundanter Weise zu den Gewaltmodellen hinzunehmen und sehen dann, daß die Modelle auf beiden Seiten die gleichen Komponenten enthalten.

Die interessante Frage ist, ob ein einziges Machtereignis verschiedene spezielle Formen zugleich haben kann, also ob zum Beispiel ein Machtereignis eine Gewaltanwendung und zugleich eine Erpressung sein kann. Die Bedingung für Gewalt „volle Ursache für beide Akteure" wird durch die Bedingungen für Erpressung nicht ausgeschlossen und und könnte zusätzlich zu letzteren erfüllt sein. Gleiches gilt für Manipulation. Die Klassen abstrakter Modelle: Machtmodelle, Modelle mit Gewalt, Modelle mit Erpressung und Manipulation verhalten sich in der Tat wie in Abbil-

dung 11.1 dargestellt, jedenfalls wenn wir es mit den zusätzlich
eingeführten Begriffen nicht zu genau nehmen.

Die Bereiche, in denen sich Gewalt mit Erpressung oder Manipulation überlagert, sind jedoch von geringem praktischem Interesse, weil Gewalt die Bedingungen der schwächeren Formen
überdeckt. Im Fall von

Abb.11.1

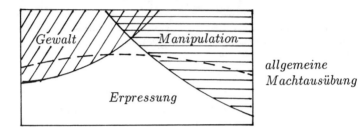

allgemeine
Machtausübung

Erpressung müßte die Äußerung der Drohung eine volle Ursache
für j's Ausführung von b sein, und zwar in den Augen beider
Akteure. Im Fall von Manipulation müßte die manipulierende
Handlung a von i eine volle Ursache von b sogar in j's internem
Modell sein. Wir können solche Fälle nicht ausschließen; menschliches Verhalten ist ein weites Feld. Die drei diskutierten Formen
der Machtausübung sind logisch unabhängig voneinander. Dies
ist ziemlich klar, denn kein Satz von Bedingungen für eine Art
von Modell impliziert den Satz von Bedingungen für eine andere
Art. Die Theorien, die durch die drei Modellklassen gegeben sind,
können also als drei verschiedene Äste einer allgemeinen Machttheorie angesehen werden, die durch die Machtmodelle gegeben
ist. Das so entstehende Bild

Abb.11.2

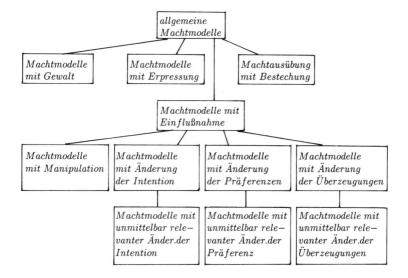

läßt sich durch Einfügung der anderen beschriebenen Formen noch erheblich erweitern.

Eine letzte Bemerkung betrifft die Art, wie die Spezialisierungen aus der allgemeinen Theorie entstehen. Syntaktisch gesehen handelt es sich um Spezialfälle: neue Axiome zusammen mit neuen Begriffen, wie Präferenz, werden hinzugefügt. Wir können aber mehr sagen. Die zusätzlichen Bedingungen dienen zur Verstärkung der Bedingungen für die Machtrelation in den allgemeinen Modellen. Sie führen weitere Details ein über Situationen, in denen Macht ausgeübt wird und machen auf diese Art die Formen der Machtausübung konkreter.

12 Soziale Institutionen

In den letzten Kapiteln haben wir Schritt für Schritt die Komponenten eingeführt, aus denen soziale Institutionen bestehen. Wir erhalten Modelle für soziale Institutionen, indem wir diese Bausteine zusammensetzen und in der richtigen Weise miteinander verfugen. Dazu seien die vorherigen Schritte nochmals kurz in Erinnerung gerufen. Der Makroteil eines Modells besteht aus: Gruppen **G**, Handlungstypen **T**, charakteristischer Funktion **ch** und Statusrelation **st**. Die charakteristische Funktion „charakterisiert" Gruppen durch Typen von Handlungen, die ihre Mitglieder ausführen, und die Gruppen sind nach ihrem Status angeordnet. Zweitens liegt „unter" dieser Makrostruktur eine zugehörige Mikrostruktur, bestehend aus Individuen J, Handlungen H, einem sozialen Netzwerk R von Beziehungen zwischen den Individuen, sowie einer Realisierungsrelation. Individuen bilden Gruppen, Handlungen bilden Handlungstypen, die Realisierungsrelation gibt an, welche Individuen welche Handlungen ausführen. Drittens haben Gruppen und Individuen interne Modelle, in denen die wesentlichen Teile der Makro- und Mikrostruktur repräsentiert sind, und die internen Modelle aller Mitglieder einer Gruppe sind identisch. Jedes interne Modell eines Individuums enthält einen Propositionenraum $\langle P, \preceq \rangle$, der die Sprache darstellt und in dem Handlungen beschrieben werden können, eine Triade $\langle G^*, T^*, ch^* \rangle$, die die Makrotriade $\langle \mathbf{G}, \mathbf{T}, \mathbf{ch} \rangle$ intern repräsentiert, sowie eine Relation zwischen Propositionen („Kausalrelation"). Interne Modelle werden den Gruppen durch eine Funktion **x** zugeordnet. Daneben benutzen wir Repräsentationsrelationen, die die Beziehungen zwischen den repräsentierten Entitäten und ihren Repräsentanten bei Individuen im Detail wiedergeben. Im vierten Schritt wird den Gruppen und Handlungstypen eine genidentische Struktur in Form von sozialen Praktiken aufgeprägt. Soziale Praktiken beschreiben durch eine Quellenmenge den Ursprung und durch eine Kopierbeziehung die Art, wie Handlungstypen in einer Gruppe tradiert werden. Soziale Praktiken werden durch interne Modelle der Individuen repräsentiert und stabilisiert, die aus Sprache, aus Symbolen für die Gruppe und den Handlungstyp, sowie aus Repräsentanten für die kausalen Überzeugungen bestehen. Fünftens versehen wir die bisherigen Komponenten, für die dies sinnvoll ist, mit einer expliziten Zeitstruktur. Die Dauer der Existenz jedes Individuums in der Institution wird durch ein Existenzprädikat angegeben.

Die durch Zusammenfassung der bisherigen Komponenten entstandenen Strukturen, die wir potentielle Institutionen nannten, enthalten ein unspezifisches Element in Form des sozialen Netzwerks R von Relationen zwischen Individuen und Handlungen. Diese Relationen sind der „Leim", der alles zusammenhält. Die Menge R markiert eine Leerstelle, die auf verschiedene Weise ausgefüllt werden kann. Speziell zur Beschreibung von Institutionen muß in R eine Machtrelation vorkommen, wie sie in den letzten beiden Kapiteln behandelt wurde. Machtbeziehungen sind auf der Ebene der Individuen sehr dicht; sie allein schon bewirken die Einheit und den Zusammenhalt der ganzen Institution. Alle Machtbeziehungen lassen sich durch eine Machtrelation im früheren Format beschreiben und sind unter einige wenige Grundformen subsumierbar. Die kleine Zahl von Formen erlaubt eine einfache theoretische Systematisierung. Natürlich gibt es in den realen Systemen, die als Institutionen modelliert werden, eine große Menge von Relationen, die keine Machtrelationen sind, die aber als Elemente von R in Frage kommen. Zum Beispiel können Liebesabenteuer oder Freundschaften einflußreicher Individuen von großer Wichtigkeit für die Entwicklung einer Institution sein, genauso wie die Relationen des oft miteinander Telefonierens, oder des zusammen zu Mittag Essens. Wir wollen sie keineswegs als irrelevant unterdrücken. Sie können durchaus in der Menge R vorkommen, die in diesem Sinn auch bei Institutionen offen bleibt. In unserer Theorie spezifizieren wir nur zwei Elemente von R, nämlich die Machtrelation und die Relation des Intendierens.

Im letzten Schritt kommen wir nun über Machtrelationen zu sozialen Institutionen, indem wir beobachten, daß die individuellen Machtbeziehungen die makroskopische Statusrelation zwischen den Gruppen, aus denen die Institution besteht, teilweise festlegen. Dies geschieht aufgrund einer deutlichen Asymmetrie individueller Machtbeziehungen zwischen Mitgliedern von Grup-

pen mit verschiedenem Status. Machtbeziehungen schränken die
Statusrelation ein und so kommen wir auf die schon in Kap.5 formulierte Hypothese über die Makrostruktur sozialer Institutionen
zurück, wonach die Gruppen einer Institution hierarchisch angeordnet sind. Soziale Institutionen sind also in einer Dimension
hierarchische Ordnungen, die durch individuelle Machtbeziehungen zwischen den Mitgliedern der verschiedenen Gruppen induziert werden.

Genau wie der Begriff der Macht ist auch der einer Hierarchie
mit vielen Assoziationen beladen. Wir müssen deshalb wieder
betonen, daß auch er hier als theoretischer Term benutzt wird,
dessen Bedeutung durch unsere Theorie festgelegt wird. Wir versuchen nicht, die Statushierarchie mit Hilfe individueller Machtrelationen explizit zu definieren, wir formulieren nur einige allgemeine Bedingungen für die globale Struktur der Statusrelation,
sowie ein „Brückenprinzip", das diese Struktur an die individuellen Machtrelationen anbindet. Wenden wir uns den Details zu
und beginnen wir mit einer potentiellen Institution der Gestalt

$$\langle T, \leq, (\mathbf{S}_t), \text{ existiert}, \mathbf{P}, \mathbf{z} \rangle.$$

Aus ihr erhalten wir eine soziale Institution, indem wir weitere
Bedingungen formulieren und zu den bisherigen Axiomen hinzufügen.

I1 In der Menge R der Relationen kommen mindestens die beiden
Relationen *beeinflußt* und *intendiert* im früher eingeführten,
zeitabhängigen Format vor: „*i beeinflußt* zu t mit a j, zu t'
b zu tun", „*i intendiert* zu t, daß j b tun soll".

I2 Alle Individuen aus J sind in Machtrelationen verwickelt .

Das bedeutet genauer: Für jedes Individuum i gibt es ein Individuum j, Zeitpunkte t, t' und Handlungen a, b, sodaß i zu t mit
a Macht über j ausübt, um j zu t' zur Ausführung von b zu veranlassen, oder entsprechendes gilt bei Vertauschung von i und j.
Dieses Axiom beschränkt die Menge der in einer Institution vorkommenden Individuen. Individuen, die nicht in Machtrelationen
verwickelt sind, können wir von vornherein als für die Institution
irrelevant ausschließen. Eine stärkere Form des Axioms würde

fordern, daß jedes Individuum aus einer Gruppe in Machtrelationen mit Individuen aus anderen Gruppen verwickelt ist. Dagegen sprechen Beispiele von Personen, deren Machtbeziehungen sich auf die eigene Gruppe beschränken, die aber trotzdem für die Institution wichtig sind. Denken wir an eine einflußreiche Äbtissin, die den Kontakt mit weltlichen Personen vermeidet, aber dennoch zentrale Entscheidungen über die Beziehungen ihres Klosters zur Aussenwelt trifft. In solchen Fällen gibt es zu Mitgliedern anderer Gruppen nur indirekte Machtbeziehungen, über Kontaktpersonen aus der eigenen Gruppe.

I3 Die Gruppen und die Statusrelation bleiben in der Zeit konstant.

Konstanz der Gruppen bedeutet nicht, daß sie stets die gleichen Mitglieder haben. Eine Gruppe bleibt konstant, wenn sie beim Übergang zur nächsten Periode in eine neue Gruppe übergeht und beide Gruppen identisch im Sinne der in Kap.9 eingeführten Relation ϕ sind. Nach I3 gibt es zwischen den Gruppen aus je zwei zeitlich benachbarten sozialen Schemata eine bijektive Abbildung θ derart, daß jede Gruppe **g** mit ihrem Bild $\theta(\mathbf{g})$ durch ϕ identifiziert wird. Konstanz der Statusrelation bedeutet dann, daß zwischen gleichen Gruppen zu verschiedenen Zeiten die gleiche Statusbeziehung besteht. Wenn zur Zeit t **g** höheren Status als **g'** hat und wenn $\theta(\mathbf{g})$, $\theta(\mathbf{g'})$ jeweils „dieselben" Gruppen zur Zeit $t + 1$ sind, so hat zu $t + 1$ $\theta(\mathbf{g})$ höheren Status als $\theta(\mathbf{g'})$. Die Strukturen $\langle \mathbf{G}, \mathbf{st} \rangle$ sind also zu je zwei Zeitpunkten isomorph, insbesondere kommen im Verlauf der Zeit weder neue Gruppen hinzu, noch fallen vorhandene weg. Dies ist eine starke Bedingung für die zeitliche Struktur einer Institution. Jede Änderung in der Menge der Gruppen oder der Statusrelation führt nach diesem Axiom zu einer Änderung der Institution. Es mag sein, daß das Axiom in dieser strengen Form in realen Fällen verletzt wird. Zum Beispiel kann sich eine untergeordnete Gruppe in zwei Gruppen spalten, die beide den gleichen untergeordneten Status haben, so etwa eine mittelalterliche Zunft. Uns liegt daran, den strengen Idealtyp herauszupräparieren. Eine Abschwächung des Axioms läßt sich auf verschiedene Weise leicht erreichen.

I4 Die Statusrelation ist transitiv und hat genau eine Spitzengruppe.

Den bestimmten Artikel verwenden wir auf Grund von I3: wenn alle Statusrelationen isomorph sind, ist eine von ihnen Repräsentant aller anderen. Mit einer Spitzengruppe meinen wir eine Gruppe, die höheren Status als alle anderen hat. Die Spitzengruppe ist also mit jeder anderen Gruppe im Status vergleichbar und wird beim Vergleich echt höher eingestuft. Die Statusrelation ist im allgemeinen nicht vollständig in dem Sinn, daß je zwei Gruppen im Status vergleichbar sind. Als Beispiel denken wir an die verschiedenen religiösen Gruppen in einem pluralistischen Staat.

Axiom I4 betrifft die Statusrelation und nur sie. Es bringt sie nicht in Verbindung mit anderen Begriffen. Ohne weitere Verbindung könnte sie ziemlich willkürlich interpretiert werden, jedenfalls solange wir keine unabhängige Methode zu ihrer Bestimmung, etwa durch einen empirischen Test, angeben. Obwohl empirische Erforschung durch Umfragen möglich scheint und auch ausgeführt wurde und wird,[1] kann sie doch bestenfalls eine schwache Form von Bestätigung oder Widerlegung des Axioms liefern. Denn zum Einen knüpfen die gemachten Umfragen nicht an unsere Theorie an, sodaß die Bedeutung von „Status" vage bleibt und nur durch die jeweilige Statistik der Umfrage festgelegt wird. Zum Anderen können die befragten Personen falsche Vorstellungen über die Institution und die Machtverhältnisse in ihr haben. Ein Jüngling, der erfährt, sein Lieblings-Popstar halte sich für Jesus Christus, mag die Überzeugung entwickeln, Popstars seien eine sehr einflußreiche Gruppe in der Gesellschaft, und sie dem Status nach höher einordnen, als etwa die Gruppe der Großkapitalisten. Selbst wenn wir uns bei Bestimmung der Statusrelation auf direkte empirische Methoden verliessen, bliebe dieser Begriff immer noch theoretisch isoliert, solange keine theoretische Verbindung zu anderen Termen der Theorie besteht.

Eine solche Verbindung wird per Axiom hergestellt. Im Moment bemerken wir nur, daß die Statusrelation nicht in den internen Modellen der Individuen repräsentiert zu sein braucht. Damit soll nicht das große theoretische Interesse an solchen Repräsentanten geleugnet werden, speziell dann, wenn die Repäsentation inadäquat oder ganz offensichtlich falsch ist. Es ist wichtig, die

---

[1]Vergleiche etwa die Zusammenstellung von Instrumenten in (Bonjean, Hill,McLemore,1967).

Rolle von falschen oder verzerrten Repräsentationen der Statusrelation bei der Stabilisierung von Institutionen zu studieren. Diese
Rolle kann zum Beispiel darin bestehen, die „echte" Statusrelation
gar nicht erst ins Bewußtsein treten zu lassen, das heißt Machtverhältnisse gar nicht zu thematisieren und ihrer Thematisierung
entgegenzuwirken.[2]

I5 Zu allen Zeitpunkten t gilt:
> wenn Gruppe g' unter st höher rangiert als g, dann gilt:
> (1) jedes Mitglied von g' übt zu t Macht über ein Mitglied
> von g aus
> (2) nicht jedes Mitglied von g übt zu t Macht über ein Mit-
> glied von g' aus.

Machtausübung ist hier im Sinne unserer früheren Definition zu
verstehen, nach der es geeignete Handlungen a, b gibt, sodaß die
Personen zusammen mit den Handlungen ein Machtereignis bilden. Nach I5-1 müssen also zu jedem Mitglied i von g' ein entsprechendes Mitglied j in g, sowie geeignete Handlungen a, b und
ein Zeitpunkt t' existieren, sodaß gilt: i *beeinflußt* zu t mit a j,
zu t' b zu tun. Nach I5-2 gilt die Umkehrung von I5-1 nicht. Es
gibt Individuen in der unteren Gruppe g, die keine Macht über
irgendein Individuum der oberen Gruppe ausüben. Hier ist die
Struktur der Quantoren in (1) und (2) wichtig. Teil (1) kann
erfüllt sein, obwohl in der unteren Gruppe g nur sehr wenige Individuen betroffen sind. Im Prinzip wäre (1) schon erfüllt, wenn
alle Akteure aus g' Macht über einen einzigen „Sündenbock" aus
g ausüben. Andererseits kann Teil (2) erfüllt sein, wenn doch der
überwältigende Teil von g Macht über Individuen in g' ausübt.
(2) ist schon dann richtig, wenn es nur ein einziges Individuum
in g gibt, das keine Macht über jemanden in g' ausübt. Als Beispiel betrachten wir die Spätphase des Feudalsystems mit g' als
der Gruppe der Adeligen und g als der des reichen Bürgertums.
Viele Bürger übten Macht über arme Adelige aus, denen sie Geld
geliehen hatten, aber es gab auch Mitglieder der Bürgergruppe,
die keine Macht über Adelige ausübten. Andererseits war (1) immer noch approximativ richtig. Jeder noch so arme Adelige mag
irgendeinen Bürger gefunden haben, über den er Macht ausüben

---

[2]Siehe (Lukes,1974).

konnte (was natürlich im Detail nachzuweisen wäre). Diese Überlegungen zeigen, daß Axiom I5 in der obigen Form nur den Idealtyp trifft. Die Wirklichkeit ist viel reichhaltiger und läßt sich nicht ohne Probleme unter die beiden Fälle subsumieren.

Es gibt zwei Wege einer realistischeren Formulierung. Wir könnten erstens zwischen verschiedenen Graden unterscheiden, in denen eine Gruppe höheren Status als eine andere hat und diese Grade an den Anzahlen der Individuen festmachen, die bei Auswertung von (1) und (2) unter den Quantoren wirklich auftreten. Gruppe **g'** hat umso höheren Status, je mehr Individuen aus **g'** Macht über solche aus **g** ausüben, je mehr Individuen sich in der unteren Gruppe **g** finden, über die von Mitgliedern von **g'** Macht ausgeübt wird, je weniger Mitglieder der unteren Gruppe **g** Macht über irgendwelche Personen in **g'** ausüben und je weniger Personen es in **g'** gibt, über die so Macht ausgeübt wird.[3] Ein zweiter Weg besteht darin, das Axiom selbst anders zu formulieren, etwa unter Benutzung von Höchst- und Mindestprozentzahlen von Akteuren, die nicht über- bzw. unterschritten werden dürfen. In Bedingung (1) von I5 würde dies etwa bedeuten, daß mindestens 80% der Personen in **g'** Macht über Personen in **g** ausüben und zwar so, daß mindestens 70% der Mitglieder von **g** als Betroffene auftreten.

Unser letztes Axiom verknüpft die individuellen Machtrelationen mit anderen Modellkomponenten. Es handelt sich um das grundlegende Axiom MM11 der Machttheorie, das in den Rahmen einer sozialen Formation einzupassen ist. Erinnern wir uns, daß in Kapitel 10 Machtausübung durch drei Bedingungen gekennzeichnet war:

i beeinflußt zu t mit a j, zu t' b zu tun genau dann, wenn $t < t'$, i von j verschieden ist, und wenn gilt:

---

[3] Auf das Problem der „Aggregation" der vier Bedingungen sei nur am Rand hingewiesen. Dies sollte erst diskutiert werden, wenn entsprechende empirische Daten zur Verfügung stehen.

(1)   *i realisiert* zur Zeit *t* Handlung *a* und *j* zur Zeit *t'*
Handlung *b*

(2)   *i intendiert* zur Zeit *t*, daß *j b* tun soll und *j intendiert*
zur Zeit *t* nicht, *b* zu tun

(3)   nach Ansicht von *k* = *i* oder *k* = *j verursacht a b
teilweise.*

Die in (1) bis (3) auftetenden Terme stehen in einer sozialen Formation alle zur Verfügung. Lediglich bei (3) müssen wir genauer hinschauen. Eine potentielle Institution enthält unter anderem die Menge *N* interner Modelle und eine Modellzuordnung *y*, die jedem Individuum *k* ein internes Modell *y(k)* aus *N* zuordnet. $y(k) = \langle P, \preceq, verursacht \rangle$ enthält unter anderem eine Relation der kausalen Überzeugung, die wir mit *verursacht*[*k*] bezeichnen. Diese Relation müssen wir bei der Formulierung von (3) benutzen, denn (3) ist eine umgangssprachliche Fassung von „es gibt Propositionen p_a und p_b, sodaß gilt: p_a *repräsentiert a* für *k* und p_b *b* für *k* und p_a *verursacht*[*k*] *teilweise* p_b". Unser Axiom lautet daher genauer wie folgt:

I6 Für alle *i, j, a, b, t, t'* gilt:

i beeinflußt zu *t* mit *a j*, zu *t' b* zu tun genau dann, wenn *t* < *t'* ist, *i, j* verschieden sind und wenn gilt:

(1) *i realisiert* zur Zeit *t* Handlung *a* und *j* zur Zeit *t'* Handlung *b*

(2) *i intendiert* zur Zeit *t*, daß *j b* tun soll und *j intendiert* zur Zeit *t* nicht, *b* zu tun

(3) für *k* = *i* oder *k* = *j* gibt es Propositionen p_a, p_b in *k*'s Propositionenraum, sodaß p_a für *k a repräsentiert*, p_b für *k b repräsentiert* und ferner gilt: p_a *verursacht*[*k*] p_b *teilweise*.

Wir können nun den Zusammenhang zwischen Machtausübung und zulässigen Handlungen genauer untersuchen. Handlungen waren für einen Akteur zulässig, wenn sie zu den für seine Gruppe charakteristischen Handlungstypen gehören. Ist es nicht sinnvoll, eine ähnliche Bedingung auch für Machthandlungen zu fordern? Die Antwort lautet natürlich „Ja", aber es ist nicht nötig, Zulässigkeit für Machthandlungen eigens zu fordern. Da nach Axiom (S) alle Handlungen zulässig sein müssen, gilt dies auch für Machthandlungen. Genauer läßt sich diese Beobachtung als Theorem formulieren. Für alle Handlungen a eines Akteurs i gilt: wenn es j, b, t, t' gibt, sodaß i mit a zu t j beeinflußt, zu t' b zu tun, so ist a eine für i zulässige Handlung, d.h. es gibt eine Gruppe g und einen für g charakteristischen Handlungstyp t, sodaß i Mitglied von g, und a vom Typ t ist. Entsprechendes gilt auch für die Handlung b der betroffenen Person j. Der Beweis ist trivial. Nach Axiom I6-1 folgt, daß i zu t a realisiert und j zu t' b. Hieraus folgt nach (S) schon die Behauptung.

Das Theorem läßt sich unter zwei Aspekten interpretieren. Zum Einen gibt es notwendige Bedingungen für Machtausübung (Beeinflussung) an: die Machtausübung wird also eingeschränkt. In einer sozialen Institution kommen nur Machtausübungen vor, die zulässig sind. Die charakteristische Funktion schließt damit viele mögliche Machthandlungen aus. In diesem Sinn „kanalisiert" die Institution den Strom möglicher Machtausübungen und lenkt ihn in geordnete Bahnen. Zum Anderen enthält das Theorem aber auch einen Hinweis auf Förderung und Stabilisierung der Machtausübung. Indem nur zulässige Machthandlungen ausgeführt werden, erhalten diese eben durch ihre Zulässigkeit eine gewisse Legitimation. Indem eine soziale Institution Machtausübung zulässig macht und in diesem Sinn legitimiert, und indem die Akteure der Spitzengruppe die meiste Macht ausüben, ergibt sich ein Bild, nach dem der Spitzengruppe am meisten an der Institution gelegen sein sollte. Die soziale Institution stabilisiert, zusammen mit anderen Dingen, auch gerade die Spitzenposition dieser Gruppe und deren Möglichkeiten zur Machtausübung. Einerseits werden also physisch mögliche Handlungen durch die charakeristische Funktion und ihre Repräsentanten in den internen Modellen als unzulässig ausgeschlossen. Dadurch werden die Möglichkeiten für Machtrelationen, in denen sich eine durchschnittliche Person der Institution in der Rolle des Betroffenen befindet, *vermehrt*, weil ihr verschiedene „natürliche" Reaktionen verboten sind. Andererseits sichert die charakteristische Funktion die Handlungen auf der Seite des bestimmenden Akteurs. Seine Handlungen bei der Machtausübung werden dadurch, daß sie in den internen Modellen, und zwar in denen der Betroffenen, zulässig sind, von allen Beteiligten anerkannt und in diesem Sinn entlastet[4] und sogar

---

[4]Nur in diesem Sinn scheint uns *Gehlens* Formel von der Entlastung des Individuums durch Institutionen (Gehlen,1964) haltbar. Im Allgemeinen ist

legitimiert. Sie führen daher reibungslos zu den erwarteten Reaktionen der Betroffenen.

Ein grundlegendes Beispiel ist die Elimination von gewaltsamer Machtausübung in vielen Gruppen. Eine Person wächst als Mitglied einer bestimmten Gruppe auf und entwickelt dabei ein internes Modell, in dem Handlungen körperlicher Gewalt nicht zu den durch die charakteristische Funktion für die Gruppe zugelassenen Handlungen gehören. Ein körperlich starkes Mitglied dieser Gruppe wird seine körperliche Stärke in Machtrelationen, in denen es die Rolle des Betroffenen innehat, nicht benutzen, obwohl es durch Einsatz körperlicher Gewalt die Machtrelation neutralisieren oder sogar umkehren könnte. Natürlich liefert die Existenz der internen Modelle für sich allein eine etwas oberflächliche Erklärung für die Dämpfung körperlichen Einsatzes. Es ist auch zu berücksichtigen, warum die internen Modelle so gebaut sind, daß sie den Einsatz dämpfen. Dies liegt oft daran, daß die Institution auf lange Sicht Sanktionen bereithält, die nicht durch körperliche Gewalt eines einzelnen Betroffenen überwunden werden können und die schwerer wiegen, als der kurzfristige Gewinn durch Gewalteinsatz, oder als das, was die Betroffene in den Machtrelationen als Betroffene aushalten muß. Wichtig an diesen Bemerkungen ist, daß sie sich ganz im Rahmen unserer Modelle bewegen.

In der Liste der obigen sechs Axiome fehlt eine wichtige Annahme, die spätestens seit *Nietzsche* Allgemeingut geworden ist, nämlich die Annahme, daß alle Individuen versuchen, ihre Macht zu vermehren. Daß wir diese Annahme nicht machen, hat zwei Gründe. Erstens ist sie im Rahmen unserer Theorie schwierig zu präzisieren. „Vermehrung von Macht" betrifft den dispositionellen Modus von Macht, das Macht *haben*, durch den wir zu den Machtmitteln gelangen. Um zu sagen, daß sich die Machtmittel vermehren, brauchen wir einen systematischen Überblick über alle möglichen Machtmittel und damit über die verschiedenen Formen der Machtausübung, vor allem über die komplexe Struktur sozialer Macht. Da ein solcher Überblick erst in den ersten Ansätzen steckt, bliebe zur Explikation von „Vermehrung von Macht" nur der wenig informative Weg, sowohl „Machtmittel", als auch eine

---

sie einfach falsch, wie man durch Bezug auf alternative Möglichkeiten leicht sieht.

Relation des „mehr oder weniger" zwischen diesen als Grundbegriffe einzuführen. Der zweite, gewichtigere Grund ist, daß uns die
Annahme des Strebens nach mehr Macht nicht allgemein erfüllt
zu sein scheint. Es gibt ziemlich klare Gegenbeispiele, mit denen auch *Nietzsche* schon seine Mühe hatte, etwa den Mönch im
Kloster[5], und es gibt eine ganze Klasse von Fällen, in denen die
Annahme zumindest fraglich ist. Wir denken hier an Individuen in
den unteren Gruppen der Institution, vor allem in den untersten.
Hier ist oft eine Art von Resignation auszumachen, die äußerlich
als Zufriedenheit gedeutet werden kann. Die Lage der Person ist
derart hoffnungslos, daß jedes Aufbäumen zur Vermehrung der eigenen Macht sinnlos scheint. Der Wille zur Macht ist sicher in den
„oberen" Gruppen einer Institution vorhanden, wo die Individuen
von ihrem hohen Status profitieren; seine allgemeine Postulierung
scheint uns dagegen fraglich.

Betrachten wir die Statusrelation, die sich aus den individuellen Machtbeziehungen ergibt, am Beispiel des Klosters mit drei
Gruppen: leitende Amtsträger, einfache Mönche und Knechte.
Personen aus der Gruppe der leitenden Amtsträger üben oft Macht
über Personen der anderen Gruppen aus. Der Cellerarius übt zum
Beispiel Macht über einen Mönch aus, indem er diesen anweist, die
Aussaat vorzunehmen. Die Handlung des Cellerarius besteht in
der konkreten Erteilung der Anweisung, die dadurch teilweise verursachte Handlung des Mönchs in der Aussaat. Machtausübung
liegt vor, wenn der Mönch zum Zeitpunkt der Anweisung nicht
intendierte, die Aussaat durchzuführen. In ähnlicher Weise übt
der Abt in eigener Person oder durch seine Helfer Macht über die
Mönche und die Knechte in vielfältiger Weise aus. Er regelt durch
seine Anweisungen alle nicht routinemäßigen Verrichtungen, er bestraft Übertretungen und lenkt die Kontakte mit der Aussenwelt.
Umgekehrt kann zwar ein Mönch im Einzelfall auch Macht über
den Abt oder dessen Helfer ausüben, etwa durch Erpressung oder
Drohung, oder aufgrund persönlicher Freundschaft. Entscheidend
ist aber das quantitative Mißverhältnis: während praktisch alle
Mitglieder der Gruppe der leitenden Amtsträger Macht über viele
Mitglieder der „unteren" Gruppen ausüben, gibt es nur wenige
Mönche und noch weniger Knechte, die Macht über den Abt oder

---

[5]Nietzsche benutzt hier vorzugsweise Jesus Christus selbst.

seine Gehilfen ausüben. Dieses Mißverhältnis ist im Lichte von
Axiom I5 die Basis des Statusvorrangs der Amtsträgergruppe vor
der Gruppe der Mönche und auch der der Knechte. Ähnliches
gilt, wenn auch weniger ausgeprägt, für das Verhältnis zwischen
Mönchen und Knechten. Viele Mönche üben Macht über Knechte
aus, aber nur wenige Knechte über Mönche.

Institution wird so als soziale Schichtung und diese wiederum
als das Ergebnis individueller Machtbeziehungen verstanden. Institutionen sind kristallisierte, hierarchisch geschichtete Geflechte
von Machtbeziehungen. Dies ist der grobe Befund, der sich durch
Abstraktion aus dem Studium dieses und anderer Beispiele ergibt.
Es zeigt sich, daß bei vielen (wir behaupten: bei allen) Institutionen diese Schichtung und entsprechende Machtverhältnisse vorliegen. Die Existenz einer Gruppe mit maximalem Status bedeutet
maximale Macht für deren Mitglieder, d.h. maximale Möglichkeiten und Mittel, andere Personen in der Institution in ihrem
Verhalten zu beeinflussen.

Unsere Modelle sind in zeitlicher Hinsicht sehr allgemein gehalten. Die Menge T der Zeitpunkte, die im Modell auftreten,
kann beliebig klein sein und im Grenzfall nur ein einziges Element enthalten. Diese Wahl ist mit allen Axiomen verträglich,
insbesondere weil wir die Einbettung in soziale Praktiken entsprechend variabel halten. Axiom I6 wird im letzten Fall allerdings
inhaltsleer. Nicht-triviale, minimale Modelle sollten einige Zeitpunkte umfassen und zwar so viele, daß zwei Bedingungen erfüllt
sind. Einmal sollen während dieser Zeiten genügend Machtereignisse stattfinden, um der Makrostruktur vermittels I6 eine ausrei-
chende Grundlage zu geben. Zum anderen sollen sich die Makrostrukturen und die internen Modelle während dieser Zeiten nicht
verändern, sodaß also außer der Machtausübung, den realisierten Handlungen und den Intentionen alles andere konstant bleibt.
Indem wir solch minimale Modelle betrachten, kommen wir zu
der Anfangs eingenommenen, statischen Perspektive zurück, die
damit in einem präzisen Sinn in den dynamischen Modellen enthalten ist. Diese zeitliche Variabilität ist für die Anwendung sehr
wichtig. Sie gestattet, die Analyse einer Institution auf eine Periode zu beschränken, sodaß trotz der großen Komplexität die
Behandlung von Beispielen wenigstens im Ansatz möglich wird.
Begrifflich können wir in der Klasse aller Modelle sozialer Institu-

tionen eine Teilklasse der *vollständigen* Institutionen aussondern, die „ihre" Systeme vom Zeitpunkt der Entstehung an bis heute oder bis zum Zusammenbruch modellieren. Eine Beschränkung der Institutionenmodelle auf solch vollständige Systeme würde die Theorie vor allem in der Anwendung praktisch zur Unbrauchbarkeit verurteilen.

Als erstes von zwei Beispiel betrachten wir genauer „den Ritter und sein Dorf". Stellen wir uns einen Adeligen niedrigster Klasse im 12.Jahrhundert in Frankreich oder England vor, einen Mann, der ein kleines Dorf als Lehen von seinen Vorfahren übernommen hat. Die nächste Stadt ist weit weg, auch die adligen Nachbarn leben ziemlich weit entfernt. Solche Systeme gab es in großer Zahl, nur haben wir wenig historische Daten über sie, einfach weil dort „nichts los war". Stellen wir uns einige konkrete Ereignisse in einem solch intendierten System vor.[6]

Nehmen wir an, der Ritter erwartet im Herbst für das Wochenende einen wichtigen Besucher, etwa den Grafen, der sein Land bereist. Die Ernte hat begonnen, in der Woche vorher gibt es viel zu tun. Der Ritter und seine Familie beginnen zu überlegen und den Besuch vorzubereiten, während die Bauern jeden Tag auf den Feldern arbeiten. Aus der Sicht unserer Theorie wären zum Beispiel folgende Ereignisse wichtig. Am Montag befiehlt der Ritter seinem Diener, zu mehreren Bauern zu gehen und ihnen zu sagen, sie sollten am nächsten Tag zur Arbeit auf eines seiner Felder kommen. Frau Ritter sendet ihre Dienerin zu einigen Bäuerinnen im Dorf, um bestimmtes Geflügel zu bestellen, das am Samstag Morgen in gerupftem Zustand abzuliefern ist. Sie bittet außerdem den Pfarrer, mit ihren Kindern noch einmal die Lektionen über höfiches Verhalten gegenüber dem Grafen durchzunehmen. Der Priester beginnt am Dienstag, die Kapelle für die Sonntagsmesse, in der der Graf anwesend sein soll, herrichten zu lassen. Die Kapelle wird gesäubert, er instruiert seine Herde, wie sie sich zu verhalten habe, und sagt ihnen, sie sollten vorher die Kapelle mit Blumen schmücken. Am Mittwoch läßt der Ritter von seinem Diener die Rüstung putzen und er stellt Nachforschungen über einen Bauern an, der am Dienstag nicht wie befohlen zur

---

[6]Für Hinweise auf verschiedene Details der damaligen Lebensformen vergleiche etwa (Duby,1984), (Le Roy Ladurie,1989), (Borst,1983) oder (Franz,1970).

Arbeit kam, weil er krank gewesen sei. Der Bauer ist immer noch
krank, das wird verifiziert. Auch befiehlt der Ritter drei Bauern,
je ein Schwein zu schlachten und es am Freitag abend bratfertig
anzuliefern. Am Freitag geht er mit seinem Diener auf die Jagd.
Bei Rückkehr findet er nur zwei der bratfertigen Schweine vor.
Der Bauer D, so berichtet ein anderer Diener, weigerte sich, ein
Schwein zu schlachten, weil ihm alle bis auf eines von der Schwei-
nepest dahingerafft seien und er das eine zur Aufzucht brauche.
Der Ritter geht sofort zu D und stellt Nachforschungen an. Er findet heraus, daß D die anderen totgesagten Schweine versteckt hat
und verhängt eine schwere Prügelstrafe. Am Samstag kommt der
Graf mit mehreren Begleitern an, man ruht sich aus, am Abend
wird ein großes Essen veranstaltet. Am Sonntag besucht man
die Messe und vergnügt sich auf der Jagd. Am Montag ziehen
alle weiter, nachdem das Dorf und die anderen Güter besichtigt
wurden.

Natürlich könnte man beliebig in weitere Details gehen, aber
dieser kleine, fiktive Bericht genügt für unsere Zwecke. Er könnte
ein reales System, ein intendiertes System für unsere Institutionentheorie beschreiben. Es lassen sich verschiedene Gruppen ausmachen: die Gruppe g_1, bestehend aus dem Ritter, seiner Familie
und den Dienern, die Gruppe g_2, bestehend aus dem Priester, und
g_3: die Bauern. Wir könnten auch eine feinere Einteilung vornehmen und etwa bei den Bauern in Männer, Frauen und Kinder unterteilen. Jede Gruppe hat ihre charakteristischen Handlungstypen. Die Bauern arbeiten auf den Feldern und züchten bestimmte
Tierarten (wie Schweine und Kühe), im Gegensatz zum Adel und
zum Priester. Ihre Kinder laufen frei herum, während die der
Adelsgruppe einem gewissen Maß an Erziehung, wie Reiten und
Kämpfen für Jungen, Lesen und Sticken für Mädchen, unterworfen sind. Die Bauern essen und kleiden sich auf bestimmte Weise,
sie schlagen sich mit den Händen oder Fäusten. Sie grüßen Mitglieder der anderen Gruppen in jeweils bestimmter Form, die sie
auch ihren Kindern beibringen, und sie gehorchen den Befehlen
von Mitgliedern der anderen Gruppen. Der Ritter andererseits
geht jagen, organisiert die Arbeit auf seinen von ihm direkt be-
wirtschafteten Feldern und geht -selten- zu Turnieren oder in den
Krieg, wobei ihn Diener und nötigenfalls Bauern begleiten. Der
Priester kann lesen und schreiben, er erzieht die adligen Mädchen,

leitet die üblichen religiösen Zeremonien bei Messe, Taufe, Heirat, Tod, und versucht, die frohe Botschaft unter der Dorfjugend auszubreiten. Die Adeligen, die Diener und der Priester kleiden sich in jeweils charakteristischer Weise, die zum Beispiel den Bauern verboten ist, sie haben disziplinertere Essgewohnheiten als die Bauern.[7] Der entscheidende Teil des Modells konzentriert sich auf Machtrelationen. Wir müssen sie sammeln, und darauf achten, ob sie mit einer globalen Statusrelation zwischen den Gruppen verträglich sind. Viele Machtausübungen lassen sich direkt beobachten. Der Ritter übt Macht über seinen Diener aus, wenn er ihn zu den Bauern schickt oder ihn auf die Jagd mitnimmt oder ihn beim Braten helfen läßt. Er übt natürlich auch direkt Macht über die Bauern aus. Die Diener üben Macht über die Bauern aus, wenn sie ihnen Befehle überbringen oder sie kontrollieren; dies gilt allerdings nur, wenn sie auch selbst intendieren, daß die Bauern die Befehle ausführen. Die Rittersfrau übt Macht über den Priester aus, wenn sie die Zeiten für den Unterricht der Kinder festlegt, der Priester übt Macht über die Bauern aus, wenn er sie die Kapelle säubern läßt. Er übt auch Macht über Adelige aus, wenn er Buße für gebeichtete Sünden auferlegt. In der Statusrelation, die sich aus den beobachteten Machtrelationenen ergibt, bildet der Adel die Spitzengruppe, die über dem Klerus und den Bauern rangiert und in der Mehrzahl der Fälle bestimmt, was gemacht wird. Die Beziehung zwischen Adel und Klerus ist zwar nicht so deutlich ausgeprägt, wie deren jeweilige Relation zu den Bauern. Aber wenn der Ritter nicht besonders fromm ist, wird die Adelsgruppe über dem Klerus stehen. Dieses Bild ist mit den psychischen oder inneren Zuständen der Menschen im 12.Jahrhundert verträglich. Die Menschen sind weniger diszipliniert und zivilisiert als die heutigen Europäer, sie sind schnell bereit, ihren Trieben nachzugeben, körperliche Grausamkeit ist an der Tagesordnung.[8] Der Begriff des Nutzens, der Präferenz, ist wahrscheinlich unbekannt und spielt jedenfalls in den Entscheidungen der Personen keine explizite Rolle.

Warum soll dies System eine Institution sein? Die Machtstrukturen sind internalisiert. Nehmen wir an, der Ritter und der Priester sind körperlich schwache Individuen, die den Kampf

---

[7]Siehe (Elias,1976), Band 1.
[8](Elias,1976), Band 2.

mit stärkeren Bauern verlieren würden. Der Ritter hat seine Kampfübungen nur aus ständischer Verpflichtung gemacht. Warum sollten die Bauern den Befehlen gehorchen, warum sollten sie ihre Rollen als Betroffene in Machtrelationen einfach hinnehmen? Unser Modell liefert die Antwort: wegen der internen Modelle, die in ihnen aufgebaut wurden. Die Bauernkinder wachsen in einer Welt auf, in der Ritter, Rittersfrau, Diener und Priester schon immer existierten. Sie können sich nicht oder nur mit großer Mühe vorstellen, daß es je anders war oder sein würde. Ihre Sprache reflektiert die Unterschiede zwischen den Gruppen, sowie die jeweiligen Verhaltensarten. Vielleicht hören sie auch von Grausamkeiten, die gegenüber aufsässigen Bauern in anderen Landesteilen verübt wurden, oder von den Heldentaten der Ahnen des Ritters. All dies schafft einen Rahmen im Bewußtsein und für reale Handlungen, in dem ein großes Maß an Gehorsam ganz natürlich erscheint. Ungehorsam gibt es nur selten und ohne Überlegung, wenn die konkrete Situation neu ist oder plötzlich ein emotionaler Ausbruch erfolgt.

Unsere Modelle enthalten nicht nur die Mikrosysteme, die in dieser Weise das Verhalten regulieren und stabilisieren, sie enthalten auch Hinweise darüber, wie die Mikrosysteme sich entwickeln. Trotz unseres eingeschränkten historischen Wissens seien einige Bemerkungen hierzu erlaubt. Viele der auftretenden Handlungstypen sind durch soziale Praktiken gegeben, die die Individuen von ihren Vorfahren übernommen haben. Um mit einem leichten Beispiel zu beginnen: die Art und Weise, in der die Bauern höhere Personen grüßen, wird den Kindern von den Eltern beigebracht. Irgendwer hat irgendwann diese spezielle Form eingeführt, auch wenn wir nicht wissen, wer es war und wann dies geschah. Ein schwierigerer Fall ist die soziale Praxis des Arbeitens auf dem Feld des Ritters, oder des Zahlens von Naturalabgaben. Zwar ist die Kopierrelation ziemlich klar: der Ritter und die Bauern lernen diese Praxis im Verlauf ihrer Sozialisation. Die Ursprünge, dargestellt durch die *QUELLEN*, sind jedoch schwierig zu bestimmen. Lokale Unterschiede können zu unterschiedlichen Ursprüngen führen. Zum Beispiel könnte sich das Dorf aus einem römischen Landgut, einer Villa, entwickelt haben und die Bauern als Nachfahren der früheren Sklaven entsprechend vorbelastet sein. In einer anderen Variante könnte sich die Praxis der Abgaben aus früheren Formen der Nachbarschaftshilfe entwickelt haben, etwa wenn das Dorf germanischen Ursprungs ist und sich nur langsam aus einer ursprünglichen Gemeinschaft einigermaßen gleichgestellter Bauern durch wirtschaftlichen Druck und die daraus folgende Differenzierung in arme und reiche Bauern bis zur schließlichen Übernahme „von oben" durch einen Feudalherrn entwickelt hat. In einer weniger kontinuierlichen Variante kann diese Praxis eines Tages einfach vom Ritter im Zusammenhang mit ähnlichen Maßnahmen in anderen Teilen des Landes eingeführt worden sein, ohne daß ein vorheriges System der gegenseitigen Hilfe bestand. Oder die Praxis wurde mit Gewalt eingeführt, als die Krieger das Land erstmals samt Bewohnern als Lehen erhielten, sei es im eigenen oder in einem frisch eroberten Land. Komplementär zu dieser Praxis ist die des Ritters, wenn er den Bauern befiehlt, auf seinen Feldern zu arbeiten oder Güter zu liefern, und Gehorsam erwartet. Weitere soziale Praktiken sind durch die religiösen Riten gegeben. Obwohl die meisten Riten nicht direkt als Machtrelationen erscheinen, ist doch die Art und Weise ihrer Ausführung geeignet, die Stellung des Priesters auch in Machtrelationen auszubauen und zu stabilisieren.

Die aus der Sicht des Feudalsystems wichtigste soziale Praxis ist die der militärischen Übung des Ritters, obwohl dies außerhalb der Kriegszüge für ein kleines Dorf zunächst nicht einleuchtet. Die Wichtigkeit wird aber sofort deutlich, wenn wir die Gründe für die extreme institutionalisierte Vorzugsstellung des Ritters suchen. Schließlich ist das Feudalsystem im Kern aus einer neuen Art der Kriegsführung entstanden, bei der schwer gerüstete Männer zu Pferd die Entscheidung in der Schlacht herbeiführen. Diese neue Kampfart war so erfolgreich, daß die Merowinger und Karolinger mit kleinem Einsatz ein großes Reich erobern konnten und es dann, um es unter Kontrolle zu halten, an eben die im Kampf verdienten Reiter in Lehen austeilten. Da diese Kampfesweise für das Entstehen und den Erwerb der Lehen so entscheidend war, wurde sie auch in friedlicheren Zeiten in quasi ritueller Weise geübt und praktiziert. Solche Übung signalisiert den Gruppen mit niedrigerem Status zweierlei. Erstens zeigt sie, daß der Adel vorbereitet und stark ist, und nicht überwältigt werden kann. Zweitens knüpft sie ein Band zwischen der weit verstreut wohnenden Ritterschaft und führt zur Herausbildung von Solidarität unter den Rittern, jedenfalls gegenüber anderen Gruppen. Wenn eine Situation lokal außer Kontrolle geraten sollte, gibt es genug Unterstützung von Nachbarn und anderen Standesgenossen.

Insgesamt entsteht das Bild eines komplexen Gewebes von Machtrelationen (darunter latente externe), die zu sozialer Schichtung führen, durch Mikrostrukturen stabilisiert werden, und die als soziale Praktiken vor langer Zeit aus Gründen entstanden, die nicht leicht zu entwirren sind.

Ein zweites, in der Machtausprägung blasseres und deshalb schwierigeres Beispiel ist die Institution des Fernhandels. Wir betrachten wieder ein abstraktes System, das aber historisch mit großer Wahrscheinlichkeit in ähnlicher Weise existierte, etwa im Genua des 14. Jahrhunderts.[9] Zwei Familien, deren Handelshäuser schon vorher zusammenarbeiteten, rüsten ein Schiff mit Waren aus, das nach Konstantinopel segeln, diese dort verkaufen, und für den Erlös mit Seide und Gewürzen zurückkehren soll. Das Schiff gehört schon ihnen, aber zum Kauf der Handelsware und für die Bezahlung der Mannschaft nehmen sie einen Kredit auf. Ein Kompagnon, G, leitet die Fahrt, der andere bleibt in Genua. In Konstantinopel besucht G einen Händler C am Platz, zu dem schon vorher Kontakte bestanden. Nach einiger Zeit hat er alle Waren verkauft und für den Erlös Seide und Gewürze erstanden. Das Schiff kehrt zurück, die orientalischen Waren werden verkauft, vom Erlös wird der Kredit zurückbezahlt und am Schluß bleibt ein stattlicher Gewinn. Der Verkauf der Waren erfolgt hauptsächlich an kleinere, lokale Händler, das gleiche gilt für den Käufer C, der die gekauften Waren in Konstantinopel an kleinere Händler abgibt. Die Gruppe dieser kleineren, lokalen Geschäftsleute bildet die Basis für den Fernhandel. Ihre kleinen Unternehmen werden durch den Fernhändler zusammengefaßt und bekommen so Zugang zu Gütern, die für sie sonst nicht erreichbar sind. Ihre kleineren Einsätze werden durch das existierende Bankwesen gesammelt und bündeln sich im Kredit zu einer größeren Summe, mit der das Schiff ausgerüstet wird. Umgekehrt werden die in großer Menge angekommenen Waren unter die lokalen Unternehmer verteilt. Der Fernhandel würde ohne diese Basis wenig Sinn

---

[9]Eine Vorstellung von den damaligen Verhältnissen bekommt man aus (Sombart,1987), (Heyd,1923), (Kretschmayr, 1934), (Grossi Bianchi & Poleggi,1979), oder (Lopez & Raymond,1955).

machen und einfach nicht zustandekommen. Zusätzlich zum wirtschaftlichen Aspekt liefern die kleinen Händler auch einen sozialen
Hintergrund, vor dem sich der Fernhändler abhebt. Es ist diese
Möglichkeit des Hervortretens, der Schichtung, die sein Unter-
nehmertum anstößt -wenn wir von reiner Abenteuerlust absehen.
Anders gesagt, der durch Fernhandel zustandekommende Reichtum braucht eine passende Umgebung zur Selbstdarstellung. Aus
diesem Grund müssen wir mindestens auch die lokalen Händler in
die Analyse einbeziehen.

Hinsichtlich der Machtbeziehungen beginnen wir mit dem Verhältnis zwischen G und C. G führt die Handlung a: „Schiff ausstat-
ten und nach Konstantinopel segeln" durch. Ist diese Handlung
zusammen mit C's Handlung b: „die Waren von G abkaufen" eine
Machtausübung im Sinne von Kapitel 10? Sicher ist G's Handlung
eine Teilursache der Handlung von C, sodaß sich die Frage darauf
zuspitzt, ob C „vorher", d.h. bevor er von G's Ankunft erfährt,
intendiert, mit G zu handeln. Hier gibt es zwei Fälle: C intendiert
positiv, eine Handlung non-b zu tun, die mit b nicht verträglich
ist, oder C hat einfach keine Intention in Bezug auf b, weder positiv noch negativ. Wie wir früher bemerkten, ist der Grad an
Widerstand gegen die Ausführung von b durch C's Intentionen
bezüglich b ausgedrückt. Im ersten Fall ist C's Widerstand gegen
b stärker. Da der Grad an Widerstand einem Grad an Macht des
bestimmenden Akteurs entspricht, liegt in beiden Fällen eine unterschiedlich starke Machtausübung vor. Im zweiten Fall haben
wir es mit Einflußnahme im Sinne von Kap.11 zu tun, in jedem
Fall aber doch mit Machtausübung. Umgekehrt hat auch C Macht
über G, denn wenn er die Ladung mit Intrigen und Gewalt unter Ausnutzung seiner Beziehungen zum lokalen Herrscher an sich
brächte, würde er G zur Rückkehr unter großem Verlust zwingen,
eine Handlung, die G sicher nicht zu tun intendiert.

Wenn wir entsprechend die Mengen der Fernhändler in jeder
Stadt betrachten, die mit der jeweils anderen Stadt Handelsbe-
ziehungen unterhalten, so finden wir eine ähnliche Balance. Jedes Mitglied der Genueser Menge hat vermutlich Macht über ein
Mitglied der entsprechenden Menge in Konstantinopel und umgekehrt. Die Statusrelation ist also zwischen beiden Mengen symmetrisch. Im Hinblick auf Axiom I4, das eine echte Spitzengruppe
verlangt, müssen wir deshalb schließen, daß das System, das nur

aus den großen Händlern auf beiden Seiten besteht, keine Institution ist. Das heißt jedoch nicht, daß der Fernhandel keine Institution wäre. Wir müssen mindestens noch die lokalen kleineren Geschäftsleute mit einbeziehen und dabei stoßen wir auch sofort auf asymmetrische Machtverhältnisse. Unter Vernachlässigung von G's Mannschaft können wir -sozial, nicht geographisch- zwei Gruppen unterscheiden. Die eine Gruppe g besteht aus den Fernhändlern auf *beiden* Seiten und enthält im Beispiel G und C. Die andere Gruppe g' besteht aus den kleinen Geschäftsleuten auf *beiden* Seiten, mit denen es G und C jeweils in der Heimat zu tun haben.[10] Während die Machtrelationen innerhalb der Gruppe g, wie gerade gezeigt, ziemlich ausbalanciert sind, ist dies zwischen den beiden Gruppen g und g' nicht der Fall. Vielmehr ist die Gruppe der Fernhändler mächtiger und hat höheren Status als die der lokalen Geschäftsleute. Um dies zu sehen, betrachten wir die Machtrelation, die zum Beispiel zwischen G und einem lokalen Geschäftsmann D besteht, der von G Seide zum von G gesetzten Preis kauft. Wenn D zunächst nicht den von G verlangten hohen Preis zahlen will und G bei seinem Preis bleibt, dann übt G Macht über D aus, nämlich mit dem Effekt, daß D schließlich doch die Ware zu G's hohem Preis kauft. Dieser Typ von Machtausübung besteht zwischen G und einer großen Zahl kleinerer Geschäftsleute. Umgekehrt hat ein lokaler Geschäftsmann wenig Einfluß auf G. Er kann beim Kauf von G einen hohen Preis bieten oder beim Verkauf an G ein gutes Angebot machen. In keinem Fall können wir sagen, G habe nicht intendiert, zu D's Preisen abzuschließen. Insgesamt erhalten wir daher ein System, das unsere Axiome für Makromodelle erfüllt.

Auch der Überbau ist deutlich zu sehen. Das soziale Leben von Städten wie Genua oder Venedig war ganz auf Fernhandel, Seeräuberei und Seekrieg ausgerichtet. Die modernen Formen des Bankwesens und der Kapitalgesellschaften entstanden auf diesem Hintergrund und viele entsprechende Wörter, wie „Bank", „Kredit", „Kontrakt", „Kompanie", wurden in andere Sprachen übernommen. Auch auf byzantinischer Seite existierten entsprechende interne Modelle, hatten doch die italienischen Städte von dort ge-

---

[10]Alternativ könnten wir bei den kleinen Händlern auch zwei Gruppen betrachten; je eine auf jeder Seite. Beide Gruppen wären dann gleichermaßen der der großen Händler untergeordnet.

rade im Bankwesen maßgebliche Impulse erhalten.

Zur Vervollständigung des Bildes müssen wir untersuchen, wie die jeweiligen Handlungstypen entstanden und wie sie sich zu sozialen Praktiken entwickelten. Der wichtigste Handlungstyp ist hier der, etwas zu versprechen und das Versprechen dann auch einzuhalten, mit anderen Worten: einen Vertrag abzuschließen und einzuhalten. Dieses Muster ist das Rückgrat vieler Institutionen, speziell in der wirtschaftlichen und juristischen Sphäre und bildet deshalb auch die Vorlage für das Harmoniemodell von Institutionen. In dem betrachteten „realen" System ist das Muster auf C's Seite wirksam, aber auch bei G gegenüber der Bank, die den Kredit gibt. Obwohl C explizit kein Versprechen an G gibt, folgt er doch diesem Handlungsmuster, wenn er sich an die Regeln hält, die sich für den Handel herausgebildet haben und die schon institutionalisiert und sanktioniert sind. Wir müssen weit zurückgehen, um zu sehen, wie diese Verhaltensform entstand und sich im Laufe der Zeit unter anderem in die vorliegende entwickelte.

Die Entstehung vertraglich geregelten Handelns ist nicht zu lokalisieren. Sendungen seltener oder kostbarer Güter über weite Strecken gehen bis ins 8.Jahrtausend zurück. Später wissen wir von der Übersendung kostbarer Geschenke kleinerer Könige an mächtige Herrscher wie die der Hethiter.[11] Es waren keine echten Tribute, sondern unregelmäßige Sendungen, die den mächtigen Herrscher davon abhalten sollten, sich solche Dinge durch einen Feldzug zu holen. Auf lange Sicht ist es auch aus der Sicht des Mächtigen einfacher, Geschenke zu empfangen, als Kriegszüge zu unternehmen. Im nächsten Schritt konnten auch große Könige unter sich, wie die der Hethiter und der Ägypter, solche Täusche vornehmen, die manchmal mit politischen Verträgen und Heiraten zusammengingen. Andere in die gleiche Richtung laufende Hinweise auf die Entstehung des Fernhandels liegen aus Melanesien[12] vor, wo der Tausch von größeren Gütermengen über größere Entfernungen durch die jeweiligen Häuptlinge initiiert wurde (die Gründen sind uns nicht bekannt). Wir können uns die ersten „Verträge" mit wirtschaftlichem Hintergrund grob als Versprechen des empfangenden Herrschers vorstellen, die fremde Gruppe sicher und unberaubt durch sein Gebiet zu ihm und wieder nach Hause

---

[11](Klengel & Klengel,1975).
[12]Siehe (Mauss,1978).

ziehen zu lassen. Ein solches Versprechen war in zweifachem Sinn
im Interesse des Herrschers. Erstens ermutigte er zukünftige ähnliche Sendungen, zumindest entmutigte er sie nicht. Zweitens
beugte er möglichen Schwierigkeiten vor, sich schließlich in den
Besitz der Güter zu bringen, die entstehen, wenn die Güter „in-
offiziell" durch Andere in seinem Gebiet an sich gebracht werden.
Ausgehend von solchen Ursprüngen können wir uns leicht Ketten
von Nachahmungen auf niedrigeren Ebenen vorstellen. Es wurde
Sicherheit versprochen und es wurden Anstrengungen gemacht,
das Verprechen einzuhalten. Das Muster kann von den lokalen
Autoritäten eingeführt worden sein und sich von dort in die wirtschaftliche Sphäre ausgebreitet haben. Lokale Händler ahmten
einfach ihre Autoritäten nach, wenn sie anderen Händlern in anderen Städten etwas versprachen. Generell läßt sich sagen, daß das
Muster des Fernhandels sich mit den Institutionen mitentwickelte.
Wenn diese stabil und langlebig waren oder sich ausbreiteten, so
geschah des Gleiche mit dem Fernhandel.

Im Rahmen sozialer Institutionen können wir die Begriffe der
sozialen Macht und der Herrschaft präzisieren. Wie schon weiter
oben angedeutet, ist der „isolierte" Machtbegriff, wie er in der
in Kapiteln 10 und 11 entwickelten Theorie Ausdruck findet, der
Kritik ausgesetzt, soziale Macht nicht adäquat zu erfassen. Diese
berechtigte Kritik läßt sich auch einfach so formulieren: der isolierte Machtbegriff berücksichtigt nicht die sozialen Institutionen,
die in vielen Fällen die Machtmittel für die bestimmende Person
bereitstellen oder darstellen. Innerhalb unserer Institutionentheorie können wir uns natürlich auf Institutionen und -im Unterschied
zu anderen Ansätzen- gleichzeitig auf den Machtbegriff beziehen,
und wir erwarten, daß sich in ihr die Begriffe der sozialen Macht
und der Herrschaft definieren lassen. Dies hat zwei wichtige Implikationen für die Machttheorie. Zu ihrer Erläuterung müssen
wir uns vergegenwärtigen, daß die Weitläufigkeit und Komplexität sozialer Machtausübung und die Vielfalt ihrer Formen den
Begriff der sozialen Macht zunächst dunkel und verwirrend erscheinen lassen und daß -vermutlich deshalb- einige Autoren[13] so
weit gehen, ihn als irreduziblen Grundbegriff anzusehen. In unserer Theorie ist soziale Macht die dispositionelle Variante der

---

[13] Allen voran Foucault.

sozialen Machtausübung. Wenn wir letztere definieren können, so ist damit gezeigt, daß es sich nicht um einen irreduziblen, nicht-individualistischen Begriff handelt. Gleichzeitig ist nachgewiesen, daß soziale Machtverhältnisse keineswegs so undurchschaubar und verwirrend sind, wie es zunächst scheint. Sie gewinnen im Rahmen unserer Institutionentheorie ziemlich scharfe Konturen. Zweitens wird klar, daß es zur Strategie der Postulierung einer eigenen Entität namens „soziale Macht" eine Alternative gibt, nämlich den Aufbau einer umfassenden Institutionentheorie.

Eine unspezifische Definition sozialer Macht im Rahmen einer sozialen Institution x läßt sich mühelos formulieren. Dazu sei x ein Modell der oben beschriebenen Form:

$$x = \langle T, \leq, (\mathbf{S}_t), existiert, \mathbf{P}, \mathbf{z} \rangle,$$

also eine soziale Institution. Ferner seien t ein Zeitpunkt aus T, i, j zwei zu t existierende Personen und a, b zwei Handlungen. Wir sagen

> i übt mit Handlung a (in x) *soziale* Macht über j aus, damit j b tut,
>
> wenn es in der Institution x einen Zeitpunkt t' und Gruppen $\mathbf{g}$,$\mathbf{g}$' gibt, sodaß gilt:

1) i ist Mitglied von $\mathbf{g}$ und j Mitglied von $\mathbf{g}$'

2) Gruppe $\mathbf{g}$ hat höheren Status als Gruppe $\mathbf{g}$'

3) a ist charakteristisch für $\mathbf{g}$

4) $beeinflußt(t, t', i, a, j, b)$

5) Wenn i weder zu g noch zu einer Gruppe g^* von höherem Status als $\mathbf{g}$ gehören würde, gäbe es keine Handlung a' vom Typ von a (in x), mit der i j beeinflussen könnte, b zu tun.

Eine Handlung a ist dabei charakteristisch für Gruppe $\mathbf{g}$, wenn sie zu einem der für $\mathbf{g}$ charakteristischen Handlungstypen gehört. Die Machthandlung a in dieser Definition ist nach Bedingung 3) für die Gruppe $\mathbf{g}$, zu der die bestimmende Person i gehört, charakteristisch; i führt sie also als Mitglied von $\mathbf{g}$ aus. Aus den Bedingungen 1) und 3) der Definition folgt zawr nach Axiom (S), daß

a für eine der Gruppen, zu der *i* gehört, charakteristisch ist. Wir
brauchen aber den stärkeren Bezug zu genau der Gruppe g, weil
es auf deren höheren Status ankommt. Nach Bedingung 5) kann *i*
die Machthandlung auch *nur* als Mitglied der höheren Gruppe g
ausführen. Sie wäre *i* verwehrt oder nicht möglich, wenn *i* zu einer
anderen Gruppe gehören würde. Natürlich ist Bedingung 5) als
kontrafaktische Aussage unangenehm, sowohl in der Auswertung,
als auch im Hinblick auf die beiden Zeitpunkte, die wir der Über-
sichtlichkeit halber nicht explizit machen. Es kommt uns hier nur
darauf an, die prinzipielle Möglichkeit der Definition zu zeigen;
die Auswertung irrealer Konditionalsätze stellt, wie schon in Kapitel 10 angedeutet, heute im Rahmen einer sauber konstruierten
Theorie kein Problem mehr dar.[14] In der obigen Formulierung ist
Bedingung 5) ganz auf den bestimmenden Akteur abgestimmt.
In einer schwächeren Formulierung könnte auch die Zugehörigkeit
der betroffenen Person zu ihrer Gruppe g', die niedrigeren Status hat, berücksichtigt werden. Das heißt, wenn *j* kein Mitglied
von g' wäre, so könnte *i* mit *a* nicht bewirken, daß *j* *b* (oder eine
Handlung vom Typ von *b*) tut.

Typische Beispiele für die Ausübung sozialer Macht finden wir
zwischen Lehrer-Schüler, Richter-Dieb, Feldwebel-Grenadier oder
Steuerbeamter-Steuerzahler. Stets ist es die Stellung der bestimmenden Person, ihre Rolle in der Institution, die sie zu Machthandlungen befähigt. Ohne Institution könnte die Lehrerin einen
kräftigen Burschen nur schwer dazu bringen, Gedichte auswen-
dig zu lernen, der Richter hätte keine Möglichkeit, einen kräftigen Dieb zu bestrafen, der Grenadier würde auf die Befehle des
Feldwebels pfeifen. Selbst der einfache Sachbearbeiter im Finanzamt kann den reichen Insdustriellen mit Hilfe „seiner" Institution zur Offenlegung bestimmter Informationen bringen. Wenn
er diese Information außerhalb des institutionellen Rahmens verlangen würde, bekäme er wohl nur die Zähne der Wachhunde zu
spüren.

Natürlich bildet diese allgemeine Definition nur einen ersten Schritt in der Analyse sozialer Macht. Interessanter -weil
konkreter- wird die Sache erst, wenn wir spezielle Mechanismen
ins Auge fassen, mit Hilfe derer die Mitglieder „höherer" Gruppen

---

[14](Lewis,1973).

ihre Machthandlungen ausführen. wir müssen uns allerdings im Moment auf einige kurze Bemerkungen und die bloße Andeutung einiger Mechanismen beschränken.

Ein erster Typ von sozialer Macht wirkt informell, über Konventionen, die in der Gesellschaft auch ohne schriftliche Fixierung fest verankert sind. Beispiel[15] ist die Benotung im Schüler-Lehrer-Verhältnis. Durch die Benotung übt die Lehrerin Macht über den Schüler aus, die dieser aber nur auf großen Umwegen, nämlich im weiteren Leben durch verschiedene Reaktionen anderer Menschen auf seine Schulnoten zu spüren bekommt. Schüler mit guten Noten werden in vieler Hinsicht bevorzugt; dies geschieht in der Regel nicht aufgrund formaler Vorschriften, sondern aufgrund von Konvention (für die sich gute Gründe angeben lassen). Dieser Typ sozialer Macht ist in seiner ganzen Komplexität explizit nur in ziemlich umfassenden Institutionen zu modellieren. Sei zum Beispiel a die Handlung der Lehrerin i, dem Schüler j im Abitur in Mathematik eine Fünf zu geben und b die etwas weitläufige Handlung des Schülers, später einen schlecht bezahlten Beruf auszuüben. Die Lehrerin übt hier Macht über ihn aus, wenn wir annehmen, daß sie mit der Notengebung die Intention hatte, ihn von „Erfolgsberufen" auszuschließen.[16] Eine Institution, die auch die Handlung b enthält, ist nicht mehr weit von der Gesamtgesellschaft entfernt.

Weitere Formen sozialer Macht gehen zusammen mit der Existenz eines Stabes, d.h. einer wohlorganisierten Gruppe von Gehilfen, die den Mitgliedern „höherer" Gruppen bei der Ausführung von Machthandlungen zur Verfügung stehen. Hier lassen sich ohne Weiteres verschiedene Unterformen ausmachen. Ein zweiter Typ sozialer Macht führt von einem Mitglied der Spitzengruppe über einen klar hervorgehobenen Repräsentanten der Spitzengruppe, der die Interessen der Mitglieder dieser Gruppe, oder auch ihre jeweiligen, individuellen Wünsche, mit Hilfe eines ihm unterstellten Stabes durchsetzt, zu einer Person mit niedrigerem Status. Beispiel ist eine Firma im Besitz von wenigen Großaktionären, die sich gut verstehen und deshalb den Vorstand praktisch in der Hand haben. Jedes Mitglied der Spitzengruppe der Aktionäre kann mittels des Vorstandes Macht über die anderen Firmenmit-

---

[15]Vergleiche (Wartenberg,1992).

[16]Was Lehrer tatsächlich dazu führt, schlechte Noten zu geben, kann hier nicht weiter erörtert werden.

glieder ausüben. Eine dritte, in der Realität kaum zu findende, aber begrifflich interessante Form, ist der zweiten ähnlich bis auf die Existenz des Repräsentanten. Bei ihr gibt es nur einen Stab, den alle Mitglieder der Spitzengruppe benutzen können, aber keinen Repräsentanten, der ihre Wünsche dem Stab vermittelt.

Eine vierte und wohl die wichtigste Form von sozialer Macht besteht zwischen zwei Personen i, j, die nicht der Spitzengruppe angehören. Oft hat die Gruppe von i höheren Status als die von j. Der wesentliche Punkt jedoch ist, daß i (die bestimmende Person) zum Stab einer höheren Gruppe gehört und daß i's Machthandlung a zu ihren Aufgaben als Stabsmitglied gehört. Dies ist damit verträglich, daß i selbst *nicht* zu einer Gruppe mit hohem Status gehört. i übt mit anderen Worten Macht über j in höherem Auftrag aus. Im Sinne unserer Definitionen gilt dies jedoch nur, wenn i auch selbst intendiert, daß j die Handlung b ausführt. Diese Beobachtung führt zum Kernproblem beim Aufbau funktionsfähiger Bürokratien und Sicherheitsapparate. Die Stabsmitglieder müssen so weit indoktriniert werden, daß sie die Folgen ihrer Machthandlungen auch selbst intendieren. Wenn dies nicht gelingt, bleiben sie korrupt und haben wenig Interesse, die Widerstände auf Seiten der Betroffenen zu brechen.

Eine spezielle Form sozialer Macht ist Herrschaft. Im dispositionalen Modus heißt Herrschen nichts anderes als der Repräsentant der Spitzengruppe einer Institution zu sein, wobei wir uns nicht festlegen, ob ein Stab vorhanden sein muß oder nicht. Herrschaft ausüben heißt also aktiv, als Repräsentant der Spitzengruppe Macht über eine Person der „unteren" Gruppen ausüben. Damit können wir schließlich auch *Anarchie* als Abwesenheit von Herrschaft definieren. Eine Gruppe lebt unter anarchischen Verhältnissen, wenn keines ihrer Mitglieder Herrschaft ausübt und auch keiner Herrschaft unterworfen ist. Im Sinne der vorhergehenden Definitionen heißt das: es gibt weder Institutionen, in denen Mitglieder der Gruppe Repräsentanten der Spitzengruppe sind, noch Institutionen, in denen Mitglieder der Gruppe Machthandlungen der Reprasentanten der Spitzengruppe ausgesetzt sind. Zu Machthandlungen der letzten Art zählen hier auch solche, die über einen Stab vermittelt sind. Diese Definition von Anarchie geht von der Wortbedeutung aus und ist ziemlich eng gefaßt, insofern sie Repräsentanten der Spitzengruppe voraussetzt. Empirisch dürften die meisten Institutionen solche Repräsentanten haben, trotzdem bleibt eine „definitorische Nische" für Anarchie in Institutionen ohne solche Repräsentanten. Eine etwas weiter gefaßte Definition würde einfach auf der Abwesenheit jeglicher Institutionen bestehen. Eine Gruppe lebte danach in Anarchie, wenn keines ihrer Mitglieder zu irgendeiner sozialen Institution gehört.

Das theoretische Problem, welches wir hier nur formulieren, nicht aber lösen können, besteht in der Ausgrenzung der Möglichkeit von anarchischen Gruppen in einem institutionellen Umfeld. Unter welchen speziellen Formen von Institutionen kann es überhaupt zur Bildung anarchischer Gruppe kommen? Ist dabei ein Repräsentant der Spitzengruppe, oder ein Stab wesentlich?

Schließlich sei unser Modell kurz mit drei neueren Ansätzen verglichen. *Schotter* definiert:„Eine soziale Institution ist eine Regularität im sozialen Verhalten, die die Zustimmung aller Gesellschaftsmitglieder hat, das Verhalten in spezifischen, wiederkehrenden Situationen festlegt, und die sich entweder selbst überwacht oder von außen überwacht wird."[17] An die Stelle von Zustimmung der Mitglieder tritt bei uns der Rahmen der internen Modelle. Die Forderung nach Zustimmung *aller* Mitglieder entspricht dem Harmoniemodell und scheint uns empirisch nicht zuzutreffen, es sei denn, wir strecken den Begriff der Zustimmung so weit, daß nur dann keine Zustimmung vorliegt, wenn die Institution aktiv bekämpft wird. Neben dem Aspekt der Verhaltensregularität, der auch bei uns betont wird, sind noch zwei andere Züge dieser Definition kritisch zu beurteilen. Erstens ist der letzte Definitionsbestandteil („entweder-oder") ziemlich inhaltsleer, jedenfalls wenn wir „Selbstüberwachung" nicht mit der Existenz eines Überwachungsstabes verbinden. Zweitens scheint es uns problematisch, soziales Verhalten von anderem Verhalten abgrenzen zu wollen. Wie und wo soll es hier eine Grenze geben?

North schreibt:„Institutionen sind Mengen von Regeln des Nachgebens und von moralischen und ethischen Verhaltensnormen, die so gestaltet sind, daß sie das Verhalten von Individuen im Interesse der Maximierung von Reichtum oder Nutzen von Anführern[18] beschränken." Die Aspekte der Verhaltensregeln und

---

[17](Schotter,1981),S.11. Meine Übersetzung.
[18](North,1981), 201-2. Meine Übersetzung. Die Übersetzung von „principal" durch „Anführer" ist dabei sicher nicht optimal.

der Hervorhebung einer Spitzengruppe sind voll in unserem Modell enthalten. Auch die Wendung, daß die Komponenten gestaltet („designed") sind, stimmt ganz mit unserer Sichtweise überein. Dagegen scheint uns die Formulierung vom Interesse, den Reichtum und Nutzen der Spitzengruppe zu maximieren, zu eng. Das Interesse der Spitzengruppe umfaßt auch Machtausübung per se, ohne daß dadurch ihr Reichtum oder Nutzen vermehrt wird.

Bei *Luhmann* ist es[19] schwer, eine Definition sozialer Institutionen auszumachen. Wir können aber einige seiner Hauptakzente aufgreifen. Erstens betont er für Institutionen deren systemtheoretischen Charakter, und darüberhinaus den von selbstorganisierenden Systemen. Auch unser Ansatz ist systemstheoretisch, insofern wir auf wohlabgesetzte Systeme schauen. Er ist nicht systemtheoretisch im Sinne der auf Rückkoppelung aufbauenden Systemtheorie, wie sie aus den Ingenieurwissenschaften entstanden ist; auch den Formalismus selbstorganisierender Systeme verwenden wir nicht.[20] Zweitens ist bei *Luhmann* die Selbstreferenz sozialer Systeme ein wichtiger Aspekt. Diese ist auch in unseren Modellen enthalten, nämlich in Form der internen Modelle und der Repräsentationsrelationen. Gleiches gilt für die Sinnproblematik. Lediglich bei der Gewichtung der Funktion sozialer Institutionen besteht ein deutlicher Unterschied. Im Gegensatz zu *Luhmann* und aus schon angegebenen Gründen spielt bei uns die Funktion, der Zweck einer Institution, bei ihrer Charakterisierung keine Rolle.

---

[19](Luhmann,1985).
[20]Genausowenig wie Luhmann.

13   Zur Entstehung von Institutionen

Institutionen ändern sich im Laufe der Zeit pausenlos und in vielfältiger Weise. So stellt sich die Frage, ob der Veränderung überhaupt etwas Gleichbleibendes zugrundeliegt, oder ob wir es nicht vielmehr mit einer Vielzahl verschiedener, einander ablösender sozialer Strukturen zu tun haben. Worin besteht eine der Veränderung zugrundeliegende Identität, wie sie durch die Redeweise von *einer* sich wandelnden Institution suggeriert wird? Eng verknüpft mit der Charakterisierung sozialer Insitutionen ist die Frage nach deren Entstehung. Nur wenn wir ein klares Bild ihrer Entstehung haben, können wir „bloße" Veränderung *derselben* Institution von einem Übergang unterscheiden, bei dem die alte Institution sich auflöst und eine neue an deren Stelle tritt. Zur sauberen Trennung beider Arten von Übergängen brauchen wir auch eine Klassifikation *zulässiger* Änderungstypen, bei denen die Identität der Institution erhalten bleibt -im Gegensatz zu solchen, bei denen die Identität verlorengeht und also eine neue Institution entsteht. Wir wenden uns zunächst der Frage der Entstehung zu und geben -ohne Anspruch auf Vollständigkeit- einige notwendige Bedingungen für die Entstehung an. Die schwierigere Frage, ob sich die Zusammenfassung dieser Bedingungen auch als hinreichend erweist, bleibt weiterer Forschung, insbesondere empirischer Erforschung von Beispielen, überlassen. Für die folgenden Überlegungen gehen wir von einem Zustand aus, in dem die fragliche Institution noch nicht existiert, aber im Entstehen begriffen ist. In den Entstehungsprozeß ist eine Reihe von Personen in aktiver oder auch passiver, jedenfalls aber in relevanter Weise, involviert. Die Menge dieser Personen nennen wir *Gründungsmenge* der Institution. Sie besteht aus Personen, die von gewissen neuen Handlungsformen betroffen sind. Eine[1] erste notwendige Bedingung zur Entstehung ist in der Makrostruktur von Institutionen

---

[1] Die Passagen auf den folgenden sechs Seiten sind mit kleinen Änderungen aus (Balzer,1992a) mit freundlicher Genehmigung des Böhlau Verlags übernommen.

angelegt. Es müssen mindestens zwei unterscheidbare Gruppen entstehen, deren Verschiedenheit sich durch die charakteristischen Handlungen, insbesondere die Formen der Machtausübung zeigt. Dazu ist es notwenig, daß mindestens eine Person aus dem Rahmen ihrer zulässigen, „institutionalisierten" Handlungen ausbricht und systematisch neue Handlungen durchführt, die nicht zu den charakteristischen Handlungen ihrer Gruppe(n) gehören. Die Person „erfindet" also mindestens einen neuen Handlungstyp. Unter geeigneten Umständen bildet dieser die Keimzelle eines ganzen Musters von neuen, in Reaktion entstehenden Handlungstypen, die von der Person, aber auch von anderen Individuen ausgeübt werden. Alle weiteren Handlungstypen bezeichnen wir als vom ursprünglichen, neuen Handlungstyp *verursacht*. Auch verursachte Handlungstypen können neu sein, müssen aber nicht. Unter geeigneten Umständen entstehen so neue Muster von charakteristischen Handlungen für die Mitglieder der sich neu bildenden Gruppen. Notwendig hierfür ist auf jeden Fall die Entstehung *eines* neuen Handlungstyps.

Die Ursachen, warum der neue Handlungstyp ausgeführt wird, sind ganz verschiedener Art. Wir stehen vor einem Spektrum, das von der planvoll ausgedachten Tat, über den halbausgedachten Versuch, die spielerische Variation bis zu zufällig beobachteten Nebeneffekten von Handlungen reicht, die auf andere Ziele gerichtet waren. Es braucht am Anfang keine Intention bezüglich der tatsächlichen Wirkung der Handlung zu bestehen, das heißt, die ersten Handlungen der neuen Art sind nicht notwendig Machtausübungen. Dieser Charakter entwickelt sich manchmal erst dann, wenn bei Wiederholungen die tatsächliche Wirkung vorausgesehen und dann auch intendiert wird. Diese Beobachtung weist auf ein Wechselspiel in der Entwicklung von Machthandlungen und Intentionen hin, in welches auch kausale Überzeugungen mit einbezogen werden müssen. Die Entstehung neuer Typen von Machtausübung formt neue Intentionen, vor allem auf der Seite der bestimmenden Person. Zusammen mit den Intentionen können die Typen auch Anlaß zur Bildung neuer kausaler Überzeugungen sein. Umgekehrt bilden die kausalen Überzeugungen und die schon vorhandenen Intentionen einen Hintergrund, der entscheidet, ob eine neue Machthandlung von Interesse ist und wiederholt wird, oder nicht.

Die Ausübung von Macht, auch bei neuen Handlungstypen, erfordert, daß der bestimmende Akteur geeignete *Machtmittel* zur Verfügung hat. Manche Autoren identifizieren die Machtmittel einer Person mit deren Macht schlechthin,[2] was zu einem ganz anderen und viel engeren Machtbegriff als unserem führt. Es gibt Machtmittel verschiedener Art. Das einfachste und primäre Mittel ist natürlich körperliche Stärke, oder etwas subtiler, spezielle körperliche Übung oder Ausrüstung mit Waffen, die dem betroffenen Akteur nicht zugänglich sind. Eine zweite Art von Machtmitteln ist direkter Reichtum oder, indirekt, die Fähigkeit zum erfolgreichen Wirtschaften. Machtausübung auf rein wirtschaftlicher Grundlage ist jedoch nur in einer schon weitgehend institutionalisierten Gesellschaft möglich, in der die wirtschaftlichen Handlungen nicht durch Gewalt unterlaufen werden können. Eine dritte Art von Mitteln besteht in dem, was *Max Weber* Charisma nannte. Manche Individuen haben einfach eine Fähigkeit, andere zu Handlungen zu bringen, die diese zunächst gar nicht tun wollten. Ein interessantes psychologisches Problem, das aber -wie eben die meisten Probleme der Machtausübung- kaum studiert wurde, besteht in der Frage, wie eine Person charismatisch wird. Neben äußerlichen Merkmalen scheint dazu auch ein bestimmtes, provinzielles Umfeld nötig zu sein, in dem die Person das „Charismatisch-Sein" an geeigneten, unbedarften Mitmenschen einübt. Viertens können die Mittel in nicht-ökonomischen Fähigkeiten, wie praktischem oder theoretischem Wissen bestehen. Fünftens gibt es Mittel, die nur in der Einbildung der betroffenen Person existieren, oder in der der ganzen Gesellschaft. Die Betroffene kann falsche Information über den bestimmenden Akteur haben, oder die ganze Gesellschaft kann kausale Überzeugungen haben, die wir als falsch ansehen. Das letzte und heute wichtigste Machtmittel ist natürlich die hohe Stellung in einer sozialen Institution. Dieses Mittel hat lediglich bei Entstehung „erster" Institutionen keine Rolle gespielt. Heute sind schon vorhandene Institutionen und die Positionen von Individuen in ihnen von entscheidender Wichtigkeit für die Entstehung neuer Institutionen. Die Entstehung vieler neuer Institutionen ist selbst bereits institutionalisiert. Sie ist weitgehend durch die vorhandenen Institutionen bestimmt, und die Entwick-

---

[2] Etwa (Russell,1938).

lung in Richtung auf eine neue Institution, die den Existierenden nicht gefällt, kann in der Regel unterdrückt werden.[3]

Ein weiterer Zug von Machtausübung, der in unserer allgemeinen Definition aus Kap.10 auch zum Ausdruck kommt, besteht darin, daß die Handlung der bestimmenden Person eine systematische, regelmäßige Reaktion der betroffenen Person hervorruft. Dieser Zug, der durch den kausalen Zusammenhang erfaßt wird, ist gerade bei der Entstehung neuer Handlungstypen wichtig, weil die bestimmende Person „ihren" neuen Handlungstyp nur lernen kann, wenn sie dieselbe Art von Reaktion darauf regelmäßig beobachtet. Wo keine Regelmäßigkeit vorliegt, werden keine Handlungstypen wahrgenommen und folglich auch nicht internalisiert.

Oft, aber nicht immer, wird der neue Handlungstyp durch den späteren bestimmenden Akteur einer Machtbeziehung ausgeübt. Firmen werden in der Regel durch ihren späteren Chef gegründet, das gleiche gilt für politische Institutionen. Der Fernhändler organisiert die Expedition als deren Leiter, der König verteilt die Lehen. Da Institutionen normalerweise im Interesse der bestimmenden Akteure funktionieren, ist es nur natürlich, daß diese auch bei ihrer Entstehung die aktive Rolle spielen. Wir können allerdings nicht ausschließen, daß eine neue Institution durch die spezielle Reaktion des Betroffenen in einer schon existierenden Institution entsteht. Durch die neue Reaktion können die bestimmenden Akteure gezwungen sein, die Institution zu ändern, um den Status ihrer Gruppen zu erhalten. In den modernen Wirtschaftssystemen könnten ideologisch motivierte Änderungen im Konsumentenverhalten, die nicht durch neue Produkte erzeugt sind, doch zu einer Umstrukturierung der Industrie und zu neuen Produktionsweisen führen.[4] Nicht jeder neue Handlungstyp ist geeignet,

---

[3]Im Zusammenhang mit den Machtmitteln sind Analysen zu erwähnen, die Macht aus der Sicht der Kosten-Nutzenrelation betrachten. Die durch Machtausübung entstehenden Kosten werden vom entstehenden Nutzen abgezogen und man erhält ein Maß dafür, wie lohnend die Machtausübung ist. Detaillierte Untersuchungen solch numerischer Art finden sich in (Harsanyi,1962). Die weitreichenden kontrafaktischen Voraussetzungen über Nutzenabwägungen und Nutzenmaximierung, die dabei gemacht werden, schränken die Anwendung allerdings auf einen sehr kleinen Teilbereich intendierter Systeme ein.

[4]Beispiel ist das geänderte Konsumverhalten "grüner" oder ökologisch bewußter Personen.

eine neue Institution hervorzubringen. Eine neue Handlungsform, die andere Personen nicht unmittelbar beeinflußt, wie zum Beispiel der dreifache Rittberger, ist von vornherein kein geeigneter Kandidat. Im Lichte unserer Theorie muß der neue Handlungstyp selbst oder einer der durch ihn verursachten Handlungstypen die Machtausübung betreffen. Mit anderen Worten, der neue Typ, oder einer der durch ihn verursachten Typen, stellt eine Form der Machtausübung dar, eine Form, andere zu Handlungen zu bringen, die sie zunächst nicht zu tun intendierten. Im Fall, daß der neue Handlungstyp selbst keine Form der Machtausübung darstellt, und folglich einer der von ihm verursachten Typen die Machtausübung betrifft, können wir weiter gehen und annehmen, daß dieser verursachte Typ neu ist. Eine zweite notwendige Bedingung lautet also, daß der neue Handlungstyp selbst oder aber ein von ihm verursachter neuer Handlungstyp die Ausübung von Macht betreffen. Damit ist nicht gemeint, daß eine neue, spezielle Form der Macht im Sinne von Kap. 11 entsteht. Der neue Handlungstyp fällt in der Regel unter die schon bekannten Formen der Macht; er stellt nur innerhalb einer solchen Form eine neue Ausprägung dar. Natürlich schließen wir nicht aus, daß in dieser Weise auch neue Machtformen entstehen können. Um Verwirrung zu vermeiden, reden wir vom neuen Handlungstyp als einem neuen *Typ* der Machtausübung, im Gegensatz zu den in Kap. 11 beschriebenen *Formen* der Macht.

Drittens muß der neue Typ von Machtausübung geeignet sein, eine Einteilung der involvierten Individuen in mindestens zwei Gruppen hervorzubringen, so daß Mitglieder der einen Gruppe auf die neue Art Macht über die Mitglieder der anderen Gruppe ausüben. Der neue Handlungstyp muß also so beschaffen sein, daß er nicht von allen Personen in der Gründungsmenge ausgeführt wird. Wenn jedes der ursprünglichen Individuen den neuen Typ von Machtausübung gleichermaßen ausführen würde, käme es nicht zur Institutionenbildung. Eine dritte Bedingung besagt also, daß der neue Machttyp nur von ziemlich wenigen Personen in der Gründungsmenge ausgeführt wird. Hinreichend hierfür ist im Spezialfall, daß der neue Handlungstyp, aus welchen Gründen auch immer, nur von wenigen Personen überhaupt durchgeführt werden kann. Was den Personen „möglich" ist, kann unter anderem auf schon erworbenen Positionen in schon vorhandenen, anderen

Institutionen beruhen.

Eine vierte notwendige Bedingung ist schwieriger zu fassen, da sie im gegenwärtigen Stadium nur in ziemlich abstrakter Weise, unter Benutzung eines abstrakten Kostenbegriffs formulierbar ist. Sie lautet, grob gesprochen, daß die Kosten des neuen Typs von Machtausübung für die bestimmende Person aus deren neuer Rolle, die sie in der sich bildenden Institution inne hat, bestritten werden können. Zum genaueren Verständnis betrachten wir eine Person, die einen neuen Typ der Machtausübung einführt. Dazu muß sie selbst Handlungen ausführen, die Kosten verursachen. Unter Kosten verstehen wir alle Aspekte des Aufwandes, angefangen von finanzieller Belastung bis hin zur Einbuße etwa an „Freizeit" oder an sozialen Beziehungen. Am Anfang bestreitet die Person diese Kosten aus ihren eigenen, ihr persönlich zur Verfügung stehenden Mitteln, wobei auch letzterer Begriff sehr weit zu fassen ist. Im weiteren Verlauf muß es aber möglich werden, diese Kosten aus den Wirkungen des neuen Handlungstyps zu bestreiten. Insbesondere muß, wenn eine Institution entsteht, der Mittelzufluß aus der Institution erfolgen. Diese Bedingung ist notwendig, wie man durch Annahme des Gegenteils erkennt. Wäre die Gründung nur aufgrund etwa eines reichen oder mächtigen Akteurs erfolgt, ohne daß eine spätere Kostendeckung seiner Handlungen durch die Institution erfolgen kann, so käme die Institution sofort nach dem Tod des Akteurs in Schwierigkeiten. Seine Nachfolger oder Nachahmer hätten im allgemeinen nicht die nötigen Mittel, die Handlungen weiter durchzuführen: die Sache stirbt ab. In ökonomischer Terminologie muß der neue Typ von Machtausübung eine sich selbst tragende Investition darstellen. Damit lautet eine vierte notwendige Bedingung: Die Kosten der neuen Machthandlungen für die bestimmenden Akteure müssen aus den Folgen dieser Handlungen bestreitbar sein.

Hier kommt der Einwand, daß der Gründer bei geschickter Anlage seiner Mittel deren stetigen Fluß auch über seinen Tod hinaus sicherstellen, und somit doch eine dauerhafte Institution etablieren kann. Beispiel sind Stiftungen, wie die von *Nobel.* Die Kostendeckungsbedingung führt durch solche Beispiele zu einer Differenzierung des Institutionenbegriffs. Zur Sicherstellung von Mitteln über die individuelle Existenz hinaus bedarf es bereits anderer, zuverlässiger Institutionen. Die Gründung einer Stiftung zum Beispiel ist von entsprechender Gesetzgebung in bestimmten Staaten abhängig. Wir können deshalb unterscheiden zwischen *unabhängiger* und *parasitärer* Entstehung von Institutionen und entsprechend zwischen *unabhängigen* und *parasitären* Institutionen selbst. Unabhängige Institutionen sind dadurch gekennzeichnet, daß ihre Entstehung nicht von der Existenz anderer Institutionen abhängt. Dies führt in das wichtige Gebiet der Verschachtelung von Institutionen, welches wir hier nicht behandeln können.

Es scheint naheliegend, eine Art von Kostenbedingung auch auf der Ebene der betroffenen Akteure zu formulieren. Es scheint, als ob auch hier die Kosten der Handlungen für die ausführenden Akteure „niedrig" sein müssen, weil sonst kein Anreiz für sie besteht, „mitzumachen". In manchen Beispielen wird man sogar direkt auf „negative Kosten" der ausführenden Akteure, also auf einen direkten Anreiz, verweisen wollen. Trotzdem kann eine solche Kostenbedingung für die betroffenen Akteure nicht allgemein gelten, und zwar aus mehreren Gründen. Erstens verkennt die Formulierung in Termini wie „Anreiz" und „mitmachen" den Charakter von Machtbeziehungen. Der Kern von Machtausübung liegt gerade darin, daß ein Widerstand auf der Seite der betroffenen Person vorhanden ist und überwunden wird. Sie möchte die von ihr geforderte Handlung zunächst gar nicht ausführen. Wenn sie durch positive Anreize dazu gebracht wird, die Handlung doch zu tun, so liegt bestenfalls eine sehr milde Form von Machtausübung in der Art von Manipulation vor, die mit hohen Kosten für den bestimmenden Akteur verbunden ist. Uns scheint es adäquater, in solchen Fällen überhaupt nicht von Machtausübung zu reden, sondern von rationalem, ökonomischem Verhalten. Allerdings gibt es hier stetige Übergänge. Die Möglichkeit der Entstehung von Institutionen aus Handlungskonstellationen, die für viele Akteure der Gründungsmenge nützlich sind, kann nicht geleugnet werden. Zweitens können wir bei vielen Institutionen, bei denen im Entstehungsstadium die Kosten für die ausführenden Akteure niedrig sind, im Verlauf der Entwicklung eine ständige, quasi gesetzmäßig verlaufende Erhöhung solcher Kosten bis hin zur Unerträglichkeit beobachten. Drittens lassen sich in Fällen, in denen zunächst alle Beteiligten von einer neuen Institution zu profitieren scheinen, meist Gruppen ausmachen, auf deren Kosten „alle anderen" profi-

tieren. Man hat sich in solchen Fällen daran gewöhnt, den „Rest"
als für die Institution nicht relevant anzusehen, im Lichte unserer
Theorie ergibt sich jedoch eine andere Analyse. Am Beispiel der
ersten Banken in Oberitalien wäre eine solche, primär unwichtig
erscheinende Gruppe die der um die Städte herum lebenden Bauern, ohne die die ganze prächtige Kultur nicht möglich gewesen
wäre.[5] Während die drei angegebenen Gründe lediglich den Charakter von Indizien haben, gibt es schließlich einen handfesten
Grund für die Ungültigkeit einer allgemeinen Kostenbedingung
bei den betroffenen Akteuren, nämlich reale Gegenbeispiele. Wir
finden sie unter anderem bei parasitären Institutionen, bei deren
Entstehung andere Institutionen mitwirken, die die bestimmenden Akteure hinreichend stark und im Sinne der neuen Institution
kontrollieren, wie etwa bei der Inquisition.[6]

Damit kommen wir zu einer letzten allgemeinen Bedingung,
die alle übrigen Möglichkeiten pauschal abdeckt und die besagt,
daß die äußeren Umstände für die Entstehung günstig sein müssen.
Dies kann vielerlei bedeuten und es besteht, wie man aus dem
analogen Fall der Evolutionstheorie weiß, wenig Hoffnung, alle
hier relevanten Möglichkeiten in naher Zukunft zu systematisieren. Bei der Entstehung unabhängiger Institutionen, bei der noch
keine anderen Institutionen mitwirken, sind äußere Bedingungen
einfach die ökonomischen, psychologischen und sozialen Faktoren
der Gründungsmenge. In allen anderen Fällen sind die speziellen,
schon vorhandenen Institutionen, die die Entstehung beeinflussen, als Teil der äußeren Bedingungen zu betrachten. Denken wir
an einen Versuch, Fernhandel durch ein unbekanntes Gebiet zu
führen, das sich als feindlich herausstellt, sodaß viele Transporte
verloren gehen, oder an den Versuch, ein Lehensystem in einer
Gruppe zu errichten, deren Mitglieder nicht gemeinsam gekämpft
und gesiegt haben. Denken wir an den Plan, eine Autofabrik in einem Land zu bauen, wo es kein Benzin und kein Geld für solches
gibt, oder an die Errichtung einer Pulverfabrik in einer Gesellschaft, die sich für Krieg nicht interessiert. Denken wir an den
Versuch, einen Bridgeklub unter den Minenarbeitern im 18.Jahr-
hundert zu gründen, oder den Versuch, in einem Agrarstaat, in

---

[5]Vergleiche (Luzzato,1949) für einen Überblick.
[6]Eine kurze, aber treffende Charakterisierung dieses Phänomens findet sich
in (Trevor-Roper,1969).

dem Kinder als billige Arbeitskräfte gebraucht werden, Geburtenkontrolle einzuführen. Es fällt nicht schwer, sich Umstände auszumalen, unter denen noch jede der heute existierenden Institutionen gescheitert wäre.

Insgesamt haben wir also fünf notwendige Bedingungen für die Entstehung einer Institution gefunden, die hier nochmals kurz zusammenfassend formuliert seien.

1) Ein neuer Handlungstyp wird erfunden und systematisch ausgeübt.

2) Dieser oder ein von ihm verursachter neuer Handlungstyp ist ein neuer Typ der Machtausübung.

3) Nur wenige Personen in der Gründungsmenge führen den neuen Typ der Machtausübung durch.

4) Die Kosten des neuen Typs von Machtausübung können -zumindest bei unabhängigen Institutionen- aus der Position der ihn ausübenden Akteure in der neuen Institution gedeckt werden.

5) Die sonstigen externen Bedingungen sind günstig.

Wenn wir versuchen, all diese notwendigen Bedingungen zusammen zu sehen, so ändert sich der durch die begriffliche Trennung entstandene Eindruck, wir könnten den Entstehungsprozeß Schritt für Schritt nachvollziehen. Aus der Perspektive eines fertigen Makromodells scheint die Entstehung vielmehr als ein komplexes Bündel, wenn nicht Wirrwarr, neuer Aktivitäten, das im Modell durch das Muster aller Handlungstypen der verschiedenen Gruppen dargestellt wird. Bei dieser Sichtweise kommen holistische Züge zum Vorschein, die den Entstehungsprozeß zu einer unzerteilbaren Einheit machen. Jede der einzelnen Bedingungen ist für sich notwendig, aber sie kann als partiell hinreichende Bedingung nur wirken, wenn alle anderen Bedingungen auch erfüllt sind. Eine Institution entsteht also durch das komplexe Zusammenwirken ganz verschiedener, lokaler und nicht-lokaler, zeitlich begrenzter und zeitlich weitreichender Teilursachen. Fehlt eine von diesen, so nimmt der historische Prozeß einen anderen Verlauf.

Im Klosterbeispiel sind alle Bedingungen schön zu sehen. Die Gründer von Orden erfinden den neuen Handlungstyp des medi-

tativen, durch den Gründer als Lehrer angeleiteten Lebens nach
bestimmten Regeln und beginnen selbst mit der Durchführung
entsprechender Handlungen. Es muß betont werden, daß eine
Handlung erstens sehr komplex sein kann („ein Leben gemäß bestimmten Regeln führen"), daß sie in sehr viele verschiedene „Teilhandlungen" zerfallen kann, und daß sie durchaus Handlungen
anderer Personen als konstitutive Bestandteile haben kann („ich
trage einen schweren Tisch zusammen mit einem Freund"). Der
neue Handlungstyp kann global als neue Form des Zusammen-
lebens in einer Art von Lehrer-Schüler-Verhältnis gesehen werden, und ist natürlich ohne Jünger, die sich anleiten lassen, nicht
möglich. Der Einsiedler in der Wüste führt eine Handlung fun-
damental anderen Typs aus. Statt eines globalen Handlungstyps
können wir auch ein Muster aus verschiedenen, lokaleren Handlungen sehen. Im einzelnen finden wir darin die bekannten Typen des gemeinsamen Gebets, der gemeinsamen Esseneinnahme,
der regelmäßigen Arbeit usw., aber auch des Anweisens und Ge-
horchens. In diesem Beispiel ist leicht zu sehen, wie vor allem
die Handlungstypen des Anleitens, Lehrens und Anweisens einen
neuen Typ der Machtausübung darstellen, der auf eine kleine
Gruppe (am Anfang praktisch nur aus dem Gründer bestehend)
beschränkt ist. Eine Einteilung in zwei Gruppen entsteht so ganz
von selbst. Die Kostenbedingung ist problematischer. Oft gibt ein
Feudalherr oder die Kirche das Anfangskapital zur Neugründung
eines Klosters. Allerdings sind dies nicht die Kosten, die dem Abt
durch die Neugründung entstehen. Seine Kosten sind sehr gering,
da die Jünger (in diesem Beispiel) freiwillig und mit Enthusias-
mus folgen. Hier sehen wir einen wichtigen externen Faktor vor
uns, bestehend in den jenseitsgerichteten religiösen Vorstellungen
der mittelalterlichen Menschen. Daneben spielen natürlich auch
andere externe Faktoren eine Rolle, wie Bevölkerungswachstum
und zivilisatorische Unterschiede in Missionsgebieten. Die dritte
Bedingung wird auch durch Blick auf ein Gegenbeispiel plausibel gemacht, in dem sie nicht erfüllt ist und in dem dann auch
keine Institution entsteht. Wenn eine Art von „Ordensgründung"
vorsähe, daß jeder in der (nicht zu großen) Gründungsmenge für
je einen Tag als „Abt" oder Anführer fungiert, dann wird sich die
Gruppe bald wieder auflösen und das gleiche gilt auch dann noch,
wenn ein solches Rotationsprinzip in einer „zu großen" Teilgruppe

vorgesehen ist.

Schauen wir uns zum Schluß wieder die Beispiele des letzten Kapitels an. Der Fernhandel führt mit Sicherheit in die Frühgeschichte und läßt sich am besten als langer Prozeß der Verfeinerung und Anpassung eines Grundmusters verstehen, das bereits beschrieben wurde. Ein kleiner König sendet einem größeren Geschenke, um diesen in friedlicher Absicht zu halten. Das Ziel des kleinen Königs ist, seine Position in der eigenen Gruppe zu stabilisieren, die er im Fall eines Krieges mit großer Wahrscheinlichkeit verlieren würde. Ähnliche Motive stellen wir auch in den mittelalterlichen, „rein ökonomischen" Unternehmen der oberitalienischen Bürger fest. Sie wollen ihre hervorgehobene Stellung als Fernhändler, die ihnen in der Stadt einen hohen Status sichert, halten, und am Anfang erst einmal schaffen.

Wir wissen nicht, wo dieses Muster erstmals auftauchte, die Beispiele aus dem mittleren Orient sind sicher nicht die ersten Fälle. Ähnliche Muster werden von Ethnographen über verschiedene andere, „primitive" Gesellschaften berichtet, wie die Maori oder die Kwakiutl.[7] Bei den Maori veranlaßt der lokale Häuptling eine weite Reise, in deren Verlauf große Geschenke gemacht werden, bei den Kwakiutl veranlaßt er eine Art Wettbewerb in der Vernichtung von Reichtum, der durch seine Familie angesammelt wurde, in Anwesenheit einer anderen Gruppe. Dieses Verhalten ähnelt dem Fernhandel, insofern es auch von einer sozial hochgestellten Person initiiert wird, und indem es deren starke Position unterstreicht. Unklar ist, ob der Maorihäuptling die Reise seiner Gruppe als Unternehmung zum Güteraustausch sieht. Er erwartet allerdings einen Gegenbesuch der beschenkten Gruppe, bei dem dann seine Gruppe und er beschenkt werden. Wir können -mit den bekannten Vorbehalten- eine Analogie herstellen zwischen diesen primitiven Gruppen und ähnlichen, die gegen Ende der Steinzeit existiert haben mögen. Dann läßt sich die Hypothese formulieren, daß der Ursprung der Aussendung einer mit Gütern versehenen Expedition auf solches Stammes- oder Gruppenverhalten zurückzuführen ist. Archäologische Funde zeigen, daß in der Jungsteinzeit Obsidianstücke über weite Entfernungen transportiert wurden und es ist wenig wahrscheinlich, daß dies im Zuge

---

[7](Mauss,1978).

der normalen Wanderung, des Gebietswechsels, einer Gruppe erfolgte. Diese Bemerkungen zeigen, daß wir über den Ursprung eines für den Fernhandel charakteristischen Handlungstyps, nämlich
Ausrüstung und Aussendung einer Expedition mit Gütern, sehr
wenig wissen und wohl auch nie viel wissen werden.

Unsere fünf notwendigen Bedingungen nehmen in diesem Fall
die folgende konkrete Form an. Der neue Handlungstyp ist das Zu-
sammenstellen und Transportieren von Gütermengen über weite
Entfernungen, der mit Sicherheit irgendwann in der Steinzeit „erfunden" wurde. Er dient der Machtausübung, insofern er den Status des Organisators im eigenen Umfeld hebt. Wie die Analyse
des letzten Kapitels zeigte, ist die Machtausübung des Fernhänd-
lers über Seinesgleichen symmetrisch, sodaß also Machtausübung
über die fernen Handelspartner nicht im Vordergrund steht. Der
Fernhändler, der nach einem institutionalisierten Muster zum bestimmenden Akteur wird, verfügt über spezielle Machtmittel, die
sich aus seiner Führerrolle ergeben und die der spätere Betroffene,
ein durchschnittliches Gruppenmitglied, nicht hat.

Die dritte Bedingung ist ebenfalls erfüllt. Nur wenige Individuen haben in ihrem Umfeld überhaupt die Möglichkeit, den
Handlungstyp auszuführen. Er kann nicht von einer Person allein ausgeführt werden. Wenn wir nicht annehmen wollen, daß
eine ganze Gruppe auf unerklärliche Weise die Handlung spontan ausführt, bleibt als wahrscheinlichste Annahme, daß sie von
Individuen in hervorragender Stellung initiiert wird, wie Häuptling, Priesterin, oder vom Oberhaupt einer reichen Familie. Die
Kosten der Handlung werden aus der entstehenden Institution
gedeckt. Dies ist durch das Moment des Tausches sichergestellt,
der zwischen den großen Händlern stattfindet. Die im Austausch
erhaltenen Güter sind mindestens genausoviel wert wie die ein-
gesetzten; im Mittelalter und manchmal auch heute noch sind
sie deutlich mehr wert. Auch die äußeren Umstände sind ohne
Mühe zu identifizieren. Der Handlungstyp entwickelt sich zu einem regelmäßigen Muster nur dann, wenn die Umgebung dazu
günstig ist. Erstens muß der von der Expedition zu durchmes-
sende Weg sicher und überhaupt begehbar sein. Es ist unklar,
ob in den prähistorischen Zeiten, in denen wir uns im Geist befinden, Krieg und Raub schon erfunden waren, sodaß Sicherheit
unter Umständen nur Sicherheit vor wilden Tieren und Witterung

bedeuten könnte. Begehbarkeit heißt, daß Wasser und Nahrung zugänglich sind. Zweitens sollte eine gewisse minimale Schichtung in der Gruppe vorhanden sein. Bis heute ist es ein schwieriges theoretisches und ungelöstes Problem, darzustellen, wie sich eine anarchische Gruppe zu einem derartigen Unternehmen zusammenfinden könnte. Eine weitere, triviale Bedingung ist die Existenz von geeigneten Gütern, die transportfähig sind, und den Transport auch lohnen. Eine erste Art solcher Güter waren wohl Werkzeuge und rituelle Gegenstände aus seltenem Material wie Obsidian.

Die Handlungstypen, die innerhalb des feudalen Musters ausgeführt werden, scheinen für sich gesehen nicht neu. In der Vergangenheit finden wir ähnliche Institutionen. Bei Alexander, bei den Römern, aber auch schon weit früher, wurde Land in großem oder kleinem Stil an militärisch verdiente Individuen vergeben. Offiziere bekamen Landgüter oder ganze Länder als erblichen Besitz, zusammen mit Rechten über andere Individuen, darunter ohne Frage Sklaven, aber oft auch nicht-versklavte Personen. Es ist nicht leicht, systematische Unterschiede zum mittelalterlichen Feudalismus herauszubringen. Das mittelalterliche System entwickelte sich zu einer ziemlich stabilen Institution, die viele Jahrhunderte lang existierte und eng mit den internen Modellen des Rittertums, des Lehens und der allmächtigen geistigen Instanz der Kirche verbunden war. In der Tat stehen wir hier vor dem Beispiel einer Institution, die mehr als einmal neu entstand. Trotz des fließenden Übergangs aus römischer Zeit können wir uns auf den Zeitraum von etwa 400 bis 800 konzentrieren und ihn so betrachten, als ob in ihm das Feudalsystem praktisch von Null an neu entstand. Wie steht es dann mit unseren notwendigen Bedingungen?

Der neue Handlungstyp ist hier nicht so klar zu sehen. Wir müssen uns dazu in die Lage der fränkischen Führer versetzen, die aus dem germanischen Kulturkreis stammten und diesem auch bei Aufnahme römischer Kultur verhaftet blieben. Das Verhältnis zwischen Führer und Kriegsgefolge ist nicht nach römischem Muster geregelt, insbesondere ist es nicht üblich, daß verdiente Kämpfer vom jeweiligen Anführer mit Land und Rechten über die ansässige Bevölkerung belehnt werden. Gerade hierin aber besteht der neue Handlungstyp. Er ist neu im germanischen Umfeld, obwohl er in den römischen Provinzen schon fest etabliert war. Der spätere bestimmende Akteur, der König, genießt spezielles Ansehen als das ausgezeichnete Individuum, das imstande war und ist, die ganze Gruppe im Kampf gegen äußere Feinde zu einigen. Dies, zusammen vielleicht mit charismatischen Zügen, die durch Kriegserfolge entstanden, gibt ihm die Stellung eines Führers, der entscheidet, wie das Land beherrscht wird. Seine Stellung gibt ihm spezielle Machtmittel, die die späteren Betroffenen nicht haben. Die neue Handlung der Lehensvergabe ist deutlich eine Machtausübung. Der Lehensempfänger wird zu bestimmten Handlungen veranlaßt, vor allem zu regelmäßiger Teilnahme an den alljährlichen Kriegszügen, und entsprechender Ausstattung seiner Truppe. Zwar ist im Lehensverhältnis auch der Lehensherr gebunden, doch schlägt sich dessen Bindung weitaus seltener in konkreten Handlungen nieder, sodaß ein asymmetrisches Verhältnis entsteht. Ebenso klar ist es, daß nur sehr wenige Personen in der Lage waren, Lehen auszuteilen, eben der König und die Lehensempfänger entsprechend weiter nach unten. Die „Kosten" des neuen Handlungstyps wurden durch die ständigen erfolgreichen Kriegszüge gedeckt, durch die der König neben dem Land auch ein Surplus in Form eines Schatzes „erwirtschaftete", den er über Geschenke zum Ausbau seiner Stellung benutzte. Auch günstige äußere Umstände sind zu erkennen. Zuerst sind hier die militärischen Erfolge gegen die islamischen Angreifer aus Spanien, aber auch schon gegen die Römer und germanische Rivalen zu nennen, die zusammen mit der neuen Kampfart in der Rüstung auf dem Pferd die Bildung einer Kriegertruppe begünstigten. Der Kämpfer auf dem Pferd ist elitär. König und Ritter stehen von Anfang an auf dem gleichen, überhöhten Niveau, wodurch eine gute Grundlage für Übereinkunft gegeben ist. Eine weitere Bedingung ist die starke und unabhängige Stellung der Kirche, die für die adeligen Vertragspartner im Lehen eine Art Gesetzesrahmen darstellte. Bruch des Lehensvertrages führte zu schwerer Strafe der Seele. Wir können annehmen, daß die Individuen sogar kausale Überzeugungen in dieser Richtung hatten. Eine weitere Teilbedingung ist die Bedrohung durch eine äußere Macht.

14 Zum Wandel von Institutionen

Der Wandel von Institutionen stellt wie ihre Entstehung ein weitausgreifendes Forschungsgebiet dar und kann hier nur grob zusammenfassend behandelt werden. Wir gehen aus von einer Analogie zwischen sozialen Institutionen und Lebewesen. Beide entstehen, entwickeln sich, werden schwach und lösen sich auf. In allen Phasen ihrer Entwicklung sind sie ständigem Wandel verschiedenster Art unterworfen. Genau wie wir beim Menschen trotz aller Veränderungen im Äußeren und Inneren von „dem gleichen" Menschen reden, können wir dies auch bei einer Institution. Der Begriff der Identität darf in beiden Fällen nicht so eng gefaßt werden, daß jede noch so kleine Änderung zu einem neuen Lebewesen, oder einer anderen, neuen Institution führt. In vielen realen Beispielen ist das Ergebnis ständiger kleinerer Änderungen über lange Zeiträume hinweg ein Zustand, der sich vom Ausgangszustand dramatisch unterscheidet. Denken wir an ein Unternehmen wie DuPont in seinen historischen Entwicklungsphasen von der anfänglichen reinen Schießpulverfabrik, die über die Produktion verschiedener Chemieprodukte bis zum multinationalen, in vielen Branchen aktiven Konzern führt, wobei die Unternehmensstruktur ständig umgebaut wird.[1] Das Bild ist das gleiche wie beim Menschen, wo das Baby von der späteren Großmutter völlig verschieden ist, und doch eine Identität bewahrt wird. Die Identitätskriterien sind allerdings anders und wir dürfen die Analogie nicht überspannen. Ein erstes Identitätskriterium ist die Umgangssprache. Man bezieht sich in der Regel auf zwei Stadien derselben Unternehmung durch Verwendung des gleichen Wortes. Das ist Grund genug für die Annahme einer Identität, denn die Umgangssprache kommt in solchen Fällen von der Sprache der Spezialisten her und Spezialisten haben gute Kriterien -auch wenn sie sie oft nicht explizit machen können.

Ausgehend von unserem Modell lassen sich, ohne Anspruch

---

[1] Für Details siehe (Chandler,1962).

auf Vollständigkeit, die folgenden sechs Typen von Wandel unterscheiden. Erstens gibt es *normalen* Wandel als stetige Abfolge
kleiner Änderungen, die jede für sich genommen ganz unerheblich
scheinen, zweitens einen *außerordentlichen* Wandel, der in einem
großen Schritt deutlich bemerkbar stattfindet. Drittens unterscheiden wir den *revolutionären* Wandel, bei dem die Institution
ihre Identität ändert. Viertens haben wir den *Verfall* einer Institution als Auflösung „von innen", fünftens die *Auflösung* als Prozeß,
der von außen gefördert wird, und schließlich den Wandel, der in
der *Übernahme* der Institution durch eine andere besteht. Wenden
wir uns diesen Typen im Einzelnen zu.

Relativ einfach zu beschreiben, wenn auch selten vorkommend,
ist der Verfall einer Institution. Er hat zwei verschiedene Ursachen. Zum einen wird er hervorgerufen durch eine Änderung der
äußeren Umstände, die bewirkt, daß die Spitzengruppe der Institution ihre charakteristischen Handlungstypen nicht mehr realisieren kann. Hier sind die äußeren Umstände, wie schon im letzten Kapitel, vielgestaltig und kaum zu systematisieren. Wir beschränken uns auf drei Beispiele. Erstens kann sich eine neue
Kriegstechnik entwickeln, die der Feind zuerst anwendet und die
viele charakteristische Handlungen der Spitzengruppe zwecklos
werden läßt. Dieser Fall ist durch das Aufkommen der Schieß-
gewehre exemplifiziert, die die feudalen Reiter-Kerntruppen und
damit viele Kriegsübungen zu Pferd obsolet machten. Zweitens
können sich friedliche Techniken oder soziale Errungenschaften
ändern und so die Handlungen der Spitzengruppe beeinträchti-
gen. Wir denken hier etwa an die Fortschritte im spätmittelal-
terlichen Ackerbau, die die Ernährung größerer Menschenmassen
ermöglichten und damit über größere Städte mit zum Aufstieg
des Kapitalismus führten, oder an die Etablierung von Banken,
die ebenfalls zum Kapitalismus und damit zum Ende des Feudalsystems führte. Ein drittes Beispiel der Änderung externer Bedingungen ist heute oft anzutreffen und besteht in Situationen, in
denen den Mitgliedern der Spitzengruppe wesentliche charakteristische Handlungen von außen verboten werden. Dies passiert zum
Beispiel bei unliebsamen politischen Gegenorganisationen und war
früher auch zwischen religiösen Institutionen der Brauch. Anstelle
eines strengen Verbotes können natürlich „inoffizielle" Sanktionen
verschiedenster Art und Schwere treten.

Wenn sich die äußeren Umstände in dieser Weise ändern, reagiert die Spitzengruppe auf zweierlei Arten. Oft schafft sie es, ihre charakteristischen Handlungstypen so zu ändern, daß diese der neuen Umgebung angepaßt sind und dabei doch ihren Status als Spitzengruppe in der Institution aufrecht zu erhalten. So kommt es in der Industrie vor, daß eine Firma aus einer Branche ohne Zukunft in eine andere umwechselt, wobei die ganze Produktion, die Firmenziele, und dabei eben auch viele charakteristische Handlungstypen geändert werden. Ist die Spitzengruppe zu solcher Anpassung nicht mehr fähig, so zerfällt sie, zusammen mit der Institution, da die charakteristischen Handlungen nicht mehr ausgeführt werden können.

Die zweite Ursache des Verfalls ist Degeneration der Spitzengruppe. Neben der physischen Degeneration ist hier die stabilisierende Rolle der Institution wichtig. Die Institution stabilisiert die Machtverhältnisse, wodurch die Machterhaltung für die Spitzengruppe zu einer immer leichteren Routineübung wird. Dies führt zu Nachlässigkeiten gegenüber den anderen Gruppen. Übertretungen des Rahmens zulässiger Handlungen werden zunehmend toleriert, der Aufbau der internen Modelle im Erziehungsprozeß entgleitet der Kontrolle. Individuen der anderen Gruppen führen zunehmend nicht-charakteristische Handlungen aus, insbesondere solche, mit denen sie Macht über Personen der Spitzengruppe ausüben. So löst sich langsam die Statusrelation auf, was auch zur Auflösung einzelner Gruppen führen kann.

Der so beschriebene Idealtyp des reinen Verfalls von innen ist selten. In den uns bekannten Beispielen besteht in der letzten Phase der Schwächung zusätzlich Druck von außen, der zum schnellen Zusammenbruch führt. Damit sind wir beim Typ der Auflösung.

Auflösung erfolgt aktiv durch die äußere Einwirkung konkurrierender Institutionen. Dazu müssen zwei Vorbedingungen erfüllt sein. Erstens muß die Institution, die aufgelöst wird, schon von innen her geschwächt sein, d.h. es müssen schon einige Schritte in Richtung ihres Verfalls getan sein. Zweitens muß mindestens eine konkurrierende Institution existieren. Diese kann gerade neu entstanden sein und sich kräftig entwickeln, es kann sich aber auch, vor allem in neuerer Zeit, um eine schon bestehende Ordnungsmacht handeln, die ihre Haltung gegenüber der aufzulösenden Institution ändert. Unter solchen Umständen arbeitet die konkurrierende Institution darauf hin, die betrachtete Institution zu eliminieren. Auch hier tritt uns ein ganzes Spektrum verschiedener Möglichkeiten entgegen, von denen wir nur drei paradigmatisch angeben. Eine sichere Art der Auflösung ist die Elimination der Spitzengruppe. In der Politik erfolgt die Elimination oft dadurch, daß alle Mitglieder der Spitzengruppe -etwa einer oppositionellen Organisation- umgebracht, in Gefängnisse, oder ins Exil geschickt werden. Eine mildere Variante besteht im Verbot oder in anderen Sanktionen der charakteristischen Handlungen der Spitzengruppe. Dies ist eine heute in demokratischen Systemen häufig praktizierte Form der Auflösung. Das Verbot einer Partei oder ähnlichen Organisation bedeutet ja auch, daß sich die Mitglieder nicht mehr in gewohnter Weise treffen und ihre gewöhnlichen Handlungen ausführen können. In noch milderen Fällen kann schon der Entzug aktiver Unterstützung genügen, um eine schwache Institution aufzulösen. Dies gilt etwa für Vereine, deren Ziel stark von der Steuergesetzgebung abhängt.

Ein dritter Weg der Auflösung führt über die unteren Gruppen der Institution. Bei einer geschwächten Institution kann darauf hingewirkt werden, daß die Mitglieder der unteren Gruppen ihre Handlungstypen, vor allem die als betroffene Akteure in Machtbeziehungen, nicht mehr ausführen. Wiederum ist eine Reihe von Möglichkeiten vorhanden, angefangen vom expliziten Verbot solcher Handlungen, über schwächere Arten von Druck, wie Erpressung, bis hin zum positiven Anreiz, zur konkurrierenden Institution überzugehen. Naturgemäß ist die Auflösung „von oben" aus unserer Sicht viel leichter durchzuführen und radikal wirksamer.

Bei der Beschreibung von Auflösung blieb ein wichtiger Begriff unklar, nämlich der einer konkurrierenden Institution. Auch er verdient, vor allem im wirtschaftlichen Bereich, sorgfältige Untersuchung, die wir aber hier nicht leisten können. Wir können nur einige kurze Bemerkungen machen, die sich aus unseren Modellen unmittelbar ergeben. Da die Ziele einer Institution für uns theoretisch nicht zentral sind, können wir Konkurrenz nicht durch konkurrierende Ziele erklären. Dies funktioniert im allgemeinen nicht, weil zwei Institutionen durchaus das gleiche Ziel verfolgen können. Was ist der Unterschied im Ziel zweier Erlösungsreligionen, oder zweier Automobilclubs? Aus unseren Modellen ergibt sich zwanglos ein anderer Ansatz. Konkurrenz zweier Institutionen liegt vor, wenn zwar deren Spitzengruppen verschieden sind, aber die anderen Gruppen sich in beiden Institutionen überschneiden. Es gibt also Personen, die gleichzeitig zu zwei „unteren" Gruppen in beiden Institutionen gehören. Dadurch entsteht nicht notwendig, aber doch oft praktisch der folgende Konflikt. Wenn eine solche Person durch eine Machtausübung von einem Mitglied der einen Spitzengruppe zu einer bestimmten Handlung gebracht wurde, so können ihr die Kraft oder sonstige Mittel fehlen, auch noch eine andere Handlung auszuführen, die ihr von einem Mitglied der andern Spitzengruppe abverlangt wird. Einfach gesagt: die Person tut sich schwer, zwei Befehle innerhalb der zwei konkurrierenden Institutionen zugleich auszuführen. Während jeder einzelne Befehl allein noch im Bereich des Ausführbaren liegt, übersteigen beide zusammen ihre Kraft.

Der Begriff der Konkurrenz variiert damit in zwei Richtungen. Einmal ist er stärker oder schwächer je nach der Anzahl der Individuen, die zu beiden Institutionen gehören, oder als potentielle Mitglieder in Frage kommen. Zum anderen kommt es darauf an, wie stark die einzelnen Handlungstypen miteinander in Konflikt geraten. Im Extremfall, der nicht selten ist, schließen sie einander völlig aus, so bei verschiedenen religiösen Institutionen. Einem Gläubigen der einen Religion ist es verboten, Handlungstypen auszuführen, die nur für die andere Religion charakteristisch sind. In milderen Fällen, wie dem zweier Konsumgüterproduzenten, besteht die Konkurrenz letztlich in der Budgetbeschränkung der einzelnen Konsumenten. Je mehr der Konsument für das eine Gut ausgibt, desto weniger hat er für das andere. Als weiteres Beispiel sei genannt die Alternative, der sich ein Bauer im Einzugsgebiet einer Heimarbeitsunternehmung in den Anfängen des Kapitalismus gegenübersieht. Er kann zwischen den beiden Handlungstypen: Heimarbeit oder Landarbeit im feudalen System, wählen, muß sich aber für eine der beiden entscheiden, weil beide zugleich für ihn nicht ausführbar sind. Diese Bemerkungen weisen auf ein weiteres, größeres Thema hin, das hier unbehandelt bleibt: den Machtkampf von Institutionen untereinander, ihre Werbung um Mitglieder und ihre Anstrengungen, sich auszubreiten.

Der dritte Typ von Wandel liegt vor, wenn die Institution von einer konkurrierenden übernommen wird. Der Ausdruck hat in der Wirtschaft eine feste Bedeutung, dort kommen Übernahmen auch am häufigsten vor. Wir fassen den Begriff allerdings nicht im gängigen, juristischen, sondern in unserem Vokabular. Danach besteht eine Übernahme aus folgenden zwei oder drei Schritten. Erstens wird die Spitzengruppe der übernommenen Institution teils in die Spitzengruppe der übernehmenden (der „neuen") Institution integriert, teils eliminiert, was in der Wirtschaft für Manager den Wechsel zu einer dritten, unbeteiligten Unternehmung bedeutet. Integration erfolgt im wesentlichen auf individueller Ebene: verschiedene Mitglieder der „alten" Spitzengruppe werden in die „neue" nach der jeweils üblichen Prozedur aufgenommen. Allerdings gibt es auch Fälle, in denen die gesamte Führungsmannschaft übernommen wird, und damit auch Teile der charakteristischen Funktion. Zweitens werden die Individuen aus den unteren Gruppen der alten Institution in geeignete, entsprechende Gruppen der neuen Institution übernommen. Auch hier können ganze „alte" Gruppen mit ihren charakteristischen Handlungen zusammenbleiben, etwa eine Abteilung in der Produktion. In der Regel wird jedoch auf Änderung der charakteristischen Handlungstypen gedrängt, um sie denen der neuen Institution möglichst nahtlos anzupassen. Drittens erfolgt eine Anpassung der internen Modelle vor allem für die Angehörigen der alten, unteren Gruppen. Diese müssen einige neue, wichtige Propositionen lernen und akzeptieren lernen. Beispiele für Übernahme kommen auch im religiösen Bereich vor, wenn eine große Religion bei ihrer weiteren Ausbreitung lokal die Riten einer vorher vorhandenen Gruppe übernimmt, wie dies etwa in der römisch-katholischen Kirche vielfach geschah. Die Aufnahme der Mitglieder der alten Institution erfolgt durch deren Bekehrung und nach der üblichen Praxis, zum Beispiel der Taufe.

Eine Übernahme weist in der Regel die beiden folgenden Züge auf. Einmal läuft sie -wie nach unserem Modell alles Wichtige- von oben nach unten ab. Zuerst wird die Spitzengruppe der alten Institution mit geeigneten Mitteln und unter Elimination störrischer Akteure zur neuen Spitzengruppe herübergezogen. Die restlichen Gruppen kommen dann fast automatisch nach. Zweitens sind sich die alte und die neue Institution ziemlich ähnlich. Ähnliche Ziele schlagen sich nieder in ähnlichen Handlungstypen und ähnlichen charakteristischen Funktionen. Wenn hier keine Ähnlichkeiten bestehen, gibt es Reibung und die Frage nach der Rechtfertigung der Übernahme ist dann schwer zu beantworten. Diese Frage ist auch bei reibungslosen Übernahmen in der Industrie von größtem Interesse für Theorie und Gesellschaft, und noch kaum wissenschaftlich erforscht.

Die vierte Art von Wandel machen wir an Revolutionen fest und nennen sie deshalb revolutionären Wandel. Das grobe Schema ist bekannt. Die alte Institution wird auf mehr oder weniger gewaltsame Art so stark verändert, daß ihre Identität verlorengeht und eine neue Institution entsteht. Alles, was im letzten Kapitel über die Entstehung von Institutionen gesagt wurde, ist hier einschlägig. Neue Handlungstypen entstehen und entwickeln sich mit den entsprechenden Reaktionen zu einem neuen Muster, nur daß bei revolutionärem Wandel all dies äußerst heftig und schnell geschieht.

Genauer läuft eine Revolution in unserem Vokabular wie folgt ab. In der Ausgangssituation ist die bestehende Institution schwach und würde über kurz oder lang verfallen. Unter geeigneten Umständen artikuliert sich die Unzufriedenheit der Personen in unteren Gruppen über die Funktion und das Verhalten der Spitzengruppe und es entsteht eine verworrene Lage, die zur Elimination der Spitzengruppe führt. Im Gegensatz zu den früheren Formen gibt es hier jedoch keine konkurrierende Institution, die die Auflösung betreiben würde. Diese erfolgt vielmehr durch spontan sich bildende Gruppen, die sich in Gegensatz zur Spitzengruppe stellen. Diese Gruppen unterscheiden sich von denen einer Institution, indem sie noch nicht durch eine Statusrelation mit anderen Gruppen verbunden sind und keine internen Modelle haben. Sie sind kurzfristig durch gemeinsame Handlungstypen oder häufig durch einen herausragenden Führer bestimmt. Bei der Bildung solch neuer Gruppen können latent vorhandene Ideen durchaus eine wichtige Rolle spielen. Es entsteht schließlich eine Gruppe, die versucht, die alte Institution neu zu gliedern, zu einer neuen Institution umzuformen, in der sie selbst die Spitzenstellung innehat. Dies ist in Anbetracht des nur kurzen Zeitraums eine gewaltige Aufgabe, die deshalb auch nur selten Erfolg hat. In kurzer Zeit muß ein neues Muster charakteristischer Handlungen gewebt, das heißt eingeführt und eingepaukt werden. Der Prozeß, der im „natürlichen" Ablauf zwei oder drei Generationen erfordert, soll in wenigen Monaten oder bestenfalls Jahren ablaufen.

Im Lichte unserer Modelle scheint der folgende Zug den Kern zu bilden. Die alte Spitzengruppe wird durch eine sich ad hoc neu bildende Gruppe eliminiert und ersetzt, die dann versucht, die ganze Institution nach ihren Wünschen und Ideen umzubilden oder neu aufzubauen. Hier spielen die internen Makromodelle eine wichtige Rolle. Es kann vorkommen, daß sich in den Individuen vor allem der oberen Gruppe vor der Revolution alternative Makromodelle ausbreiten, die durchaus als Ursachen von Veränderung anzusehen sind. Wir denken zum Beispiel an die Reformation, wo eine Leugnung der Vorzugsstellung des Klerus, wenn nicht zur totalen Auflösung, so doch stellenweise zu radikalem Wandel und der Entstehung einer neuen Institution führte. Ganz ähnlich führten die marxistischen Ideen von der Rolle der kapitalkräftigen Bourgeoisie zur Gründung einer neuen Institution, des russisch-sozialistischen Staates, in dem diese Gruppe nicht zugelassen war.

Anstatt hier weiter den Details der großen historischen Revolutionen nachzugehen, wenden wir uns den beiden verbleibenden Typen von Wandel zu, bei denen die Institution ihre Identität behält. Unser wesentliches, die zeitliche Änderung von Institutionen betreffendes Axiom in Kap.12 war, daß die Makrostruktur: Gruppen, Handlungstypen, charakteristische Funktion und Statusrelation, über die Zeit hinweg unverändert bleiben. Es wurde schon darauf hingewiesen, daß dies ein idealtypisches und ziemlich starkes Axiom ist. In der Realität kommt es durchaus vor, daß neue Gruppen oder Handlungstypen entstehen. Wir schließen daraus jedoch nicht auf die Falschheit des Axioms, sondern auf dessen nur approximative Richtigkeit. In der Anwendung ist es, wie fast alle empirischen Annahmen, nur näherungsweise gültig. Bei strenger Gültigkeit des Axioms müßten wir sagen, daß jede Änderung in den genannten vier Makrokomponenten zum Identitätsverlust führt, d.h. daß eine neue Institution entsteht. Gemäß der approximativen Sichtweise entsteht hier ein Spielraum, der zu einem eigenen Typ institutionellen Wandels Anlaß gibt. Es handelt sich um Veränderungen in genau jenen vier Makrokomponenten, die aber, um die Identität der Institution zu wahren, relativ klein bleiben müssen. Es kommt also darauf an, zu sagen, wann eine Änderung dieser Komponenten „klein" ist.

Die Zahl der Gruppen in einer Institution ist überschaubar, selbst Staaten in allen ihren organisatorischen Verästelungen werden in der Politikwissenschaft mühelos nach den einzelnen Gruppen kategorisiert. Eine Änderung muß also hier, wenn sie nicht zur Entstehung einer neuen Institution führen soll, sehr klein ausfallen. In der Realität gibt es die Fälle der Ausdifferenzierung, bei der sich eine Gruppe in zwei Untergruppen teilt, die dann, wenn sie sich hinreichend auseinanderentwickelt haben, zu vollwertigen Gruppen werden, des Absterbens einer Gruppe, sowie der vollständigen Neueinführung einer anderswo schon zusammengewachsenen Gruppe in die Institution. Uns sind keine Beispiele bekannt, in denen zu einer Zeit mehr als eine Gruppe neu hinzukommt oder wegfällt. Eine Änderung der Gruppenmenge scheint also tolerabel („klein"), wenn sie nur ein Element betrifft. Anders gesagt, das Axiom, welches zeitliche Konstanz der Gruppenmenge fordert, gilt „bis auf" Hinzufügung bzw. Wegfall genau einer Gruppe.

Die Zahl der Handlungstypen kann weitaus größer sein, sie hängt entscheidend davon ab, wie fein die Analyse ansetzt. Wir beobachten in Beispielen oft die Entstehung und das Wegfallen von Handlungstypen in einer Institution. So kann eine politische Partei ihre Satzung ändern, was unter Umständen eine ganze Menge verschiedener Handlungstypen der Mitglieder auf Versammlungen verändert. Durch technische Neuerungen können alte Handlungstypen etwa im Landbau oder im Handwerk durch neue, effizientere, ersetzt werden. Im Klosterbeispiel fielen bei Gründung des Franziskanerordens alle Handlungstypen für die Guardiane weg, die Besitz voraussetzten. Dies Beispiel ist auch insofern interessant, als in ihm der Wegfall von einer entsprechenden Änderung der vorherigen internen Makromodelle gemäß Franziskus' Forderung nach Besitzlosigkeit vorbereitet wurde. Es ist im Moment aus Mangel an empirischem Material nicht sinnvoll, einen Prozentsatz von Handlungstypen festzulegen, der erhalten bleiben muß, damit die Institution ihre Identität bewahrt. Bei großer Zahl von Handlungstypen sind Prozentsätze, wie sie in der Statistik bei Hypothesenprüfung verwandt werden, plausibel, aber bei grober Analyse würden diese unter Umständen jede Änderung ausschließen.

Änderungen der charakteristischen Funktion werden nötig, wenn sich die Gruppen oder Handlungstypen in der beschriebenen Weise ändern. Wenn neue Gruppen zum Definitionsbereich der Funktion hinzukommen, müssen entsprechende Funktionswerte festgelegt werden. Entsprechendes gilt für die Handlungstypen im Wertebereich, jedenfalls wenn wir annehmen, daß dort keine redundanten Handlungstypen auftreten. Bei der Ausdifferenzierung einer Gruppe werden die beiden neuen Gruppen den größten Teil der charakteristischen Handlungstypen der ursprünglichen Gruppe übernehmen. Wieder bleibt offen, worin genau dieser „größte Teil" besteht. Umgekehrt liegt es bei der Entstehung neuer Handlungstypen nahe, diese auf eine oder „wenige" Gruppen zu verteilen. Hier ist jedoch die Flexibilität der Akteure nicht zu unterschätzen. Ein neuer Handlungstyp, in irgendeiner Gruppe initiiert, kann sehr rasch zu Reaktionen und entsprechenden neuen Handlungstypen in „vielen" Gruppen führen.

Neben diesen Änderungen der charakteristischen Funktion gibt es apriori auch eigenständige, die nicht durch Änderungen von Gruppen und Handlungstypen induziert werden. Das heißt, einige der vorhandenen Handlungstypen werden neu auf die vorhandenen Gruppen verteilt. Im einfachsten Fall wechselt ein Handlungstyp von einer Gruppe zu einer anderen. Mangels Beispielen bleiben diese Fälle allerdings hypothetisch.

Die Statusrelation schließlich stellt den sensibelsten Teil einer Institution dar. Statusänderungen schlagen schnell auf die ganze Institution und deren Identität durch. Dabei ist der Status der Spitzengruppe unantastbar. Jede Statusänderung, bei der die Spitzengruppe ihre Spitzenstellung verliert, bedeutet das Ende der Institution. In diesem Punkt gilt das Axiom der zeitlichen Konstanz in voller Schärfe. Wir stellen mit anderen Worten die These auf, daß hier eine entscheidende Grenze für die Identität von Institutionen liegt. Die Institution bleibt identisch, solange ihre Spitzengruppe die Spitzenstellung behält, und sich nur individuell und schrittweise -im Gegensatz zu einer plötzlichen, vollständigen Ersetzung- verändert. Im Hinblick auf die intendierten Systeme, die wir im Auge haben, scheint diese Hypothese gut bestätigt zu sein. Andere Statusänderungen, bei denen die Institution in der Regel erhalten bleibt, sind erstens die trivialen Änderungen, die nötig sind, wenn eine neue Gruppe hinzukommt oder eine alte wegfällt. Der letzte Fall ist klar, im ersten Fall wird die neue Gruppe irgendwo unterhalb der Spitzengruppe eingegliedert und eventuell mit anderen, unteren Gruppen verglichen. Zweitens sind apriori Änderungen im Status schon vorhandener Gruppen, die nicht die Spitzengruppe tangieren, vorstellbar. Konkret bedeutet dies, daß eine Gruppe ihren Status mit einer anderen tauscht.

Alle Änderungen der untersuchten Arten in den vier Makrokomponenten bezeichnen wir als außerordentlichen Wandel. Damit soll der doch ziemlich dramatische, konkret mit vielen Reibereien und inneren Kämpfen verbundene Charakter solcher Änderungen abgehoben werden von der letzten Art, dem normalen Wandel. Normaler Wandel betrifft im wesentlichen die Komponenten der Mikromodelle und der zugehörigen internen Modelle. Hier ist Veränderung in der Tat normal und erfolgt ständig. Die Individuen werden geboren und sterben, ihre Handlungen im einen Zeitraum sind andere als im nächsten; entsprechend ändern sich die Realisierungsrelation und die Beziehungen des sozialen Netzwerks. Dieser Wandel geht quer durch alle Gruppen. Wir reden vom *gleichen* Kloster, auch wenn ein neuer Abt kommt, wenn Mönche oder Knechte sterben oder dazukommen. Mit derartigen personellen Änderungen gibt es auch neue Handlungen, Intentionen und Machtbeziehungen. Franziskus sät nun anstelle des gestorbenen Bruder Johannes den Salat aus, aber er gießt ihn weniger, weil er ihn erst später ernten will. Der neue Abt gibt die Anweisung zum Säen mit anderen Worten als sein Vorgänger.

In den internen Modellen der Mikroebene geht es dagegen ruhiger zu. Die Propositionen, die Bedeutungsimplikation und vor allem die kausalen Überzeugungen der Individuen ändern sich viel weniger als die Individuen selbst. Natürlich ist diese Aussage präzisierungsbedürftig, weil die internen Modelle ja nur in den verschiedenen Individuen aufgebaut sind und in diesem Sinn existieren. Wenn ein Individuum stirbt, ist „sein" internes Modell auch vergangen. Wenn wir sagen, daß sich die internen Modelle langsamer als die Individuen ändern, meinen wir, daß die internen Modelle aufeinanderfolgender Individuen in einer Gruppe, d.h. von Individuen, die in der Kopierrelation zueinander stehen, sehr ähnlich sind. Dies ist nicht verwunderlich, sondern ergibt sich aus der Natur der Kopierrelation. Die „Kopie" eignet sich im Laufe der Erziehung die internen Modelle der „Originale" an. Es handelt sich hier um eine der grundlegenden Eigenschaften unserer Spezies, die nicht näher begründet zu werden braucht. Die Änderung der internen Modelle erfolgt auf diesem Hintergrund auf zweierlei Weise. Sie kann erstens erfolgen im Lernprozeß, wenn das Kind gewisse Repräsentanten nicht korrekt lernt, oder zweitens im Individuum selbst, das sein internes Modell eigenen, widersprüchlichen Erfahrungen anpaßt. Beide Arten der Änderung sind schwerfällig. Im allgemeinen lernen die Kinder ziemlich genau das, was die Erwachsenen ihnen als wichtig weitergeben wollen und die Änderung von internen Modellen aufgrund eigener Erfahrung ist im Erwachsenenalter auch nicht eben häufig.

Schließlich ist noch zu fragen, wie sich die sozialen Praktiken im Laufe der Zeit ändern. Im Rahmen unserer Theorie fungieren diese als statische und ziemlich theoretische Entitäten, deren Trägermengen in die Vergangenheit zurück und in die Zukunft vorausgreifen. Eine soziale Praxis umfaßt bei unserer Interpretation schon alle möglichen relevanten Sachverhalte und ist somit keiner zeitlichen Änderung unterworfen.[2]

Die Formen von Wandel, bei denen die Institution erhalten bleibt, können im Verlauf der Existenz der Institution mehrfach vorkommen. Für die verschiedenen Arten des normalen Wandels ist dies trivial: sie finden ständig statt. Aber auch außerordentlicher Wandel kann wiederholt vorkommen. Es liegt nahe zu fragen, ob sich nicht größere Formen von Wandel, die aus der Abfolge und dem Zusammenwirken verschiedener kleiner Schritte bestehen, sy-

---

[2] Hier sei kurz auf den Ansatz der quantitativen Soziologie (Weidlich & Haag,1983) hingewiesen, der zwar bis jetzt nicht auf Institutionen angewandt wurde, aber in seinem Bereich zu Modellen führt, die in einigen Punkten den unseren ähnlich sind. Dieser geht von der Mikroebene aus und macht Annahmen über das Verhalten von Individuen, aus denen sich auf der Makroebene statistische Gesetzmäßigkeiten ableiten lassen. In diesem Sinn könnte man auch bei Institutionen versuchen, den Wandel auf der Makroebene statistisch durch massenhafte Änderung des individuellen Verhaltens zu erklären. Unabhängig davon, ob eine solche Erklärung formal gefunden werden kann, scheint sie aus der Sicht unserer Theorie nicht befriedigend. Das Gesamtbild institutionellen Wandels ist nicht das eines durch viele, einzeln nicht ins Gewicht fallende Verhaltensänderungen erzeugten statistischen Makroprozesses. In diesem Bild fehlt die hierarchische Struktur und die Wirkung und Ausbreitung von Handlungstypen von oben nach unten. Wenn wir institutionellen Wandel allein auf statistische Verhaltensänderungen zurückführen, bleibt mindestens die Hälfte des realen Prozesses unberücksichtigt, nämlich der Teil, in dem die statistisch signifikanten Verhaltensänderungen der Vielen durch den Willen und das Verhalten Weniger innerhalb der hierarchischen Struktur verursacht werden.

stematisch unterscheiden lassen. Solche *Entwicklungstypen* gibt es in der Tat, allerdings zeigt ein kurzer Überblick über die in Kap.4 aufgezählten intendierten Systeme unserer Theorie, daß die Aufgabe, ihre Entwicklung über die Zeit zu beschreiben, gewaltig ist. Der beste empirische Weg bestände darin, verschiedene Beispiele im Detail zu studieren und zu versuchen, verschiedene Entwicklungsmuster herauszufinden. Da weder wir noch andere solche Unternehmungen durchgeführt haben -jeder einzelne Fall wäre ein mehrjähriges Forschungsprogramm für eine ganze Gruppe- kann es sich im folgenden nur um Vorüberlegungen handeln. Jedenfalls werden wir nicht ein einziges Entwicklungsmuster als für alle Beispiele typisch erwarten. Wir erwarten vielmehr mehrere verschiedene Muster, die jeweils typisch für wichtige Fälle intendierter Systeme sind.

Ein erster, einfacher Entwicklungstyp, der sich sowohl begrifflich direkt aus unseren Modellen entwickeln läßt, als auch in Beispielen vorkommt, ist die *Differenzierung*. Sie ist typisch für die Phase des Wachstums und der Ausbreitung einer sozialen Institution. Differenzierung besteht in einer Abfolge von Einzelschritten, wovon jeder als Übergang von einem sozialen Schema S_t zum zeitlich nächsten, S_{t+1}, in der Institution zu fassen ist. Wir sagen, das Schema S_{t+1} sei eine *Differenzierung* von S_t, wenn die Gruppen und Handlungstypen von S_t unter denen von S_{t+1} vorkommen, und die charakteristische Funktion und die Statusrelation in S_{t+1} jeweils Erweiterungen der von S_t sind. Die Bedingung für Gruppen ist in dieser Form etwas idealisiert, weil oft die Gruppen von S_t nicht ganz unverändert in die von S_{t+1} aufgenommen werden. Oft verliert eine Gruppe beim Übergang Mitglieder, die in S_{t+1} Mitglieder anderer, auch neuer Gruppen werden. Eine allgemeinere Version des Begriffs erhalten wir, wenn wir zulassen, daß die Gruppen in S_{t+1} Erweiterungen oder auch Einschränkungen der Gruppen von S_t sind. Das kann jedoch nur der Fall sein, wenn zwei entsprechende Gruppen fast identisch sind, d.h. wenn Erweiterung oder Einschränkung im Vergleich zur Gesamtzahl der Gruppenmitglieder nur einige wenige Individuen betrifft. Seien genauer S_t und S_{t+1} wie vorher zwei aufeinanderfolgende soziale Schemata. Der Hauptzug, der S_{t+1} zu einer Differenzierung von S_t macht, ist, daß die Menge G der Gruppen in S_t erweitert wird, was zu einer Menge G^* von Gruppen in S_{t+1} führt. Mit anderen

Worten: neue Gruppen werden hinzugefügt. Da wir von identitätserhaltendem Wandel ausgehen, bleibt die Spitzengruppe hier in ihrer Stellung, sodaß jede neue Gruppe durch die neue Statusrelation zwischen die vorher existierenden Gruppen eingeordnet wird. Wenn sich bei den Individuen nichts ändert, dann muß jede neue Gruppe aus Mitgliedern der alten Gruppen rekrutiert werden und die alten Gruppen schrumpfen. In solchen Fällen ist, wie schon erwähnt, die Forderung nach Identität der Gruppen in S_t und entsprechender Gruppen in S_{t+1} zu stark und muß so abgeschwächt werden, daß auch die Wegnahme oder Hinzufügung einiger weniger Individuen bei den Gruppen erlaubt ist.

Erweiterung der Menge der Gruppen führt zur Erweiterung der charakteristischen Funktion. Im Schema S_{t+1} muß diese für die neue Gruppe definiert werden. Wenn g^* die neue Gruppe ist und $t_1^*,...,t_n^*$ die zugehörigen charakteristischen Handlungstypen sind, so lassen sich zwei Unterfälle unterscheiden, je nachdem ob die Handlungstypen $t_1^*,...,t_n^*$ „alt" sind, d.h. unter den Handlungstypen im Schema S_t vorkommen, oder „neu". In realen Fällen werden meistens nur einige wenige Handlungstypen neu hinzukommen.

Betrachten wir als einfaches Beispiel einen Krämer, der einen zweiten Laden, eine Filiale eröffnet, sowie zwei Zeitpunkte, einen vor der Eröffnung und einen danach. Das soziale Schema, das den ursprünglichen Laden vor der Neueröffnung beschreibt, enthielt zwei Gruppen: g, die Kunden und g', den Krämer plus Gehilfen. Bei Eröffnung der Filiale wird eine neue Gruppe g^* eingeführt, die aus Einfachheitsgründen nur aus dem Filialleiter bestehe. Die Machtrelationen zwischen diesem und seinen Kunden sind von gleicher Art wie in dem alten Geschäft, sodaß gemäß der neuen Statusrelation g^* wieder über der Gruppe der Kunden rangiert. Andererseits ist der Filialleiter vom Krämer abhängig. Der Krämer kann diesem kündigen und ihm deshalb auch detaillierte Vorschriften machen, wie er den Laden zu führen habe. Er wird auch Kontrolle ausüben, etwa indem er nach Ladenschluß Abrechnungen in der Filiale vornimmt. Er übt auf diese Weise Macht über den Filialleiter aus, sodaß dieser viele Handlungen ausführt, die er ansonsten nicht tun würde, wie etwa die tägliche Abrechnung, die Auslage der Waren in bestimmter Art usw. Nach unseren Axiomen hat daher die Gruppe g^* einen niedrigeren Status als die des Krämers. Durch geeignete Ergänzung der restliche Details erhalten wir ein soziales Schema S_{t+1}, das eine Differenzierung von S_t ist. Wenn wir annehmen, daß der Filialleiter nicht unter den früheren Kunden vorkam, so haben wir einen Fall, bei dem die Menge der Individuen echt erweitert wird und neue Individuen in der neuen Gruppe auftreten. Die Handlungstypen, die die neue Gruppe charakterisieren, sind gemischter Art. Die meisten kommen schon im alten Schema vor. Der Filialleiter wird die meisten Handlungstypen von seinem Chef übernehmen, entweder freiwillig, oder auf dessen Druck hin. Einige seiner charakteristischen Handlungen können aber neu sein, wie etwa der Empfang des monatlichen Gehalts oder die Beitragszahlung zur Sozialversicherung. Beide führt der Krämer selbst nicht aus. Daher wird die Menge der Handlungstypen und auch die Menge der Handlungen erweitert.

Der entgegengesetzte Entwicklungstyp ist die *Schrumpfung*. Ihre Definition ist die gleiche wie bei der Differenzierung, nur daß in jedem Einzelschritt die Schemata S_t und S_{t+1} zu vertauschen sind, was inhaltlich einer zeitlichen Umkehrung entspricht. Schrumpfung bedeutet also, daß eine oder mehrere Gruppen und/ oder Handlungstypen eliminiert und ihre Mitglieder auf andere existierende Gruppen und Typen verteilt werden. Diese Art von Übergang kommt häufig in der Wirtschaft vor.

15   Macht und Harmonie

Nachdem wir unsere machtorientierte Theorie sozialer Institutionen in den Grundzügen dargestellt haben, kehren wir wieder zurück zu ihrem Verhältnis zum Harmoniemodell, welches schon am Anfang diskutiert wurde. Wie in Kap.3 betont, ist es nicht unser Ziel, das Harmoniemodell zu zerstören, sondern, die Aufmerksamkeit auf wesentliche Züge der sozialen Realität zu lenken, die das Harmoniemodell nicht erfassen kann. Wir sehen hier nun klarer. Beginnen wir damit, beide Ansätze formal zu vergleichen: das spieltheoretisch formulierte Harmoniemodell und unser machtorientiertes Modell. Können wir sagen, daß eines dieser Modelle das andere umfaßt oder enthält, oder in irgendeinem Sinn reicher ist als das andere? Dazu ist zunächst zu klären, was es heißt, eine Theorie umfasse die andere. In Anbetracht der völligen Verschiedenheit der Grundbegriffe kommt bei uns eine Beziehung von der Art einer Erweiterung oder Spezialisierung[1] nicht in Frage. In der wissenschaftstheoretischen Literatur hat das Thema „Theorienvergleich" in letzter Zeit eine gewisse Rolle gespielt. Dort[2] werden für den Vergleich von unähnlichen Theorien die Begriffe der Reduktion und der approximativen Reduktion benutzt. In unserem Fall wird zum Beispiel die Behauptung, die Spieltheorie umfasse unsere Institutionentheorie, zur Aussage, daß letztere auf erstere reduziert werden könne.

Die Grundidee von Reduktion ist folgende. Eine Theorie T läßt sich auf eine Theorie T' reduzieren, wenn es zu jedem Modell x von T ein „entsprechendes" Modell x' von T' gibt, sodaß im Modell x' das Modell x in irgendeinem Sinn reproduziert, definiert oder konstruiert werden kann. Reden wir hier nur von Definierbarkeit, so muß es also möglich sein, jedes Modell von T in einem geeignet wählbaren Modell von T' zu definieren. Im abstrakten Rahmen läuft auch die Wahl, das Finden eines geeigneten Modells in T' darauf hinaus, ein solches zu definieren. Wir haben es also

---

[1] Vergleiche (Balzer, Moulines, Sneed, 1987), Kap.4, für diesen Begriff.
[2] Etwa in (Balzer, Moulines, Sneed, 1987), Kap.6 und Kap.7.

gleich mit zwei Definitionen zu tun. Für gegebenes Modell x definieren wir erstens ein geeignetes Modell x' von T' und zweitens definieren wir in x' eine Struktur, die mit x identisch sein muß. In realen Beispielen erfolgt meist noch ein Zwischenschritt, bei dem zunächst eine Spezialisierung T* von T' gebildet wird und das beschriebene Verhältnis zwischen T und T* hergestellt wird. Die Behauptung, unsere Theorie umfasse die Spieltheorie, bedeutet dann konkreter, daß wir zu jedem Modell der Spieltheorie ein Modell unserer Institutionentheorie oder einer geeigneten Spezialisierung dieser Theorie finden können, in dem sich das erstere definieren läßt. Anders gesagt: jedes Spiel läßt sich in einer geeigneten sozialen Institution reproduzieren. In diesem Zusammenhang ist der spieltheoretische Begriff des Nutzens zentral, weil er in unserer Theorie kein direktes Gegenstück hat. Läßt er sich mit unseren Begriffen definieren? Unmöglichkeitsbehauptungen dieser Art sind, wie aus der Logik bekannt,[3] rein formal nur schwer oder gar nicht zu beweisen. Ein formaler Beweis hängt davon ab, wie starke Beweismethoden oder mengentheoretische Axiome benutzt werden. Im jetzigen, frühen Stadium der Theoriebildung scheint ein formal präziser Vergleich nicht angebracht. Wie immer das Resultat ausfällt, es wäre bei jeder Änderung der Modelle neu zu überprüfen. Formale Untersuchungen lohnen sich nur bei Theorien, die schon ein gewisses Standvermögen gezeigt haben. Darüberhinaus muß festgestellt werden, daß auch auf der Seite der Spieltheorie alles im Fluß ist und kein Mensch heute die Modelle „der" Spieltheorie genau angeben kann. Es gibt inzwischen so viele Varianten und auch schon eine Unterscheidung in „klassische" und „höhere" Spieltheorie, daß wir uns bei einem formalen Vergleich schwer tun, „das" spieltheoretische Gegenstück unserer Theorie auszusuchen.

Wir lassen die Frage, ob sich in unseren Modellen Nutzen oder Präferenzen der Akteure definieren lassen, offen, denn der formale Vergleich ist auch ohne eine entsprechende Antwort möglich. Dazu verweisen wir auf die Spezialisierungen unserer Theorie in Kap.11 zur Behandlung spezieller Formen von Macht, nämlich Erpressung, Einflußnahme und Manipulation. In diesen Spezialisierungen wurden weitere Grundbegriffe eingeführt, darunter auch

---

[3]Vergleiche (Hoering,1984).

der der Präferenz. Zumindest in diesen Spezialisierungen sollten wir also Spiele und Superspiele definieren können. Zwar haben wir die verschiedenen Formen der Macht nicht „offiziell" auf Institutionen übertragen, aber es ist klar, wie dies zu geschehen hat. Wir können unsere Institutionenmodelle spezialisieren, indem wir zusätzlich fordern, daß die in ihnen vorkommende Machtrelation Ausprägungen spezieller Formen von Macht umfaßt, wobei in einigen Fällen auch die entsprechenden, in Kap.11 benutzten, zusätzlichen Begriffe einzuführen sind.[4] Wenn wir weiter unten von einer „geeigneten Spezialisierung" unserer Theorie reden, so meinen wir damit spezielle Institutionen, in denen eine bestimmte, spezielle Form von Macht vorkommt.

Für jedes Individuum in der Institution definieren wir dessen Menge aller *streng zulässigen* Handlungen als Kandidaten für die spieltheoretische Alternativenmenge. Damit meinen wir Handlungen, die nicht durch irgendeine Machtrelation, in die das Individuum als betroffene Person verwickelt ist, ausgeschlossen werden. Präferenzen sind im spezialisierten Machtmodell vorhanden und können einfach in das Spiel übernommen werden. Der einzige, noch zu klärende Punkt betrifft daher den Status der Objekte, zwischen denen die Präferenzen ansetzen. In unserer Theorie sind Präferenzen zwischen Propositionen angesetzt, während in der Spieltheorie keine Unterscheidung zwischen Strategien und repräsentierenden Propositionen gemacht wird. Der Vergleich wird daher am leichtesten, wenn wir als spieltheoretische Alternativen nicht die streng zulässigen Handlungen selber, sondern deren Repräsentanten wählen. Auf diese Weise läßt sich jedes Spiel mühelos in einer geeigneten Spezialisierung unserer Theorie definieren. Damit ist gezeigt, daß sich „die" Spieltheorie, d.h. deren Grundmodell, auf unsere Institutionentheorie reduzieren läßt.

Können wir umgekehrt unsere Institutionentheorie auf die Spieltheorie reduzieren? Bei kurzer Überlegung scheint klar zu sein, daß dies nicht der Fall ist. Wie soll man all die Details einer sozialen Institution, bis hin zu den Propositionenräumen, Kausal-

---

strukturen und sozialen Praktiken, in einem einzigen, wenn auch beliebig komplexen Spiel definieren? Hält diese Behauptung aber auch einer näheren Untersuchung stand? Hier kommen, wie gesagt, technische Details aus den Grundlagen der Logik und Mengenlehre ins Spiel, mit denen wir uns nicht befassen wollen. Wird die Spieltheorie mit Nutzenfunktionen formuliert, was für Superspiele kaum zu vermeiden ist, so enthalten ihre Modelle die Menge der reellen Zahlen. Aus den reellen Zahlen läßt sich nun mit Hilfe geeigneter Axiome allerlei konstruieren, wovon sich der normale Sterbliche wenig Vorstellungen macht. Jedenfalls wäre es voreilig, die obige kurze Überlegung für einen Beweis zu nehmen.

Um etwas besser zu verstehen,[5] welch komplexe Konstruktion nötig wäre, ein Spiel zu definieren, in dem sich eine gegebene Institution rekonstruieren läßt, wollen wir einen kurzen Versuch in dieser Richtung machen. Die wichtigste Komponente in einer sozialen Institution ist die Machtrelation. Wir müssen also diese durch ein geeignet konstruiertes Spiel zu definieren suchen. Noch einen Schritt einfacher beginnen wir mit einem einzigen Machtereignis, bei dem wir auch noch die Zeitpunkte weglassen. Das Machtereignis besteht dann aus vier Komponenten: $\langle i, a, j, b \rangle$, mit der inzwischen geläufigen Bedeutung und erfüllt bei Weglassung der Zeitpunkte Axiom I6. Dieses Machtereignis läßt sich durch ein einfaches Spiel erzeugen. Wir definieren, ausgehend von $\langle i, a, j, b \rangle$, ein Spiel mit folgenden Eigenschaften

(a) i, j sind die Spieler, a, b sind Strategien, i spielt a und j spielt b,

(b) a ist streng dominant für i, d.h. i's Auszahlung ist bei a größer als bei jeder Alternative a', und zwar unabhängig von j's Wahl,

(c) wenn i a spielt, ist i's Auszahlung unter allen Möglichkeiten der Wahl für j genau dann maximal, wenn j b spielt,

(d) es gibt jeweils von a und b verschiedene Strategien a', b', sodaß die Auszahlung für j aus der Kombination „i spielt a' und j spielt b'" größer ist, als bei der tatsächlich realisierten,

---

[5] Mit den spieltheoretischen Grundbegriffen nicht vertraute Leser können die folgenden Passagen bis zum Zeichen „**" überschlagen. Eine Einführung in die Spieltheorie bietet z.B. (Shubik, 1985).

(e) wenn i a spielt, ist j's Auszahlung bei b maximal.

Solche Spiele sind leicht zu definieren. Hier ist ein einfaches Beispiel,

i/j	a	b
a	2/0	3/2
b	1/3	1/1

in dem die Zahl links vom Schrägstrich „/" jeweils i's Auszahlung und die rechts j's Auszahlung bei der betreffenden Kombination von Strategien angibt.[6] Es läßt sich leicht verifizieren, daß Bedingungen (b) bis (e) erfüllt sind. Dieses Spiel ist ein natürlicher Kandidat zur Reproduktion des Machtereignisses, wobei es bei den Auszahlungen natürlich nur auf deren Ordnung und nicht auf die konkreten Werte ankommt. Wir müssen prüfen, ob die drei Bedingungen von Axiom I6 erfüllt sind. Nach (a) gilt: i *realisiert a* und j *realisiert b*, also Bedingung (1) von I6. Axiom I6-2 redet über Intentionen; diese müssen daher zunächst spieltheoretisch definiert werden. Wir definieren, daß Akteur k *nicht intendiert*, eine Handlung a zu tun, wenn es im Spiel eine Alternative a' und eine Alternative b' des Opponenten gibt, sodaß k bei der Kombination a'/b' mehr erhält als bei jeder anderen Kombination der Form a/b mit beliebigem b. Etwas schwieriger ist die Definition der dreistelligen Variante „i intendiert, daß j b tun soll". Eine unter vielen Möglichkeiten wird durch das Beispiel nahegelegt. i muß im Spiel eine dominante Strategie haben und wenn sie diese spielt, muß j's Strategie b ihr maximale Auszahlung bringen. Falls wir die Intentionen so definieren, ist offenbar auch Axiom I6-2 im Beispiel erfüllt. Zum Nachweis von I6-3 müssen wir schließlich kausale Überzeugungen aus dem Spiel heraus definieren. Auch hier liefert das Beispiel einen plausiblen Ansatz. Wir sagen, daß Akteur j glaubt, eine Handlung a von Akteur i sei eine Teilursache seiner (j's) Handlung b, wenn im Fall, daß i a spielt, b unter allen Alternativen zur maximalen Auszahlung für j führt. In diesem Sinn glaubt im Beispiel j in der Tat, daß a eine Teilursache

---

[6]Zum Beispiel hat i den Nutzen 3 bei der Kombination „i spielt a und j spielt b" und j den Nutzen 0 bei der Kombination „i spielt a und j spielt a".

von b ist. Damit gilt auch I6-3. Insgesamt haben wir also das Machtereignis $\langle i, a, j, b \rangle$ durch ein geeignetes Spiel rekonstruiert.

Im nächsten Schritt sind mehrere gleichzeitige Machtereignisse zu behandeln. Die entsprechenden Spiele werden hierbei zu einem Gesamtspiel zusammengeklebt, in dem die so entstehenden redundanten Kombinationen für alle Akteure den gleichen, minimalen Wert erhalten. Damit erhalten wir ein Spiel, das die Machtbeziehungen, Intentionen und kausalen Überzeugungen der Akteure enthält, jedenfalls dann, wenn die vorgeschlagenen Definitionen akzeptabel sind. Hier scheint allerdings auch eine Grenze erreicht zu sein. Wie sollen wir weitergehend die Gruppen und Handlungstypen definieren? Wenn wir die sozialen Praktiken zunächst beiseite lassen, so ist eine Gruppe vor allem durch die charakteristische Funktion und die Realisierungsrelation bestimmt. Wir müssen schauen, welche Handlungen welcher Typen die Individuen realisieren; daraus gewinnen wir über die charakteristische Funktion Aufschluß über die Gruppen, zu denen sie gehören. Wie aber sollen wir die Realisierungsrelation spieltheoretisch definieren? Wir könnten versuchsweise diejenigen Handlungen als realisiert auszeichnen, die zu einem Gleichgewichtspunkt gehören, mit der Begründung, daß rationale Akteure solche Punkte zu realisieren versuchen. Zwar ist diese Definition nur in Spielen sinnvoll, in denen es höchstens einen Gleichgewichtspunkt gibt, das wäre jedoch kein Einwand, da wir ja frei sind, die spieltheoretischen Gegenstücke beliebig speziell auszuwählen. Es entsteht aber ein anderes, inhaltliches Problem. Individuen realisieren nicht nur Handlungen, deren Folgen sie im Lichte möglicher Handlungen anderer Akteure zu beurteilen haben, sie führen auch viele Handlungen ohne Rücksicht auf die Reaktionen Anderer aus, vornehmlich solche, die direkt die materielle Existenz sichern. Diese lassen sich nicht in der vorgeschlagenen Weise definieren, es sei denn, wir führen Spiele „mit" oder „gegen" die Natur ein, um solch harmlose Tätigkeiten wie die Aussaat des Gemüses, oder das Geschirrspülen, spieltheoretisch darstellen zu können. Der einzige Weg, eine solche, bedenkliche Aufblähung der spieltheoretischen Anwendungen zu vermeiden, wäre, die Realisierungsrelation nur auf Machtereignisse einzuschränken. Aber dadurch würden wir eine große Menge von Handlungen zur Charakterisierung von Gruppen verlieren.

Die Probleme werden größer, wenn wir nach der Definitionsmöglichkeit von Handlungstypen fragen. Dies führt in die sozialen Praktiken, zur Kopierrelation von Handlungen, und spätestens hier läßt uns die Spieltheorie völlig im Stich. Wie sollte man spieltheoretisch definieren, daß eine Handlung die Kopie einer anderen ist? Ganz ähnlich steht es mit dem Problem, Propositionen und Bedeutungsimplikation zu definieren. Es lohnt sich nicht, hier weitere, eher komisch wirkende Versuche im Detail durchzudenken.

∗∗ Wir fassen das Ergebnis der Überlegungen wie folgt zusammen. Einerseits läßt sich die Spieltheorie auf unsere Theorie zurückführen, unsere Theorie umfaßt die Spieltheorie. Andererseits ist es auch möglich, ein wichtiges Fragment der Institutionentheorie, nämlich die individuellen Machtbeziehungen, sowie die Intentionen und kausalen Überzeugungen der Akteure, in der Spieltheorie zu reproduzieren. Der „Rest" unserer Modelle scheint dagegen einer solchen Prozedur nicht zugänglich zu sein. Formal bestätigt sich damit die Behauptung, daß die Spieltheorie unsere Theorie nicht umfaßt. Sie wäre nur richtig, wenn die vollen sozialen Institutionen spieltheoretisch rekonstruiert werden könnten. Das, was wir gerade als „Rest" bezeichneten, ist aber keineswegs ein vernachlässigbarer, kleiner Teil, sondern mit den Komponenten der Gruppen, Handlungstypen, der charakteristischen Funktion, den Propositionenräumen und sozialen Praktiken, ein substanzieller Teil der Institutionenmodelle.

Wir sehen nun auch besser die zwei inhaltlichen Punkte, an denen beide Theorien inkommensurabel werden. Erstens spielen in sozialen Institutionen -im Gegensatz zur Spieltheorie- auch Handlungstypen, die nicht unmittelbar sozial relevant, d.h. die nicht unmittelbar an die Interaktion mit Anderen gebunden sind, eine Rolle. Es ist richtig, daß unsere Theorie im wesentlichen bei Handlungen ansetzt, aber der Bereich menschlicher Handlungen ist weit und die „spieltheoretischen" Handlungen, bei denen das mögliche Verhalten von Opponenten in rationale Berechnungen einbezogen wird, bilden nur einen kleinen Teil davon. Zweitens sind wir wieder bei dem schon in Kap.3 erläuterten Rahmenproblem angekommen. In unserer Theorie ist der soziale Rahmen explizit gegeben durch die Makrostrukturen und die internen Modelle sozialer Institutionen. Da die Spieltheorie, wie wir früher deutlich machten, den sozialen Rahmen nicht thematisiert, kann sie auch keine Theorie umfassen, die den sozialen Rahmen in ihren Modellen enthält.

Unsere Diskussion zeigt, daß keiner der beiden Ansätze den anderen vollständig enthält. Beide stehen jedoch auch nicht beziehungslos nebeneinander. Erstens haben sie viele intendierte Systeme gemeinsam, jedenfalls dann, wenn wir bei der Spieltheorie auf die Ebene der Superspiele gehen. Zweitens können wir für jeden Ansatz einen Bereich angeben, in dem er durch Hinzunahme von Elementen des jeweils anderen Ansatzes in natürlicher Weise erweitert werden kann.

Für die Spieltheorie wurde in Kap.3 gezeigt, daß das Rahmenproblem sich in natürlicher Weise bei spieltheoretischen Anwendungen ergibt. Die Spieltheorie kann dieses Problem nicht -oder nur auf künstlichen Umwegen- behandeln. Es läßt sich am besten in der Institutionentheorie formulieren und lösen. Hier wird der soziale Rahmen eines Individuums, relativ zu einer gegebenen Institution, durch die Makrostrukturen der Institution zusammen mit Teilen der internen Modelle definiert. Unsere Institutionenmodelle liefern so die Grundlage für Fragen und für die entsprechenden Antworten, die im Vokabular der Spieltheorie gar nicht formulierbar sind. Die Institutionentheorie wirft so Licht auf einen durch Superspiele nicht beleuchteten Aspekt: den Aspekt des sozialen Rahmens und seiner Bestimmung, der aus dem Bereich der Spieltheorie hinausführt. Ohne Einbeziehung dieses Aspekts können wir die soziale Realität nicht voll verstehen.

Aber auch unsere Theorie ist in einem Punkt erweiterungsfähig. Die Grundmodelle von Institutionen enthalten so, wie wir sie definierten, keinen Hinweis auf rationales Verhalten und strategisches Denken. Wir haben weder Annahmen der Nutzenmaximierung gemacht, noch haben wir strategische Überlegungen in die Modelle einbezogen, in denen mögliche Entscheidungen anderer Individuen ausgewertet werden, um über den eigenen Zug zu entscheiden. Die sozialen Phänomene, die die intendierten Systeme unserer Theorie liefern, lassen sich oft nicht voll verstehen ohne Einbeziehung solcher Aspekte. Es gibt verschiedene Wege, Rationalitätsannahmen zu unseren Modellen hinzuzufügen, von denen wir zwei kurz andeuten wollen.

Der einfachste Weg ist, Präferenzen als zusätzliche Grundbegriffe einzuführen und die für jedes Individuum zulässigen Handlungen (bzw. genauer: deren Repräsentanten) zusammen mit den Präferenzen als ein Modell der Spieltheorie zu betrachten. Bei diesem Vorgehen ist nur darauf zu achten, daß Präferenzen im richtigen Format eingeführt werden, nämlich als Relationen zwischen Paaren (oder im allgemeinen: zwischen Tupeln) von Handlungsrepräsentanten. In den Grundmodellen von Kap.12 läßt sich dies leicht ausführen. Alternativ hierzu, und vielleicht realistischer, könnten wir mit komplexeren Strategien[7] beginnen, die wie in den vollen spieltheoretischen Modellen Wahrscheinlichkeiten und gemischte Strategien enthalten. Dies würde lediglich zu einer komplexeren Version des vorherigen Ansatzes führen.

Um die zweite, spekulativere Möglichkeit besser zu verstehen, müssen wir betonen, daß einfache Spiele mit qualitativen Präferenzen anstelle von numerischen Nutzenwerten definiert werden können. Dabei kommt es nur auf eine Anordnung der Ergebnisse von Handlungskombinationen an, sowie auf einen Gleichgewichtsbegriff. Aber diese Begriffe sind sehr allgemein und lassen sich auch auf der Grundlage unseres Machtbegriffs einführen. Wir können Machtausübungen in eine qualitative Ordnung bringen und erhalten Aussagen wie etwa: „im Machtereignis $\langle t, t', i, a, j, b \rangle$ übt i mehr Macht aus als k im Machtereignis $\langle t_1, t_2, k, c, l, d \rangle$". Wir können dann nach gleichgewichtigen Situationen suchen, in denen die Machtausübung jedes Individuums durch eine oder mehrere Machtausübungen anderer Individuen über das erste in etwa ausgeglichen wird. Dies führt zu einem Gleichgewichtsbegriff, der dieselbe Erklärungskraft hat wie der spieltheoretische.

Auf jeden Fall läßt sich zusammenfassend sagen, daß die Spieltheorie zu unserer Theorie komplementär ist. Beide Ansätze können einander in wichtigen Bereichen ergänzen. Eine Asymmetrie besteht insofern, als in jeder Richtung Komplementierung so etwas wie die Hinzufügung des spieltheoretischen zu unserem Modell bedeutet, aber nicht umgekehrt. Die Redeweise von einer Hinzunahme unseres Modells zum spieltheoretischen Modell klänge etwa so, wie die vom Schwanz, der mit dem Hund wackelt.

Diese Komplementarität läßt sich am besten an Beispielen se-

---

[7]Vergleiche (Hoering,1980).

hen. Erinnern wir uns an den Ritter und sein Dorf, den wir in Kap.12 im machttheoretischen Vokabular analysierten. Der Ritter übt Macht über seinen Diener aus, wenn er ihn zu den Bauern schickt oder ihn auf die Jagd mitnimmt oder ihn beim Braten helfen läßt. Er übt auch direkt Macht über die Bauern aus. Die Diener üben Macht über die Bauern aus, wenn sie ihnen Befehle überbringen oder sie kontrollieren. Die Rittersfrau übt Macht über den Priester aus, wenn sie die Zeiten für den Unterricht der Kinder festlegt, der Priester übt Macht über die Bauern aus, wenn er sie die Kapelle säubern läßt. Wechseln wir nun die Perspektive und betrachten das System unter dem Harmoniemodell.

Schauen wir zuerst auf die weniger stark ausgeprägte Beziehung zwischen Rittersfrau und Priester. Wenn die Frau den Priester bittet, ihre Kinder auszubilden, und der Priester dies tut, liegt eine Machtrelation vor, unter der Annahme, daß der Priester dies zunächst nicht tun wollte, etwa weil die Kinder schwierig und aufsässig sind. Als Spiel analysiert, hat der Priester P die Alternativen b_1: die Lektionen abzuhalten oder b_2: sie nicht abzuhalten. Die Frau F hat die Alternativen a_1: den Priester um Unterricht zu bitten, oder a_2: dies nicht zu tun. Wir erhalten folgende Matrix.[8]

F/P	b_1	b_2
a_1	Fa_1/Pb_1	Fa_1/Pb_2
a_2	Fa_2/Pb_1	Fa_2/Pb_2

Die Kombination unten rechts würde eintreten, wenn die Frau den Priester nicht fragt und der Priester die Lektionen auch nicht gibt. Die Kombination links unten stellt den -merkwürdigeren- Fall dar, in dem die Frau nicht um Unterricht bittet, aber der Priester ihn dennoch erteilt. Wenn „bitten" so weit gefaßt wird, daß sich keine Handlung der Frau ausmachen läßt, die den Priester zum Unterrichten bringt, so stellen in diesem Fall die Handlungen keine Machtausübung dar. Eine solche Kombination ist zwar real möglich, paßt aber nicht zur spieltheoretischen Analyse. Es handelt sich weder um eine Machtausübung, noch um eine Kombination von Strategien, die sich im Spiel irgendwie beeinflussen.

---

[8] „Pb_1" bedeutet natürlich, daß P, der Priester, die Handlung b_1 ausführt, also die Lektionen abhält, und analog für die anderen Fälle.

Wir bezeichnen solche Kombinationen als *uneigentliche* Strategiekombinationen. Die Auszahlungsmatrix könnte etwa wie folgt
aussehen:

F/P	b_1	b_2
a_1	9/3	3/2
a_2	6/4	4/4

Der Nutzenwert 2 des Priesters im Fall, daß er keinen Unterricht
gibt, obwohl er darum gebeten wird, ist niedrig angesetzt, weil er
sich seiner Abhängigkeit von der Ritterfamilie bewußt ist. Sein
Unterricht liegt auf halbem Weg zwischen nichtreguliertem und
voll institutionalisiertem Verhalten. Dies wird klar, wenn wir auf
das Superspiel[9] schauen, das aus Wiederholungen des einfachen
Spiels besteht. Über längere Zeit hinweg dreht es sich um die Bitte
oder den Anspruch, bei der Erziehung zu helfen und die ökonomische Sanktion im Fall, daß dies nicht geschieht (etwa durch
Nicht-Einladung zu den Mahlzeiten der Herrschaft). Die anderen
Werte in der Matrix bedürfen keiner Erklärung, eigentlich kommt
es nur auf die Ordnung der Zahlenwerte an. In dieser Form stellt
das linke obere Ergebnis ein Nash-Gleichgewicht dar. Jede Person verkleinert ihre Auszahlung, wenn sie sich von ihm wegbewegt,
falls die andere Person ihre Strategie nicht ändert. Wir kommen
so zu einer spieltheoretischen Erklärung, warum sich der Priester
kooperativ verhält: aus strategischen Gründen, weil seine Auszahlung im Fall von Ungehorsam klein wird. Trotzdem ist der
Priester noch ziemlich unabhängig. Er könnte sich weigern und
eine vorübergehende Verschlechterung etwa seiner Ernährung hinnehmen.

Die ausgeprägtesten Machtausübungen sind die, wo der Ritter den Bauern befiehlt oder befehlen läßt, auf seinen Feldern zu
arbeiten, oder ihm Schweine zu schlachten. Diese Machtausübungen lassen sich spieltheoretisch als Gleichgewichtspunkte in einem
einfachen oder einem Superspiel auffassen, denn es handelt sich
um stabile Muster, die im Laufe der Zeit oft wiederholt werden
und in diesem Sinn institutionalisiert sind.

Der Befehl des Ritters an Bauer B, auf seinem Feld zu arbei-

---

[9]Vergleiche (Taylor,1976) für diesen technischen Begriff.

ten, stellt eine Machtausübung dar. Wir können nämlich davon ausgehen, daß B, weil er auf seinem eigenen Feld ernten wollte, nicht intendiert, auf dem Feld des Ritters zu arbeiten. In einem entsprechenden, einfachen Spiel hat Ritter K die Strategien a_1: B zur Arbeit zu befehlen, oder a_2: den Befehl nicht an B zu geben, sondern an einen anderen Bauern. B kann entweder b_1 tun: die Arbeit ausführen, oder b_2: wegbleiben. Wie im letzten Beispiel gibt es auch hier uneigentliche Strategiekombinationen, nämlich die, in denen B keinen Befehl erhält. Auf dem gegebenen Hintergrund wäre es merkwürdig, wenn er trotzdem zur Arbeit kommt, und auch wenn er nicht kommt, bleibt die Situation eigenartig, weil ja niemand etwas von ihm erwartet. Zu einer allgemeinen Definition uneigentlicher Strategiekombinationen beziehen wir uns auf ein Ereignis von Machtausübung. Wir sagen, eine Kombination $\langle a, b \rangle$ von Strategien in einem einfachen Spiel sei *uneigentlich*, wenn es andere Strategiekombinationen gibt, die eine Machtausübung darstellen und wenn folgende Bedingungen erfüllt sind. 1) Eine der Strategien a, b ist die Handlung des von der Machtausübung Betroffenen, aber 2) die andere Strategie in $\langle a, b \rangle$ ist nicht die Handlung des bestimmenden Akteurs bei der Machtausübung. Uneigentliche Strategiekombinationen liegen in einem Spiel vor, wenn die modellierte Situation in Wirklichkeit eine Machtausübung ist. Wenn das Spiel eine Alternative für die bestimmende Person enthält, die nicht ihre Handlung bei der Machtausübung darstellt, und die nicht zu dieser Machtausübung geeignet ist, dann wird die Reaktion des Betroffenen auf diese andere Alternative uneigentlich sein. Natürlich könnten wir solche Fälle immer dadurch vermeiden, daß wir uneigentliche Alternativen auf Seite des bestimmenden Akteurs verbieten. Damit landen wir aber bei ziemlich merkwürdigen Spielen, in denen einer der Spieler keine Wahlmöglichkeiten mehr hat. Ein anderer Ausweg im vorliegenden Fall wäre, ein komplexeres Spiel zu betrachten. Anstelle der vorliegenden könnten wir folgende Alternativen für K betrachten. a_1^*: K befiehlt B zur Arbeit und entscheidet, B im Fall des Ungehorsams zu bestrafen, a_2^*: K befiehlt B zur Arbeit und entscheidet, B im Fall des Ungehorsams nicht zu strafen. Aber auch hier ist die Kombination Ka_2^*/Bb_1 wieder uneigentlich. Die so eingeführte „theoretische" Komplexität kann das Problem nicht vermeiden. Wir behaupten, obwohl sich dies nicht formal beweisen lassen wird, daß auch andere Versuche, die Situation als einfaches Spiel zu rekonstruieren, zu uneigentlichen Strategiekombinationen führen. Dies weist darauf hin, daß aus spieltheoretischer Sicht der bestimmende Akteur bei der Machtausübung eine sehr starke Strategie hat, gegenüber der alle anderen (die zu uneigentlichen Kombinationen führen) praktisch in den Hintergrund treten.

Kehren wir zur ersten Version zurück, so scheint folgende Auszahlungsmatrix plausibel.

K/B	b_1	b_2
a_1	9/3	4/2
a_2	6/5	3/4

sodaß Ka_1/Bb_1 ein Nash-Gleichgewicht bildet. Wieder haben wir die Machtausübung -die nun wirklich ein institutionalisiertes Ereignis ist- spieltheoretisch erklärt. Obwohl es für B nicht sehr angenehm ist, gehorcht er und tut b_1, weil dies für ihn in diesem Spiel das Beste ist, was er tun kann. Die durch die Auszahlungsmatrix gegebenen „Spielregeln" sind so beschaffen, daß es für ihn keine bessere Alternative gibt, wenn K den Befehl gibt.

Allerdings werden nur hartgesottene Anhänger der Spieltheorie diese Analyse als adäquat ansehen. Zwar ist es für B rational, zu gehorchen, wenn die Spielregeln zu einer Auszahlungsmatrix der obigen Art führen. Aber wer bestimmt die Spielregeln? B ist nicht frei, das Spiel zu spielen, er ist in den Rahmen der „Spielregeln" hineingeboren und hat praktisch keine Möglichkeit, nicht „mitzuspielen". Es ist ihm praktisch unmöglich, das Dorf zu verlassen. Die Feudalherren hatten oft Verträge miteinander abgeschlossen, entlaufene Bauern zurückzuliefern, die nächste freie Stadt war -statistisch gesehen- zu weit weg und ließ auch nicht jeden herein. Die Bedingungen in der Umgebung sind überall gleich schlecht; den Ritter auszuschalten ist reine Phantasie. Wir stehen wieder vor dem Rahmenproblem. Indem die Spieltheorie dieses ausblendet, kann sie die soziale Realität nicht voll erfassen. Die soziale Realität ist, daß B zur Arbeit auf K's Feld gezwungen wird. Die Macht, die ihn zwingt, wirkt großenteils auf indirekte Weise. Sie ist durch die soziale Institution -das Feudalsystem in unserem Beispiel- vermittelt und ist zu einem großen Teil entpersonalisiert. Es handelt sich um soziale Macht, die der Ritter hat und ausübt -ganz im Sinne unserer früheren Definition von sozialer Macht. Wäre der Ritter kein Ritter, sondern gehörte zu einer niedrigeren Gruppe im Feudalsystem, so könnte er den Bauern nicht zur Arbeit befehlen. B kommt zur Arbeit, weil dies in seiner Welt natürlich und immer so gewesen ist. B's Verhalten durch ein einfaches Spiel zu rationalisieren oder gar zu erklären, führt zu einem klaren Fehlschlag.

Man könnte hoffen, der Realität hier durch Superspiele näher zu kommen. B kommt zur Arbeit, weil er und seine Vorfahren die Erfahrung machten, daß sie immer, wenn sie nicht gehorchten, bestraft werden. Durch dieses Superspiel wurden sie zum bedingten Reflex des Gehorsams erzogen. Dies erklärt etwas besser, warum B die Arbeit tut. Die obige Auszahlungsmatrix wird als das Produkt eines Superspiels aufgefaßt. Aber auch diese Erklärung bleibt unbefriedigend, weil sie ein zu oberflächliches oder falsches Bild der sozialen Realität als Erklärungsmodell benutzt.

Ein anderer Weg, dieser Inadäquatheit unter Beibehaltung der Spieltheorie zu entgehen, besteht in der Einbeziehung auch solcher Handlungen von K, die B einen Nutzen bringen. Das so entstehende Bild entspricht dann mehr dem eines Tausches. Das klassische „Gut", das K für B bereitstellt, ist Recht und Ordnung. Wenn es keine Ritter gäbe, würde jeder Bauer gegen jeden Bauern kämpfen und einen großen Teil seiner Kraft zum bloßen Schutz des Eigentums aufwenden. Als Gegenleistung für diese Kraftersparnis durch die Existenz des Ritters bringt der Bauer seine Arbeitskraft ein. Wir haben schon am Anfang des Buches gezeigt, daß dieses Bild unhaltbar ist. Hier können wir nun zwei weitere Fehler an ihm erkennen, die oben noch nicht sichtbar waren. Erstens beruht es auf Annahmen, die sich in keiner Weise durch das Verhalten der betroffenen Akteure belegen lassen. Ein Bauer im 12.Jahrundert ist nicht die Art rationaler Person, die den Nutzen von R & O mit der Existenz oder gar Existenzberechtigung des Ritters in Verbindung bringen könnte, nicht zu denken daran, daß er seine Feldarbeit als Austausch hierfür ansehen könnte. Im Lichte seines konkreten Zustands ist dieses Tauschbild bestenfalls eine rein hypothetische Konstruktion, ganz ähnlich der von *Hobbes'* Vertrag. Weniger positiv gesehen ist es eine Karikatur der tatsächlichen

Situation. Zweitens können wir ein Austausch-Spiel: „Fronarbeit gegen Sicherheit" im Detail analysieren. K hat die Strategien a_1: R & O bereitzustellen und a_2: dies nicht zu tun. B hat die Strategien b_1: die Arbeit machen und b_2: sie nicht zu tun. Machen wir über die Verteilung der Kosten und Nutzen folgende, nicht unplausible Annahmen.

Kosten für Bereitstellung von R & O für K: 2
Kosten der Arbeit für B: 4
Nutzen der Existenz von R & O für K: 1
Nutzen der Existenz von R & O für B: 1
Nutzen von B's Arbeit für K: 4

Durch vernünftiges Addieren dieser Werte erhalten wir folgende Auszahlungsmatrix.

K/B	b_1	b_2
a_1	3/-3	-1/1
a_2	4/-4	0/0

Den Wert für Ka_1/Bb_1 für K zum Beispiel erhält man als K's Kosten für die Bereitstellung von R & O plus dem Nutzen von R & O für K plus dem Nutzen von B's Arbeit für K: -2+1+4=3, die anderen Werte entsprechend. Dieses Spiel liefert für beide Spieler dominante Strategien: a_2 für K und b_2 für B. Es endet deshalb bei der Kombination Ka_2/Bb_2, die mehr einem anarchischen Zustand entspricht, und nicht bei der „Institution" Ka_1/Bb_1. Da unsere Zahlenwerte von ihrer Ordnung her plausibel erscheinen, kommen wir zum Ergebnis, daß die spieltheoretische Analyse, anstatt den erwarteten Austausch zu erklären, diesen als eher unverständlich und unwahrscheinlich aufdeckt.

Stimmt[10] hier etwas nicht? Wie müßten die Nutzenwerte aussehen, um den Austausch Ka_1/Bb_1 als Gleichgewichtspunkt zu erhalten? B's und K's Auszahlungen müßten sich plausiblerweise

---

[10]Mit den spieltheoretischen Grundbegriffen nicht vertraute Leser können die folgenden Passagen bis zum Zeichen „**" überschlagen. Eine Einführung in die Spieltheorie bietet z.B. (Shubik,1985).

so ändern, daß die beiden Ungleichungen, in denen W_B und W_K die Werte (Nutzen) für B und K symbolisieren,

$$W_B(\mathrm{Ka}_1/\mathrm{Bb}_1) < W_B(\mathrm{Ka}_1/\mathrm{Bb}_2)$$
$$W_K(\mathrm{Ka}_1/\mathrm{Bb}_1) < W_K(\mathrm{Ka}_2/\mathrm{Bb}_1)$$

sich umdrehen. Bei K läßt sich dies etwa durch Reduktion seines Nutzens aus B's Arbeit um 2 und bei B durch Einführung von Kosten (Strafe) etwa im Wert von 5 für die Nicht-Ausführung der Arbeit erreichen. Aber eine solche Modifikation macht die ganze Analyse hinfällig, weil sie -nur in anderer Form- die schon vorhandene Institution durch die Hintertür in die Voraussetzungen einschmuggelt, nämlich durch die Kosten, die dem Bauern bei Nicht-Ausführung entstehen. Ihre Höhe läßt sich nur im Rahmen einer Institution rechtfertigen. Ohne die Institution des Feudalsystems würde der Bauer die andere Person, die eine Arbeit von ihm verlangt, wahrscheinlich einfach auslachen und nicht weiter beachten: Bauern sind körperlich ausgeglichen. Mit anderen Worten bedeutet dies: Gleichgewicht kann man nur durch Institution haben. Die spieltheoretische Erklärung der Situation wird so zirkulär.

Immer noch könnten wir uns auf ein Superspiel beziehen, um die Institutionalisierung von $\mathrm{Ka}_1/\mathrm{Bb}_1$ zu erklären. Hätte das einfache Spiel die Form eines Gefangenendilemmas, d.h. wäre $W_B(\mathrm{Ka}_1/\mathrm{Bb}_1)$ größer als $W_B(\mathrm{Ka}_2/\mathrm{Bb}_2)$, so könnten wir das Superspiel betrachten, das aus dem einfachen Spiel nach solcher Veränderung entsteht und in dem beide Spieler erkennen, daß sie bei Kooperation auf lange Sicht besser wegkommen, und deshalb schließlich kooperieren. Aber wie läßt sich B's erhöhte Auszahlung im Fall $\mathrm{Ka}_1/\mathrm{Bb}_1$ begründen? Die einzig plausible Begründung ist, daß B's Nutzen aus R & O größer wird, als seine Kosten für b_1. Dies dürfte sich ohne Rückgriff auf *Hobbes'* „Naturzustand" schwer rechtfertigen lassen. Im vorliegenden Beispiel könnten wir uns den Details von B's Nutzenberechnung aus R & O zuwenden und diese mit B's Beitrag in Form von b_1 vergleichen. Es ist äußerst unwahrscheinlich, daß B's Nutzen aus R & O seinen Beitrag in Form von b_1 übersteigt. Nur dann aber könnten wir die spieltheoretische Analyse als adäquat bezeichnen. Anders gesagt, wenn die Beiträge der Art b_1 -die aus der Sicht unseres Modells erzwungen sind- größer sind, als B's Nutzen aus der Existenz des

Ritters als Garant von R & O, so läßt sich eine Machtausübung der betrachteten Art im spieltheoretischen Rahmen nicht befriedigend modellieren. Wenn wir zu sehr nach Harmonie suchen, verlieren wir die Realität aus den Augen.[11]

∗∗ Schauen wir noch auf ein ähnlich ausgeprägtes Machtereignis: das, in dem K dem Bauern D befiehlt, ein Schwein zu schlachten und es bratfertig zu bringen. Wenn wir D's Dienst genauso betrachten, wie B's vorherige Feldarbeit, so erhalten wir dieselbe formale Situation wie beim letzten Beispiel. Was aus der einen Perspektive als klarer Fall von Machtausübung erscheint, wird im einfachen und auch im Superspiel zu einer Kombination von Handlungen. In einem einfachen Spiel kann die Kombination kaum ein Gleichgewichtspunkt sein, sodaß man zum Superspiel übergehen muß. Aber das Superspiel liefert das erwünschte Resultat nur, wenn im einfachen Spiel B's Nutzen aus der Existenz des Ritters (und R & O) seine Kosten beim Schlachten des Schweins übertrifft. Abgesehen davon, daß eine solche Abwägung nicht ganz kategoriengerecht scheint, kommen wir zum gleichen Ergebnis wie vorher. Im wahrscheinlichen Fall, daß der Nutzen des Bauern aus R & O kleiner ist als die Kosten der Schlachtung, sehen wir, daß die spieltheoretische Analyse für genuine Fälle von Machtausübung nicht funktioniert. Der zusätzliche Aspekt, daß B in diesem Fall viel besser dastünde, wenn sein Versteckmanöver erfolgreich wäre, ändert Nichts. Er fügt nur noch einen Impuls für die Abweichung vom Gleichgewicht hinzu.

Das Verhältnis von Bauer und Ritter im Feudalsystem und die damit verbundene Bereitstellung von R & O durch den Ritter liefert ein schönes Beispiel für die in Kapitel 2 analysierte Problematik des Vergleichs sozialer Institutionen. Ein immer wieder mit Inbrunst vorgetragenes Argument, mit dem Institutionen mit stark ausgeprägten Statusunterschieden rechtfertigt werden sollen, besteht im Hinweis auf den Wert von R & O in Kontrast zu einem alternativen Zustand, in dem die jeweils zu rechtfertigende Institution nicht existiert. Am Beispiel: gäbe es kein Feudalsystem, so gäbe es für den Bauern keinen Schutz, also ist das Feudalsystem gerechtfertigt. Historische „Beweise" sind leicht zu

---

[11] Die Möglichkeit, ein Superspiel aus einem andersartigen einfachen Spiel zu konstruieren, ist noch offen und sollte auf spieltheoretischer Seite genauer untersucht werden.

erbringen. Immer wieder gibt es Zeiten und Gegenden, in denen
die lokalen Institutionen nicht funktionieren oder zusammenbre-
chen, wie etwa im mittelalterlichen Nordfrankreich während der
Normanneneinfälle und später im hundertjährigen Krieg, oder -
vor unseren Augen- im Chaos des zerfallenden Jugoslawien. Es
kann nicht scharf genug betont werden, daß diese Art von Rechtfertigung kaum mehr als eine rhetorische Floskel ist. Der einzige,
betrachtete Alternativzustand ist ein latenter Kriegszustand, in
dem für längere Zeit keine der Parteien die Oberhand gewinnt.
Ein solcher Zustand ist nicht durch eine alternative Institution
hervorgebracht, sondern durch die kriegerische Auseinanderset-
zung zweier Institutionen. Es wird für keine einzige alternative
Institution gezeigt, daß die vorhandene Institution ihr überlegen
ist. Es wird nur gezeigt, daß die Institution einem Zustand des
Kampfes zwischen zwei Institutionen überlegen ist. Wie in Kapitel 2 klar wurde, liefert der Bezug auf einen schäbigen Alternativzustand keine gute Rechtfertigung der Institution, von der aus-
gegangen wird. Es könnte andere, nicht beachtete Institutionen
geben, die der zu rechtfertigenden klar überlegen sind. Am Beispiel: die Alternative zum Feudalsystem ist nicht das Chaos der
Kriegswirren, dessen vielfache historische Existenz außer Frage
steht. *Eine* Alternative zum Feudalsystem sind Staaten der heutigen kapitalistisch-demokratisch-sozialen Verfassung. Die reale
Existenz solcher Staaten beweist, daß es zum Feudalsystem außer
dem Chaos auch noch andere Alternativen gibt.

16 Ausblicke

Abschließend seien einige wichtige Spezialisierungen unserer Theorie, sowie weitere Anwendungsmöglichkeiten wenigstens kurz angedeutet. In den vorhergehenden Kapiteln wurde das Grundmodell unserer Theorie entwickelt, unter das sich alle realen Institutionen subsumieren lassen. Wir kommen zu einer richtigen, d.h. voll entwickelten Theorie, wenn wir zu den Grundmodellen weitere Spezialisierungen hinzufügen, d.h. speziellere Modelle, die nur auf ganz bestimmte Sonderfälle von Institutionen zutreffen.

Spezialisierungen[1] unserer Theorie betreffen die verschiedenen Typen von Institutionen. Jeder Typ ist durch Merkmale und Unterschiede zu anderen Institutionen ausgezeichnet. Wir sehen mindestens acht spezielle Typen, die wir grob mit Stichworten benennen: 1) Diktatur, 2) repräsentative Institution, 3) Basisdemokratie, 4) Firma, 5) Konzern, 6) Armee, 7) Universität, 8) Kirche. „Diktatur" dient als Sammelname für alle politischen Systeme, in denen Wenige über Viele herrschen, ohne daß die Vielen irgendeine Art der Einwirkung auf die Herrscher haben. Bei repräsentativen Institutionen besteht zwischen Herrschenden und Beherrschten ebenfalls ein großer Zahlenunterschied, aber die Beherrschten haben durch Wahlen oder andere Verfahren gewisse Einflußmöglichkeiten und die Herrschenden dadurch einen gewissen, „bloß" repräsentativen Status. Bei basisdemokratischen Institutionen, zu denen wir auch die Vereine zählen, sind die Führer unmittelbar an die gemeinsam gefaßten Beschlüsse gebunden. Firmen und Konzerne sind wirtschaftliche Institutionen, der Unterschied besteht in der Anbindung an die Produktion. Während die Produkte einer Firma alle aus einem einheitlichen Produktionsprozeß stammen, besteht ein Konzern aus einer Mischung von Firmen, deren Produktionsabläufe nichts miteinander zu tun haben. Die acht Typen können in größere Familien zusammengefaßt werden. So bilden die Typen 1), 2), 3) politische Institutionen, Typen

---

[1]Für eine genaue Darstellung des Spezialisierungsbegriffs siehe (Balzer, Moulines, Sneed, 1987).

4) und 5) Wirtschaftliche; Universität und Kirche könnte man als
intellektuelle Institutionen bezeichnen. Unter Bezugnahme auf
unser Grundmodell, das auf alle Typen zutrifft, kommen wir zu
handfesteren Unterscheidungsmerkmalen.

Ein erstes Merkmal betrifft die Frage, ob die Institution gegenüber ihren „Mitgliedern", d.h. den Personen in der Menge
J, Zwangscharakter hat. In der Regel ist es Personen nicht gestattet, eine Diktatur, eine Armee, oder eine Kirche zu verlassen, während ihnen dies in repräsentativen Institutionen, Basis-
demokratien, Firmen, Konzernen und Universitäten freigestellt
ist. Ein zweites Unterscheidungsmerkmal ist die Unabhängigkeit
der jeweiligen Spitzengruppe von Handlungen der Personen aus
den unteren Gruppen der Institution. Nur bei repräsentativen
Institutionen und Basisdemokratie ist die Spitzengruppe deutlich von Handlungen in den anderen Gruppen (etwa bei Wahlen)
abhängig, ihre Zusammensetzung und Funktion kann sich durch
solche Einflüsse stark verändern. In allen anderen Fällen ist die
Spitzengruppe weitgehend unabhängig davon, was die Akteure in
den anderen Gruppen tun.[2] Ein drittes bzw. viertes Merkmal ist
die Produktion materieller Güter bzw. intellektueller Strukturen.
Ersteres trifft genau auf Firmen und Konzerne, das zweite auf
Universitäten und Kirchen zu. Ein fünftes Merkmal betrifft die
Möglichkeit für Mitglieder der Spitzengruppe, direkte Anweisungen an Mitglieder anderer Gruppen zu geben. Dies ist genau für
Konzerne und Universitäten nicht der Fall. In diesen Institutionen
muß die Einflußnahme „indirekt" erfolgen, indem die Befolgung
von Anweisungen letztlich nur durch Entfernung unwilliger oder
ungehorsamer Personen von ihren Posten erzwungen werden kann.
Fügen wir noch die Merkmale „Beherrschung der anderen Gruppen" (für Typ 1 und 2), „Kampf" (für Typ 6) und „Verwaltung"
(für Typ 3) hinzu, so haben wir schon eine Liste von ziemlich
präzisen Kriterien. Diese sind auch trennscharf, insofern jeder
unserer acht Typen von Institution eine eigene charakteristische
Kombination von Merkmalen aufweist. Natürlich sind die einzelnen Merkmale selbst nicht ideal präzise. Es gibt Grenzfälle, wie
die Kirchen in westlichen Demokratien, die ihre Mitglieder nicht
durch Zwang vom Austritt abhalten können.

---

[2] Diese Unterscheidung kann auch als Kriterium für den Vergleich von Institutionen dienen.

Spezialisierungen unserer Theorie bestünden nun darin, diese Typen von Institutionen intern zu charakterisieren, d.h. so, daß jeder Typ nur mit Hilfe der Grundbegriffe unserer Theorie beschrieben wird. Parallel zu den genannten, speziellen Arten von Institutionen geht die Untersuchung spezieller Rechts- und Befehlssysteme. Wie früher schon kurz angedeutet, lassen sich in den Rahmen der charakteristischen Funktion und ihrer internen Repräsentanten explizite Normensysteme einfügen. In ähnlicher Weise bietet die Machtrelation einen Ansatzpunkt zur Spezialisierung hinsichtlich verschiedener Formen sozialer Machtausübung. Diese reichen von der straffen, transitiven Befehlshierarchie bis zu den informellen Bewertungsmechanismen etwa schulischer Leistung in der Wirtschaft. Unterformen erhalten wir je nach Art der Stäbe, die den oberen Gruppen zur Durchsetzung ihrer Anordnungen zur Verfügung stehen. Hier gibt es eine Fülle realisierter Formen, deren Untersuchung weit in die Rechtswissenschaft und Politologie hineinreicht.

In einer zweiten Richtung läßt sich unser Ansatz weiterführen durch Untersuchung von sozialen Institutionen höherer Stufe. Dies führt zu einer Theorie, die das Verhalten von Institutionen untereinander und das Verhalten von Institutionen im Umgang mit „echten" Individuen beschreibt. Dabei hat eine Institution die Rolle eines Individuums aus der Menge J in unseren Mikromodellen, d.h. sie ist ein Akteur, der Handlungen ausführt. In der juristischen Sphäre werden solche Akteure als juristische Personen bezeichnet, in der Soziologie als korporative Akteure. Sie führen, wie „normale" Akteure, Handlungen aus und verfolgen dabei bestimmte Ziele. Im Gegensatz zu menschlichen Akteuren haben sie jedoch keine Intentionen und auch keine kausalen Überzeugungen, zumindest nicht in irgendeinem direkten Sinn. Allerdings scheint es möglich, ihnen diese in begrifflich konstruierter Weise zuzuordnen,[3] d.h. plausible Definitionen dafür zu geben, daß eine juristische Person zum Beispiel Intentionen hat.

Juristische Personen sind in der heutigen Welt weit verbreitet und von größter Wichtigkeit. Fast alle größeren Wirtschaftsunternehmen sind juristische Personen, aber auch viele Behörden sind in dieser Art als Institutionen angelegt, die nach außen als ein

---

[3] Vergleiche (Tuomela,1992) für interessante Ansätze in dieser Richtung.

künstlicher Gesamtakteur in Erscheinung treten. Nur indem die
ganze Behörde als eine Einheit aufgefaßt wird, kann „sie" Anordnungen erteilen oder befolgen, wir denken etwa an die Anordnung
eines Innenministers (d.h. des Innenministeriums durch seinen
Repräsentanten, den Minister) an eine Landesbehörde.

Für das Verständnis sozialer Institutionen höherer Stufe sind
mindestens drei Themenkreise von Bedeutung. Erstens ist die
Stellung und die Rolle des (oder der) Repräsentanten zu definieren
und zu untersuchen, der die Handlungen der juristischen Person
konkret ausführt, der also zum Beispiel Verträge und Anordnungen unterschreibt. Er hat nach innen, relativ zur Institution, die
er repräsentiert, eine ganz bestimmte Stellung, die zwischen zwei
Extremen liegt. Auf der einen Seite gibt es den absoluten Herrscher, der alles bestimmt, was in der Institution gemacht wird,
auf der anderen Seite den reinen Repräsentanten, der nur die Beschlüsse der eigentlich Mächtigen formal ausführt. Dazwischen
gibt es viele Varianten, die ihm einen mehr oder weniger großen
Spielraum für die Beeinflussung der Institution zuweisen. Genauso
hat der Repräsentant auch eine bestimmte Stellung nach außen.
Der absolute Herrscher kann das Verhalten der Institution nach
außen völlig frei regeln, während der reine Repräsentant hier überhaupt keine Befugnisse hat. Es gibt verschiedene Verfahren, nach
denen die Repräsentanten in ihre Stellung kommen. Der politische
Diktator setzt sich selbst mit gewaltsamer Unterstützung von Soldaten ein, der Vorstandsvorsitzende einer Aktiengesellschaft wird
vom Vorstand gewählt. Mit den verschiedenen Verfahren sind
verschiedene Arten und Grade von Legitimation verknüpft, die
miteinander verglichen werden können.

Ein zweites Thema bei Institutionen höherer Stufe ist der
Kampf verschiedener Institutionen gegeneinander. Jede Institution ist -genau wie ein Individuum- darauf aus, ihre Macht zu
vergrößern, was in der Regel durch Ausweitung der Institution,
Gewinnung neuer Mitglieder, sowie Stabilisierung nach innen geschieht.

Drittens ist das Problem der Verschachtelung von Institutionen, vor allem in der Wirtschaft, zu untersuchen. Historisch
entwickelte sich das heute krebsartig wuchernde Schema aus der
Situation, in der eine Firma, meistens im Verlauf von Kriegen,
so große Gewinne machte, daß sie diese nicht mehr in der eige-

nen Branche investieren konnte, insbesondere, wenn am Ende des
Krieges kein Bedarf mehr für Kriegsgüter bestand. Sie war damit
praktisch gezwungen, andere, branchenfremde Firmen zu kaufen.
Die Gewinne sind hierbei so groß, daß sie nicht durch privaten
Konsum aufgezehrt werden können.[4] Bis heute gibt es keine befriedigenden, systematischen Untersuchungen darüber, wann Verschachtelungen ökonomisch sinnvoll sind, dagegen gibt es ein -
selbst für den Apparat großer Staaten- undurchdringliches inter-
nationales Geflecht von Verschachtelungen, welches die politische
Kontrolle der industriellen Produktion sehr schwierig macht.

Ein weiteres Gebiet des Ausbaus unserer Theorie liegt bei
Erklärungen. Die Theorie erklärt wichtige soziale Phänomene,
die von alternativen Ansätzen nicht erklärt werden. Wir haben
solche Erklärungen oben nicht genau herausgearbeitet, sie seien
aber wenigstens angedeutet. Wir können erstens soziale Ungleichheit erklären. Ganz trivial ergibt sie sich aus der Statusrelation
zwischen Gruppen. Mitglieder zweier Gruppen, von denen eine
höheren Status hat als die andere, sind ungleich im Sinne der
Gleichheitsdefinition aus Kap.2. Unsere Theorie erklärt aber weitergehend auch, warum solche Ungleichheiten immer vorhanden
sind und selbst in Systemen, die Gleichheit als Ziel anstreben,
nicht verschwinden. Der Grund liegt in der Institutionalisierung.
Wer Ungleichheit *mit Hilfe von Institutionen* abzubauen versucht,
führt über die dazu neu etablierten Institutionen neue Ungleichheiten ein.[5] Die Stabilität von Institutionen garantiert andererseits auch, daß Ungleichheiten entsprechend stabil erhalten bleiben. Unsere Theorie liefert sogar eine teilweise Erklärung für die
Entstehung von Ungleichheiten, nämlich durch die Faktoren, die
zur Entstehung einer Institution selber führen. Alles, was der Institution förderlich ist, fördert auch die durch sie hervorgebrachte
Ungleichheit.

Eine zweite Erklärung betrifft die Einschränkung von Gewalt-
tätigkeit. Wie kommt es, daß körperlich starke Akteure sich von
schwachen Personen Befehle erteilen lassen? Im Rahmen einer
Institution können wir dies über die zulässigen Handlungen tri-

---

[4]Dieser Punkt scheint mir bisher in der theoretischen Diskussion nicht
hinreichend gewürdigt zu werden.
[5]So zum Beispiel die Kommunisten nach der Oktoberrevolution durch die
Institution der Diktatur des Proletariats.

vial erklären. Es werden nur zulässige Handlungen ausgeführt,
die Ausbübung von Gewalt durch betroffene Akteure ist nicht
zulässig, also werden keine Gewalthandlungen ausgeführt. Unsere
Modelle liefern auch Gründe, warum Gewalthandlungen betroffe-
ner Akteure unzulässig sind. Einerseits wachsen die Individuen in
der Institution auf, wodurch ihre internen Modelle entsprechend
geformt werden. Mitglieder von Gruppen, die nicht (wie Polizei
oder Wächter) innerhalb der Institution für Ordnung zuständig
sind, werden so erzogen, daß sie Gewalthandlungen als für sich
selbst unzulässig ansehen. Andererseits haben die Mitglieder der
Spitzengruppe ein Interesse daran, daß die in Machtrelationen betroffenen Akteure der unteren Gruppen keine Zuflucht zu Gewalt
nehmen. Um ihre Spitzenstellung zu halten, arbeiten sie nicht
nur darauf hin, Gewaltausübung in den internen Modellen als unzulässig darzustellen, sondern sie versuchen auch, geeignete Be-
strafungsmechanismen für den Fall zu etablieren, daß doch einmal
unzulässigerweise Gewalt ausgeübt wird.

Drittens erklärt unsere Theorie, warum Institutionen stabil
sind. Wieder spielen die internen Modelle zusammen mit dem
Interesse der Spitzengruppe an einer dauernden Existenz der Institution. Die Spitzengruppe sieht darauf, daß der Rahmen charakteristischer Handlungen eingehalten wird und daß die entsprechenden internen Modelle in den Kindern aufgebaut werden, und
sie tut dies, um ihre Spitzenstellung, sowie die Institution überhaupt, zu erhalten.

Eine weitere Art des Ausbaus unserer Theorie ist die Untersuchung ihres Verhältnisses zu anderen Theorien, denen andere
Sichtweisen der sozialen Realität zugrundeliegen. Wir unterscheiden drei wesentliche Züge der sozialen Realität, wie sie durch die
Stichworte: Macht, Wissen und Tausch angedeutet sind. Jeder
dieser Züge gibt Anlaß zu eigenen Theorien, die die soziale Welt
aus der jeweiligen Perspektive strukturieren und zu erklären versuchen. Eine Theorie, die Macht und ihre Ausübung in den Vordergrund stellt, haben wir gerade entwickelt. Bei Theorien, die sich
auf Wissen konzentrieren, ist die Primärsituation, die die intendierten, zu erklärenden Systeme liefert, die Situation des Wissenserwerbs. Wissenserwerb erfolgt in Wechselwirkung mit anderen
Menschen und führt zum Aufbau intellektueller Strukturen, Dispositionen und Schemata in der jeweiligen Person. Diese Grund-

situation ist zu unterscheiden von der, in der Wissen angewandt wird. Wissensanwendung führt in der Regel zu Machtverhältnissen und damit in den Bereich der vorher abgehandelten Theorie. Die wichtigste Komponente des Wissenserwerbs ist das Lehren, oder reziprok, das Lernen. Hier spielt die Beziehung „Person i lehrt mit Handlung a Person j, daß b" bzw. „Person j lernt durch Handlung a von i, daß b" die Hauptrolle. Wir beschränken uns auf die erste Form, die wir abkürzend durch

$$lehrt(i, a, j, b)$$

notieren, wodurch schon die Ähnlichkeit mit der Machtrelation deutlich wird. Auch hier besteht die Beziehung zwischen zwei Akteuren und zwei Propositionen, die Handlungen oder Sachverhalte beschreiben. Die durch a repräsentierte Handlung ist oft die Äußerung von Sätzen und b ist eine Proposition, die zu j's intellektuellem Apparat neu hinzukommt, zusammen mit ihrem „Glaubensgrad". Weitere Ähnlichkeiten zur Machtrelation werden sichtbar, wenn wir die Bedingungen für Machtausübung durchgehen. Auch beim Lehren realisiert i (die Lehrerin) Handlung a, bei j (dem Schüler) ist Realisierung durch Internalisierung zu ersetzen: j internalisiert die Proposition b, d.h. j nimmt b in den Vorrat der von ihm als richtig angesehenen Propositionen auf. Bei den Intentionen können wir sagen: i intendiert, daß j b internalisiert (und in diesem, weiteren, Sinn „tut"). Auch die negative Haltung von j gegenüber der zu lernenden Proposition b ist weitverbreitet. Sie ist allerdings keine notwendige Bedingung für das Lernen, manche Schüler lernen gerne und mit Begeisterung. Schließlich ist auch -zumindest aus der Sicht der Lehrerin i- Handlung a eine Teilursache davon, daß j b internalisiert.

In gewissem Sinn läßt sich die Lehrrelation also als Grenzfall der Machtrelation verstehen. Wir müssen beim Schüler das Internalisieren einer Proposition als Grenzfall der Realisierung einer Handlung auffassen, und seinen Widerstand gegen b (falls vorhanden) als Grenzfall des Nicht-Intendierens, als bloße Trägheit gegen den Aufbau neuer intellektueller Strukturen.

Für die Sphäre des Tauschens existieren bereits ausgefeilte mathematische Modelle, die das Tauschverhalten in Abhängigkeit vom Nutzen der Güter für die Akteure, und durch die Grundannahme der Nutzenmaximierung unter Einkommensbeschränkung beschreiben.[6] In den „normalen" Anwendungen dieser Theorie geht es um den Tausch „normaler" materieller Güter, wie Äpfel und Kanonenkugeln. Die Theorie wird aber auch mit breiterem Anwendungsanspruch vertreten, wonach Dienste, zukünftige Täusche und sogar emotionale Einheiten wie Lob oder Zuneigung, als Tauschobjekte dienen können.[7] Generell wird die idealisierende Annahme gemacht, daß das System den Täuschen keine Hindernisse entgegenstellt. Solche Hindernisse bestehen in der Realität in Form von Gesetzen, die bestimmte Täusche verbieten oder mit Abgaben belegen, oder in Form von Institutionen, in denen Tausch durch Formen von Anordnen und Befolgen ersetzt wird, oder einfach in Informationsbarrieren, die verhindern, daß ein Akteur alle Angebote und Nachfragen überschaut. In den bekannten Axiomatisierungen der Tauschwirtschaft wird zwar „Tausch" nicht als Grundbegriff benutzt, es ist aber nicht schwer, die Theorie in äquivalenter Weise unter Benutzung eines Grundbegriffs

$$tauscht(i, a, j, b)$$

zu formulieren, zu lesen als: „Person i tauscht mit Person j Gut a gegen b". Noch genauer sind a und b zwei konkrete Güter, also jeweils eine genau bestimmte Menge einer Güterart (eine Kanonenkugel, zwei Kilo Schießpulver), a befindet sich in i's Besitz und b im Besitz von j. Der Tausch besteht darin, daß i a an j übergibt und j b an i.

Wir behaupten, daß Tausch den Grenzfall einer Machtrelation, und weitergehend, daß die Tauschwirtschaft einen Grenzfall sozialer Institution darstellt.[8] Betrachten wir ein konkretes Tauschereignis, das aus den vier Komponenten i, a, j, b in einer Tauschrelation besteht. Zunächst sind a und b Güter. Wir können aber ohne Änderung der Bedeutung eine Uminterpretation vornehmen und die Güter a, b durch Handlungen a^*, b^* ersetzen. a^* ist die Handlung der Übergabe von Gut a durch i an j und b^* die Handlung der Übergabe von Gut b durch j an i. So kommen wir zu einer Relation $tauscht(i, a^*, j, b^*)$, die -genau wie die Machtrelation- zwi-

---

[6]Ein Standardwerk ist hier (Debreu,1972).

[7]Siehe etwa (Blau,1964) für letztere Art von Tausch und (Stigum,1990) für zeitlich verteilte Täusche.

[8]Für eine genauere Diskussion dieses Verhältnisses siehe (Balzer,1993).

schen zwei Individuen und zwei Handlungen (bzw. repräsentierenden Propositionen) besteht. Dabei sollen a^*,b^* Handlungen sein,
die die Form der Übergabe eines Gutes annehmen. Die ursprünglichen Güter a, b sind also in der Beschreibung der Handlungen
a^*,b^* voll enthalten.

Der genauere Vergleich mit Machtausübung ergibt folgende
Analogien. Beim Tausch werden -wie bei der Machtausübung-
beide Handlungen a^*,b^* der Güterübergabe realisiert. Beide
Tauschpartner intendieren diese Handlungen, insbesondere intendiert i, daß j b^* tut und auch j intendiert, b^* zu tun. Hier besteht
-wie beim Lehren- ein Unterschied zur Machtausübung auf j's
Seite. Wenn wir j's Widerstand bei der Machtausübung sukzessive in eine noch so schwache positive Intention, b^* zu tun, übergehen lassen, so wird die Intentionsbedingung für Machtausübung
in die für Tausch transformiert. Schließlich sind beide Akteure der
Überzeugung, daß zwischen a^* und b^* ein kausaler Zusammenhang
besteht. Dieser ist komplexer Natur und wird auf dem Umweg
über Gründe als Ursachen, also über den Intellekt der Akteure,
hergestellt. i tut a^*, weil sie glaubt, daß j auch b^* tut; umgekehrt
tut j b^*, weil er glaubt, daß i a^* tun wird. Solche Gründe haben
durchaus den Charakter von Ursachen: daß i glaubt, j werde b^*
tun, ist eine Teilursache dafür, daß i a^* tut. Umgangssprachlich
wird i zustimmen, daß j's Handlung b^* für sie (i) ein Grund ist,
a^* zu tun. Von dieser Feststellung können wir ohne Bedenken
übergehen zur Aussage, b^* sei für i eine Teilursache dafür, daß i
a^* tut. Bei der Tauschrelation sind also mit Ausnahme von j's
negativer Intention alle Bedingungen für Machtausübung erfüllt.
Lassen wir die negative Intention durch Grenzübergang in eine
Positive übergehen, so geht ein Machtereignis entsprechend über
in ein Tauschereignis.

Diesen Zusammenhang sehen wir auch, wenn wir verschiedene
umgangssprachliche Ausdrücke aus dem Bereich von Machtausübung entsprechend anordnen. Betrachten wir die Liste: unterdrücken, ausbeuten, beherrschen, befehlen, anordnen, verlangen, vorschlagen, einen Kompromiß eingehen, tauschen, entge-
gennehmen, akzeptieren, nachkommen, befolgen, ausführen, sich
unterwerfen. Alle Verben bezeichnen Verhaltensformen, die bei
Machtausübung vorkommen, angefangen von der stärksten Form,
die dem bestimmenden Akteur möglich ist, über schwächere For-

men bis zu ausgeglichenen Verhältnissen des Tausches in der Mitte, und von dort weiter zu Formen der „Machterleidung" durch den betroffenen Akteur in immer stärkerem Ausmaß. Wir können dies Spektrum veranschaulichen.

Abb.16.1

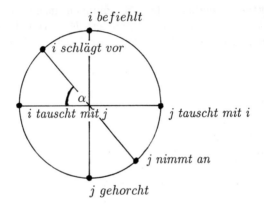

Auf dem Kreis gegenüberliegende Paare stellen Handlungsformen der Akteure i und j dar, die in einem Machtereignis zusammengehören. Wenn i befiehlt, so gehorcht j. i's Vorschlag entspricht die Annahme durch j. Das gleichgewichtige Verhältnis, Tausch, ist in der horizontalen Stellung erreicht. Der Winkel α gibt an, wie weit eine Konstellation von diesem Gleichgewicht entfernt, also in gewissem Sinn, wie stark die Machtausübung ist. Indem wir α gegen Null gehen lassen, geht die anfängliche Machtausübung im Grenzfall in einen Tausch über.[9] Die Grenzfallbeziehung[10] zwi-

---

[9]Die Gleichheit, die zwischen beiden Akteuren in einer Tauschbeziehung bestehen muß, ist auch Voraussetzung für eine sinnvolle Anwendung des spieltheoretischen Modells, wie schon in Kap.3 betont wurde. Die gegenwärtige Analyse bestätigt somit unsere frühere Diskussion der spieltheoretischen Anwendung auf Institutionen.

[10]Der Ausdruck wurde von (Scheibe,1981) geprägt. Vergleiche (Mayr,1981)

schen Macht- und Tauschrelation läßt sich auf ganze Modelle beider Theorien, der Institutionentheorie und der Tauschwirtschaft,
übertragen. Durch Abbau institutioneller Schranken und Ungleichheiten verschwindet die Statushierarchie. Im Grenzfall gehören alle Individuen zu einer einzigen Gruppe, innerhalb derer aus-
geglichene Macht- d.h. Tauschverhältnisse bestehen.

Die Tauschwirtschaft ist also ein Grenzfall, ein approximativer
Spezialfall, der Institutionentheorie. Durch die genauere Betrachtung dieses Verhältnisses wird das ganze Ausmaß an Idealisierung
deutlich, von dem die Tauschwirtschaft ausgeht, und das sich auf
die meisten ähnlichen Modelle aus dieser Theoriefamilie in der
Ökonomie überträgt.

Die Wegidealisierung von Institutionen ist kontrafaktisch und
läßt sich nicht aufheben. Bis heute sehen wir nicht das gering-
ste Anzeichen dafür, daß die Institutionen in der Welt weniger
oder weniger wirksam würden. Das Gegenteil ist der Fall. Die
nicht neue Folgerung hieraus lautet, daß es in Wirklichkeit Tauschwirtschaft oder vollkommenen, freien Wettbewerb nie gab, nicht
gibt und nicht geben wird. Zwar ist Tausch ein wichtiges soziales Phänomen, aber Machtausübung geht vor, gleichgültig, ob
die Machtmittel auf Gewaltausübung oder Güterproduktion beruhen. Soziale Institutionen haben in der Realität mehr Gewicht
als Märkte.

Mit diesem Befund endet die deskriptive Analyse sozialer Institutionen. Es ist nicht unsere Aufgabe, konkrete Vorschläge zu
machen, wie der vorliegende Zustand geändert werden könnte.
Wichtig ist jedoch der Hinweis darauf, *daß* er geändert werden
kann. Soziale Institutionen sind Menschenwerk und keine na-
turgesetzlichen Konstanten. Indem wir ihre Struktur, Funktion
und Ziele genauer verstehen, werden Ansätze zur Änderung sichtbar. Es war unser Ziel, auf solche Ansätze hinzuarbeiten, denn
noch scheinen Änderungen in der institutionellen Verfassung der
Menschen möglich, unter denen unsere Spezies weiter existieren
könnte.

---

für eine klare Analyse des Begriffs.

Literatur

Aebli,H.: Denken: Das Ordnen des Tuns, Bd.I, Stuttgart 1980

Andrae,W.: Das wiedererstandene Assur, 2.Aufl., München 1977

Arrow,K.J.: Social Choice and Justice, Collected Papers of K.J. Arrow Bd.1, Cambridge/Mass. 1983

Axelrod,R.: The Evolution of Cooperation, New York 1984

Ball,T.: Transforming Political Discourse, Oxford 1988

Balzer,W.: On a New Definition of Theoreticity, Dialectica 39 (1985), 127-45.

Balzer,W.: Theorie und Messung, Berlin etc. 1985; 1985a

Balzer,W.: A Basic Model of Social Institutions, Journal of Mathematical Sociology 16 (1990), 1-29.

Balzer,W.: Kriterien für Entstehung und Wandel sozialer Institutionen, in G.Melville (Hg.): Institutionen und Geschichte, Köln 1992; 1992a

Balzer,W.: A Theory of Power in Small Groups, in H.Westmeyer (Hg.): The Structuralist Program in Psychology: Foundations and Applications, Bern 1992; 1992b

Balzer,W.: Exchange versus Influence: A Case of Idealization, erscheint in Poznan Studies in the Philosophy of Science, 1993

Balzer,W., Moulines,C.U. und Sneed,J.D.: An Architectonic for Science, Dordrecht 1987

Binmore,K.: Debayesing Game Theory, in: Proceedings of the 9th International Congress of Logic, Methodology and Philosophy of Science, Uppsala 1991, erscheint demnächst.

Blau,P.M.: Exchange and Power in Social Life, New York 1964

Bonjean,C.M., Hill,R.J. und McLemore,S.D.: Sociological Measurement, San Franzisco 1967

Bordes,F.: The Old Stone Age, New York-Toronto 1968

Borst,O.: Alltagsleben im Mittelalter, Frankfurt/Main 1983

Braudel,R.: Sozialgeschichte des 15.-18. Jahrhunderts, 3 Bände, (Band 1: 1985, Band 2 und 3: 1986), München

Burt,R.S.: Models of Network Structure, Ann.Rev.Soc. 6 (1980), 79-141.

Burt,R.S.: Toward a Structural Theory of Action, New York 1982

Carnap,R.: Introduction to Symbolic Logic and its Applications, New York 1958

Cartwright,N.: Nature's Capacities and their Measurement, Oxford 1989

Chandler,A.D.jr.:Strategy and Structure, Cambridge/Mass. 1962

Cohen,P. und Levesque,H.: Persistence, Intention, and Commitment, in P.Cohen, J.Morgan, M.Pollack (Hg.): Intentions in Communication, Cambridge/Mass. 1990, 33-69.

Coombs,C.H. und Avrunin,G.S.: The Structure of Conflict, Hillsdale NJ. 1988

Cranston,M.: Freedom: A New Analysis, London 1953

Dahl,R.: The Concept of Power, Behavioral Science 2 (1957), 201-15.

Davidson,D.: The Structure and Content of Truth, The Journal of Philosophy 87 (1990), 279-328.

Debreu,G.: Theory of Value, New Haven 1972

Denifle,H.: Die Entstehung der Universitäten des Mittelalters bis 1400, Graz 1956, (Nachdruck von 1885).

Duby,G.: Krieger und Bauern, Frankfurt/Main 1984

Durkheim,E.: Die elementaren Formen des religiösen Lebens, 2.Aufl., Frankfurt/Main 1984

Eckstein,H.: Support for Regimes: Theories and Tests, Research Monograph No.44, Center of International Studies, Princeton University. 1979

Elias,N.: Der Prozeß der Zivilisation, Zwei Bände, Frankfurt/Main 1976

Enneccerus-Nipperdey: Allgemeiner Teil des Bürgerlichen Rechts, 15. Aufl., Bearb.v.H.C.Nipperdey, Tübingen 1959/60

Etzioni,A.: Soziologie der Organisationen, München 1967

Evans-Pritchard,E.E.: Witchcraft, Oracles and Magic Among the Azande, Oxford 1937

Fararo,T.J. und Skvoretz,J.: Institutions as Production Systems, Journal of Mathematical Sociology 10 (1984), 117-82.

Festinger,L.: Archäologie des Fortschritts, Frankfurt/Main 1985

Fishburn,P.C.: Utility Theory for Decision Making, New York 1970

Flap,H.: Conflict, loyaliteit en gewald, Dissertation, Universität Utrecht 1985

Foucault,M.: Discipline and Punish, New York 1975

Foucault,M.: Power/Knowledge: Selected Interviews and other Writings, 1972-77, C.Gordon (Hg.), New York 1980

Franz,G.: Geschichte des deutschen Bauernstandes, Stuttgart 1970

Freudenthal,M.: Gestaltwandel der städtischen bürgerlichen und proletarischen Hauswirtschaft, Dissertation Universität Frankfurt, Würzburg 1934

Friedrich,C.J.: Politik als Prozeß der Gemeinschaftsbildung, Köln-Opladen 1970

Gehlen,A.: Urmensch und Spätkultur, 2.Aufl., Frankfurt/Main-Bonn 1964

Gibbard,A.: Wise Choices, Apt Feelings, Cambridge/Mass. 1990

Goehler,G. (Hg.): Grundfragen der Theorie politischer Institutionen, Opladen 1987

Goehler,G.: Institutionenlehre und Institutionentheorie in der deutschen Politikwissenschaft nach 1945, in: (Goehler,1987), 15-47; 1987a

Graaff,J.de V.: Theoretical Welfare Economics, London 1971

Grätzer,G.: General Lattice Theory, Basel 1978

Graaff,J.de V.: Theoretical Welfare Economics, London 1971

Graumann,C.F.: Die Zuweisung von Verantwortung -Ein sozialpsychologisches Problem, in E.-J. Lampe (Hg.): Verantwortlichkeit und Recht, Jahrbuch für Rechtssoziologie und Rechtstheorie XIV, Opladen 1989, 161-68.

Gross,N., Mason;W.S. und McEachern,A.W.: Explorations in Role Analysis, New York 1958

Grossi Bianchi,L. und Poleggi,G.: Una città portuale nel Medioevo, Genova nei secoli X-XVI, Genua 1979

Gross,N., Mason;W.S. und McEachern,A.W.: Explorations in Role Analysis, New York 1958

Grundmann,H.: Vom Ursprung der Universität im Mittelalter, Darmstadt 1960

Habermas,J.: The Theory of Communicative Action, Vol.I, Boston 1987

Harsanyi,J.C.: Measurement of Social Power, Opportunity Costs, and the Theory of Two-Person Bargaining Games, Behavioral Science, 7 (1962), 67-80.

Hart,H.L.A.: Punishment and Responsibility, Oxford 1968

Hart,H.L.A.: Der Begriff des Rechts, Frankfurt/Main 1973

Hegselmann,R., Raub,W. und Voss,T.: Zur Entstehung der Moral aus natürlichen Neigungen, Analyse und Kritik, 8 (1986), 150-77.

Heider,F.: Psychologie der interpersonalen Beziehungen, Stuttgart 1977

Hermann,C.F. (Hg.): International Crises: Insights from Behavioral Research, New York 1972

Heider,F.: Psychologie der interpersonalen Beziehungen, Stuttgart 1977

Heyd,W.: Histoire du Commerce du Levant, Leipzig 1923

Hobbes,T.: Leviathan, Neuwied und Berlin 1966

Hoering,W.: Anomalies of Reduction, in W.Balzer, D.Pearce, H.-J. Schmidt (Hg.): Reduction in Science, Dordrecht 1984, 33-50.

Hoering,W.: On Judging Rationality, Stud.Hist.Phil.Sci., 11 (1980), 123-36.

Hopf,C.: Chroniques Gréco-Romanes, Berlin 1873

Hourlier,J.: L'age classique (1140-1378).Les religieux, Histoire du Droit et des Institutions de l'Eglise en Occident, 10, Solesme 1974

Hume,D.: Ein Traktat über die menschliche Natur, Hamburg 1978

Jeffrey,R.C.: The Logic of Decisions, New York etc. 1965

Kant,I.: Beantwortung der Frage: Was ist Aufklärung? in: Kant: Werke, Bd.VI, Hg.: W.Weischedel, Frankfurt/Main 1964, 53ff. (Erstdruck 1783)

Kant,I.: Kritik der praktischen Vernunft, 6.Aufl.,K.Vorländer (Hg.), Leipzig 1915

Klengel,E. und Klengel,H.: Die Hethiter, 2.Aufl., Wien-München 1975

Kliemt,H.: Moralische Institutionen, Freiburg/München 1985

Kliemt,H.: Antagonistische Kooperation, Freiburg/München 1986

Kretschmayr,H.: Geschichte von Venedig, 3 Bände, Gotha 1905, Gotha 1920 und Stuttgart 1934.

Kuipers,T.A.F.: Utilistic Reduction in Sociology, in: W.Balzer, D.Pearce und H.-J. Schmidt (Hg.): Reduction in Science, Dordrecht 1984, 237-67.

Lebow,R.N.: Between Peace and War, Baltimore 1981

Lenk,H.: Graphen und Verbandsstruktur in formalen Handlungstheorien, in H.Lenk (Hg.): Handlungstheorien-interdisziplinär, Bd.1, München 1980, 137-65.

Lenk,H.: Über Verantwortungsbegriffe und das Verantwortungsproblem in der Technik, in H.Lenk und G.Ropohl (Hg.): Technik und Ethik, Stuttgart 1987, 112-48.

Lenk,H. und Maring,M.: Verantwortung und soziale Fallen, Ethik und Sozialwissenschaften, 1 (1990), 49-57.

Lenk,K.: Politische Soziologie, Stuttgart 1982

Le Roy Ladurie,E.: Montaillou, Frankfurt/Main-Berlin 1989

Lewis,D.K.: Counterfactuals, Cambridge/Mass. 1973

Lopez,R.S. und Raymond,I.W.: Medieval Trade in the Mediterranean World, London 1955

Luhmann,N.: Soziale Systeme, 2.Aufl., Frankfurt/M 1985

Lukes,S.: Power, A Radical View, London 1974

Luzzato,G.: Storia economica d'Italia, Bd.I, Rom 1949

Machiavelli,N.: Der Fürst, Frankfurt/Main 1990

Machiavelli,N.: Discorsi, 2.Aufl., Stuttgart 1977

Mackie,J.L.: Ethik, Stuttgart 1981

Mackie,J.L.: The Cement of the Universe, Oxford 1974

Mauss,M.: Die Gabe, in: M.Mauss, Soziologie und Anthropologie, Bd.2, Frankfurt/Berlin/Wien 1978, 9-144.

Maynard Smith,J.: Evolution and the Theory of Games, Cambridge 1982

Mayr,D.: Investigations of the Concept of Reduction II, Erkenntnis, 16 (1981), 109-29.

Mayntz,R., Rosewitz,B., Schimank,U. und Stichweh,R.: Differenzierung und Verselbständigung, Frankfurt/M. 1988

Melville,G.: Die „Exhoratiunculae"des Girardus von Avernia an die Cluniazenser. Bilanz im Alltag einer Reformierungsphase, in D.V. Berg und H.-W.Goetz (Hg.): Ecclesia et regnum, Bochum 1989, 202-34.

Neumann,J. von und Morgenstern,O.: Theory of Games and Economic Behavior, Princeton 1953

Nietzsche,F: Gesammelte Werke, Band 18 und 19, München 1926

Nissen,H.J.: Grundzüge einer Geschichte der Frühzeit des vorderen Orients, Darmstadt 1983

North,D.: Structure and Change in Economic History, New York 1981

Olson,M.: The Logic of Collective Action, Cambridge 1965

Parsons,T.: The Social System, Glencoe 1951

Pini,A.I.: Città, communi e corporazioni nel medioeve italiano, Bologna 1986

Platon: Der Staat, Zürich 1950

Quine,W.v.O.: Word and Object, Cambridge/Mass. 1960

Russell,B.: Power, London 1938

Scheibe,E.: Eine Fallstudie zur Grenzfallbeziehung in der Quantenmechanik, in J.Nitsch, J.Pfarr und E.-W.Stachow (Hg.): Grundlagenprobleme der modernen Physik, Mannheim-Wien-Zürich 1981, 257-69.

Schiffer,S.: Remnants of Meaning, Cambridge/Mass. 1987

Schotter,A.: The Economic Theory of Social Institutions, Cambridge 1981

296   Literatur

Scott,W.R.: Grundlagen der Organisationstheorie, Frankfurt/New York 1986

Sen,A.K.: Collective Choice and Social Welfare, San Francisco 1970

Shoenfield,J.R.: Mathematical Logic, Reading/Mass. 1967

Shubik,M.: Game Theory in the Social Sciences, Cambridge/Mass. 1985

Sombart,W.: Der Bourgeois, Berlin 1987, (Nachdruck der 1.Auflage 1913).

Spiegel-Rösing,I.S.: Wissenschaftsentwicklung und Wissenschaftssteuerung, Frankfurt/Main 1973

Stigum,B.: Toward a Formal Science of Economics, Cambridge/Mass. 1990

Suppes,P.: A Probabilistic Theory of Causality, Acta Philosophica Fennica, Amsterdam 1970

Taylor,M.: Anarchy and Cooperation, London 1976

Thibeaut,J.W. und Kelley,H.H.: The Social Psychology of Groups, New York 1959

Toulmin,S. und Goodfield,J.: Materie und Leben, München 1970

Trevor-Roper,H.R.: The European Witch-Craze of the 16th and 17th Centuries, Harmondsworth 1969

Tuchman,B.W.: Der ferne Spiegel, Düsseldorf 1980

Tuomela,R.: The Importance of Us, Buchmanuskript, erscheint bei: Stanford University Press; 1992

Valjavec,F.: Geschichte der abendländischen Aufklärung, München 1961

Wartenberg,T.E: The Forms of Power, Philadelphia 1990

Wartenberg,T.E.: Situated Social Power, in: (Wartenberg,1992a), 79-101.

Wartenberg,T.E. (Hg.): Rethinking Power, Albany 1992; 1992a

Waschkuhn,A.: Allgemeine Institutionentheorie als Rahmen für die Theorie politischer Institutionen, in: (Goehler,1987), 71-97; 1987

Washburn,S.L. (Hg.): Social Life of Early Man, Chicago 1961

Weber,M.: Wirtschaft und Gesellschaft, 5.Aufl., Tübingen 1980

Weidlich,W. und Haag,G.: Concepts and Models of a Quantitative Sociology, Berlin etc. 1983

Westermann,R.: Strukturalistische Theorienkonzeption und empirische Forschung in der Psychologie, Berlin etc. 1987

White,M.: Was ist und was getan werden sollte, Freiburg-München 1987

Williamson,O.E.: Markets and Hierarchies: Analysis and Antitrust Implications, New York 1975

Wilson,B.R.: Magic and the Millenium, London 1973

Wollasch,J.: Mönchtum des Mittelalters zwischen Kirche und Welt,München 1973

Autoren

Stichwörter

Verzeichnis der Symbole